Kooperative Spieltheorie

Von
Universitätsprofessor
Dr. Harald Wiese

R. Oldenbourg Verlag München Wien

Bibliografische Information Der Deutschen Bibliothek

Die Deutsche Bibliothek verzeichnet diese Publikation in der Deutschen
Nationalbibliografie; detaillierte bibliografische Daten sind im Internet
über <http://dnb.ddb.de> abrufbar.

© 2005 Oldenbourg Wissenschaftsverlag GmbH
Rosenheimer Straße 145, D-81671 München
Telefon: (089) 45051-0
www.oldenbourg-verlag.de

Gedruckt auf säure- und chlorfreiem Papier
Gesamtherstellung: Druckhaus „Thomas Müntzer" GmbH, Bad Langensalza

ISBN 3-486-57745-X

Für Corinna, Ben, Jasper und Samuel

Vorwort

Dieses Buch widmet sich der so genannten kooperativen Spieltheorie und ihren Anwendungen. Das bekannteste Konzept der kooperativen Spieltheorie ist die Pareto-Optimalität. Sie lässt nur solche Auszahlungen für die Spieler gelten, die sich diese leisten können (Zulässigkeit). Zudem verlangt Pareto-Optimalität, dass es nicht möglich sein soll, einen Spieler besser zu stellen, ohne einen anderen schlechter zu stellen. Andere wichtige Lösungskonzepte sind der Kern, die Shapley-Lösung und die Nash-Lösung, um die wichtigsten zu nennen.

Die kooperative Spieltheorie glänzt bisher nicht durch viele Anwendungen; dies ist jedoch kein unabänderliches Schicksal. Die Anwendungsmöglichkeiten kann man nach meiner Auffassung erhöhen, indem man die Spielermenge mit einer Struktur versieht, mit einer Partition oder einem Graphen. Dieses Lehrbuch legt einen Schwerpunkt auf kooperative Lösungskonzepte, die eine solche Struktur beinhalten. In diesem Sinne will es den Anwendungsbezug betonen und dafür im Gegenzug gerne auf eine vollständige Behandlung „aller" Konzepte verzichten.

Wie in meinen anderen Lehrbüchern nehmen auch in diesem Buch die Aufgaben einen wichtigen Raum ein und stehen grundsätzlich an derjenigen Stelle im Lehrtext, an der ihre Bearbeitung dem Leser beim Verständnis hilfreich ist. Dies setzt allerdings einen Leser voraus, der eine aktive Auseinandersetzung mit dem Stoff wünscht.

Die in Kap. H präsentierte Außenoptions-Lösung habe ich selbst ersonnen. Ich konnte sie auf mehreren Konferenzen vorstellen und habe einigen Teilnehmern für hilfreiche Kommentare sehr zu danken, insbesondere Dirk Bültel, André Casajus, Hervé Moulin, Hans Peters, Marco Slikker, Lothar Tröger, Anne van den Nouweland und Mika Widgrén.

Dieses Buch hat von der Mitarbeit vieler profitiert. Bei den Ausführungen zu den stabilen Mengen durfte ich die Seminararbeit von Herrn Achim Hauck verwenden. Studenten der Wirtschaftswissenschaftlichen Fakultät der Universität Leipzig haben erste und zweite Versionen des Buches in Manuskriptform erduldet. Wertvolle Hinweise sind Thorsten Anke, Alexander Heusner, Claudia Müller und Silvio Petriconi zu verdanken. Die Vorlesung während meines Forschungsfreisemesters im Sommersemester 2003 hat Herr Lothar Tröger gehalten. Er hat durch vielfältige Anregungen das Manuskript deutlich verbessert. Zudem hat er alle Abbildungen (neu) gestaltet. Herr Dirk Hofmann hat den Index erstellt, die Gegenüberstellung der deutschen und englischen Fachausdrücke überarbeitet und das gesamte Manuskript durchgearbeitet. Sehr gründlich haben das Manuskript ebenfalls Tobias Hiller, Hilke Niediek, Torsten Pietsch, Martin Schuster und Markus Wagner durchgearbeitet. Den Endausdruck mit den notwendigen Formatierungen hat Herr Dr. Casajus vorgenommen. All diesen Personen gebührt mein herzlicher Dank.

Leipzig   *Harald Wiese*

Inhaltsverzeichnis

Teil II. Nichtpartitive Ansätze

Teil III. Partitive Ansätze

Teil I

Einführendes und Pareto-Optimalität

Dieser erste Teil des Lehrbuchs besteht aus drei Kapiteln. Im ersten wird die kooperative von der nichtkooperativen Spieltheorie unterschieden. Zudem werden dem Leser Vorschläge unterbreitet, welche Wege er durch den Lehrstoff beschreiten kann. In Kap. B werden dann die Implikationen der Pareto-Optimalität an einer Vielzahl von Beispielen aufgezeigt. Pareto-Optimalität ist das bekannteste Konzept der kooperativen Spieltheorie; wir führen es in diesem Kapitel jedoch ein, ohne explizit auf Koalitionsfunktionen zu rekurrieren. Schließlich werden wir in Kap. C anhand eines konkreten Spiels (des Handschuh-Spiels) eine Vielzahl von später genauer und formaler zu behandelnden Konzepten und Fragestellungen kennen lernen.

A. Einführung

A.1 Kooperative Spieltheorie

Die kooperative Spieltheorie geht von einer Menge von Spielern oder Agenten $N = \{1, 2, ..., n\}$ aus. Wichtig ist dabei nicht nur die Menge aller Spieler N, sondern daneben sind auch alle Teilmengen von N bedeutsam. Diese nennt man häufig Koalitionen, wobei N selbst als große Koalition bezeichnet wird. Die Menge aller Koalitionen bezeichnet man mit 2^N.

Und hier kommt schon die erste Aufgabe. Bitte machen Sie es sich zur Gewohnheit, die Aufgaben zunächst mit Papier und Stift selbst zu lösen. Anschließend können Sie dann Ihre Lösungen mit denjenigen vergleichen, die Sie am Ende dieses Kapitels (und aller anderen Kapitel) finden. Eine Erläuterung vorweg: Ist K eine Menge, bezeichnet man mit $|K|$ die Anzahl ihrer Elemente.

Übung A.1.1. Wie viele Koalitionen enthält die Menge $\{1, 2, 3\}$? Formal ausgedrückt ist also nach $\left|2^{\{1,2,3\}}\right|$ gefragt. Listen Sie alle Teilmengen auf und stellen Sie Ihre Antwort als Zweierpotenz dar.

Die Menge aller Koalitionen von N mit 2^N zu bezeichnen ist sinnvoll, weil $\left|2^N\right| = 2^{|N|}$ gilt. Die Zahl 2 erscheint hier, weil eine Koalition dadurch bestimmt wird, dass man für jeden Spieler angibt, ob er Mitglied ist (erste Möglichkeit) oder nicht (zweite Möglichkeit).

Die kooperative Spieltheorie ruht auf zwei Säulen. Die erste beschreibt die ökonomische, soziale oder politische Situation mithilfe der Koalitionsfunktion, auch charakteristische Funktion genannt. Eine solche Funktion gibt an, welchen Wert alternative Koalitionen „erwirtschaften" können. Beispielsweise ist durch

$$v_{L,R} : 2^N \to \mathbb{R}$$

$$K \mapsto \min\left(|K \cap L|, |K \cap R|\right)$$

eine Koalitionsfunktion $v_{L,R}$ definiert, wobei L und R Teilmengen von N mit $L \neq \emptyset, R \neq \emptyset, L \cap R = \emptyset$ und $L \cup R = N$ sind. Zudem steht $\min(x, y)$ für die kleinere der beiden Zahlen x und y.

Für Ökonomen interessant wird dieses Spiel durch eine spezielle Interpretation. Die Koalitionsfunktion $v_{L,R}$ wird nämlich als Marktspiel aufgefasst, bei dem jeder Spieler über genau einen Handschuh verfügt, einen linken oder einen rechten. Die Menge der Spieler mit einem linken Handschuh ist L; R stellt die Menge der Spieler mit einem rechten Handschuh dar. Man nimmt nun an, dass nur Handschuhpaare von Nutzen sind: Die Koalitionsfunktion ordnet jeder Koalition die Anzahl der Paare zu, die die Spieler aus dieser Koalition zusammenstellen können. Beispielsweise könnte man sich vorstellen, dass Paare auf dem Markt für einen Euro zu verkaufen sind. Weiterhin könnte man phantasieren, dass die Spieler aus L als Anbieter auf dem Markt auftreten und die Spieler aus R als Nachfrager. Eine wichtige ökonomische Frage wäre dann, zu welchem Preis linke Handschuhe verkauft werden. Damit hängt natürlich die Auszahlung (oder der Nutzen) zusammen, die ein Spieler erhalten kann.

Die Koalitionsfunktion selbst kann uns noch nicht die Frage beantworten, welche Auszahlung die Spieler erhalten werden. Dazu benötigen wir die zweite Säule der kooperativen Spieltheorie, die aus Lösungskonzepten besteht. Diese werden auf die Koalitionsfunktion angewandt und beschränken die Auszahlungen, die die Spieler zu erwarten haben. Es gibt sehr viele Lösungskonzepte; in diesem Abschnitt werden wir nur auf die Pareto-Optimalität und den Shapley-Wert kurz eingehen.

Einige Lösungskonzepte, wie der Shapley-Wert, führen bei jeder Koalitionsfunktion zu einer eindeutig bestimmten Lösung, also zu einem Auszahlungs- oder Nutzenvektor

$$(x_1, ..., x_n),$$

der Spieler i die Auszahlung x_i zuordnet. Andere Lösungskonzepte sind mengenwertig, sie ordnen einer Koalitionsfunktion eine Menge von Auszahlungsvektoren zu.

Zu den mengenwertigen Lösungskonzepten gehört Pareto-Optimalität. Sie verlangt beim Handschuh-Spiel

$$\sum_{i=1}^{n} x_i = v_{L,R}(N).$$

Die Spieler erhalten zusammen den Wert der großen Koalition N. Bei $\sum_{i=1}^{n} x_i < v_{L,R}(N)$ würden nicht alle verfügbaren Handschuh-Paare zusammengestellt. Dann könnte man noch ein weiteres Handschuh-Paar bilden und es wäre so möglich, einen Spieler besser zu stellen, ohne einen anderen schlechter zu stellen. Bei $\sum_{i=1}^{n} x_i > v_{L,R}(N)$ würde mehr verteilt, als die große Koalition an Wert schafft. Damit wäre das so genannte Zulässigkeits-Axiom verletzt. Es gibt unendlich viele Auszahlungsvektoren, die der obigen Bedingung genügen.

Aus der Mikroökonomik könnte Ihnen die Anwendung der Pareto-Optimalität bekannt sein. Pareto-Optimalität impliziert beispielsweise, dass zwei Haushalte, die in Tauschbeziehungen eintreten, schließlich über identische Grenzraten der Substitution verfügen. Auch das Theorem von Ricardo zum internationalen Handel folgt aus der Pareto-Optimalität. Diese und weitere Beispiele werden wir in Kap. B ausführlich darstellen. Allerdings werden wir in diesem frühen Kapitel noch keine Koalitionsfunktion verwenden. Der Grund liegt darin, dass wir hier eine Koalitonsfunktion ohne transferierbaren Nutzen benötigen würden, wie wir später sagen werden.

Der Shapley-Wert, ein auch sehr oft verwendetes Lösungskonzept, ordnet jeder Koalitionsfunktion (mit transferierbarem Nutzen) genau einen Auszahlungsvektor zu. Man kann ihn auf zweierlei Weisen beschreiben. Entweder präsentiert man eine Formel, die die Auszahlungen der Spieler in Abhängigkeit von der eingesetzten Koalitionsfunktion generiert. Oder aber man gibt Axiome an, denen die Auszahlungen der Spieler zu genügen haben. Zu diesen Axiomen gehört beispielsweise die oben erwähnte Zulässigkeit. Nimmt man nun weitere Axiome hinzu (insgesamt vier nach der Darstellung in Kap. F), so hat man den Shapley-Wert ebenfalls beschrieben. Dies bedeutet zweierlei:

- Die Shapley-Formel erfüllt alle Axiome.
- Jede Formel, die alle Axiome erfüllt, muss dasselbe Ergebnis generieren wie die Shapley-Formel.

Mit diesem schönen Resultat hat SHAPLEY (1953) die axiomatische
Methode in der kooperativen Spieltheorie verankert. Wann immer ein
Lösungskonzept präsentiert wird, fragt man nicht nur nach dem Algorithmus zu seiner Berechnung, sondern auch nach den Axiomen, die es
charakterisieren.

Eine der wichtigsten Vokabeln der kooperativen Spieltheorie ist die
Koalition. Dieser Sachverhalt könnte zur Vermutung verleiten, die kooperative Spieltheorie thematisiere die Koalitionsbildung. Dies ist für
die allermeisten Konzepte und Anwendungen jedoch nicht der Fall. So
unterliegt dem Shapley-Wert die Annahme, dass sich schließlich die
große Koalition N bilden wird.

Allgemein gehen die meisten Lösungskonzepte von unstrukturierten
Spielermengen aus. In diesem Lehrbuch wollen wir dagegen untersuchen, wie sich unterschiedliche Strukturen der Spieler auf die Auszahlungen auswirken. Vielleicht kennen sich nicht alle Spieler oder sie
wollen oder dürfen nicht zusammenarbeiten. Auch die Art der Zusammenarbeit kann unterschiedliche Formen annehmen: Eine Gruppe von
Spielern schafft zusammen Wert oder sie lässt sich durch eines ihrer
Mitglieder in Verhandlungen vertreten. Die Struktur auf der Menge
der Spieler kann man mit Partitionen (Aufteilung der Spieler in unterschiedliche Gruppen) oder mit Graphen (Verbindungsnetzwerken)
modellieren.

A.2 Kooperative und nichtkooperative Spieltheorie

Neben der kooperativen gibt es die nichtkooperative Spieltheorie. Die
beiden Ansätze sind grundverschieden.

Die nichtkooperative Spieltheorie ist ein Teilgebiet der Mikroökonomik und stellt Akteure in den Vordergrund, die Handlungen in (teil-
weiser) Kenntnis ihrer Umwelt ausführen und dabei bestimmte Ziele
verfolgen. Sie hat als zentrale Konzepte Aktionen, Strategien, Infor-
mationsmengen und Auszahlungen. Das bekannteste Lösungskonzept
der nichtkooperativen Spieltheorie ist das Nash-Gleichgewicht. Dieses
besteht aus je einer Strategie für jeden Spieler, sodass jeder Spieler in
Anbetracht der Strategien seiner Mitspieler seinen (erwarteten) Nut-

zen maximiert. Die nichtkooperative Spieltheorie ist also aktions- und strategieorientiert.

Dagegen werden die Handlungen der Spieler in der kooperativen Spieltheorie nicht direkt modelliert. Auch Ziele und Maximierungskalküle haben hier keinen Platz. Indirekt können Handlungen allenfalls insofern eine Rolle spielen, als man sich hinter der Koalitionsfunktion einen ökonomischen Sachverhalt denkt und bei der Interpretation der Auszahlungen auf Aktionen der Spieler hinweist. Beispielsweise könnte man bei Marktspielen einige Spieler Käufer und andere Verkäufer nennen. Dann kann es nahe liegen zu sagen, dass ein Spieler ein Objekt zu einem bestimmten Preis kauft.

An die Stelle der Strategieorientierung der nichtkooperativen Spieltheorie tritt die Auszahlungsorientierung der kooperativen Spieltheorie. (Für die Begriffe Strategieorientierung versus Auszahlungsorientierung plädiert auch Robert Aumann in einem Interview mit Eric DAMME (1998, S. 196)). Wie wir schon im vorangehenden Abschnitt gesehen haben, werden die Auszahlungen dabei häufig anhand von Axiomen bestimmt. Wir können also definieren: Kooperative Spieltheorie ist die axiomatische Theorie von Koalitionsfunktionen.

Zur Abgrenzung von kooperativer und nichtkooperativer Spieltheorie liest man häufig diesen Satz, bisweilen sogar mit „Definition" überschrieben:

„Ein kooperatives Spiel ist ein Spiel, bei dem die Spieler verbindliche Absprachen treffen können, im Gegensatz zum nichtkooperativen Spiel, in dem sie dies nicht können."

Dieser Satz ist wenig hilfreich. Denn Absprachen zu treffen ist eine Handlung, die - wie alle anderen Handlungen auch - in der kooperativen Spieltheorie nicht vorkommen kann. Lediglich in der nichtkooperativen Spieltheorie könnte es die Handlung „Absprache treffen" geben. Der Grund für den Ausschluß von Absprachen in der nichtkooperativen Spieltheorie im obigen Zitat ist eher in den Anforderungen an die dort verwendeten Lösungskonzepte zu suchen. Das muss hier jedoch nicht ausgeführt werden.

Die Aussage, dass bei einem kooperativen Spiel angeblich Absprachen zu treffen seien, lässt sich wohl am besten dogmenhistorisch erklären. Denn die Spieltheorie, sowohl die nichtkooperative als auch die kooperative, geht im Wesentlichen auf die Monographie von VON NEUMANN/MORGENSTERN (1953) zurück, deren erste Auflage 1944 erschien. Diese Väter der Spieltheorie leiten die Koalitionsfunktion (characteristic function) aus einem nichtkooperativen Spiel her. Dabei hat das ursprüngliche nichtkooperative Spiel zwar n Spieler; für die Zwecke der Herleitung der Koalitionsfunktion wird dieses Spiel jedoch auf eines zwischen einer Koalition S und ihrem Komplement $N \backslash S$ (bei von Neumann und Morgenstern als $-S$ geschrieben) reduziert. Dann haben die Spieler in S sich über ihre zu wählenden Strategien abzusprechen. Auf S. 240 schreiben die Autoren (zunächst in Bezug auf Nullsummen-Spiele):

„(a) An altogether fictitious two-person game, which is related to the real n-person game only by a theoretical construction, was used to define $v(S)$. Thus $v(S)$ is based on a hypothetical situation, and not strictly on the n-person game itself.

(b) $v(S)$ describes what a given coalition of players (specifically, the set S) can obtain from their opponents (the set $-S$) ..."

In der Praxis der kooperativen Spieltheorie begründet man allerdings Koalitionsfunktionen in der Regel nicht unter Zuhilfenahme eines nichtkooperativen Spiels, sondern direkt unter Verweis auf die zu modellierende soziale Situation. So werden wir auch in diesem Lehrbuch vorgehen.

Die obige Abgrenzung der kooperativen von der nichtkooperativen Spieltheorie ist auch insofern unglücklich, als sie suggeriert, es gäbe **eine** Spieltheorie, die sich dann in zwei Zweige aufgliedert. Der Autor hält es dagegen für besser, kooperative und nichtkooperative Spieltheorie nicht als Spezialfälle einer einzigen Spieltheorie anzusehen, sondern von zwei eigenständigen Spieltheorien auszugehen.

Trotz der betonten Unterschiede können sich die strategieorientierte Spieltheorie (nichtkooperative Spieltheorie) und die auszahlungsorientierte Spieltheorie (kooperative Spieltheorie) gegenseitig befruchten. So fragt man in der strategieorientierten Spieltheorie danach, ob die Strategien im Gleichgewicht zu Pareto-effizienten Auszahlungen füh-

Abbildung A.1. Das Logo der Game Theory Society

ren. Umgekehrt stellt man in der auszahlungsorientierten Spieltheorie oft die Frage, ob es ein zur Koalitionsfunktion passendes strategieorientiertes Spiel gibt, das im Gleichgewicht zu denselben Auszahlungen führt wie ein bestimmtes Lösungskonzept der auszahlungsorientierten Spieltheorie. Diese Fragestellungen (insbesondere die zweite) sind Gegenstand des so genannten Nash-Programms. Obwohl dieses ein interessantes und lohnendes Forschungsfeld darstellt, werden wir es in diesem Lehrbuch nicht beachten und uns hauptsächlich auf die kooperative Spieltheorie beschränken.

Forscher und Liebhaber sowohl der nichtkooperativen als auch der kooperativen Spieltheorie haben sich im Januar 1999 in einer Gesellschaft, der Game Theory Society, zusammengefunden. Ihr Logo ist in Abb. A.1 dargestellt. Es versinnbildlicht beide Formen der Spieltheorie - sowohl die nichtkooperative Spieltheorie mit dem Spielbaum in der Mitte als auch die kooperative Spieltheorie. Letztere ist durch die Lösung im Sinne von von Neumann und Morgenstern repräsentiert, die wir auf den Seiten 177 ff. erläutern. Auf S. 182 findet sich eine Abbildung, die den näheren Hintergrund für die drei Punkte des Logos liefert.

Verwendet man das Wort Spieltheorie ohne weiteres Adjektiv, ist in aller Regel die strategieorientierte (nichtkooperative) Spieltheorie gemeint. Warum ist es eigentlich sinnvoll, sich neben dieser auch mit der auszahlungsorientierten Spieltheorie zu befassen? Schließlich kommen Auszahlungen auch in der strategieorientierten Spieltheorie vor. Insbesondere interessiert man sich für die Auszahlungen der einzelnen Spieler, wenn diese sich entsprechend einem (eventuell eindeutig bestimmten) Gleichgewicht verhalten. Umgekehrt werden Aktionen und Strategien in der auszahlungsorientierten Spieltheorie nicht modelliert oder gar ermittelt.

Der Präsident der Game Theory Society, Robert Aumann, bricht in dem oben erwähnten Interview eine Lanze für die kooperative Spieltheorie. Seiner Ansicht nach gibt es zwei zentrale Gründe, sich komplementär zur nichtkooperativen Spieltheorie auch mit der kooperativen Spieltheorie zu befassen:

- Erstens hat man in der nichtkooperativen Spieltheorie sehr detailliert zu beschreiben, welche Aktionen den Spielern in genau welcher Reihenfolge offen stehen und was sie über vorangehende Aktionen wissen. Kooperative Spieltheorie kann dagegen Aussagen über Auszahlungen auch dann treffen, wenn diese Aspekte relativ ungeklärt sind (siehe DAMME (1998, S. 198)). In Aumanns Worten: „... cooperative theory ... is not so obsessed with procedural details; its fundamental parameters are the *capabilities* [Hervorhebung im Original, H.W.] of players and coalitions. "

- Zweitens ist die kooperative Spieltheorie „erfolgreich" (siehe DAMME (1998, S. 198)): „Cooperative theory is actually doing quite well. ... many of the interesting applications of game theory come from the cooperative side. "

Allerdings kommen wir auch in diesem Lehrbuch nicht ganz ohne nichtkooperative Spieltheorie aus. Im dritten Teil dieses Buches versuchen wir, die Koalitionsbildung, die wir mit Partitionen und Graphen modellieren, zu endogenisieren. Wir arbeiten hier grob mit zweistufigen Modellen. Auf der ersten Stufe entscheiden die Spieler, welcher Komponente sie angehören wollen bzw. welche Verbindung sie zu anderen Spielern aufnehmen wollen. Hier kommen also Aktionen bzw. Strategien zum Tragen. Daraus ergeben sich dann Partitionen bzw. Graphen. Auf der zweiten Stufe werden die Auszahlungen aufgrund von Lösungskonzepten determiniert, die neben der Koalitionsfunktion Partitionen oder Graphen als Input nehmen.

A.3 Überblick und Lehrmodule

Das Lehrbuch gliedert sich in drei Teile. Der erste führt sanft in die kooperative Spieltheorie ein. In Kap. B betrachten wir das wichtigste Konzept der kooperativen Spieltheorie, die Pareto-Optimalität, und wenden sie auf eine Vielzahl von ökonomischen Situationen an. Kap. C gibt einen Ausblick auf die Teile II und III, indem anhand des Handschuh-Spiels schon erste Überlegungen und Ergebnisse präsentiert werden.

Teil II präsentiert die kooperative Spieltheorie, soweit dabei von Partitionen und Graphen kein Gebrauch gemacht wird. Die Kapitel D bis F befassen sich mit dem Fall des transferierbaren Nutzens, der auch beim Handschuh-Spiel unterstellt wird. Die hier zentralen Konzepte sind die Shapley-Lösung und der Kern. Eher nebenbei werden wir die Banzhaf-Lösung, den Nukleolus und die stabilen Mengen im Sinne von von Neumann und Morgenstern behandeln. Mit dem Fall nichttransferierbaren Nutzens befassen wir uns erst in Kap. G. Dort werden wir in der Hauptsache den Kern und die Nash-Verhandlungslösung behandeln.

Teil III beschränkt sich auf Koalitionsfunktionen mit transferierbarem Nutzen, erweitert die Analyse jedoch um Partitionen oder Graphen. Zunächst geht es darum, auf der Basis von Partitionen (Kap. H) bzw. Graphen (Kap. I) wichtige Lösungskonzepte darzustellen. Im letzten Kapitel von Teil III geht es darum, bestimmte Partitionen oder Graphen hervorzuheben und damit die bisher gegebenen Partitionen oder Graphen zu endogenisieren.

In diesem Lehrbuch werden sehr gründlich folgende Lösungskonzepte erläutert:

- Pareto-Optimalität und Kern, sowohl für transferierbaren Nutzen (Kap. E) als auch für nichttransferierbaren Nutzen (Kap. G),
- Shapley-Lösung (Kap. F),

- Shapley-artige Lösungen für Partitionen (Kap. H) und Graphen (Kap. I) und
- Nash-Lösung (Kap. G).

Neben diesen zentralen Konzepten erwartet der Leser zu Recht Erklärungen auch zu anderen Konzepten, denen er in der Literatur oft begegnen wird. So findet der Leser Erläuterungen auch zur Banzhaf-Lösung, zum Nukleolus, zur Verhandlungsmenge, zur Kalai-Smorodinsky-Lösung und zu den stabilen Mengen, um nur die wichtigeren zu nennen. Daneben gibt es noch Dutzende weiterer Lösungskonzepte, deren Erläuterung leider den Rahmen dieses Lehrbuchs sprengen würde.

Das gesamte Lehrbuch ist in einer zweistündigen Veranstaltung kaum zu bewältigen. Man braucht wohl drei oder vier Stunden für den gesamten Stoff. Allerdings gibt es vielfältige Kürzungsmöglichkeiten:

- Alle Abschnitte, die mit „Alternative Ansätze" oder ähnlich überschrieben sind, kann man weglassen, ohne das weitere Verständnis zu gefährden.
- Ein eher ungewöhnliches Kapitel in einem Lehrbuch über kooperative Spieltheorie ist Kap. B über die Pareto-Optimalität in der Mikroökonomik. Man kann es überblättern, ohne Verständnislücken zu hinterlassen.
- Kap. C dient der Einstimmung. Alle dort erläuterten Konzepte werden in gründlicherer Weise später nochmals eingeführt.
- Kap. D enthält viele Klassifikationen von Koalitionsfunktionen bei transferierbarem Nutzen. Dieses muss man nicht unbedingt durcharbeiten; alternativ könnte man zurückblättern, wenn man eine eingehendere Erläuterung benötigt. Der ausführliche Index verweist auf die entsprechenden Seiten.

Wenn man nur zwei oder sogar weniger als zwei Stunden pro Vorlesungswoche zur Verfügung hat, bieten sich vielleicht folgende kürzere Wege durch den Stoff an:

- Kurs „Kooperative Spieltheorie mit transferierbarem Nutzen ohne Partitionen oder Graphen":

Man beschränkt sich im Wesentlichen auf die Kap. D bis F. Zur Einleitung kann man Kap. B und/oder Kap. C vorschalten.

- Kurs „Shapley-Lösung":
  Zur Einstimmung behandelt man Kap. C (eventuell ohne Abschnitt C.3 über den Kern) und geht dann sofort zu Kap. F über, das man eventuell unter Umgehung von Abschnitt F.10 gründlich behandelt. Anschließend geht man zu Teil III über. Hier kann man bei Zeitnot die Teile über Graphen auslassen oder lediglich streifen und sich somit auf Kap. H (mit Ausnahme von Abschnitt H.7) und Kap. J (bis einschließlich Abschnitt J.3) konzentrieren.

- Kurs „Kern":
  In Teil I ist dazu nur Kap. B wichtig. In Teil II behandelt man Kap. E in ganzer Länge, also mitsamt des Nukleolus' und der stabilen Mengen, und nimmt sich auch für Kap. G bis einschließlich Abschnitt G.5 Zeit. Anschließend behandelt man Abschnitt H.7.1 aus Kap. H (S. 343 ff.). Danach sollte noch Zeit bleiben, die Shapley-Lösung und dort insbesondere Abschnitt F.10 zu erörtern.

A.4 Lösungen zu den Übungen

A.1.1. Die Menge $\{1, 2, 3\}$ hat die Teilmengen

$\emptyset$ (die leere Menge, haben Sie daran gedacht?),

$\{1\}, \{2\}, \{3\},$

$\{1, 2\}, \{1, 3\}, \{2, 3\}$ und

$\{1, 2, 3\},$

also 8 an der Zahl. 8 ist als $2 \cdot 2 \cdot 2 = 2^3$ schreibbar. Man erhält also

$$\left| 2^{\{1,2,3\}} \right| = 2^{|\{1,2,3\}|}.$$

B. Ausschöpfen von Verhandlungsgewinnen

B.1 Einführendes

Unter idealen Bedingungen, so postulieren wir, führen Verhandlungen
zu einem effizienten Ergebnis: Solange alle Beteiligten sich besser stellen können, werden sie dies tun. Sie erreichen dann schließlich eine
effiziente Situation, die nach Vilfredo Pareto (1848-1923) auch Pareto-
effizient genannt wird. Einen kurzen Beitrag zur Person und zum wis-
senschaftlichen Werk Paretos bietet EISERMANN (1989).

Eine Situation wird also als Pareto-effizient oder Pareto-optimal
charakterisiert, falls es nicht möglich ist, (mindestens) ein Individuum
besser zu stellen, ohne ein anderes Individuum schlechter zu stellen.
Eine Situationsänderung stellt eine Pareto-Verbesserung dar, falls sie
ein Individuum besser stellt, ohne ein anderes schlechter zu stellen.

Die beiden eingeführten Begriffe hängen natürlich zusammen. Lösen Sie folgende Aufgabe:

Übung B.1.1. Definieren Sie den Begriff der Pareto-Optimalität mit
Hilfe des Begriffes der Pareto-Verbesserung.

Pareto-effiziente Situationen müssen nicht von allen Beteiligten als
„gut" empfunden werden. Insbesondere sind Verteilungs- und Gerech-
tigkeitsfragen davon unberührt.

Übung B.1.2. Wie sind Umverteilungen aus der Sicht von Pareto-
Verbesserungen zu beurteilen, wenn dadurch Ungleichheiten in der
Verteilung vermindert werden?

Übung B.1.3. Kann eine Situation Pareto-optimal sein, in der ein
Individuum alles besitzt?

Dass Agenten versuchen, Handelsgewinne auszuschöpfen, ist wenig erstaunlich. Dennoch ist die Annahme der Pareto-Effizienz durchaus einschneidend. Tatsächlich weiß man aus der nichtkooperativen Spieltheorie, dass Pareto-Effizienz häufig verletzt sein dürfte. Beispielsweise wählen die Spieler beim Gefangenen-Dilemma im Gleichgewicht dominante Strategien; ihre sich so ergebenden Auszahlungen sind jedoch nicht Pareto-effizient. Auch Verhandlungen müssen keinesfalls immer zu einem Pareto-effizienten Ergebnis führen. Denn bei Unsicherheit über die Reservationspreise der Verhandlungspartner besteht durchaus die Gefahr, dass hartes Verhandeln zum Abbruch der Verhandlungen führt, obwohl es möglich gewesen wäre, einen positiven Handelsgewinn zu realisieren.

Diese und andere Querverweise zur nichtkooperativen Spieltheorie kann der Leser, der sie nicht unmittelbar versteht, ohne Gefahr für das weitere Verständnis überlesen. Lediglich in Teil III werden wir einfache Konzepte der nichtkooperativen Spieltheorie einführen und auch benutzen.

In bestimmten ökonomischen Situationen können wir über die Verhandlungsergebnisse aus dem Effizienzpostulat einiges Konkretes ableiten. In den nächsten Abschnitten beschäftigen wir uns dabei mit den folgenden Modellen:

- Tausch zwischen Konsumenten (Abschnitt B.2),
- Anschaffung eines privaten Gutes (Abschnitt B.3),
- Kauf einer Versicherungspolice (Abschnitt B.4),
- Kartellvereinbarung zwischen zwei Dyopolisten (Abschnitt B.5),
- externe Effekte (Abschnitt B.6),
- Anschaffung eines öffentlichen Gutes (Abschnitt B.7) und
- internationaler Handel (Abschnitt B.8).

Vielen Lesern (im Hauptstudium) werden diese Modelle und die dazugehörigen Konzepte noch in Erinnerung sein. Dennoch werden diese jeweils kurz eingeführt, um sie sodann durch die einheitliche Brille der Pareto-Effizienz zu betrachten. Auf diese Weise kommt vielleicht zusammen, was zusammen gehört. Man muss dabei bedenken, dass die Pareto-Verbesserungen bzw. das Pareto-Optimum immer relativ zur betrachteten Menge der Agenten zu sehen ist. So ist das Pareto-Optimum für die Gruppe der Unternehmen (Kartell, siehe Abschnitt B.5) im Allgemeinen kein Pareto-Optimum für die gesamte Volkswirtschaft (zu geringe Produktion im Monopol, siehe Abschnitt B.3).

Die Leser sollten sich bei den folgenden Ausführungen immer darüber im Klaren sein, ob Implikationen der Pareto-Effizienz entfaltet werden oder ob mikroökonomische Modelle mit individueller Nutzen- bzw. Gewinnmaximierung vorgestellt werden. Man kann dies mit HILDENBRANDT/KIRMAN (1988), die sich in ihrem gelungenen Lehrbuch der Tauschökonomie widmen, auch noch schöner ausdrücken: Wir untersuchen

- einerseits, wie sich die Wirtschaftssubjekte individuell an gegebene Preise anpassen - das (Walras'sche) Thema der Dezentralisierung -, und
- andererseits, wie Wirtschaftssubjekte unter Umgehung von Preisen direkt durch Verhandlungen ihre Situation verbessern können - das (Edgeworth'sche) Thema der Kooperation.

Das Walras-Gleichgewicht werden wir in Kap. G noch genauer untersuchen, die Verbesserungsmöglichkeiten in einer Tauschökonomie sind Gegenstand des nächsten Abschnitts.

B.2 Verhandlungen zwischen Konsumenten

B.2.1 Graphische Veranschaulichung für zwei Güter und zwei Agenten

Die Verhandlungen zwischen Konsumenten kann man im Falle zweier Güter und zweier Agenten elegant mithilfe der Tausch-Edgeworth-Box (siehe Abb. B.1) darstellen. Francis Ysidro EDGEWORTH (1881) (1845-1926) ist Autor des Buches mit dem schönen Titel: „Mathematical Psychics". Bei der Edgeworth-Box werden zwei Indifferenzkurvenschemata gleichzeitig dargestellt, wobei das eine, für Individuum A, wie gewöhnlich gezeichnet und das andere, für Individuum B, um 180° gedreht und nach oben rechts versetzt dargestellt wird.

Jeder Punkt innerhalb der Box bezeichnet eine bestimmte Zuordnung (Allokation): Die zwei Güter werden den zwei Individuen zugeordnet. Individuum A besitzt die Anfangsausstattung $\omega_A = (\omega_A^1, \omega_A^2)$, d.h. ω_A^1 von Gut 1 und ω_A^2 von Gut 2. In analoger Weise verfügt Individuum B über die Anfangsausstattung $\omega_B = (\omega_B^1, \omega_B^2)$. Die Breite der Tausch-Edgeworth-Box gibt die Anzahl der Einheiten von Gut 1 wieder, die beide Individuen zusammen besitzen, d.h. die Summe der Anfangsausstattungen. Analog ist die Höhe der Tausch-Edgeworth-Box $\omega_A^2 + \omega_B^2$. Wenn man nun eine Tausch-Edgeworth-Box zeichnet, geht man von den verfügbaren Gütermengen aus und zeichnet Breite und Höhe entsprechend. Punkte in der Edgeworth-Box heißen dann zulässig; an die Individuen wird in der Summe genau und nur das verteilt, was insgesamt vorhanden ist.

u_A und u_B sind die Nutzenfunktionen der Individuen A bzw. B. Die dazugehörigen Indifferenzkurven sind in Abb. B.1 dargestellt; entlang einer Indifferenzkurve ist der Nutzen für das betreffende Individuum konstant. Individuum A zieht alle diejenigen Güterbündel $x_A = (x_A^1, x_A^2)$ mit $u_A(x_A) > u_A(\omega_A)$ der Anfangsausstattung vor. In der Abb. handelt es sich um die Güterbündel, die rechts und oberhalb der Indifferenzkurve von Individuum A, die die Anfangsausstattung enthält, liegen. Wir nehmen im Folgenden an, dass die Präferenzen konvex sind und die Indifferenzkurven somit zum Ursprung hin gekrümmt sind.

Die Indifferenzkurven, die durch den Punkt der Anfangsausstattungen gehen, umschreiben die so genannte Tauschlinse. Die Güterbündel in dieser Tauschlinse stellen mindestens ein Individuum besser als die Anfangsausstattung, ohne ein anderes (hier: das andere) schlechter zu stellen. Die Punkte in der Tauschlinse sind also Pareto-Verbesserungen.

Ein Punkt in der Edgeworth-Box kann nur dann ein Pareto-Optimum darstellen, wenn sich zwei Indifferenzkurven berühren. Anderenfalls gäbe es eine Tauschlinse und Verbesserungsmöglichkeiten für beide Individuen. Der geometrische Ort aller Pareto-Optima heißt Kontraktkurve oder Tauschkurve. Die Schnittmenge der Kontraktkurve mit der Tauschlinse enthält diejenigen Allokationen, die einerseits zu-

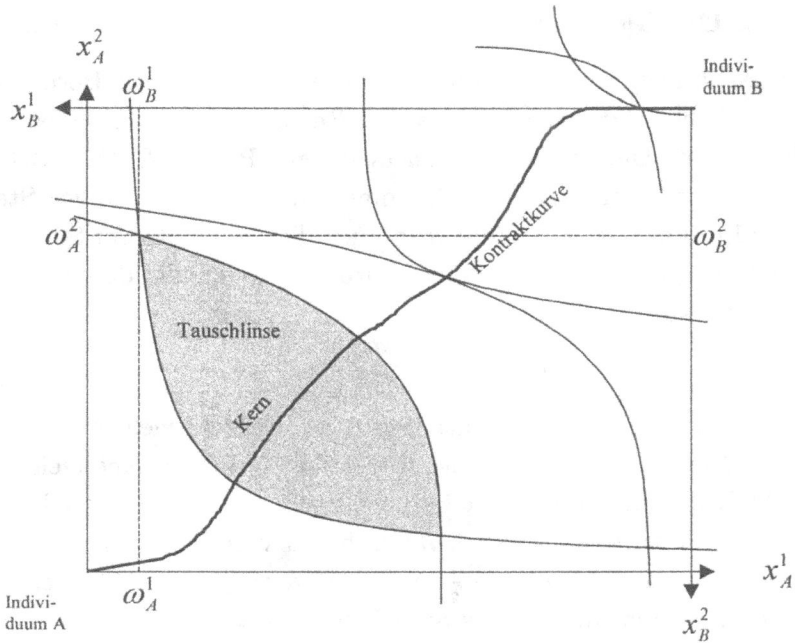

Abbildung B.1. Die Tausch-Edgeworth-Box

lässig sind (denn sie befinden sich innerhalb der Edgeworth-Box) und andererseits von keiner Koalition einen „Einspruch" erwarten lassen:

- Weder Individuum A noch Individuum B kann auf sich allein gestellt einen höheren Nutzen erreichen. Die Tauschlinse befindet sich ja „oberhalb" der Indifferenzkurven, die durch die Anfangsausstattung gehen.
- Beide Individuen zusammen können ebenfalls keinen höheren Nutzen (im Sinne der Pareto-Verbesserung) erreichen. Die Pareto-Optima liegen auf der Kontraktkurve.

Diese Schnittmenge von Tauschlinse und Kontraktkurve nennt man auch den Kern. Dieser Begriff wird in den Kapiteln E und G allgemeiner eingeführt, als wir ihn hier benötigen.

B.2.2 Die Gleichheit der Grenzraten der Substitution

Bei „schön geformten" Indifferenzkurven lassen sich die Berührpunkte dadurch charakterisieren, dass die Steigungen der Indifferenzkurven gleich sind. Dies sieht man einerseits mit Blick auf Abb. B.1, kann es sich aber auch analytisch klarmachen. Die betragsmäßige Steigung einer Indifferenzkurve nennt man auch die Grenzrate der Substitution MRS (engl.: marginal rate of substitution). Für Individuum A schreibt man bisweilen

$$MRS^A := \left| \frac{dx_A^2}{dx_A^1} \right| =: \left| \frac{dx^2}{dx^1} \right|^A.$$

Die Grenzrate der Substitution gibt an, auf wie viele Einheiten von Gut 2 Individuum A bereit ist zu verzichten, falls es eine (sehr kleine) zusätzliche Einheit von Gut 1 erhält. Rechnerisch kann man die Grenzrate der Substitution bisweilen durch das Verhältnis der Grenznutzen ermitteln, also $MRS = \frac{MU_1}{MU_2}$, wobei $MU_i = \frac{\partial u}{\partial x^i}$ für den Grenznutzen (engl.: marginal utility) des i-ten Gutes steht.

Wir werden nachweisen, dass sich zwei Individuen durch Tausch besser stellen können, solange die Grenzraten der Substitution zwischen zwei Gütern für beide unterschiedlich sind. Ein Beispiel soll dies zeigen:

Nehmen wir an, die Grenzraten der Substitution (MRS) von Gut 2 für Gut 1 seien für die Individuen A und B 5 bzw. 2:

$$5 = MRS^A = \left| \frac{dx^2}{dx^1} \right|^A > \left| \frac{dx^2}{dx^1} \right|^B = MRS^B = 2.$$

Wir müssen zeigen, dass es eine Tauschmöglichkeit gibt, bei der sich beide besser stellen. Bekommt Individuum A eine Einheit von Gut 1 von Individuum B, so wäre A bereit, dafür maximal 5 Einheiten von Gut 2 herzugeben, während Individuum B mindestens 2 Einheiten von Gut 2 als Ersatz benötigt. Gibt A also 4 Einheiten von Gut 2 an B, stellen sich beide besser.

Sie können jetzt bestimmt die folgende Aufgabe lösen:

Übung B.2.1. Zwei Konsumenten treffen auf einem Tauschmarkt zusammen. Sie haben die gleichen Nutzenfunktionen $u_A\left(x_A^1, x_A^2\right) = x_A^1 x_A^2$ bzw. $u_B\left(x_B^1, x_B^2\right) = x_B^1 x_B^2$. Die Anfangsausstattung des Konsumenten A ist $(10, 90)$, die des Konsumenten B dagegen $(90, 10)$.

1. Stellen Sie die Ausgangssituation graphisch dar.
2. Bestimmen Sie die Kontraktkurve und zeichnen Sie diese in die Graphik ein.
3. Nennen Sie das beste Güterbündel, das Individuum B, ausgehend von seiner Anfangsausstattung, durch freiwilligen Tausch erreichen kann.
4. Geben Sie, ausgehend von der Anfangsausstattung beider Konsumenten, die Menge der Pareto-Verbesserungen (Tauschlinse) und innerhalb dieser Menge die Pareto-effizienten Pareto-Verbesserungen in der Graphik an. Wie nennt man diese auch?

Aus mikroökonomischer Sicht könnte man untersuchen, ob für mehrere Haushalte, die sich gegebenen Güterpreisen gegenübersehen, die Gleichheit der Grenzraten der Substitution erfüllt ist. Häufig wird dies der Fall sein, weil sich die Haushalte an die für alle Haushalte gleichen Preisverhältnisse anpassen. Dies betrachten wir in Abschnitt B.3.5 genauer.

B.3 Verhandlungen zwischen Konsumenten und Produzenten bei privaten Gütern

B.3.1 Gleichheit von Grenzrate der Transformation und Grenzrate der Substitution

Die Transformationsfunktion f der zwei Güter 1 und 2 gibt an, wie viel bei vorgegebener Menge von Gut 1 maximal von Gut 2 konsumiert oder produziert werden kann. Man hat also die Einheiten von Gut 2 als Funktion der Einheiten von Gut 1:

$$x^2 = f\left(x^1\right).$$

Die Grenzrate der Transformation (engl.: marginal rate of transformation)

$$MRT = \left| \frac{df\left(x^1\right)}{dx^1} \right|$$

gibt an, wie viele Einheiten von Gut 2 weniger produziert bzw. konsumiert werden müssen, wenn eine Einheit von Gut 1 zusätzlich produziert oder konsumiert werden soll.

Nehmen wir an, die Grenzrate der Substitution für einen Käufer sei kleiner als die Grenzrate der Transformation für einen Produzenten:

$$MRS = \left|\frac{dx^2}{dx^1}\right|^{Indifferenzkurve} < \left|\frac{dx^2}{dx^1}\right|^{Transformationskurve} = MRT.$$

Wenn der Produzent eine kleine Einheit von Gut 1 weniger produziert, so kann er MRT Einheiten von Gut 2 zusätzlich herstellen. Der Produzent kann sich mit dem Käufer darauf verständigen, auf die Produktion bzw. den Konsum einer Einheit von Gut 1 zu verzichten. Denn der Käufer benötigte als Ersatz für den Minderkonsum der einen kleinen Einheit von Gut 1 mindestens MRS Einheiten von Gut 2, während der Produzent $MRT > MRS$ zusätzliche Einheiten produzieren kann. Die Ausgangslage mit der Ungleichheit von Grenzrate der Substitution und Grenzrate der Transformation ist also nicht Pareto-effizient; Handelsgewinne sind realisierbar.

B.3.2 Vollständige Konkurrenz

Wir wollen nun die soeben gewonnene Formel

$$MRS = MRT$$

auf die vollständige Konkurrenz übertragen. Zunächst überlegen wir uns dazu, wie sie sich ändert, wenn wir Gut 2 als Geld auffassen.

Die Grenzrate der Substitution gibt dann an, auf wie viel Geld ein Konsument für eine zusätzliche Einheit des Gutes maximal bereit ist zu verzichten; dies nennt man die Zahlungsbereitschaft für das Gut und sie lässt sich (cum grano salis) an der indirekten Nachfragefunktion ablesen. Für den marginalen Konsumenten (der gerade noch bereit ist, das Gut zu kaufen) hat man dann „Preis = Zahlungsbereitschaft". Die Grenzrate der Transformation lässt sich so interpretieren: Auf wie viel Geld muss ein Produzent verzichten, um eine Einheit des Gutes zusätzlich produzieren zu können; hier handelt es sich offenbar um die Grenzkosten. Die obige Formel verändert sich also für den marginalen Konsumenten zu der Bedingung

Preis = Zahlungsbereitschaft = Grenzkosten.

Die „Preis = Grenzkosten"-Bedingung ist bei vollständiger Konkurrenz erfüllt; dies ist gerade die Aussage des ersten Wohlfahrtstheorems,
das Sie in Kapitel M in WIESE (2005) ausführlicher erläutert finden.

Wir wollen nun in aller Kürze die mikroökonomische Theorie der
vollkommenen Konkurrenz darstellen: Märkte vollkommener Konkurrenz sind typischerweise durch sehr viele Marktteilnehmer auf beiden
Marktseiten (bilaterales Polypol) gekennzeichnet. Diese Vielzahl der
Marktteilnehmer rechtfertigt die Hauptannahme des Modells der vollkommenen Konkurrenz, die Preisnehmerschaft: Die Unternehmen und
die Konsumenten glauben, keinen Einfluss auf den Marktpreis zu haben, und nehmen ihn als gegeben an.

Aufgrund der Preisnehmerschaft hat ein Unternehmen in vollkommener Konkurrenz die Gewinnfunktion π (engl.: profit), die durch

$$\pi(y) = p \cdot y - c(y)$$

erklärt ist. Hierbei stehen y für die Outputmenge, p für den Preis und
c für die Kostenfunktion.

Übung B.3.1. Inwiefern reflektiert die obige Gewinnfunktion die Annahme der Preisnehmerschaft?

Als notwendige Optimalitätsbedingung ergibt sich nun durch Differenzieren der Gewinnfunktion

$$p \overset{!}{=} MC$$

und somit die obige „Preis = Grenzkosten"-Regel.

B.3.3 Cournot-Monopol

Wir wollen nun in diesem und im nächsten Abschnitt untersuchen,
ob auch im Monopolfall die „Preis = Grenzkosten"-Regel gilt. Wie
wir sehen werden, hängt die Antwort davon ab, ob der Monopolist
Preisdiskriminierung betreiben kann. Im Cournot-Monopol, das wir
zunächst betrachten wollen, ist dies ausgeschlossen. Dieses Modell geht
auf Antoine Augustin Cournot (1801–77) zurück.

Der Gewinn π des Monopolisten ist durch

$$\pi(y) = r(y) - c(y)$$
$$= p(y)y - c(y)$$

gegeben, wobei $r(y)$ für den Erlös (engl.: revenue) bei der Absatzmenge y steht. Im Gegensatz zur vollkommenen Konkurrenz ist hier der Preis eine Funktion der Absatzmenge.

Der Monopolist wird seine Angebotsmenge so lange ausdehnen, wie der zusätzliche Erlös der Mengenausdehnung um eine Einheit (Grenzerlös) die zusätzlichen Kosten dieser Einheit (Grenzkosten) übertrifft. Bei der Absatzmenge, bei der der Grenzerlös gerade den Grenzkosten entspricht, erreicht der Monopolist sein Gewinnmaximum. Die gewinnmaximale Absatzregel lautet mithin: „Biete die Menge an, bei der gilt: Grenzerlös = Grenzkosten." Würde der Monopolist die Angebotsmenge weiter ausdehnen, erhielte er für jede zusätzliche Einheit weniger, als ihn diese Einheit kostete, sodass der Gewinn wieder sänke.

Übung B.3.2. Berechnen Sie den Grenzerlös $MR = \frac{dr(y)}{dy} = \frac{d[p(y)y]}{dy}$ (engl.: marginal revenue) und interpretieren Sie ihn.

Formal lässt sich die „Grenzerlös = Grenzkosten"-Regel leicht zeigen. Die notwendige Bedingung für das Gewinnmaximum lautet

$$\frac{d\pi}{dy} = \frac{dr}{dy} - \frac{dc}{dy} \overset{!}{=} 0$$

bzw.

$$MR \overset{!}{=} MC.$$

Übung B.3.3. Welcher Preis maximiert den Gewinn bei der inversen Nachfragefunktion $p(y) = 27 - y^2$, falls die Grenzkosten 15 betragen?

Graphisch lässt sich das Gewinnmaximum wie in Abb. B.2 ermitteln: Man findet durch den Schnittpunkt der Grenzkosten- mit der Grenzerlöskurve die gewinnmaximale Menge y^C. Oberhalb von y^C findet man den Cournot-Punkt auf der Nachfragekurve, womit man den gewinnmaximalen Preis p^C ermittelt hat. Beim Cournot-Monopol ist also die „Preis = Grenzkosten"- und damit auch die „$MRS = MRT$"-Regel verletzt.

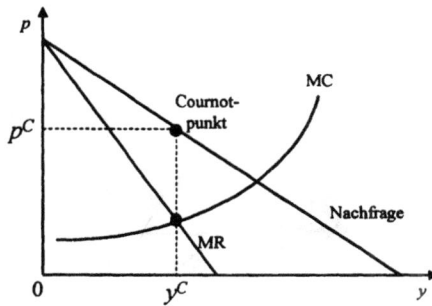

Abbildung B.2. Der Cournot-Punkt

In einer nichteffizienten Situation sind Pareto-Verbesserungen möglich. Diese wollen wir nun anhand des Monopolbeispiels (siehe Abb. B.3) genauer betrachten. Gegeben sind konstante Grenzkosten MC des Monopolisten sowie die durch $p(x)$ gegebene lineare inverse Nachfragefunktion der Konsumenten. Der Monopolist maximiert seinen Gewinn, wenn die Grenzkosten gleich dem Grenzerlös sind. Er stellt dann die Menge y^C her und sein Gewinn entspricht der in Abb. B.3 mit A gekennzeichneten Fläche.

Die wohlfahrtsoptimale Menge erhält man, wenn der Preis gleich den Grenzkosten ist; dies ist bei y^{VK} der Fall. Hierbei deutet VK auf vollkommene Konkurrenz hin. Der Übergang von der gewinnmaximalen Menge y^C zur wohlfahrtsoptimalen Menge y^{VK} stellt keine Pareto-Verbesserung dar, da der Gewinn des Monopolisten von A auf null sinkt, er somit schlechter gestellt wird. Allerdings kann man eine Pareto-Verbesserung erreichen, indem man die Mengenausdehnung mit einer Zahlung der Konsumenten an den Monopolisten verbindet. Da sich die Nettokonsumentenrente aufgrund der Mengenausdehnung um $A + B$ erhöht, könnten die Konsumenten den Monopolisten voll entschädigen und dennoch selbst Nutznießer dieses Übergangs bleiben.

B.3.4 Der preisdiskriminierende Monopolist

Wenn der Monopolist in der Lage ist, anstelle einer einzigen aggregierten Nachfragefunktion die Nachfragefunktionen bestimmter Kun-

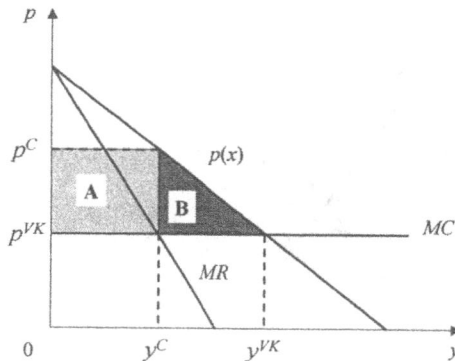

Abbildung B.3. Paretoverbesserungen im Monopol

densegmente zu bestimmen, so kann er einen höheren Gewinn erzielen. Man spricht dann auch von Preisdiskriminierung. Wir wollen hier die vollständige Preisdiskriminierung, auch Preisdiskriminierung ersten Grades genannt, näher betrachten: Jeder Konsument bezahlt entsprechend seiner Zahlungsbereitschaft.

Übung B.3.4. Ein Buchverkäufer kann ein Buch zu konstanten Grenzkosten von € 8 herstellen (keine Fixkosten), und 11 potentielle Käufer haben maximale Zahlungsbereitschaften von € 55, € 50, € 45, ... , € 10 und € 5. Die Käufer werden also einen Preis unter ihrer maximalen Zahlungsbereitschaft oder gleich ihrer maximalen Zahlungsbereitschaft akzeptieren und ein Buch kaufen. Bei einem Preis oberhalb ihrer Zahlungsbereitschaft kaufen sie nicht.

a) Welcher Preis maximiert den Gewinn des Buchverkäufers, falls allen Konsumenten der gleiche Preis genannt werden muss? Wie viele Bücher werden abgesetzt? Wie hoch ist der Gewinn? Hinweis: Tasten Sie sich an die ganzzahlige Lösung heran.

b) Welche Preise wird der Buchverkäufer den Konsumenten nennen, falls er von jedem einen anderen Preis verlangen kann und die Zahlungsbereitschaften genau kennt? Wie viele Bücher werden abgesetzt? Wie hoch ist der Gewinn?

Bei der Preisdiskriminierung ersten Grades ist der Grenzerlös gleich dem Preis. Denn der Erlös

$$\int_0^y p\,(q)\,dq$$

besteht in den „aufsummierten" Zahlungsbereitschaften $p(q)$ für alle Konsumenten, wobei q von 0 bis y variiert. Graphisch gesehen ist damit die Fläche unterhalb der Nachfragekurve von 0 bis y angesprochen. Leitet man diesen Erlös nach y ab, erhält man

$$\frac{d\left(\int_0^y p\,(q)\,dq\right)}{dy} = p\,(y)\,.$$

Die Ableitung eines Integrals nach der oberen Integrationsgrenze ergibt den Wert des Integranden (hier $p\,(q)$) an der Stelle der oberen Grenze. In diskreter Sprechweise: Es kommt noch ein Summand dazu, wenn man y um eine Einheit erhöht.

Bei Preisdiskriminierung ersten Grades vereinfacht sich somit die „Grenzerlös = Grenzkosten"-Regel zur „Preis = Grenzkosten"-Regel,

$$p\,(y) \stackrel{!}{=} \frac{dc}{dy},$$

und jede Einheit, bei der die Zahlungsbereitschaft (abzulesen an der inversen Nachfragefunktion) größer ist als die Grenzkosten, wird der diskriminierende Monopolist mit Gewinn produzieren und verkaufen. Graphisch ist dies in Abb. B.4 dargestellt. Die Menge y^{PD} ist für einen preisdiskriminierenden Monopolisten optimal.

Übung B.3.5. Ein preisdiskriminierender Monopolist agiert auf einem Markt mit einer aggregierten Marktnachfrage $D(p) = 12 - 0,5 \cdot p$. Die Kostenfunktion des Unternehmens sei $C(y) = y^2$. Welches ist die gewinnmaximale Ausbringungsmenge?

B.3.5 Haushaltsoptimum

Eine triviale Verletzung der Pareto-Optimalität liegt dann vor, wenn ein einziges Individuum eine nichtoptimale Wahl getroffen hat. Man

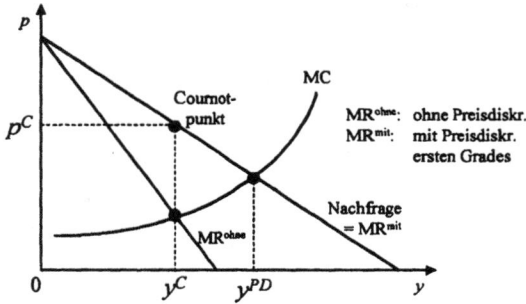

Abbildung B.4. Paretoverbesserungen im Monopol bei vollständiger Preisdiskriminierung

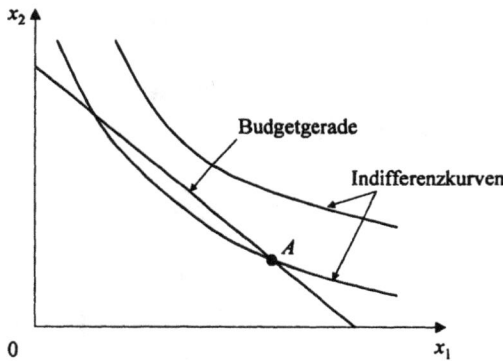

Abbildung B.5. Haushaltsoptimum: Wähle aus der Budgetmenge ein Güterbündel auf der höchsten erreichbaren Indifferenzkurve aus

hat sich dann den Konsumenten und den Produzenten als eine einzige Person vorzustellen. Beispielsweise „produziert" ein Haushalt Güter, indem er sein Einkommen zum Kauf dieser Güter einsetzt. Eine nichtoptimale Güterwahl bedeutet in der Haushaltstheorie, dass sich der Haushalt durch ein anderes zulässiges Güterbündel besser stellen könnte. Ein Unterschied zwischen der mikroökonomischen Perspektive und der Sicht der kooperativen Spieltheorie besteht in diesem trivialen Fall nicht.

Der Leser betrachte Abb. B.5. Der Haushalt konsumiert zwei Güter, 1 und 2, in den Mengen x_1 bzw. x_2. In der Abbildung findet man neben den zwei Indifferenzkurven eine Budgetgerade, die graphische Veranschaulichung der Budgetgleichung

$$p_1 x_1 + p_2 x_2 = m. \tag{B.1}$$

Diese beschreibt, welche Güterbündel (x_1, x_2) sich der Haushalt leisten kann, wenn er sein gesamtes Budget m ausgibt.

Durch Auflösen nach x_2 erhält man

$$x_2 = f(x_1) = \frac{m}{p_2} - \frac{p_1}{p_2} x_1 \tag{B.2}$$

und hat damit ermittelt, wie viele Einheiten von Gut 2 maximal zu konsumieren sind, wenn man eine bestimmte Konsummenge x_1 vorgibt. Damit ist f eine Transformationsfunktion (siehe S. 23) und ihre betragsmäßige Steigung die Grenzrate der Transformation. Diese gibt Antwort auf die Frage: Auf wie viele Einheiten von Gut 2 muss ich verzichten, wenn ich eine Einheit von Gut 1 zusätzlich konsumieren möchte?

Übung B.3.6. Die Preise der zwei Güter 1 und 2 betragen $p_1 = 6$ und $p_2 = 2$. Wenn der Haushalt eine Einheit von Gut 1 zusätzlich konsumieren möchte, auf wie viele Einheiten von Gut 2 hat er dann zu verzichten?

Die vorangehende Übung legt nahe, dass die Grenzrate der Transformation in der Haushaltstheorie als Preisverhältnis der Güter,

$$MRT = \frac{p_1}{p_2},$$

zu bestimmen ist. Diese Antwort ergibt sich auch durch Differenzieren der obigen Transformationsfunktion B.2.

Kann man der in Abb. B.5 dargestellten Situation das Haushaltsoptimum entnehmen? Nein. Die höhere Indifferenzkurve ist für den Haushalt nicht erreichbar; jedes Güterbündel auf ihr verletzt die Zulässigkeit. Die niedrigere Indifferenzkurve schneidet zwar die Budgetgerade (und dies sogar zweimal). Allerdings liegt in Punkt A kein Haushaltsoptimum vor, weil dort die Bedingung $MRS = MRT$ verletzt ist.

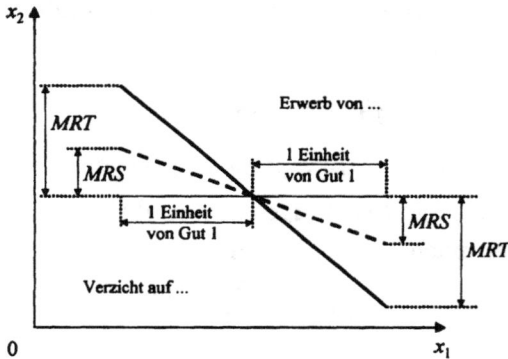

Abbildung B.6. Kein Haushaltsoptimum!

Können Sie nun die Argumentation wiederholen, die in Abschnitt B.3.1 zur Begründung von $MRS = MRT$ geführt hat? Als Hilfestellung noch ein Tipp: Bei den Argumentationsketten in diesem Kapitel haben wir es in der Regel mit Ausdrücken der Form $\left|\frac{dx_2}{dx_1}\right|$ zu tun. Es bietet sich immer an, die Variable im Nenner um eine „kleine" Einheit zu verändern. Denn dann ist die betragsmäßige Änderung der Variablen im Zähler gleich $\left|\frac{dx_2}{dx_1}\right|$. Ihre Argumentation beginnt also mit den Worten: „Wenn die Variable im Nenner um eine „kleine" Einheit erhöht (verringert) wird, dann ..."

Übung B.3.7. In Punkt A ist die Grenzrate der Transformation größer als die Grenzrate der Substitution. Der Leser betrachte dazu Abb. B.6 und zeige, dass hier und damit auch in Abb. B.5 kein Optimum vorliegen kann. Hat der Haushalt mehr oder weniger von Gut 1 zu konsumieren?

Wenn Sie konkret üben möchten, wie man Haushaltsoptima bestimmt, sollten Sie ein Lehrbuch zur Mikroökonomik zur Hand nehmen, beispielsweise WIESE (2005).

B.4 Verhandlungen zwischen Versicherungsgebern und -nehmern

B.4.1 Entscheidungen bei Risiko

Wir betrachten nun einen Spezialfall der Verhandlungen zwischen Produzenten und Konsumenten; der Produzent ist eine Versicherung und der Konsument ein Versicherungsnehmer. Wir werden annehmen, dass der Versicherungsgeber risikoneutral (bezüglich der betrachteten Versicherung) ist, während der Versicherungsnehmer risikoscheu ist. Wir werden diese Begriffe knapp erläutern; eine ausführlichere Darstellung bieten KREPS (1988), BÜLTEL/WIESE (1996) oder WIESE (2002).

Wir setzen für das Eintreten des Versicherungsfalls gegebene Wahrscheinlichkeiten voraus. Man spricht dann von Risiko, im Gegensatz zur Ungewissheit, bei der keine Wahrscheinlichkeiten vorliegen müssen. Bei Risiko kann man das Entscheidungsmodell von v. Neumann und Morgenstern anwenden. Diese haben begründet, warum die Maximierung des Erwartungsnutzens, das so genannte Bernoulli-Prinzip, ein aus normativer Sicht vernünftiges Entscheidungskriterium darstellt.

Grundlage für das Modell von v. Neumann und Morgenstern ist die Annahme, dass der Entscheider den möglichen Konsequenzen seiner Handlungen Wahrscheinlichkeiten beimessen kann. Aus formaler Sicht wird eine solche Risikosituation durch eine (nichtleere) Menge Π von Auszahlungen und eine (nichtleere) Menge W von Wahrscheinlichkeitsverteilungen über Π beschrieben. Die Präferenzen des Entscheiders werden in der Relation $\prec$ zusammengefasst. So schreibt man $w \prec v$, wenn der Entscheider die Verteilung $v \in W$ der Verteilung $w \in W$ strikt vorzieht.

Wir nehmen an, dass die Menge W nur aus endlich diskreten Wahrscheinlichkeitsverteilungen besteht. Das sind solche Verteilungen, die nur endlich vielen Auszahlungswerten eine strikt positive Wahrscheinlichkeit zuordnen. Sie werden formal durch eine Wahrscheinlichkeitsfunktion $w : \Pi \to [0,1]$ mit $w(\pi) > 0$ für nur endlich viele $\pi \in \Pi$ und $\sum_{\pi \in \Pi} w(\pi) = 1$ beschrieben; dabei ist $w(\pi)$ die Wahrscheinlichkeit, mit der sich die Auszahlung $\pi \in \Pi$ realisiert. In der Abb. B.7 ist eine Verteilung w wiedergegeben, bei der sich ein Gewinn von 10 mit

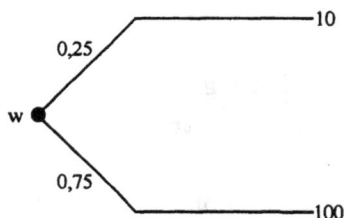

Abbildung B.7. Eine diskrete Wahrscheinlichkeitsverteilung

der Wahrscheinlichkeit 0, 25 und ein Gewinn von 100 mit der Gegenwahrscheinlichkeit 0, 75 einstellt. (Hier und in den folgenden Beispielen
besteht der Auszahlungsraum Π aus monetären Auszahlungen.)

Auf der Grundlage einer Reihe von Axiomen, die rationales Entscheiden wiedergeben sollen (siehe z.B. WIESE (2002)), können von
Neumann und Morgenstern folgenden Darstellungssatz beweisen: Die
Axiome sind für eine Präferenzrelation $\prec$ genau dann erfüllt, wenn
eine Nutzenfunktion u auf Π existiert mit

$$w \prec v \Leftrightarrow \sum_{\pi \in \Pi} u(\pi) \cdot w(\pi) < \sum_{\pi \in \Pi} u(\pi) \cdot v(\pi), \ w, v \in W. \qquad \text{(B.3)}$$

In Worten besagt diese Bedingung, dass zwischen zwei Verteilungen
genau dann eine starke Präferenz besteht, wenn die präferierte Verteilung einen höheren erwarteten Nutzen aufweist. Insbesondere wird also
ein Entscheider, der die Axiome befolgt, stets nach Maximierung des
erwarteten Nutzens streben.

Wir merken noch an, dass die Nutzenfunktion u nur bis auf positive
affine Transformationen eindeutig bestimmt ist. Das heißt, genügt u
der Bedingung B.3, so gilt dies für jede weitere Funktion $\widehat{u}$ genau dann,

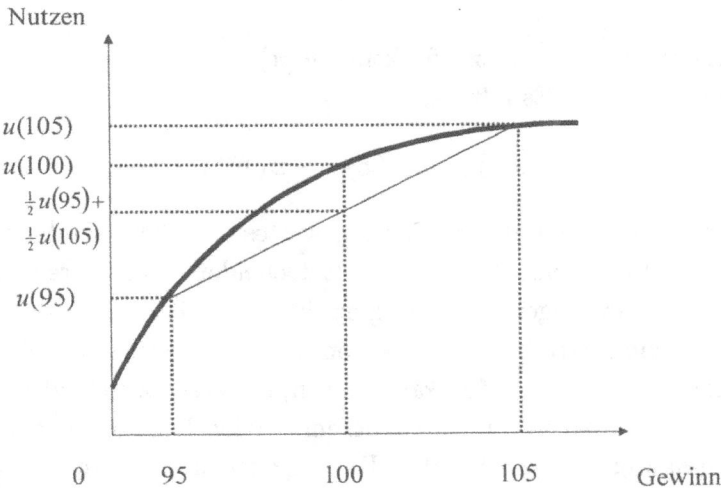

Abbildung B.8. Der erwartete Nutzen ist kleiner als der Nutzen des Erwartungs-wertes

wenn es reelle Zahlen $a > 0$ und b mit $\widehat{u}(\pi) = a \cdot u(\pi) + b$ für alle $\pi \in \Pi$ gibt.

Übung B.4.1. Der erwartete Nutzen aufgrund einer Nutzenfunktion u sei für die Verteilung w kleiner als für die Verteilung v. Zeigen Sie, dass dann auch der erwartete Nutzen aufgrund der Nutzenfunktion $\widehat{u} = a \cdot u + b$ mit $a > 0$ für w kleiner als für v ist.

B.4.2 Risikoaversion, Risikoneutralität und Risikofreude

Das Bernoulli-Prinzip beinhaltet die Forderung nach Maximierung des erwarteten Nutzens. Damit ist noch nichts über die Gestalt der zugrunde liegenden Nutzenfunktion gesagt. Im Normalfall wird man unterstellen können, dass der Entscheider eine Zunahme der Auszahlung stets begrüßt. Dann muss die Nutzenfunktion monoton wachsend sein. Welche weitergehenden Aussagen können wir über das Aussehen der Nutzenfunktion machen?

   Betrachtet sei die Verteilung $\left[95, 105; \frac{1}{2}, \frac{1}{2}\right]$. Ihr Erwartungswert ist 100 und der erwartete Nutzen errechnet sich aus

$$\frac{1}{2}u(95) + \frac{1}{2}u(105).$$

Angenommen, die Nutzenfunktion $u(\pi)$ besitze die in Abb. B.8 angegebene Gestalt. Es gilt dann

$$u(100) > \frac{1}{2}u(95) + \frac{1}{2}u(105),$$

in Worten: Der Nutzen des Erwartungswertes ist größer als der erwartete Nutzen. In diesem Fall zieht der Entscheider den sicheren Erwartungswert der jeweiligen Verteilung strikt vor. Gilt diese Aussage für alle erdenklichen Verteilungen, so sagen wir, der Entscheider sei risikoavers (bzw. risikoscheu). Man kann zeigen, dass ein Entscheider genau dann risikoavers ist, wenn seine Nutzenfunktion konkav ist, wenn also ihre Steigung - so wie in Abb. B.8 angegeben - mit zunehmender Auszahlung abnimmt.

Nimmt die Steigung dagegen mit zunehmender Auszahlung zu, so gilt

$$u(100) < \frac{1}{2}u(95) + \frac{1}{2}u(105).$$

Der Nutzen des Erwartungswertes ist dann kleiner als der erwartete Nutzen, sodass der Entscheider die Verteilung dem sicheren Erwartungswert vorzieht. (Machen Sie sich dies anhand einer Skizze klar.) In diesem Fall sagen wir, der Entscheider sei risikofreudig.

Übung B.4.2. Die Präferenzen einer Person für Geld (π) werden durch eine v. Neumann-Morgenstern-Nutzenfunktion repräsentiert, die für positive Geldmengen $u(\pi) = \pi^a$ lautet. Hierbei ist a ein Parameter. Was bedeutet $a < 0$, was $a = 0$? Bei welchen Parameterwerten mit $a > 0$ ist das Individuum risikoavers, bei welchen risikofreudig? Hinweis: Risikoaversion kann man an der zweite Ableitung der Nutzenfunktion erkennen.

Für eine lineare Nutzenfunktion ist der erwartete Nutzen gleich dem Nutzen des Erwartungswertes. Der Entscheider ist dann indifferent zwischen einer Verteilung und dem sicheren Erwartungswert dieser Verteilung. In diesem Fall sagen wir, der Entscheider sei risikoneutral. Für einen risikoneutralen Agenten lässt sich dann der erwartete

Nutzen bei zwei Auszahlungen π_1 und π_2 mit zugehörigen Wahrscheinlichkeiten w_1 und $1 - w_1$ durch

$$w_1 \pi_1 + (1 - w_1)\, \pi_2$$

wiedergeben. Wir werden uns schließlich für den optimalen Versiche-
rungsumfang interessieren. Wenn ein Versicherungsunternehmen risikoneutral ist, so kann man seine Grenzrate der Transformation als

$$MRT = \frac{d\pi_2}{d\pi_1} = -\frac{w_1}{1 - w_1}$$

angeben: Bekommt die Versicherung im Fall 1 einen EUR zusätzlich,
so ist sie bereit, im Fall 2 $\frac{w_1}{1-w_1}$ EUR aufzugeben.

B.4.3 Versicherungsnachfrage

Angenommen, ein Haushalt mit einem Vermögen von A ist einem dro-
henden Schaden ausgesetzt, der mit der Wahrscheinlichkeit w_1 eintreten kann. Im Fall des Eintretens verliert der Haushalt einen Betrag
der Höhe L. Der Haushalt kann jedoch eine Versicherung abschließen,
die einen bei Vertragsabschluss zu bestimmenden Betrag K auszahlt,
wenn der Schaden eingetreten ist. Im Gegenzug erhält der Versicherer
eine Prämie γK mit $0 < \gamma < 1$.

Im Folgenden bezeichnen wir mit π_1 bzw. π_2 das Endvermögen des
Haushalts, wenn der Schaden eingetreten bzw. nicht eingetreten ist.
Es gelten dann

$$\pi_1 = A - L + (1 - \gamma)\, K$$

und

$$\pi_2 = A - \gamma K.$$

Löst man die erste Gleichung nach K auf und setzt das Ergebnis in
die zweite Gleichung ein, so erhält man eine neue Gleichung, die der
Budgetgleichung aus der Haushaltstheorie entspricht. Die dazugehörige Gerade ist der geometrische Ort aller Kombinationen von π_1 und
π_2, die der Haushalt durch geeignete Wahl der Versicherungssumme
K erreichen kann.

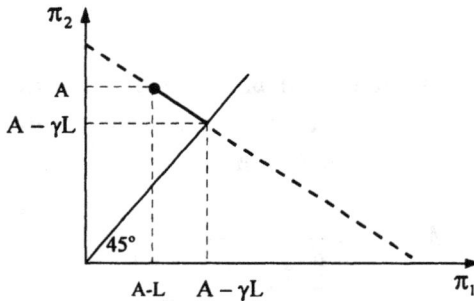

Abbildung B.9. Die Budgetgerade des Versicherungsnehmers

Übung B.4.3. Bestimmen Sie die Steigung der Budgetgeraden! Warum liegt der Punkt $(A - L, A)$ auf der Budgetgeraden?

In Abb. B.9 ist die Budgetgerade gezeichnet.

Übung B.4.4. Können Sie sich vorstellen, warum die Budgetgerade nicht durchgängig gezeichnet ist?

Welche Versicherungssumme K wird der Haushalt wählen? Wir gehen so vor, wie Sie dies aus der Haushaltstheorie kennen: Im Koordinatensystem werden wir Indifferenzkurven einzeichnen und das Optimum als Berührpunkt einer Indifferenzkurve mit der Budgetgeraden bestimmen. Dabei bedenken wir, dass der erwartete Nutzen

$$w_1 u\left(\pi_1\right) + \left(1 - w_1\right) u\left(\pi_2\right)$$

entlang einer Indifferenzkurve konstant ist. Daraus ergibt sich für die Grenzrate der Substitution

$$MRS = \frac{MU_1}{MU_2}$$
$$= \frac{w_1}{1 - w_1} \frac{u'\left(\pi_1\right)}{u'\left(\pi_2\right)}.$$

Übung B.4.5. Wie groß ist die Grenzrate der Substitution entlang der 45°-Linie?

Übung B.4.6. Zeigen Sie, dass die Indifferenzkurven für einen risikoscheuen Haushalt konvex, also zum Ursprung gekrümmt sind.

Im Berührpunkt stimmen die Steigungen der Budgetgeraden und der Indifferenzkurve überein. Es gilt also

$$\frac{w_1}{1 - w_1} \frac{u'(\pi_1)}{u'(\pi_2)} = \frac{\gamma}{1 - \gamma}.$$

Nach Einsetzen und Umformung erhält man daraus

$$\frac{u'(A - L + (1 - \gamma) K)}{u'(A - \gamma K)} = \frac{\gamma}{1 - \gamma} \frac{1 - w_1}{w_1}.$$

Übung B.4.7. Herr Weber besitzt als einzigen Vermögensgegenstand eine Yacht im Wert von 100.000,- EUR. Mit einer Wahrscheinlichkeit von $w_1 = 0,01$ wird die Yacht infolge einer Havarie sinken. Eine Versicherung kostet $\gamma = 0,02$ EUR pro EUR Versicherungssumme. Welche Versicherungssumme wählt Herr Weber, wenn seine Nutzenfunktion durch $u(\pi) = ln(\pi)$ gegeben ist?

Eine Versicherung heißt „fair", wenn ihr Wert, gemessen durch die erwarteten Leistungen des Versicherers, genau der Versicherungsprämie entspricht. Für eine faire Versicherung gilt also $w_1 K = \gamma K$ und somit $\gamma = w_1$. Eine faire Versicherung ist dadurch gekennzeichnet, dass die Prämie je EUR Versicherungssumme gleich der Wahrscheinlichkeit des Schadensereignisses ist.

Übung B.4.8. Zeigen Sie, dass ein risikoaverser Haushalt sich stets voll versichert, wenn er eine faire Versicherung abschließen kann.

B.4.4 Pareto-optimaler Versicherungsumfang

Wir haben herausgearbeitet, wie sich der Haushalt versichern wird, wenn er sich einer fairen Versicherung gegenübersieht. Die Pareto-optimalen Situationen sind ebenfalls durch Vollversicherung charakterisiert. Wir haben oben gezeigt, dass die Grenzrate der Substitution

$$MRS = \frac{MU_1}{MU_2}$$

$$= \frac{w_1}{1 - w_1} \frac{u'(\pi_1)}{u'(\pi_2)}$$

ist. Die Grenzrate der Transformation beträgt bei Risikoneutralität

$$MRT = \frac{w_1}{1 - w_1}.$$

Aus B.3 ist bekannt, dass die Grenzrate der Substitution gleich der Grenzrate der Transformation sein muss. In diesem Fall sind dadurch $\frac{u'(\pi_1)}{u'(\pi_2)} = 1$ und damit $\pi_1 = \pi_2$ und Vollversicherung impliziert. Man kann den zu verteilenden Handelsgewinn exakt angeben; bearbeiten Sie dazu die nächste Frage.

Übung B.4.9. Sei u die Nutzenfunktion eines risikoscheuen Haushalts und seien π_1 bzw. π_2 die Auszahlungen mit $\pi_1 \neq \pi_2$, die mit den Wahrscheinlichkeiten w_1 bzw. $w_2 = 1 - w_1$ realisiert werden. Geben Sie eine Formel an, aus der man bei Kenntnis der Nutzenfunktion errechnen kann, wie viel der Haushalt maximal bereit ist, für eine Vollversicherung zu zahlen. Wie hoch ist die Mindestentschädigung, die eine risikoneutrale Versicherung für eine Vollversicherung verlangen muss?

B.5 Verhandlungen zwischen zwei Produzenten

Wir betrachten nun zwei Unternehmen, 1 und 2, und deren Absatzmengen x_1 bzw. x_2. Der Zusammenschluss zu einem Kartell kann für sie lohnend sein. Das Ziel des Kartells ist die Maximierung des Gesamtgewinns. Zusammen mit eventuellen Transferzahlungen garantiert nur diese Maximierung Pareto-Optimalität, hier allerdings nur bezogen auf die beiden Unternehmen. Zur Analyse verwenden wir die folgenden Modellannahmen:

- Die Angebotsseite ist durch die Kostenfunktionen $c_i(x_i)$, $i = 1, 2$, bestimmt.
- Der Preis ist von der insgesamt angebotenen Menge $X = x_1 + x_2$ abhängig.

Unter diesen Umständen beträgt der Gesamtgewinn beider Unternehmen

$$\pi_{1,2} = p\,(x_1 + x_2) \cdot (x_1 + x_2) - c_1\,(x_1) - c_2\,(x_2)\,.$$

Leitet man den Gesamtgewinn partiell nach x_1 und x_2 ab, so erhält man

$$\frac{\partial \pi_{1,2}}{\partial x_1} = p + \frac{dp}{dX}\,(x_1 + x_2) - \frac{dc_1}{dx_1} \stackrel{!}{=} 0$$

für die Menge x_1 von Unternehmen 1 bzw.

$$\frac{\partial \pi_{1,2}}{\partial x_2} = p + \frac{dp}{dX}\,(x_1 + x_2) - \frac{dc_2}{dx_2} \stackrel{!}{=} 0$$

für die Menge x_2 von Unternehmen 2.

Man kann diesen beiden Optimalbedingungen zweierlei entnehmen: Zum einen berücksichtigen die Unternehmen im Kartelloptimum, dass die durch eine Mengenerhöhung ausgelöste Preissenkung ($\frac{dp}{dX} < 0$) nicht nur den Umsatz bezüglich der eigenen Mengeneinheiten, sondern auch den Umsatz bezüglich der Mengeneinheiten des jeweils anderen Unternehmens senkt. Zum anderen müssen die Unternehmen die Produktion so verteilen, dass die Grenzkosten gleich sind. Die Gewinnverteilung kann dabei unabhängig von den Produktionsmengen erfolgen.

B.6 Externe Effekte und das Theorem von Coase

Externe Effekte liegen vor, wenn der Konsum eines Individuums oder die Produktion eines Unternehmens den Nutzen oder die Produktion eines anderen positiv oder negativ beeinflusst, ohne dass für die Beeinflussung ein Entgelt erhalten bzw. entrichtet wird. Derjenige, der die Konsum- bzw. Produktionsentscheidung trifft, trägt folglich nicht alle Konsequenzen seiner Entscheidung.

Je nach Bewertung des Einflusses unterscheidet man positive (nutzen- bzw. gewinnerhöhende) und negative (nutzen- bzw. gewinnmindernde) externe Effekte. Von einseitigen externen Effekten spricht man, wenn der Einfluss nur in eine Richtung wirkt (z.B. die Verschmutzung eines fischreichen Flusses durch die Abwässer eines Chemieunternehmens), von wechselseitigen, wenn beide Seiten jeweils die andere beeinflussen (z.B. die Bestäubung der Blüten und die Bereitstellung von pollenhaltigen Blüten bei Bienenzüchter und Obstplantagenbetreiber).

Laut COASE (1960) haben viele aus Externalitäten resultierende Probleme ihre Ursache in nicht exakt zugeordneten Eigentumsrechten - ohne Eigentum existiert keine Verhandlungsgrundlage. Eigentumsrechte ermöglichen dem Inhaber, den Gegenstand dieses Rechtes (z.B. Sauberkeit eines Gewässers) nach seinen Vorstellungen zu nutzen (z.B. sich daran zu erfreuen oder das Gewässer als 'Kloake' zu nutzen), insbesondere aber auch das Nutzungsrecht ganz oder teilweise an andere gegen Ausgleichszahlung zu übertragen.

Das Coase-Theorem hat zwei Teile: Solange das soziale Optimum noch nicht erreicht ist, können die beteiligten Seiten über eine Nutzungsänderung verhandeln und werden dabei schließlich das Optimum erreichen. Dieser erste Teil des Coase-Theorems ist nichts anderes als das Effizienzpostulat, auf dem dieses Kapitel aufbaut.

Der zweite Teil des Coase-Theorems hat viel Diskussion ausgelöst. Coase behauptet, dass das Ausmaß der Umweltverschmutzung unabhängig von der Ausgangsverteilung der Eigentumsrechte ist, wenn diese nur genau geregelt ist. Dies ist die so genannte Invarianzthese.

COASE (1960) selbst gibt folgendes Beispiel: Die Viehweide eines Rinderzüchters grenzt an das Getreideland eines anderen Landwirtes. Die Rinder richten Schäden beim Getreide an, die von der Anzahl der Rinder abhängen. Man beachte die folgende Tabelle:

Anzahl der Rinder	Grenzgewinn	Grenzschaden
1	4	1
2	3	2
3	2	3
4	1	4

Der Rinderhalter erzielt mit seinen Rindern einen Gewinn; wir nehmen an, dass der Grenzgewinn dabei sinkt, wie in der Tabelle angegeben. Der Grenzschaden soll dagegen ansteigen. Betrachten wir zunächst die Lage, wenn die Eigentumsrechte beim Getreidebauern liegen. Der Getreidebauer kann also dem Rinderzüchter untersagen, dass dessen Rinder das Getreide zertrampeln. Dann wird die Verhandlung zwischen Getreidebauer und Rinderzüchter bewirken, dass zumindest ein Rind auf die Weide getrieben werden kann. Denn der Rinderzüchter kann bis zu 4 Geldeineinheiten dafür bieten, während der Getreidebauer als Entschädigung mindestens 1 Geldeinheit verlangen muss. Auch über das zweite Rind wird man sich einig werden können, zum Beispiel gegen eine Entschädigung von 2,5 Geldeinheiten. Ein drittes Rind kann jedoch nicht auf die Weide getrieben werden: Es richtet einen Schaden von 3 Geldeinheiten an, während es seinem Besitzer nur 2 Geldeinheiten einbringt.

Liegen die Eigentumsrechte auf Seiten des Rinderzüchters, so ist es am Getreidebauern, den Rinderzüchter dafür zu entschädigen, dass er auf einige seiner Rinder verzichtet. Man überlegt sich, dass das vierte Rind diesen Verhandlungsprozess nicht überleben wird. Der Getreidebauer kann bis zu 4 Geldeinheiten für die Entfernung des Rindes anbieten, während es dem Rinderzüchter nur einen Gewinn von 1 Geldeinheit einbringt. Auch das dritte Rind wird von der Weide genommen, das zweite jedoch nicht. Damit ergibt sich, wie das Coase-Theorem es besagt, ein gleiches Niveau der Schädigung, unabhängig von der Ausstattung mit Eigentumsrechten.

Was ist der Grund für die Gültigkeit des Coase-Theorems? Letztlich liegt das Coase-Theorem darin begründet, dass entgangene Gewinne Verluste und vermiedene Verluste Gewinne darstellen. Nehmen wir das zweite Rind. Liegen die Eigentumsrechte auf Seiten des Getreidebauern, ist es am Rinderzüchter, dem Getreidebauern dafür Geld zu bieten, dass er das zweite Rind auf die Weide treiben darf. Eine Einigung ist hier möglich, weil der Grenzgewinn des zweiten Rindes, 3, den Grenzschaden dieses Rindes, 2, überwiegt. Entsprechende Verhandlungen bezüglich des dritten Rindes können nicht erfolgreich sein: Der Grenzgewinn beträgt 2, der Grenzschaden 3.

Bei umgekehrten Eigentumsrechten hat der Getreidebauer den Rinderzüchter dafür zu entschädigen, dass er das zweite Rind von der Weide nimmt. Der entgangene Gewinn für den Rinderzüchter beträgt 3, während der vermiedene Grenzschaden für den Getreidebauern nur 2 beträgt. Der Getreidebauer kann also keinen beidseitig vorteilhaften Handel anbieten. Dagegen wird das dritte Rind von der Weide genommen: Der entgangene Grenzgewinn beträgt 2, der vermiedene Grenzschaden 3.

Hier ist jedoch auf zweierlei hinzuweisen: Wenn einer der Beteiligten ein Konsument mit einer nicht quasi-linearen Nutzenfunktion ist, bewirken die aus der Verteilung der Eigentumsrechte resultierenden Einkommenseffekte durchaus einen Unterschied (siehe z.B. WIESE (2005, S. 405 f.)). Noch gewichtiger ist der Einwand von WEGEHENKEL (1980). Auch wenn die Verhandlungen bei jeder Verteilung der Eigentumsrechte zur selben Anzahl von Rindern und zur selben Schädigung führen, zieht der Rinderzüchter es natürlich vor, wenn die Eigentumsrechte auf seiner Seite liegen. Denn dann ist der Rinderzüchter vom Getreidebauern zu entschädigen. Liegen die Eigentumsrechte jedoch beim Getreidebauern, muss der Rinderzüchter Zahlungen an den Getreidebauern leisten. Mittelfristig werden daher Markteintritte bzw. -austritte zugunsten derjenigen Branchen erfolgen, die durch die Eigentumsrechte begünstigt werden. Und dann gilt das Coase-Theorem mittelfristig nicht.

B.7 Verhandlungen zwischen Konsumenten und Produzenten bei öffentlichen Gütern

Öffentliche Güter sind ein Spezialfall positiver externer Effekte. Wenn ein Individuum ein Gut ohne Rivalität im Konsum konsumiert, so kann ein zweites dasselbe Gut in derselben Qualität ebenfalls konsumieren. Oft genannte Beispiele sind die Landesverteidigung oder Straßenlampen. Das Gegenteil von öffentlichen Gütern sind private Güter: Ein Apfel kann nur einmal gegessen werden. Für diesen Abschnitt ist es unerheblich, ob die Konsumenten vom Konsum ausgeschlossen werden können oder nicht.

Wie bestimmt man die optimale Bereitstellung eines privaten Gutes? Wir hatten uns in Abschnitt B.3 überlegt, dass eine notwendige Bedingung für die optimale Bereitstellung privater Güter die Gleichheit von Grenzrate der Substitution und Grenzrate der Transformation ist. Betrachten wir zwei Individuen, A und B, die einerseits das private Gut x in den Mengen x_A und x_B konsumieren und andererseits das öffentliche Gut G.

Im Gleichgewicht muss also die Grenzrate der Transformation zwischen dem (d.h. zwischen jedem) privaten Gut und dem öffentlichen Gut gleich der Summe der Grenzraten der Substitution der zwei Individuen sein:

$$MRS^A + MRS^B$$

$$= \left|\frac{dx_A}{dG}\right|^{Indifferenzkurve} + \left|\frac{dx_B}{dG}\right|^{Indifferenzkurve}$$

$$\overset{!}{=} \left|\frac{d(x_A + x_B)}{dG}\right|^{Transformationskurve} = MRT.$$

Wir nehmen im Widerspruch dazu an, dass die Grenzrate der Transformation kleiner als die Summe der Grenzraten der Substitution ist und dass wir eine kleine Einheit des öffentlichen Gutes zusätzlich produzieren. Dann müssen wir auf die Produktion von $\left|\frac{d(x_A+x_B)}{dG}\right| = MRT$ Einheiten des privaten Gutes verzichten. Die Individuen A und B sind jedoch bereit, auf $MRS^A + MRS^B$ Einheiten des privaten Gutes zu verzichten, falls ihnen die eine Einheit des öffentlichen Gutes zusätzlich zur Verfügung gestellt wird. Sie sind unter der obigen Annahme somit bereit, auf mehr als den Produktionsrückgang zu verzichten. Die Erhöhung der Produktion des öffentlichen Gutes auf Kosten des privaten Gutes ist also vorteilhaft.

Häufig betrachtet man das private Gut als numéraire-Gut bzw. als Geld, d.h. als Gut mit dem Preis 1 (vergleiche Abschnitt B.3). Dann können wir die Optimalitätsbedingung noch auf eine andere Weise ausdrücken: Die Summe der Zahlungsbereitschaften aller Individuen für das öffentliche Gut muss gleich den Grenzkosten des öffentlichen Gutes sein.

Übung B.7.1. In einem kleinen Städtchen Sachsens leben 200 Menschen mit identischen Präferenzen. Die Person i aus der Menge der Bewohner $\{1, 2, ..., 200\}$ hat die Nutzenfunktion $u_i(x_i, G) = x_i + \sqrt{G}$, wobei x_i die Menge des einzigen privaten Gutes und G die Menge des öffentlichen Gutes ist. Der Preis des privaten Gutes beträgt 1 und der des öffentlichen Gutes 10. Wie groß ist die Pareto-optimale Menge des öffentlichen Gutes? Hinweis: Überlegen Sie sich zunächst, wie man die Grenzrate der Transformation $\frac{d\left(\sum_{i=1}^{200} x_i\right)}{dG}$ mit Hilfe der Preise des öffentlichen und des privaten Gutes bestimmen kann.

B.8 Internationaler Handel

Die letzte hier zu behandelnde Implikation der Pareto-Optimalität betrifft das Theorem der komparativen Kosten von David Ricardo, einem englischen Klassiker der Ökonomik (1772-1823), zu dessen Person und Werk sich bei ELTIS (1989) Lesenswertes findet. Wir zeigen hier zunächst, dass die Verschiedenheit der Transformationsraten zwischen Ländern Anlass zu internationalem Handel gibt. Wir argumentieren dabei anhand der Transformationsrate MRT, die auf S. 23 erklärt wird.

Mit Ricardo nehmen wir an, dass sowohl England als auch Portugal Wein (W) und Tuch (T) produzieren. Die Transformationsrate $MRT = \left| \frac{dW}{dT} \right|$ betrage für England 2 und für Portugal 4. Dann lohnt sich die Spezialisierung, wie Sie in der nächsten Aufgabe zeigen sollen:

Übung B.8.1. Gehen Sie von

$$4 = MRT^P = \left| \frac{dW}{dT} \right|^P > \left| \frac{dW}{dT} \right|^E = MRT^E = 2$$

aus und begründen Sie, dass sich die beiden Länder durch Handel besser stellen können.

Nun ist in diesen Betrachtungen nur von Grenzraten der Transformation, nicht aber von Kosten die Rede gewesen. Dies wollen wir nun nachholen.

Wir gehen von vorgegebenen Faktormengen und (aufgrund vollständiger Konkurrenz!) von gegebenen Faktorpreisen aus. Dann sind die Gesamtkosten zur Produktion der Güter 1 und 2 konstant und ändern sich somit entlang der Transformationskurve nicht. Wir können also

$$C(x_1, x_2) = C(x_1, f(x_1)) = \text{konstant}$$

schreiben. Produzieren wir nun mehr von Gut 1 und entsprechend weniger von Gut 2, ändern sich daher die Kosten nicht:

$$\frac{\partial C}{\partial x_1} + \frac{\partial C}{\partial x_2} \frac{df(x_1)}{dx_1} = 0.$$

Eine einfache Umformung ergibt

$$MRT = -\frac{df(x_1)}{dx_1} = \frac{MC_1}{MC_2}.$$

Nun haben wir das Ricardo'sche Ergebnis in der Ihnen sicherlich geläufigeren Form: Solange die komparativen Kosten (genauer: die Grenzkostenverhältnisse) zwischen zwei Ländern unterschiedlich sind, lohnt sich internationaler Handel.

B.9 Neue Begriffe

- Pareto-Effizienz
- Pareto-Verbesserung
- Tausch-Edgeworth-Box
- Indifferenzkurve
- Kontraktkurve
- Tauschlinse
- Kern
- Grenzrate der Substitution
- Grenzrate der Transformation
- Vollständige Konkurrenz
- Cournot-Punkt
- Preisdiskriminierung ersten Grades
- Budgetgerade
- Haushaltsoptimum
- Erwartungswert
- Erwarteter Nutzen
- Bernoulli-Prinzip
- Externe Effekte
- Coase-Theorem
- Öffentliche Güter

B.10 Lösungen zu den Übungen

B.1.1. Eine Pareto-optimale Situation liegt vor, falls keine Pareto-Verbesserung möglich ist.

B.1.2. Wird Vermögen so umverteilt, dass sich die Gleichheit des Vermögens erhöht, dann geschieht dies zum Nachteil der Vermögenden. Eine solche Umverteilung stellt keine Pareto-Verbesserung dar.

B.1.3. Diese Situation ist Pareto-optimal. Niemand kann besser gestellt werden, ohne dass das Individuum, das alles besitzt, schlechter gestellt wird. (Allerdings müsste dieses Individuum recht neidresistent sein.)

B.2.1. Abb. B.10 gibt die Tausch-Edgeworth-Box wieder. Von beiden Gütern gibt es 100 Einheiten. Die Anfangsausstattung ist hervorgehoben. Um die Kontraktkurve zu bestimmen, schreibt man die Grenzrate der Substitution (MRS) als Verhältnis der Grenznutzen (MU) der beiden Güter und errechnet sie für Individuum A bei der Nutzenfunktion $u_A(x_A^1, x_A^2) = x_A^1 x_A^2$ als

$$MRS_A = \frac{MU_A^1}{MU_A^2} = \frac{x_A^2}{x_A^1}.$$

Analog gilt

$$MRS_B = \frac{MU_B^1}{MU_B^2} = \frac{x_B^2}{x_B^1} = \frac{100 - x_A^2}{100 - x_A^1},$$

wobei die letzte Gleichheit die Größe der Edgeworth-Box benutzt. Man errechnet $x_A^1 = x_A^2$ und damit $x_B^1 = x_B^2$. Die Kontraktkurve umfasst somit alle Güterbündel, bei denen die Konsumenten von Gut 1 und Gut 2 die gleichen Mengen besitzen.

Das beste Güterbündel, das Individuum B, ausgehend von seiner Anfangsausstattung, durch freiwilligen Tausch erreichen kann, liegt auf der Tauschgeraden $(x_A^1 = x_A^2)$ und gewährt A denselben Nutzen wie in der Situation der Anfangsausstattung:

$$900 = u_A(10, 90) = x_A^1 x_A^2.$$

Wir erhalten also durch Wurzelziehen

$$x_A^1 = x_A^2 = 30$$

und hieraus $x_B^1 = x_B^2 = 70$.

Die Tauschlinse enthält die Menge aller Pareto-Verbesserungen, d.h. all derjenigen Güterkombinationen (x_A^1, x_A^2) mit

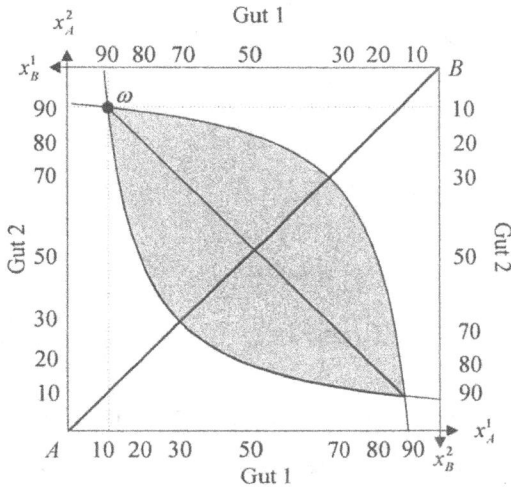

Abbildung B.10. Tausch-Edgeworth-Box

$$u_A(x_A^1, x_A^2) \geq 900$$

und

$$u_B(100 - x_A^1, 100 - x_A^2) \geq 900.$$

In Abb. B.10 ist dies der grau schattierte Bereich. Die Menge der Pareto-effizienten Pareto-Verbesserungen nennt man den Kern. Er ist nach den bisherigen Berechnungen die Menge derjenigen Güterkombinationen (x_A^1, x_A^2) mit

$$30 \leq x_A^1 = x_A^2 \leq 70.$$

B.3.1. Der Preis p ist hier keine Funktion der Outputmenge y.

B.3.2. Man kann sich den Grenzerlös aus zwei Teilen zusammengesetzt vorstellen: Zum einen erfährt der Monopolist aus dem Angebot einer zusätzlichen Einheit eine Erlössteigerung um den Preis dieser Einheit ($p > 0$). Zum anderen muss er eine Erlöseinbuße in Kauf nehmen, weil die Abnehmer - bei negativ geneigter Marktnachfrage - nicht bereit sind, das erhöhte Angebot zum alten Preis abzunehmen. Diese Erlöseinbuße berechnet sich aus dem Produkt des Preisabschlags, den der Monopolist zum Absatz der letzten abzusetzenden Einheit einräumen muss, mit der Zahl der bisher verkauften Einheiten ($y\frac{dp}{dy} < 0$).

Tatsächlich bestätigt die Rechnung (Produktregel), dass der Grenzerlös durch

$$MR = p + y\frac{dp}{dy}$$

gegeben ist.

B.3.3. Für den maximalen Gewinn gilt

$$27 - 3y^2 = MR(y) \overset{!}{=} MC(y) = 15,$$

also ist die optimale Outputmenge $y = 2$ und der gewinnmaximale Preis beträgt 23.

B.3.4. a) Bei einem einheitlichen Preis verlangt der Buchverkäufer den Preis € 35. Dann werden 5 Käufer das Buch kaufen, und der Gewinn beträgt $175 - 40 = 135$. Würde er einerseits 6 Bücher verkaufen wollen, so müsste er den Preis auf € 30 senken; der Gewinn läge dann bei $180 - 48 = 132$. Würde er andererseits nur vier Bücher verkaufen wollen, so könnte er den Preis auf € 40 anheben; der Gewinn würde jedoch nur $160 - 32 = 128$ betragen.

b) Falls er jedem Konsumenten genau den Preis nennen könnte, der dessen Zahlungsbereitschaft entspricht, wird er mehr Bücher verkaufen wollen. Denn der Grenzerlös ist in diesem Fall gleich dem Preis. Er würde also an alle potentiellen Käufer mit Ausnahme desjenigen, dessen Zahlungsbereitschaft unter den Grenzkosten liegt, verkaufen. Der Gewinn ist dann $55 + 50 + 45 + ... + 15 + 10 - 8 \cdot 10 = \frac{1}{2} \cdot 10 \cdot 65 - 80 = 245$. (Zur Addition der Zahlen 55 bis 10 kann man diese zweimal untereinander schreiben, das zweite Mal in umgekehrte Reihenfolge. Dann hat man 10 mal $65 = 55 + 10 = 50 + 15 = ...$. Dies ist der von Friedrich Gauss erdachte Rechentrick.) Dies ist ein Beispiel für Preisdiskriminierung ersten Grades.

B.3.5. Bei Preisdiskriminierung 1. Grades wird so viel produziert, bis die Grenzkosten gleich dem Preis sind, d.h. für das Monopol gilt

$$2y = MC \overset{!}{=} MR = p = 24 - 2y.$$

Damit ist 6 die gewinnmaximale Ausbringungsmenge.

B.3.6. Konsumiert der Haushalt eine Einheit von Gut 1 zusätzlich, hat er dafür 6 (Euro) zu bezahlen. Er kann sich dies nur leisten, wenn er auf 3 Einheiten von Gut 2 verzichtet, die ebenfalls 6 (Euro) kosten.

B.3.7. Der Haushalt kann sich durch den Verzicht auf eine Einheit von Gut 1 besser stellen. Verzichtet er auf eine Einheit von Gut 1, benötigt er MRS Einheiten von Gut 2, um sich genauso gut zu stellen wie vorher. Aufgrund der Preisverhältnisse erhält er jedoch für den Verzicht auf eine Einheit von Gut 1 $MRT > MRS$ Einheiten von Gut 2 (siehe Abb. B.6). Er bekommt also als Ausgleich für die eine Einheit von Gut 1 mehr als er benötigt, um indifferent zu sein. Die zusätzlichen $MRT - MRS$ Einheiten von Gut 2 kann er konsumieren und stellt sich daher besser. Eine Voraussetzung müssen wir nachliefern. Die Argumentation ist nur richtig, falls es für den Haushalt möglich ist, auf den Konsum einer (kleinen) Einheit von Gut 1 zu verzichten, falls also $x_1 > 0$ in der Ausgangssituation gilt.

B.4.1. Für jede Verteilung $w \in W$ gilt unter den gegebenen Voraussetzungen

$$\sum_{\pi \in \Pi} \widehat{u}(\pi) \cdot w(\pi) = \sum_{\pi \in \Pi} (a \cdot u(\pi) + b) \cdot w(\pi)$$

$$= a \cdot \left(\sum_{\pi \in \Pi} u(\pi) \cdot w(\pi) \right) + b \sum_{\pi \in \Pi} w(\pi)$$

$$= a \cdot \left(\sum_{\pi \in \Pi} u(\pi) \cdot w(\pi) \right) + b.$$

Eine strenge Ungleichung bleibt erhalten, wenn beide Seiten mit einer positiven Zahl multipliziert werden bzw. wenn auf beiden Seiten eine (beliebige) Zahl addiert wird. Mit diesen Bemerkungen ist die Behauptung evident.

B.4.2. Für $a = 0$ gilt $u(\pi) = 1$, die Nutzenfunktion ist in diesem Fall konstant. Wegen $u'(\pi) = a\pi^{a-1}$ ist die Nutzenfunktion für $a < 0$ monton fallend und für $a > 0$ monoton steigend. Für $a < 0$ ist Geld ein Ungut, für $a = 0$ ist der Nutzen vom Geld unabhängig. Außerdem ist die erste Ableitung $u'(\pi)$ wegen $u''(\pi) = a \cdot (a-1) \cdot \pi^{a-2}$ für $0 < a < 1$ monoton fallend und für $a > 1$ monoton steigend. Daher ist

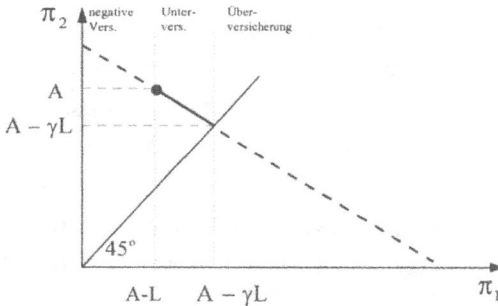

Abbildung B.11. Negative, Unter- und Überversicherung

das betrachtete Individuum für $0 < a < 1$ risikoavers und für $a > 1$ risikofreudig.

B.4.3. Die Budgetgerade hat die Steigung $-\frac{\gamma}{1-\gamma}$. Der Haushalt kann den Punkt $(A - L, A)$ bei einer Versicherungssumme der Höhe $K = 0$ erreichen. Also muss dieser Punkt auf der Budgetgeraden liegen.

B.4.4. Die gestrichelten Teile der Budgetgerade betreffen negative Versicherungen bzw. Überversicherungen. Diese beiden Arten von Versicherungen sind unüblich oder durch vertragliche bzw. gesetzliche Regelungen ausgeschlossen. Der ökonomisch relevante Bereich der Budgetgeraden wird durch die beiden Punkte $(A - L, A)$ und $(A - \gamma L, A - \gamma L)$ begrenzt, bei denen der Haushalt keine Versicherung respektive eine Vollversicherung abschließt (siehe Abb. B.11). Zwischen diesen Punkten liegt der Bereich der Unterversicherungen. Das sind solche Versicherungen, bei denen der Haushalt einen Teil des Risikos selber trägt.

B.4.5. Entlang der 45°-Linie gilt $\pi_1 = \pi_2$ und damit $u'(\pi_1) = u'(\pi_2)$. Für die Grenzrate der Substitution ergibt sich daraus $MRS = \frac{w_1}{1-w_1}$.

B.4.6. Die Grenzrate der Substitution errechnet sich aus

$$MRS = \frac{w_1}{1-w_1} \frac{u'(\pi_1)}{u'(\pi_2)}.$$

Da die erste Ableitung u' der Nutzenfunktion u für einen risikoaversen Haushalt streng monoton fällt, nimmt der Wert von $u'(\pi_1)$ mit zunehmendem π_1 ab und der Wert von $u'(\pi_2)$ mit abnehmendem π_2 zu. Folglich nimmt der Betrag der Grenzrate der Substitution entlang einer Indifferenzkurve mit zunehmendem π_1 und abnehmendem π_2 ab, da der Zähler verkleinert und der Nenner vergrößert wird. Also sind die Indifferenzkurven zum Ursprung hin gekrümmt.

B.4.7. Für die durch $u(\pi) = ln(\pi)$ gegebene Nutzenfunktion gilt $u'(\pi) = 1/\pi$. Im Versicherungsoptimum gilt dann

$$\frac{A - \gamma K}{A - L + (1-\gamma)K} = \frac{\gamma}{1-\gamma} \frac{1 - w_1}{w_1}.$$

Nach Einsetzen von $A = L = 100.000$, $w_1 = 0,01$ und $\gamma = 0,02$ und Auflösen nach K erhält man als optimale Versicherungssumme $K = 50.000$.

B.4.8. Ein risikoscheuer Haushalt zieht eine risikolose Situation einer risikobehafteten Situation vor, wenn die erwartete Auszahlung in beiden Situationen gleich ist. Im Fall einer fairen Versicherung ist das erwartete Endvermögen unabhängig von der gewählten Versicherungssumme, wobei der Haushalt durch eine Vollversicherung eine risikolose Situation erreichen kann. Ein risikoaverser Haushalt wird daher stets eine Vollversicherung wählen.

Man kann die betrachtete Aussage auch rechnerisch herleiten. Aus der notwendigen Bedingung für das Versicherungsoptimum

$$\frac{u'(A - L + (1-\gamma)K)}{u'(A - \gamma K)} = \frac{\gamma}{1-\gamma} \frac{1 - w_1}{w_1}$$

folgt nämlich wegen $\gamma = w_1$ zunächst die Gültigkeit von

$$u'(A - L + (1-\gamma)K) = u'(A - \gamma K)$$

und damit weiter die von

$$A - L + (1-\gamma)K = A - \gamma K,$$

weil die Ableitung u' der Nutzenfunktion u für einen risikoaversen Haushalt streng monoton fällt. (Vielleicht fertigen Sie sich hierzu eine kleine Skizze an.) Nach einigen Umformungen erhält man schließlich $K = L$, was zu zeigen war.

B.4.9. Wir suchen den Betrag b, den der risikoscheue Haushalt zahlen kann, sodass er indifferent zwischen der Verteilung $[\pi_1, \pi_2; w_1, w_2]$ und der sicheren Auszahlung $w_1\pi_1 + w_2\pi_2$ ist. Dieser lässt sich implizit aus

$$w_1 u(\pi_1) + w_2 u(\pi_2) = u(w_1\pi_1 + w_2\pi_2 - b)$$

errechnen. Die risikoneutrale Versicherung kann dem Haushalt den Erwartungswert auszahlen, wenn sie im Gegenzug die Lotterie erhält. Sobald sie hierfür einen positiven Betrag erhält, stellt sie sich besser. Der implizit berechnete Betrag b stellt also den möglichen Handelsgewinn dar.

B.7.1. Die Grenzrate der Transformation $\left| \frac{d(\sum_{i=1}^{200} x_i)}{dG} \right|$ bestimmt sich aus den Preisen des öffentlichen und des privaten Gutes; sie ist gleich $\frac{10}{1} = 10$. Wird eine Einheit des öffentlichen Gutes zusätzlich konsumiert, muss auf zehn Einheiten des (zehnmal so billigen) privaten Gutes verzichtet werden.

Für jeden Bewohner i mit der Nutzenfunktion $u_i(x_i, G) = x_i + \sqrt{G}$ ergibt sich die absolut genommene Grenzrate der Substitution aus

$$\left| \frac{dx_i}{dG} \right|^{Indifferenzkurve} = \frac{MU_G}{MU_{x_i}}$$

$$= \frac{\frac{1}{2\sqrt{G}}}{1} = \frac{1}{2\sqrt{G}}.$$

Wir haben die Summe der Grenzraten der Substitution aller 200 Dorfbewohner gleich der Grenzrate der Transformation zu setzen und erhalten

$$200 \cdot \frac{1}{2\sqrt{G}} = 10 \Leftrightarrow G = 100.$$

Die Pareto-optimale Menge des öffentlichen Gutes ist somit 100.

B.8.1. Anhand der Ungleichung sieht man, dass die Lieferung einer Einheit Tuch nach Portugal gegen drei Einheiten Wein für beide Länder lohnend ist. Produziert Portugal eine Einheit Tuch weniger, so kann es vier Einheiten Wein zusätzlich produzieren. Liefert es nur drei an England, so hat sich Portugal besser gestellt. Ähnliche Überlegungen zeigen, dass auch England sich bei diesem Handel besser stellt.

C. Vorausschau

C.1 Das Handschuh-Spiel

In diesem Kapitel wollen wir anhand eines Spiels, des Handschuh-Spiels, wichtige Konzepte vorstellen, die dann im Verlauf des Buches gründlicher und allgemeiner eingeführt werden. Damit dient dieses Kapitel auch dem Zweck, eine kurze Einführung in die kooperative Spieltheorie zu geben.

Beim Handschuh-Spiel verfügen einige Spieler über je einen linken Handschuh und die übrigen über je einen rechten Handschuh. Einzelne Handschuhe sind nicht von Wert, sondern nur Paare. Man könnte sich vorstellen, dass ein Spieler, der ein Paar besitzt, dieses für einen Euro verkaufen kann. Es liegt daher nahe, die so beschriebene ökonomische Situation durch die folgende Koalitionsfunktion zu modellieren:

$$v_{L,R} : 2^N \to \mathbb{R}$$
$$K \mapsto v_{L,R}(K) = \min\left(|K \cap L|, |K \cap R|\right).$$

Hierbei stehen

- N für die Menge der Spieler (die große Koalition),
- L für die Menge der Besitzer linker Handschuhe und R für die Menge der Besitzer rechter Handschuhe ($L \cap R = \emptyset$ und $L \cup R = N$),
- $v_{L,R}$ für die Koalitionsfunktion des Handschuh-Spiels,
- 2^N für die Potenzmenge von N, d.h. für die Menge aller Teilmengen von N (Koalitionen) und somit für den Definitionsbereich von $v_{L,R}$,
- $\mathbb{R}$ für die Menge der reellen Zahlen und somit für den Wertebereich von $v_{L,R}$,
- K für eine beliebige Koalition (d.h. $K \subseteq N$ oder $K \in 2^N$),
- $|K|$ für die Anzahl der Elemente (hier: Spieler) in K und

- $\min(x, y)$ für die kleinere der beiden Zahlen x und y.

Die Koalitonsfunktion $v_{L,R}$ ordnet also jeder Koalition K die Anzahl der Handschuhpaare zu, die die Spieler aus K zusammenstellen können.

Übung C.1.1. Geben Sie für $N = \{1, 2, 3, 4, 5\}$, $L = \{1, 2\}$ und $R = \{3, 4, 5\}$ die Werte (Funktionswerte) der alternativen Koalitionen $K = \{1\}$, $K = \emptyset$, $K = N$ und $K = \{2, 3, 4\}$ an.

Die vorangehende Übung bestätigt übrigens, dass $v_{L,R}$ tatsächlich als Koalitionsfunktion anzusprechen ist. Denn alle Koalitionsfunktionen $v : 2^N \to \mathbb{R}$ haben $v(\emptyset) = 0$ zu erfüllen. Diese Eigenschaft kann man als Normierung ansehen. Sie macht darüber hinaus auch interpretativ Sinn: Eine Gruppe von 0 Individuen kann nichts erreichen.

Es mag noch weitere interessante Interpretationen der Koalitionsfunktion $v_{L,R}$ geben. Diese sollen uns hier aber nicht interessieren. Die Lösungskonzepte, die wir auf $v_{L,R}$ anwenden werden, sind ohnehin von diesen Interpretationen unabhängig.

Die Aufgabe von Lösungskonzepten besteht in der kooperativen Spieltheorie darin, den Spielern Auszahlungen zuzuordnen. Erhält ein Besitzer eines rechten Handschuhs die Auszahlung $\frac{7}{10}$, so könnten wir dies als Marktergebnis auf zweierlei Weise interpretieren:

- Der Besitzer des rechten Handschuhs verkauft diesen zum Preis von $\frac{7}{10}$.
- Der Besitzer des rechten Handschuhs kauft für den Preis von $\frac{3}{10}$ einen linken Handschuh und verkauft dann das Paar zum Preis von 1.

Auf diese Weise können wir in Abhängigkeit von der Anzahl der Besitzer linker und rechter Handschuhe Vorhersagen über den Preis für rechte bzw. linke Handschuhe wagen. Allerdings werden wir feststellen, dass die Auszahlungen abhängig vom gewählten Lösungskonzept sind. Einige wichtige Lösungskonzepte werden wir in den folgenden Abschnitten präsentieren.

C.2 Pareto-Effizienz

Pareto-Optimalität impliziert für das Handschuh-Spiel Auszahlungs-vektoren $x = (x_1, ..., x_n)$, die $\sum_{i \in N} x_i = v_{L,R}(N)$ bzw.

$$\sum_{i \in N} x_i \leq v_{L,R}(N) \text{ (Zulässigkeit) und}$$

$$\sum_{i \in N} x_i \geq v_{L,R}(N) \text{ (keine Blockade durch die große Koalition)}$$

erfüllen: Die Spieler erhalten zusammen genau so viele Euro, wie sie über Handschuhpaare verfügen. Bei $\sum_{i=1}^{n} x_i < v_{L,R}(N)$ wäre die zweite Bedingung verletzt und die Spieler würden „Geld auf dem Tisch liegen lassen". Sie könnten dann einen Spieler besser stellen, ohne einen anderen schlechter zu stellen. In diesem Fall, so sagt man, kann die große Koalition x blockieren oder gegen x Einspruch erheben.

Im Falle von $\sum_{i=1}^{n} x_i < v_{L,R}(N)$ ist es sogar möglich, alle Spieler besser zu stellen, beispielsweise durch den Auszahlungsvektor $y = (y_1, ..., y_n)$, der durch

$$y_i = x_i + \frac{1}{n}\left(v_{L,R}(N) - \sum_{i=1}^{n} x_i\right), i \in N,$$

definiert ist. Pareto-Optimalität impliziert zudem Zulässigkeit, die erste der beiden Bedingungen: Es wird nicht mehr verteilt als vorhanden ist.

Übung C.2.1. Zeigen Sie, dass der obige y-Auszahlungsvektor zulässig ist, d.h. dass er die Summe der Auszahlungen $v_{L,R}(N)$ nicht überschreitet.

Wenn es um die Verteilung einer Geldsumme geht, kann man Pareto-Effizienz wahlweise durch

- „es ist nicht möglich, einen Spieler besser zu stellen, ohne einen anderen Spieler schlechter zu stellen" oder auch durch
- „es ist nicht möglich, alle Spieler besser zu stellen"

definieren. Denn die zusätzliche Geldsumme, die den einen besser stellt (erste Definition), kann man so verteilen, dass sich alle besser stellen (zweite Definition).

Übung C.2.2. Welche Auszahlungstupel sind im Falle von $L = \{1\}$ und $R = \{2\}$ Pareto-effizient?

Beim Handschuh-Spiel hat das Konzept der Pareto-Effizienz zwei bedeutende Nachteile:

- Es lässt viele Lösungen zu und hilft uns daher nur sehr eingeschränkt bei der Vorhersage. Insbesondere ist Pareto-Effizienz mit allen reellen Preisen für linke Handschuhe verträglich; sie dürfen sogar negativ oder auch größer als 1 sein.
- Die Auszahlung, die ein beliebiger Besitzer eines linken Handschuhs erhalten könnte, hängt nicht von der Anzahl der Besitzer rechter und linker Handschuhe ab. Somit wird die relative Knappheit der Güter nicht reflektiert.

Wir gehen jetzt zu einem Lösungskonzept über, das die Grundidee der Pareto-Effizienz von der großen Koalition auf alle beliebigen Koalitionen überträgt.

C.3 Der Kern

Pareto-Optimalität verlangt, dass es der großen Koalition nicht möglich sein soll, alle Spieler besser zu stellen. Der Kern verlangt darüber hinaus, dass es keiner Koalition „mit eigenen Mitteln" möglich sein soll, für ihre Spieler etwas Besseres zu bewirken. Formal besteht der Kern für das Handschuh-Spiel aus denjenigen Auszahlungsvektoren, die

$$\sum_{i \in N} x_i \leq v_{L,R}(N) \qquad \text{(Zulässigkeit) und}$$
$$\sum_{i \in K} x_i \geq v_{L,R}(K) \quad \text{für alle } K \subseteq N \quad \text{(keine Blockade durch irgendeine Koalition)}$$

erfüllen.

Alle Auszahlungsvektoren $x = (x_1, ..., x_n)$ aus dem Kern sind Pareto-optimal. Dies sieht man, indem man $K := N$ in der zweiten Bedingung betrachtet. Allerdings sind die Bedingungen, die der Kern stellt, strenger. Ein Auszahlungsvektor im Kern darf durch keine Koalition blockiert werden.

Der Kern wurde für Koalitionsfunktionen zuerst von GILLIES (1959) definiert. SHUBIK (1981, S. 299) weist jedoch darauf hin, dass Lloyd Shapley bereits 1953 in unveröffentlichten Vorlesungsnotizen dieses Konzept vorschlägt. Viel früher hat aber schon EDGEWORTH (1881) den Kern im Rahmen einer Tauschökonomie definiert. Darauf werden wir in Kap. G genauer eingehen.

Betrachten wir das Handschuh-Spiel im Falle von $L = \{1\}$ und $R = \{2\}$. Zunächst kommen aufgrund der Pareto-Effizienz nur solche Auszahlungsvektoren $x = (x_1, x_2)$ in Betracht, die $x_1 + x_2 = 1$ erfüllen. Zudem darf x auch nicht durch Einerkoalitionen blockiert werden, sodass $x_1 \geq v_{L,R}(\{1\}) = 0$ und $x_2 \geq v_{L,R}(\{2\}) = 0$ gelten müssen. Insgesamt sind genau diejenigen Auszahlungsvektoren $x = (x_1, x_2)$ im Kern, die

$$x_1 + x_2 = 1, x_1 \geq 0, x_2 \geq 0$$

erfüllen.

Wie sieht es eigentlich mit $K = \emptyset$ aus? Müssen wir nicht zusätzlich

$$\sum_{i \in \emptyset} x_i \geq v_{L,R}(\emptyset)$$

überprüfen? Nein, das müssen wir nicht. Ein i aus $\emptyset$ gibt es nicht und definitionsgemäß ist eine Summe ohne Summanden (leere Summe) gleich 0:

$$\sum_{i \in \emptyset} x_i = 0.$$

Zudem gilt für alle Koalitionsfunktionen (siehe auch Übung C.1.1) $v(\emptyset) = 0$. Wir können uns also bei der Nicht-Blockierbarkeit auf nichtleere Teilmengen von N beschränken.

Um den Kern zu bestimmen, kann man alternativ zu den obigen Bedingungen auch von

- $\sum_{i \in N} x_i = v_{L,R}(N)$ (Pareto-Effizienz) und
- $\sum_{i \in K} x_i \geq v_{L,R}(K)$ für alle $K \subset N$ (keine Blockade durch irgendeine nichtgroße Koalition)

ausgehen.

Übung C.3.1. Bestimmen Sie den Kern für das Handschuh-Spiel im Falle von $L = \{1, 2\}$ und $R = \{3\}$. Verwenden Sie dabei die unmittelbar vorausgehenden Bedingungen, wobei Sie $K = \emptyset$ unberücksichtigt lassen können. Versuchen Sie, eine möglichst kompakte Darstellung zu gewinnen.

Bei $|L| = 2 > 1 = |R|$ sind rechte Handschuhe knapper als linke. Daher verwundert es nicht, dass sich der Besitzer des rechten Handschuhs besser stellt als ein Besitzer eines linken Handschuhs. Der Kern reflektiert diese relative Knappheit recht drastisch. Gehen wir alternativ von einem Pareto-optimalen Auszahlungsvektor aus, der nicht im Kern liegt, beispielsweise von

$$y = \left(\frac{1}{10}, \frac{1}{10}, \frac{8}{10} \right).$$

Die Koalition $\{1, 3\}$ kann ihn blockieren, denn sie selbst kann für sich den Wert $v(\{1, 3\}) = 1$ erreichen und diesen so unter sich verteilen, dass sich beide Spieler besser stellen.

Der Kern ist ein mengenwertiges Lösungskonzept; er kann genau ein Element enthalten (wie bei der obigen Übung) oder sehr viele (wie im Falle von $L = \{1\}$ und $R = \{2\}$). Wir werden auch Koalitionsfunktionen kennen lernen, deren Kern leer ist; dann ist jeder Pareto-effiziente Auszahlungsvektor durch mindestens eine Koalition blockierbar.

C.4 Die Shapley-Lösung

C.4.1 Die Shapley-Formel

Während Pareto-Optimalität und Kern mengenwertige Lösungskonzepte darstellen, präsentieren wir mit der Shapley-Lösung nun ein zentrales punktwertiges Lösungskonzept. Dieses wurde von Lloyd SHAPLEY (1953) veröffentlicht. In seinem Aufsatz werden bereits die zwei Möglichkeiten, die Shapley-Lösung zu beschreiben, eingeführt: Entweder gibt man Bedingungen (Axiome) an, die die Lösung erfüllen soll, oder aber man beschreibt ein Rechenverfahren (die Shapley-Formel).

Wir beginnen zunächst mit der Formel. Die Shapley-Lösung beruht auf einer einfachen Grundidee: Jeder Spieler erhält eine Auszahlung, die von seinen Beiträgen zu „allen möglichen" Koalitionen abhängt. Der Beitrag eines Spielers besteht in der Wertsteigerung, die er hervorruft: Welchen Wert hat die Koalition mit und welchen ohne ihn? Formal drücken wir dies für einen Spieler i und eine Koalition $K \subseteq N$ durch den marginalen Beitrag (engl.: marginal contribution) MB_i^K aus:

$$MB_i^K (v) := v (K \cup \{i\}) - v (K \setminus \{i\}).$$

Übung C.4.1. Bestimmen Sie die marginalen Beiträge für $v_{\{1,2,3\},\{4,5\}}$ und

- $i = 1, K = \{1,3,4\}$,
- $i = 1, K = \{3,4\}$,
- $i = 4, K = \{1,3,4\}$,
- $i = 4, K = \{1,3\}$.

Der marginale Beitrag eines Spielers ist für unterschiedliche Koalitionen im Allgemeinen unterschiedlich. Allerdings kommt es bei der obigen Definition des marginalen Beitrages nicht darauf an, ob die Koalition K den Spieler i enthält. Man erhält für jede Koalition K die Gleichheit von $MB_i^{K \cup \{i\}} (v)$ und $MB_i^{K \setminus \{i\}} (v)$.

Die Shapley-Lösung betrachtet nun alle Koalitionen in einer bestimmten Weise. Zur Berechnung der Shapley-Lösung kann man alle Reihenfolgen σ der Spieler 1 bis n betrachten. Beispielsweise ist $(3,1,2)$ eine Reihenfolge der Spieler $\{1,2,3\}$. Man kann sich vorstellen, die Spieler 3, 1 und 2 stehen vor einer Tür und betreten in dieser Reihenfolge einen Raum. Bei jeder möglichen Reihenfolge bestimmt man den marginalen Beitrag der Spieler in Bezug auf die Menge der vor ihm eingetretenen Spieler, für Spieler 1 in der Reihenfolge $(3,1,2)$ also in Bezug auf $\{3\}$ (oder $\{3,1\}$). Der marginale Beitrag ist somit $v (\{1,3\}) - v (\{3\})$.

Übung C.4.2. Wie unterscheiden sich die marginalen Beiträge für Spieler 2 bei den Reihenfolgen $(1,3,2)$ und $(3,1,2)$?

Die so ermittelten marginalen Beiträge addiert man auf und teilt die Summe durch die Anzahl der Reihenfolgen. Wir haben dabei die folgenden Schritte vorzunehmen:

- Zuerst bestimmen wir die möglichen Reihenfolgen.
- Dann ermitteln wir für jede Reihenfolge den marginalen Beitrag des uns interessierenden Spielers (es gibt genau einen).
- Dann addieren wir alle marginalen Beiträge.
- Schließlich teilen wir die Summe der marginalen Beiträge durch die Anzahl der Reihenfolgen.

Wir rechnen nun ein einfaches Beispiel durch: $N = \{1, 2, 3\}$, $L = \{1, 2\}$ und $R = \{3\}$. Zunächst müssen wir alle Reihenfolgen der drei Spieler aufschreiben:

$$(1, 2, 3), (1, 3, 2),$$
$$(2, 1, 3), (2, 3, 1),$$
$$(3, 1, 2), (3, 2, 1).$$

Für drei Spieler gibt es $1 \cdot 2 \cdot 3 = 6$ mögliche Reihenfolgen. Das kann man sich so klarmachen: Für einen einzigen Spieler, sagen wir Spieler 1, gibt es nur eine Reihenfolge. Kommt jetzt Spieler 2 dazu, können wir ihn vor oder nach Spieler 1 platzieren und erhalten die beiden Reihenfolgen

$$(1, 2),$$
$$(2, 1).$$

Bei jeder dieser beiden Reihenfolgen können wir den dritten Spieler als Ersten, in der Mitte oder als Letzten vorsehen:

$$(3, 1, 2), (1, 3, 2), (1, 2, 3),$$
$$(3, 2, 1), (2, 3, 1), (2, 1, 3).$$

Damit ergeben sich also $2 \cdot 3 = 6$ Reihenfolgen. Bei 4 Spielern erhält man $6 \cdot 4$ Reihenfolgen. (Sie wissen jetzt, warum!) Für $1 \cdot 2 \cdot \ldots \cdot n$ schreibt man auch kürzer $n!$ (sprich: n Fakultät). Es gibt bei n Spielern also $n!$ Reihenfolgen.

Übung C.4.3. Bestimmen Sie die Anzahl der möglichen Reihenfolgen für 5 und für 6 Spieler.

Die folgende Aufgabe lösen Sie nun bitte wieder selbst.

Übung C.4.4. Gehen Sie von $N = \{1, 2, 3\}$, $L = \{1, 2\}$ und $R = \{3\}$ aus und bestimmen Sie für Spieler 1 bei jeder Reihenfolge den marginalen Beitrag.

Die Shapley-Lösung bezeichnen wir in diesem Buch mit $\varphi = (\varphi_1, ..., \varphi_n)$. Bei der vorangehenden Aufgabe beträgt die Shapley-Lösung für Spieler 1

$$\varphi_1\left(v_{\{1,2\},\{3\}}\right) = \frac{1}{6}.$$

Die Shapley-Lösungen für die anderen beiden Spieler könnten wir anhand desselben Verfahrens ermitteln. Es gibt aber noch eine andere Möglichkeit. Die Shapley-Lösungen der Spieler 1 und 2 dürfen sich nicht unterscheiden, weil diese beiden Spieler je einen linken Handschuh besitzen und daher in einem noch näher zu bestimmenden Sinne symmetrisch sind. Wir können also

$$\varphi_2\left(v_{\{1,2\},\{3\}}\right) = \frac{1}{6}$$

erwarten. Zudem erfüllt die Shapley-Lösung die Pareto-Effizienz, sodass

$$\sum_{i=1}^{3} \varphi_i\left(v_{\{1,2\},\{3\}}\right) = v\left(\{1, 2, 3\}\right) = 1$$

zu gelten hat. Somit erhält man

$$\varphi_3\left(v_{\{1,2\},\{3\}}\right) = 1 - \frac{1}{6} - \frac{1}{6} = \frac{2}{3}.$$

Hier haben wir bereits Gebrauch von den Shapley-Axiomen gemacht, die wir im nächsten Abschnitt einführen wollen.

In der folgenden Tabelle, die wir SHAPLEY/SHUBIK (1969b, S. 344) entnommen haben, sind die Shapley-Lösungen für einen Besitzer eines rechten Handschuhs in Abhängigkeit von der Anzahl rechter und linker Handschuhe wiedergegeben:

		Anzahl der Besitzer eines linken Handschuhs				
		0	1	2	3	4
Anzahl der	1	0	0,500	**0,667**	0,750	0,800
Besitzer	2	0	0,167	0,500	0,650	0,733
eines rechten	3	0	0,083	0,233	0,500	0,638
Handschuhs	4	0	0,050	0,133	0,271	0,500

Man sieht recht schön, wie die Auszahlung eines Spielers mit der Anzahl der Spieler auf der Marktgegenseite ansteigt. Die oben ermittelte Auszahlung $\frac{2}{3}$ ist in der Tabelle hervorgehoben.

C.4.2 Die Shapley-Axiome

Die Shapley-Lösung erfüllt vier Axiome: das Pareto-Axiom, das Symmetrie-Axiom, das Nullspieler-Axiom und das Additivitäts-Axiom.

Pareto-Axiom: Die Auszahlung $(\varphi_i(v))_{i\in N}$ verteilt die maximal mögliche Nutzensumme:

$$\sum_{i\in N} \varphi_i(v) = v(N).$$

Dieses Axiom haben wir oben bereits benutzt. Kennt man die Shapley-Lösung nur eines Spielers noch nicht, so kann man sie aus den Shapley-Lösungen der anderen durch

$$\varphi_i(v) = v(N) - \sum_{\substack{j\in N, \\ j\neq i}} \varphi_j(v)$$

bestimmen.

Ebenfalls Gebrauch gemacht haben wir von der Symmetrie, die zwischen Spielern, die einen gleichartigen Handschuh besitzen, im Handschuh-Spiel besteht. Zwei Spieler i und j, $i \neq j$, heißen symmetrisch, falls für jede Koalition K, die keinen der Spieler enthält,

$$v(K \cup \{i\}) = v(K \cup \{j\})$$

erfüllt ist. Die Relevanz dieser Definition für die Shapley-Lösung dürfte Ihnen durch die folgende Aufgabe klar werden:

Übung C.4.5. Zeigen Sie, dass für zwei symmetrische Spieler i und j und eine Koalition K mit $i \notin K$ und $j \notin K$ die Gleichheit von MB_i^K und MB_j^K erfüllt ist.

Symmetrie-Axiom: Symmetrische Spieler i und j erhalten die gleiche Shapley-Lösung:

$$\varphi_i(v) = \varphi_j(v).$$

Übung C.4.6. Zeigen Sie, dass im Handschuh-Spiel zwei beliebige Spieler aus L symmetrisch sind.

Wir haben also im vorangegangenen Abschnitt mit Recht den beiden linken Handschuhbesitzern die gleichen Shapley-Lösungen zugeordnet. Die Symmetrie ist sicherlich ein recht einsichtiges Axiom: Für die Auszahlungen sind nicht die Namen der Spieler wichtig, sondern das, was sie „beitragen".

Das nächste Axiom scheint ebenfalls plausibel. Es besagt: Wer nichts beiträgt, bekommt auch nichts. Ein solcher Spieler heißt Nullspieler.

Axiom über den Nullspieler: Falls ein Spieler i für jede Koalition $K \subseteq N$

$$v(K \cup \{i\}) = v(K)$$

erfüllt, gilt

$$\varphi_i(v) = 0.$$

Übung C.4.7. Überlegen Sie sich, unter welchen Umständen ein Spieler aus L für das Handschuh-Spiel $v_{L,R}$ ein Nullspieler ist.

Es gibt noch ein weiteres Axiom, das Additivitäts-Axiom, dessen Erläuterung wir jedoch auf Kap. F verschieben wollen.

Die Shapley-Lösung erfüllt alle vier genannten Axiome. Allerdings gilt auch umgekehrt: Nur die Shapley-Lösung erfüllt diese vier Axiome. Dies bedeutet Folgendes: Wenn man ein punktwertiges Lösungskonzept hat, das die vier Axiome erfüllt, dann generiert dieses Lösungskonzept die Shapley-Lösung. Man sagt auch, die Shapley-Lösung sei „axiomatisiert". Die zweifache Definitionsmöglichkeit, zum einen aufgrund der Shapley-Formel, zum anderen aufgrund der Axiome, macht sicherlich einen Großteil der Attraktivität der Shapley-Lösung aus.

Übung C.4.8. Bestimmen Sie die Shapley-Lösungen für das Handschuh-Spiel für

- $L = \{1\}$, $R = \{2, 3, 4\}$ und
- $L = \{1, 2\}$, $R = \{3, 4\}$.

Hinweis: Sie müssen nicht alle 4! Reihenfolgen aufschreiben. Überlegen Sie sich stattdessen, wie hoch die Wahrscheinlichkeit ist, dass Spieler 1 nicht das Paar komplettiert.

C.5 Ex-post-Lösungen

C.5.1 Ex-ante-Lösungen versus ex-post-Lösungen

Die bisherigen Beispiele legen nahe, dass die Shapley-Lösung die relative Knappheit der Handschuhe recht gut widerspiegelt. Allerdings erhält jeder Spieler i eine positive Shapley-Lösung, falls es mindestens einen Spieler j mit einem komplementären Handschuh gibt. Dies liegt an den Reihenfolgen $(j, i, ...)$, die sich mit positiver Wahrscheinlichkeit ergeben.

Dieses Ergebnis ist insofern merkwürdig, als es bei einer ungleichen Anzahl von rechten und linken Handschuhen Spieler geben muss, deren Handschuh nicht zur Paarbildung verwendet wird. Beispielsweise kann bei $L = \{1\}$ und $R = \{2, 3, 4\}$ Spieler 1 nur einem der Spieler 2 bis 4 seinen linken Handschuh verkaufen (bzw. nur einem der Spieler 2 bis 4 einen rechten Handschuh abkaufen). Nun könnte man sich Folgendes vorstellen: Die Spieler aus R losen aus, wer von ihnen seinen Handschuh verkaufen darf, und einigen sich darauf, den Erlös gleich aufzuteilen. Eine solche Aufteilungsregel würde durch die Shapley-Lösung recht gut abgebildet.

In den allermeisten Marktsituationen wird es jedoch so sein, dass die beiden Spieler aus R, deren Handschuhe ohne linke Ergänzung bleiben, leer ausgehen. Die Shapley-Lösung kann dieses Ergebnis aufgrund der Symmetrie jedoch nicht generieren.

Man könnte die Spielermenge jedoch „strukturieren", beispielsweise durch eine Partition. Eine Partition von N gliedert die Spieler in so genannte Komponenten, sodass sich jeder Spieler in genau einer Komponente befindet. In unserem Beispiel könnten wir die Partition

$$\mathcal{P} = \{\{1, 2\}, \{3\}, \{4\}\}$$

betrachten. Spieler 1 und Spieler 2 bilden zusammen eine Komponente und die Spieler 3 und 4 bilden zwei weitere (einelementige) Komponenten. Der ökonomische Sinn dieser Partition besteht nun in der Aussage, dass die Spieler 1 und 2 miteinander Handel treiben, während die Spieler 3 und 4 ohne Austauschpartner bleiben.

Übung C.5.1. Eine Partition ist ein Mengensystem, also eine Menge von Mengen. Die Elemente der Partition heißen Komponenten, die ihrerseits wiederum die Spieler als Elemente enthalten. Kommentieren Sie die folgenden Aussagen:

- $\{1,2\}$ ist eine Komponente der Partition $\mathcal{P} = \{\{1,2\},\{3\},\{4\}\}$.
- $\mathcal{P} = N$ ist diejenige Partition, die nur eine Komponente enthält, nämlich N.
- Spieler 1 ist Element der Partition $\mathcal{P} = \{\{1,2\},\{3\},\{4\}\}$.

Haben wir nun diese oder eine andere Partition gegeben, stellt sich die Frage, ob wir eine intuitiv einleuchtende Lösung definieren und axiomatisieren können. Eine solche Lösung wollen wir ex-post-Lösung nennen; ex post bezieht sich dann auf die bereits gebildete Partition.

Im Gegensatz dazu sprechen wir die Shapley-Lösung als ex-ante-Lösung an. Sie macht Aussagen über die Auszahlung, die die Spieler erwarten, bevor klar ist, mit welchen Spielern ein Spieler in eine Tauschbeziehung tritt.

In den Abschnitten C.5.2 bis C.5.4 präsentieren wir drei ex-post-Lösungen: die Aumann-Drèze-Lösung, die Außenoptions-Lösung und die Owen-Lösung. Guillermo Owen motiviert letztere damit, dass „some players - because of personal or political affinities - may be more likely to act together than others" (siehe OWEN (1977, S. 1)). Tatsächlich ist es wichtig zu fragen, in welcher Hinsicht die Spieler zusammen agieren:

- Einige Spieler schaffen zusammen einen Wert in Bezug auf die ökonomische oder soziale Situation, die durch die Koalitionsfunktion beschrieben wird. Beispiele hierfür sind Marktteilnehmer, die in Austauschbeziehungen treten (wie die Handschuhbesitzer), oder auch Parteien, die eine Regierungskoalition bilden. In diesem Fall ist Komponenten-Effizienz erfüllt.
- Einige Spieler treten gemeinsam in Verhandlungen auf. Beispielsweise werfen Gewerkschaften die Dienste aller ihrer Mitglieder auf

einmal in die Waagschale. Diese gemeinsame Verhandlung schließt keinesfalls aus, dass mit Dritten zusammen Wert produziert wird. Die Owen-Lösung modelliert nun diese gemeinsamen Verhandlungen. HART/KURZ (1983) interpretieren sie als Ergebnis eines zweistufigen Prozesses: Zunächst wird der Wert der großen Koalition unter den Komponenten aufgeteilt und anschließend unter den Spielern jeder der Komponenten.

- Alternativ könnte die Bedeutung von Komponenten allein distributiver Natur sein; der Ertrag, der Mitgliedern einer Familie zukommt, wird unter diesen aufgeteilt. Eine solche altruistische Lösung könnte man auf der Basis des Ansatzes von NOWAK/RADZIK (1994) entwickeln (siehe S. 242 ff.).

- Die Interaktion der Spieler könnte sich auch darin erschöpfen, dass Spieler ihre eigenen Auszahlungen mit denen der anderen Spieler innerhalb ihrer Komponente vergleichen (Referenzgruppe). Der Leser vergleiche dazu die Monographie von FRANK (1985). Eine Lösung, die diese Idee umsetzt, ist bisher in der Literatur nicht bekannt.

C.5.2 Aumann-Drèze-Lösung

Auf der Basis der Shapley-Lösung sind mehrere ex-post-Lösungen definiert worden; in diesem Abschnitt befassen wir uns mit derjenigen von AUMANN/DRÈZE (1974), die wir als AD-Lösung ansprechen werden. Für ihre Bestimmung benötigt man neben der Koalitionsfunktion eine Partition auf der Menge der Spieler. Formelhaft schreiben wir dann

$$\varphi_i^{AD}\left(v, \mathcal{P}\right)$$

für die AD-Lösung, die Spieler i bei der Koalitionsfunktion v und bei der Partition $\mathcal{P}$ erhält.

Die AD-Lösung ist der Shapley-Lösung sehr verwandt. Sie verwendet allerdings ein abgewandeltes Pareto-Axiom. Bei der Shapley-Lösung bezieht sich dieses auf die Menge aller Spieler, bei der AD-Lösung auf jede Komponente der vorgegebenen Partition. Die AD-Lösung erfüllt also

Komponenten-Effizienz: Für alle Komponenten $C \in \mathcal{P}$ gilt

$$\sum_{i\in C}\varphi_i^{AD}\left(v,\mathcal{P}\right)=v\left(C\right).$$

Wir betrachten nun wieder das Handschuh-Spiel $v_{\{1\},\{2,3,4\}}$ und die Partition $\mathcal{P}=\{\{1,2\},\{3\},\{4\}\}$. Aufgrund der Komponenten-Effizienz erhält man

$$\varphi_1^{AD}\left(v_{\{1\},\{2,3,4\}},\mathcal{P}\right)+\varphi_2^{AD}\left(v_{\{1\},\{2,3,4\}},\mathcal{P}\right)=1,$$
$$\varphi_3^{AD}\left(v_{\{1\},\{2,3,4\}},\mathcal{P}\right)=0\text{ und}$$
$$\varphi_4^{AD}\left(v_{\{1\},\{2,3,4\}},\mathcal{P}\right)=0.$$

Die Spieler 1 und 2 teilen sich also den Wert des Handschuhpaares und die überzähligen rechten Handschuhe haben keinen Wert.

Wir haben jetzt nur noch zu klären, wie Spieler 1 und 2 den Wert ihrer Komponente unter sich aufteilen. Die Antwort der AD-Lösung lautet: Wie bei Shapley. Wir betrachten also die Spielermenge $C=\{1,2\}$ und die Koalitionsfunktion $v_{\{1\},\{2\}}$.

Übung C.5.2. Bestimmen Sie $\varphi_1^{AD}\left(v_{\{1\},\{2,3,4\}},\mathcal{P}\right)$ für $\mathcal{P}=\{\{1,2\},\{3\},\{4\}\}$. Benutzen Sie sodann die Komponenten-Effizienz, um $\varphi_2^{AD}(v_{\{1\},\{2,3,4\}},\mathcal{P})$ zu bestimmen. Welche AD-Lösung ergäbe sich für Spieler 1 bei

- $v_{\{1\},\{2\}}$ und $\mathcal{P}=\{\{1,2\}\}$ oder
- $v_{\{1\},\{2,3,4,5,6,7\}}$ und $\mathcal{P}=\{\{1,2\},\{3\},\{4,5,6,7\}\}$?

Die AD-Lösung ordnet also Spielern, die auf ihren Handschuhen „sitzen bleiben", die Auszahlung Null zu. Wenig intuitiv ist es jedoch, dass offenbar der Preis eines linken Handschuhs nicht vom Überangebot der rechten Handschuhe abhängt. Diesem Manko versucht die folgende Variation der Aumann-Drèze-Lösung abzuhelfen.

C.5.3 Außenoptions-Lösung

Die Außenoptions-Lösung ist auch eine ex-post-Lösung. Wie die AD-Lösung erfüllt sie Komponenten-Effizienz. In unserem Handschuhbeispiel haben daher die überzähligen rechten Handschuhe keinen Wert und die Spieler $1\in L$ und $2\in R$, die zusammen eine Komponente ausmachen, haben sich den Wert 1 zu teilen. Im Gegensatz zur AD-Lösung hängt diese Aufteilung jedoch von der Anzahl der sonstigen linken oder rechten Handschuhe ab.

Dies kann man der folgenden Tabelle entnehmen, die die Außenoptions-Lösungen eines Besitzers eines rechten Handschuhs wiedergibt, der sich in einer Komponente mit genau einem Besitzer eines linken Handschuhs befindet.

| | | \multicolumn{5}{c}{Anzahl der Besitzer linker Handschuhe} |
		0	1	2	3	4
Anzahl der	1	0	0,500	**0,667**	0,750	0,800
Besitzer	2	0	**0,333**	0,500	0,633	0,717
rechter	3	0	0,250	0,367	0,500	0,614
Handschuhe	4	0	0,200	0,283	0,386	0,500

Die hervorgehobenen Zahlen verdeutlichen die Komponenten-Effizienz. Für $v_{\{1,2\},\{3\}}$ und $\mathcal{P} = \{\{1,3\},\{2\}\}$ kann Spieler $3 \in R$ die Auszahlung von $\frac{2}{3}$ erwarten, während Spieler 1 (der seinen Handschuh an Spieler 3 verkauft) lediglich $\frac{1}{3}$ erhält.

Übung C.5.3. Geben Sie die Außenoptions-Lösungen φ_i^{AO} für

- $v_{\{1,2\},\{3,4,5,6\}}$, $\mathcal{P} = \{\{1,3\},\{2,4\},\{5,6\}\}$ und
- $v_{\{1,2,3\},\{4,5,6,7\}}$, $\mathcal{P} = \{\{1,4\},\{2,5\},\{3,6\},\{7\}\}$

an. Verwenden Sie dabei die obige Tabelle.

Die Außenoptions-Formel wollen wir an dieser Stelle genauso wenig erläutern wie die Axiome, die neben der Komponenten-Effizienz anzusetzen sind. Beides verschieben wir auf Kap. H.

C.5.4 Owen-Lösung

Während die Spieler einer Komponente bei der AD-Lösung und bei der Außenoptions-Lösung gemeinsam Wert schaffen und diesen auch verteilen, treten bei Owen die Spieler komponentenweise zu Verhandlungen auf. Gegenüber den anderen Spielern machen sie nicht ihre marginalen Beiträge geltend, sondern den Beitrag der gesamten Komponente.

Die formale Umsetzung ist recht einfach. Man beschränkt die Aufmerksamkeit auf solche Reihenfolgen, die die Komponenten nicht „zerreißen". Betrachten wir beispielsweise $L = \{1, 2\}$ und $R = \{3\}$ und die Owen-Partition

$$\mathcal{P} = \{\{1, 2\}, \{3\}\}.$$

Die Besitzer linker Handschuhe treten in der Verhandlung mit Spieler 3 nur als Gruppe auf. Daher ignorieren wir Reihenfolgen wie $(2, 3, 1)$. Von den sechs Reihenfolgen (siehe S. 64) bleiben nur vier übrig:

$$(1, 2, 3), (2, 1, 3),$$
$$(3, 1, 2), (3, 2, 1).$$

Bei der Hälfte der Reihenfolgen ist Spieler 3 an letzter Stelle, erhält hier also den marginalen Beitrag 1. Aufgrund der Symmetrie (beide haben einen linken Handschuh, beide befinden sich in einer Komponente) teilen sich die Spieler 1 und 2 den Rest:

$$\varphi_1^O = \varphi_2^O = 1/4, \varphi_3^O = 1/2,$$

wobei hier das O für Owen steht. Ein Vergleich mit den Ergebnissen auf S. 65 zeigt, dass sich in diesem Fall der Zusammenschluss gelohnt hat.

Übung C.5.4. Bestimmen Sie die Owen-Lösungen für $L = \{1, 2\}$ und $R = \{3\}$ und die Partitionen

- $\{\{1\}, \{2, 3\}\}$,
- $\{\{1\}, \{2\}, \{3\}\}$ und
- $\{\{1, 2, 3\}\}$.

Die Ergebnisse der vorangehenden Übung kann man folgendermaßen interpretieren: Erstens wirkt die Partition $\{\{1\}, \{2, 3\}\}$ wie ein Ausschluss des Spielers 1. Da die Spieler 2 und 3 allein auch den Wert 1 erwirtschaften können, ist dieser Ausschluss für Spieler 1 sehr nachteilig. Zweitens macht eine Vergewerkschaftung keinen Sinn, wenn alle Mitglieder der Gesellschaft dieser Gewerkschaft angehören. Tatsächlich liegt ein Zweck von Gewerkschaften in einer Besserstellung ihrer Mitglieder gegenüber Dritten.

In unseren Beispielen stellen sich die Mitglieder durch die Zwei-
erzusammenschlüsse gegenüber der Shapley-Lösung nie schlechter. Im
Allgemeinen kann dies jedoch durchaus auftreten.

C.6 Endogenisierung der Partition

C.6.1 Zweistufige Modelle

Ein zentrales Anliegen dieses Lehrbuches ist es, die Koalitionsbildung
zu endogenisieren: Die sich ergebenden Koalitionen sollen nicht mehr
(exogen) vorgegeben sein, sondern sich im Gleichgewicht einstellen.
Fast immer nehmen wir dabei an, dass die Koalitionen, die sich schließlich bilden werden, eine Partition der Spieler darstellen.

Die endogene Partitionsbildung gehen wir in Kap. J auf zwei unterschiedliche Arten an, beide gehören in den Bereich der nichtkooperativen Spieltheorie:

- Zum einen können die Spieler in bestimmten Reihenfolgen die Ver-
  bindungsaufnahme zu anderen Spielern befürworten. Dadurch ergibt
  sich ein Graph, der direkt oder über den Umweg einer Partition Input für eine Lösung sein kann.
- Zum anderen lassen wir die Spieler Wunschkoalitionen nennen. Soweit die Wünsche harmonieren, entstehen so Komponenten und damit eine Partition, auf deren Basis die Spieler ihre Lösungen (z.B.
  AD-Lösung oder Owen-Lösung) erhalten. Nur diese zweite Möglichkeit verfolgen wir hier in diesem Kapitel.

C.6.2 Strategien und Partitionen

Das Wunschkoalitions-Modell entstammt HART/KURZ (1983). Die
Spieler haben als Strategie eine Wunschkoalition anzugeben, der sie
selbst angehören. Bei drei Spielern ergeben sich für Spieler 1 vier mögliche Wunschkoalitionen:

$$\{1\}, \{1,2\}, \{1,3\}, \{1,2,3\}.$$

In der nichtkooperativen Spieltheorie bezeichnen wir mit s_1 eine Strategie von Spieler 1, die zur Menge S_1 seiner Strategien gehört. Wir
haben also in der obigen Formelzeile S_1 bestimmt.

Übung C.6.1. Definieren Sie S_2.

Mit s kürzt man ein Tupel der Strategien aller Spieler ab, in unserem Fall also $s = (s_1, s_2, s_3)$. Ein solches Tupel nennt man Strategiekombination. In Abhängigkeit von den gewünschten Koalitionen s ergibt sich eine Partition, die wir mit $\mathcal{P}_s$ bezeichnen. Dabei bildet sich eine Komponente nur dann, wenn die Wünsche aller ihrer Spieler übereinstimmen. Ansonsten bleiben die Spieler isoliert. Beispielsweise ergibt sich aus $s_1 = \{1,2\}$, $s_2 = \{1,2\}$ und $s_3 = \{1,2,3\}$ die Partition $\mathcal{P}_s = \{\{1,2\}, \{3\}\}$. Spieler 3 kann also die anderen beiden Spieler nicht gegen deren Willen in eine Komponente einfügen.

Übung C.6.2. Bestimmen Sie $\mathcal{P}_s$ für $s_1 = \{1,2,3\}$, $s_2 = \{1,2\}$ und $s_3 = \{3\}$.

Wir versuchen nun, ein Gleichgewicht für das einfache Beispiel $L = \{1,2\}$ und $R = \{3\}$ zu finden. Ein Gleichgewicht ist eine solche Strategiekombination, dass sich keiner der Spieler einseitig verbessern kann. Im Gleichgewicht gewinnt also kein Spieler, wenn nur er allein eine andere Strategie wählt, während seine Mitspieler die ihrigen nicht ändern.

Selbst bei nur drei Spielern haben wir es mit $4 \cdot 4 \cdot 4 = 64$ Strategiekombinationen zu tun. Diese nacheinander auf die Gleichgewichtseigenschaft durchzuprüfen, wäre eine schrecklich umständliche Angelegenheit. Wir wollen uns darauf beschränken, für die Owen-Lösung einige Gleichgewichtsergebnisse zu präsentieren und zu begründen.

Zu diesem Zweck geben wir die Owen-Lösungen für alle möglichen Partitionen an, die im Wesentlichen Abschnitt C.5.4 entnommen sind:

Partition	φ_1^O	φ_2^O	φ_3^O
$\{\{1\}, \{2\}, \{3\}\}$	1/6	1/6	2/3
$\{\{1,2\}, \{3\}\}$	1/4	1/4	1/2
$\{\{1,3\}, \{2\}\}$	1/4	0	3/4
$\{\{1\}, \{2,3\}\}$	0	1/4	3/4
$\{\{1,2,3\}\}$	1/6	1/6	2/3

Die Strategiekombination s mit $s_i = \{i\}$ für alle $i \in N$ bildet ein Gleichgewicht. Jeder Spieler gibt an, mit keinem anderen Spieler eine Koalition eingehen zu wollen. Ein einzelner Spieler kann dann durch

Angabe einer anderen Wunschkoalition an der sich bildenden Partition $\mathcal{P}_s = \{\{1\}, \{2\}, \{3\}\}$ und damit an den Auszahlungen nichts ändern.

Die Strategiekombination s mit $s_1 = \{1\}$, $s_2 = \{2,3\}$ und $s_3 = \{2,3\}$ bildet ebenfalls ein Gleichgewicht. Die Spieler 2 und 3 verbünden sich und erhalten die Auszahlungen 1/4 bzw. 3/4. Spieler 1 kann nicht erreichen, dass er ebenfalls einem Zweier- oder Dreierbündnis angehört.

Übung C.6.3. Sind die Strategiekombinationen s, die durch

- $s_1 = s_2 = s_3 = \{1,2,3\}$,
- $s_1 = s_2 = \{1,2\}$, $s_3 = \{3\}$ oder
- $s_1 = \{1,3\}$, $s_2 = s_3 = \{1,2,3\}$

bestimmt sind, Gleichgewichte?

Die bisher betrachteten Strategiekombinationen zeigen, dass alle Partitionen durch mindestens ein Gleichgewicht „gestützt" werden, d.h. zu jeder Partition $\mathcal{P}$ gibt es mindestens ein Gleichgewicht s mit $\mathcal{P}_s = \mathcal{P}$. Dies ist unbefriedigend. Denn der Hauptzweck der vorangegangenen Übung besteht in Voraussagen über die sich bildenden Koalitionen. Eine Mindestanforderung besteht also in der Angabe einiger Partitionen, die im Gleichgewicht nicht möglich sind. Vielleicht sind es solche Beispiele mit zu vielen Partitionen, die zu den Überlegungen des nächsten Abschnitts führen.

C.6.3 Stabile Partitionen

Im vorangehenden Abschnitt konnten wir sehen, dass in Bezug auf unser Beispiel jede mögliche Partition durch ein Gleichgewicht gestützt wird. Wir werden daher mit HART/KURZ (1983) die Anforderungen an „bestätigte" Partitionen erhöhen. Die genannten Autoren gehen dabei weiterhin von einer Strategiekombination s und der dazugehörigen Partition $\mathcal{P}_s$ aus. Bisher haben wir nur verlangt, dass s ein Gleichgewicht ist: Kein Spieler soll durch einseitiges Abweichen profitieren können. Jetzt verlangen wir darüber hinaus, dass keine Gruppe von Spielern durch ihr gemeinsames Abweichen profitieren soll.

Betrachten wir die Partition $\{\{1\}, \{2\}, \{3\}\}$ und die dazugehörige Strategiekombination s mit $s_i = \{i\}$ für alle $i \in N$. Oben haben wir festgestellt, dass diese Strategiekombination ein Gleichgewicht bildet. Die Gruppe der Spieler 1 und 3 kann aber durch die Wahl von $s_1' = s_3' = \{1,3\}$ die Partition $\{\{1,3\},\{2\}\}$ und damit die Auszahlungen 1/4 und 3/4 (anstelle von 1/6 und 2/3) erreichen. Also stellen sich beide durch diese Gruppenabweichung echt besser (1/4 > 1/6 und 3/4 > 2/3). Wir sagen dann, dass die Partition $\{\{1\},\{2\},\{3\}\}$ bzw. die dazugehörige Strategiekombination nicht stabil ist.

Übung C.6.4. Die Instabilität der Partition $\{\{1\},\{2\},\{3\}\}$ kann man auch aufgrund einer anderen Gruppenabweichung aufzeigen. Welcher? Wie sieht es mit der Stabilität von $\{\{1,2,3\}\}$ aus?

Die obige Argumentation hat nicht gezeigt, dass die Partition $\{\{1,3\},\{2\}\}$ stabil ist. Dies ist allerdings der Fall. Denn keiner der Spieler 1 und 3 kann bei irgendeiner anderen Partition eine höhere Auszahlung erreichen. Somit kann Spieler 2 keinen der beiden zu einer Gruppenabweichung „überreden".

Schließlich haben wir noch die Partition $\{\{1,2\},\{3\}\}$ zu untersuchen. Bitte beachten Sie dabei, dass eine profitable Gruppenabweichung verlangt, dass jeder der an der Abweichung Beteiligten sich besser stellt.

Übung C.6.5. Ist die Partition $\{\{1,2\},\{3\}\}$ stabil?

C.7 Neue Begriffe

- Handschuh-Spiel
- Koalitionsfunktion
- Koalition
- Pareto-Optimalität
- Zulässigkeit
- Blockade
- Nicht-Blockierbarkeit
- Kern
- Shapley-Lösung
- Marginaler Beitrag
- Axiome

- Pareto-Axiom
- Symmetrie-Axiom
- Nullspieler-Axiom
- Partition
- Komponente
- Aumann-Drèze-Lösung
- Komponenten-Effizienz
- Außenoptions-Lösung
- Owen-Lösung
- Strategie
- Strategiekombination
- Gleichgewicht
- Wunschkoalition
- Stabile Partition

C.8 Lösungen zu den Übungen

C.1.1. Man erhält

$$v_{L,R}(\{1\}) = \min(1,0) = 0,$$
$$v_{L,R}(\emptyset) = \min(0,0) = 0,$$
$$v_{L,R}(N) = \min(2,3) = 2 \text{ und}$$
$$v_{L,R}(\{2,3,4\}) = \min(2,1) = 1.$$

C.2.1. Der angegebene Vektor ist wegen

$$\sum_{i=1}^{n} y_i = \sum_{i=1}^{n} x_i + \sum_{i=1}^{n} \frac{1}{n} \left(v_{L,R}(N) - \sum_{j=1}^{n} x_j \right)$$
$$= \sum_{i=1}^{n} x_i + \frac{1}{n} \left(\sum_{i=1}^{n} v_{L,R}(N) - \sum_{i=1}^{n} \sum_{j=1}^{n} x_j \right)$$
$$= \sum_{i=1}^{n} x_i + \frac{1}{n} \left(n v_{L,R}(N) - n \sum_{j=1}^{n} x_j \right)$$
$$= v_{L,R}(N)$$

zulässig.

C.2.2. Alle Auszahlungstupel (x_1, x_2) mit $x_1 + x_2 = 1$ sind Pareto-effizient.

C.3.1. Der Kern hat die Bedingungen

$$x_1 + x_2 + x_3 = v_{L,R}(N) = 1,$$
$$x_i \geq 0, i = 1, 2, 3,$$
$$x_1 + x_2 \geq 0,$$
$$x_1 + x_3 \geq 1 \text{ und}$$
$$x_2 + x_3 \geq 1$$

zu erfüllen. Setzt man $x_1 + x_3 \geq 1$ in die Pareto-Bedingung ein, ergibt sich

$$x_2 = 1 - (x_1 + x_3) \leq 1 - 1 = 0$$

und damit wegen $x_2 \geq 0$ bereits $x_2 = 0$. Aus Symmetriegründen gilt auch $x_1 = 0$, sodass sich aus der Pareto-Bedingung $x_3 = 1 - (x_1 + x_2) = 1$ ergeben muss. Für den Kern kommt also lediglich $x_K = (0, 0, 1)$ in Betracht. Tatsächlich kann man schnell überprüfen, dass x_K alle obigen Bedingungen erfüllt. Damit erhält man

$$(0, 0, 1)$$

als einziges Element des Kerns.

C.4.1. Man erhält

$$MB_1^{\{1,3,4\}}\left(v_{\{1,2,3\},\{4,5\}}\right) = v\left(\{1,3,4\} \cup \{1\}\right) - v\left(\{1,3,4\} \setminus \{1\}\right)$$
$$= v\left(\{1,3,4\}\right) - v\left(\{3,4\}\right)$$
$$= 1 - 1 = 0,$$
$$MB_1^{\{3,4\}}\left(v_{\{1,2,3\},\{4,5\}}\right) = v\left(\{3,4\} \cup \{1\}\right) - v\left(\{3,4\} \setminus \{1\}\right)$$
$$= v\left(\{1,3,4\}\right) - v\left(\{3,4\}\right)$$
$$= 1 - 1 = 0,$$
$$MB_4^{\{1,3,4\}}\left(v_{\{1,2,3\},\{4,5\}}\right) = v\left(\{1,3,4\} \cup \{4\}\right) - v\left(\{1,3,4\} \setminus \{4\}\right)$$
$$= v\left(\{1,3,4\}\right) - v\left(\{1,3\}\right)$$
$$= 1 - 0 = 1,$$

$$MB_4^{\{1,3\}}\left(v_{\{1,2,3\},\{4,5\}}\right) = v\left(\{1,3\}\cup\{4\}\right) - v\left(\{1,3\}\setminus\{4\}\right)$$
$$= v\left(\{1,3,4\}\right) - v\left(\{1,3\}\right)$$
$$= 1 - 0 = 1.$$

C.4.2. Gar nicht.

C.4.3. Bei fünf Spielern ergeben sich $1\cdot 2\cdot 3\cdot 4\cdot 5 = 120$ Reihenfolgen, bei 6 Spielern $120\cdot 6 = 720$ Reihenfolgen.

C.4.4. Für Spieler 1 erhält man nur dann nicht den marginalen Beitrag 0, wenn Spieler 1 direkt auf Spieler 3 folgt. Denn nur dann wird durch Spieler 1 ein Paar komplettiert. Im Einzelnen ergeben sich die marginalen Beiträge:

$$v\left(\{1\}\right) - v\left(\emptyset\right) = 0 - 0 = 0, \text{ Reihenfolge } (1,2,3)$$
$$v\left(\{1\}\right) - v\left(\emptyset\right) = 0 - 0 = 0, \text{ Reihenfolge } (1,3,2)$$
$$v\left(\{1,2\}\right) - v\left(\{2\}\right) = 0 - 0 = 0, \text{ Reihenfolge } (2,1,3)$$
$$v\left(\{1,2,3\}\right) - v\left(\{2,3\}\right) = 1 - 1 = 0, \text{ Reihenfolge } (2,3,1)$$
$$v\left(\{1,3\}\right) - v\left(\{3\}\right) = 1 - 0 = 1, \text{ Reihenfolge } (3,1,2)$$
$$v\left(\{1,2,3\}\right) - v\left(\{2,3\}\right) = 1 - 1 = 0, \text{ Reihenfolge } (3,2,1).$$

C.4.5. Die Gleichheit folgt, ganz penibel aufgeschrieben, so:

$$MB_i^K = v\left(K\cup\{i\}\right) - v\left(K\setminus\{i\}\right)$$
$$= v\left(K\cup\{i\}\right) - v\left(K\right)$$
$$= v\left(K\cup\{j\}\right) - v\left(K\right)$$
$$= v\left(K\cup\{j\}\right) - v\left(K\setminus\{j\}\right)$$
$$= MB_j^K.$$

C.4.6. Seien i und j aus L mit $i \neq j$ und sei K eine Koalition, die weder i noch j enthält. Dann enthält $K\cup\{i\}$ genauso viele linke und rechte Handschuhbesitzer wie $K\cup\{j\}$. Daher folgt

$$v_{L,R}\left(K\cup\{i\}\right) = \min\left(|(K\cup\{i\})\cap L|, |(K\cup\{i\})\cap R|\right)$$
$$= \min\left(|(K\cup\{j\})\cap L|, |(K\cup\{j\})\cap R|\right)$$
$$= v_{L,R}\left(K\cup\{j\}\right).$$

C.4.7. Nur für $R = \emptyset$ ist jeder Spieler i aus L ein Nullspieler. Denn dann gilt

$$
\begin{aligned}
v_{L,\emptyset}(K) &= \min\left(|K \cap L|, |K \cap \emptyset|\right) \\
&= \min\left(|K \cap L|, 0\right) \\
&= 0
\end{aligned}
$$

für jede Koalition K und damit insbesondere die gesuchte Gleichheit.

C.4.8. Bei $L = \{1\}$ und $R = \{2, 3, 4\}$ komplettiert Spieler 1 nur dann nicht das Handschuhpaar, wenn er an erster Stelle der Reihenfolge auftritt. Bei vier Spielern beträgt die Wahrscheinlichkeit dafür $\frac{1}{4}$. Spieler 1 erhält also die Shapley-Lösung von $\frac{3}{4}$, während sich die anderen symmetrischen (!) Spieler das restliche Viertel teilen müssen. Es ergibt sich somit

$$
\varphi_1\left(v_{\{1\},\{2,3,4\}}\right) = \frac{3}{4},
$$

$$
\varphi_2\left(v_{\{1\},\{2,3,4\}}\right) = \varphi_3\left(v_{\{1\},\{2,3,4\}}\right) = \varphi_4\left(v_{\{1\},\{2,3,4\}}\right) = \frac{1}{12}.
$$

Bei $L = \{1, 2\}$ und $R = \{3, 4\}$ hat jeder Spieler die gleiche Wahrscheinlichkeit, ein Handschuhpaar zu vervollständigen, woraus sich

$$
\varphi_i\left(v_{\{1,2\},\{3,4\}}\right) = 1/4, \ i \in \{1, 2, 3, 4\}
$$

ergibt.

C.5.1.

- Ja, $\{1, 2\}$ ist eine Komponente der Partition $\mathcal{P} = \{\{1, 2\}, \{3\}, \{4\}\}$.
- $\mathcal{P} = N$ hat keinen Sinn, weil $\mathcal{P}$ als Elemente Teilmengen von N enthalten muss. Diejenige Partition von N, die nur eine Komponente enthält, ist $\mathcal{P} = \{N\}$.
- Schließlich: Spieler 1 ist Element der Komponente $\{1, 2\}$, die ihrerseits Element der Partition $\mathcal{P} = \{\{1, 2\}, \{3\}, \{4\}\}$ ist.

C.5.2. Bei der Reihenfolge $(1, 2)$ erhält Spieler 1 den marginalen Beitrag 0, bei der Reihenfolge $(2, 1)$ erhält er den marginalen Beitrag 1. Es ergibt sich also

$$\varphi_1^{AD}\left(v_{\{1\},\{2,3,4\}},\mathcal{P}\right) = \varphi_1\left(v_{\{1\},\{2\}}\right), \quad \{1,2\} \in \mathcal{P},$$

$$= \frac{1}{2}.$$

Die Komponenten-Effizienz führt dann zu

$$\varphi_2^{AD}\left(v_{\{1\},\{2,3,4\}},\mathcal{P}\right) = 1 - \varphi_1^{AD}\left(v_{\{1\},\{2,3,4\}},\mathcal{P}\right) = \frac{1}{2}.$$

Die obige Argumentation gilt für beide Koalitionsfunktionen bzw. beide Partitionen. Bei der AD-Lösung richtet man die Aufmerksamkeit lediglich auf die Spieler der jeweiligen Komponente.

C.5.3. Im Falle von $v_{\{1,2\},\{3,4,5,6\}}$ und $\mathcal{P} = \{\{1,3\},\{2,4\},\{5,6\}\}$ entnehmen wir aus der Tabelle (für Besitzer linker Handschuhe Rollen vertauschen!)

$$\varphi_1^{AO} = \varphi_2^{AO} = 0,717,$$

$$\varphi_3^{AO} = \varphi_4^{AO} = 0,283 \text{ und}$$

$$\varphi_5^{AO} = \varphi_6^{AO} = 0.$$

Dagegen liefern $v_{\{1,2,3\},\{4,5,6,7\}}$ und $\mathcal{P} = \{\{1,4\},\{2,5\},\{3,6\},\{7\}\}$

$$\varphi_1^{AO} = \varphi_2^{AO} = \varphi_3^{AO} = 0,614,$$

$$\varphi_4^{AO} = \varphi_5^{AO} = \varphi_6^{AO} = 0,386 \text{ und}$$

$$\varphi_7^{AO} = 0.$$

C.5.4. Bei der Partition $\{\{1\},\{2,3\}\}$ hat man die vier Reihenfolgen

$$(1,2,3), \quad (1,3,2),$$

$$(2,3,1), \quad (3,2,1)$$

zu beachten. Die Owen-Lösungen ergeben sich aus der folgenden Tabelle:

Reihenfolge	MB_1	MB_2	MB_3
$(1,2,3)$	0	0	1
$(1,3,2)$	0	0	1
$(2,3,1)$	0	0	1
$(3,2,1)$	0	1	0
Summe	0	1	3
Owen-Lösungen	0	1/4	3/4

Bei den Partitionen $\{\{1\}, \{2\}, \{3\}\}$ und $\{\{1,2,3\}\}$ ist keine der sechs Reihenfolgen zu streichen; gegenüber der Shapley-Lösung $\left(\frac{1}{6}, \frac{1}{6}, \frac{2}{3}\right)$ ergibt sich somit keine Veränderung.

C.6.1. $S_2 = \{\{2\}, \{1,2\}, \{2,3\}, \{1,2,3\}\}$

C.6.2. $\mathcal{P}_s = \{\{1\}, \{2\}, \{3\}\}$

C.6.3. Aufgrund von $s_1 = s_2 = s_3 = \{1,2,3\}$ ergibt sich ein Gleichgewicht. Denn durch einseitiges Abweichen erhält man anstelle der Partition $\{1,2,3\}$ dann die Partition $\{\{1\}, \{2\}, \{3\}\}$ und beide Owen-Lösungen sind gleich den Shapley-Lösungen. Ausgehend von $s_1 = s_2 = \{1,2\}$, $s_3 = \{3\}$ ergibt sich ebenfalls ein Gleichgewicht, weil Spieler 3 die Partition $\{\{1,2\}, \{3\}\}$ durch einseitiges Abweichen nicht verändern kann.

Die Strategiekombination s mit $s_1 = \{1,3\}$ und $s_2 = s_3 = \{1,2,3\}$ führt zur Partition $\mathcal{P}_s = \{\{1\}, \{2\}, \{3\}\}$. Spieler 3 erhielte dagegen bei der Partition $\{\{1,3\}, \{2\}\}$ die Auszahlung $\frac{3}{4}$ anstelle von nur $\frac{2}{3}$. Er kann diese Partition durch einseitiges Abweichen, nämlich durch die Strategie $s_3 = \{1,3\}$, erreichen. Somit ist die angegebene Strategiekombination kein Gleichgewicht.

C.6.4. Zur Analyse der Stabilität von $\{\{1\}, \{2\}, \{3\}\}$ kann man ganz analog die Gruppenabweichung der Spieler 2 und 3 hin zur Strategie $\{2,3\}$ betrachten. Die Partition $\{\{1,2,3\}\}$ ist ebenfalls nicht stabil. Denn die Spieler 1 und 3 können die Partition $\{\{1,3\}, \{2\}\}$ bewirken, die beide echt besser stellt.

C.6.5. Ja, $\{\{1,2\}, \{3\}\}$ ist eine stabile Partition. Die Spieler 1 und 2 erhalten jeweils die Auszahlung $\frac{1}{4}$ und können sich bei keiner anderen Partition besser stellen. Insbesondere können die Spieler 1 und 3 durch die Strategie $\{1,3\}$ keine profitable Gruppenabweichung durchführen. Anstelle der Auszahlungen $\frac{1}{4}$ und $\frac{1}{2}$ erhalten sie dann die Auszahlungen $\frac{1}{4}$ und $\frac{3}{4}$. Da sich hier lediglich Spieler 3 verbessert hat, ist diese Gruppenabweichung kein Argument gegen die Stabilität der Partition $\{\{1,2\}, \{3\}\}$.

Teil II

Nichtpartitive Ansätze

Dieser Teil befasst sich mit der Theorie von Koalitionsfunktionen unter Verzicht auf Graphen und Partitionen. In der Hauptsache geht es dabei um transferierbaren Nutzen.

Für Koalitionsfunktionen mit transferierbarem Nutzen werden einige wichtige Lösungskonzepte gründlich eingeführt, insbesondere der Shapley-Wert und der Kern. Kap. D enthält etliche Beispiele für Koalitionsfunktionen und Klassifizierungen von Koalitionsfunktionen. In diesem Kapitel finden sich auch einige Anmerkungen zur linearen Algebra; insbesondere betrachten wir dort Koalitionsfunktionen als Vektoren. Dieser mathematische Exkurs ist notwendig, um in Kap. F die Shapley-Lösung gründlich behandeln zu können. Zuvor befasst sich jedoch Kap. E mit dem Kern, der wie die Shapley-Lösung durch eine Vielzahl von Anwendungen plastisch wird. Eine dieser Anwendungen betrifft die Aufteilung von (Gemein-)Kosten auf Kostenstellen. Erst in Kap. G verlassen wir den Bereich der Koalitionsfunktionen mit transferierbarem Nutzen und definieren Koalitionsfunktionen ohne transferierbaren Nutzen. Als Lösungskonzepte präsentieren wir den Kern und die Nash-Lösung.

D. Koalitionsfunktionen

D.1 Definition

Der Zweck von Koalitionsfunktionen (ob nun mit oder ohne transferierbaren Nutzen) besteht darin, ökonomische, soziale oder politische Situationen zu modellieren. Dazu ordnet man allen möglichen Koalitionen Werte zu, die angeben, was die jeweilige Koalition „erwirtschaften" kann. Große Teile der Theorie von Koalitionsfunktionen gehen auf die Monographie von VON NEUMANN/MORGENSTERN (1953) zurück.

Definition D.1.1. *Ein Koalitionsspiel (N, v) bei transferierbarem Nutzen ist eine nichtleere Menge N (die Spieler) zusammen mit einer Abbildung (Koalitionsfunktion)*

$$v : 2^N \to \mathbb{R},$$

die $v(\emptyset) = 0$ erfüllt. Auch v allein nennen wir oft Koalitionsspiel (auf N).

$$G_N := \left\{ (N, v) : v \text{ ist eine Abbildung } 2^N \to \mathbb{R} \text{ mit } v(\emptyset) = 0 \right\}$$

ist die Menge aller Koalitionsspiele auf N.

Hierbei bedeutet 2^N die Menge aller Teilmengen von N. Damit ist die nächste Aufgabe leicht zu lösen:

Übung D.1.1. Formal korrekt oder sinnlos? Für eine Koalition K und für die große Koalition N gelten

- $K \in N$ und $K \in 2^N$,
- $K \subseteq N$ und $K \subseteq 2^N$,
- $K \in N$ und $K \subseteq 2^N$ oder

- $K \subseteq N$ und $K \in 2^N$?

Bei transferierbarem Nutzen ordnet v jeder Koalition K eine reelle Zahl zu, $v(K) \in \mathbb{R}$. $v(K)$ ist der Wert oder die Nutzensumme, der bzw. die von den Mitgliedern geschaffen wird. Die Grundidee ist dabei folgende: Der Wert kann unter den Mitgliedern aufgeteilt werden. Der Nutzen ist somit „transferierbar". Wie die Aufteilung konkret erfolgt, ist eine Frage, die das anzuwendende Lösungskonzept entscheidet.

Transferierbarkeit ist eine stark einschränkende Annahme. Sie ist sicherlich gerechtfertigt, wenn die Nutzenwerte Geldbeträge und die Agenten risikoneutral sind. Anwendungen in anderen Fällen sind häufig zweifelhaft, mögen aber dennoch ökonomische Einsichten liefern. In Kap. G behandeln wir die Theorie nichttransferierbaren Nutzens.

D.2 Beispiele

Wir werden nun einige Spiele skizzieren, auf die wir im Laufe dieses Buches häufig zurückgreifen werden. Es sind diese Spiele und die dahinter stehenden ökonomischen, sozialen oder politischen Situationen, die die kooperative Spieltheorie reizvoll machen.

D.2.1 Einfache Spiele

Definitionen. Wir behandeln zunächst eine Klasse von Spielen, die als einfache Spiele bezeichnet werden. Sie sind durch zwei Eigenschaften gekennzeichnet.

Definition D.2.1. *Ein Koalitionsspiel v heißt einfach, falls zwei Eigenschaften erfüllt sind:*

- *Für alle Koalitionen $K \subseteq N$ gilt entweder $v(K) = 0$ oder $v(K) = 1$.*
- *Ist eine Koalition S in einer anderen Koalition S' enthalten, gilt $v(S) \leq v(S')$.*

Bei einfachen Spielen kann es also nicht zwei Koalitionen S und S' mit $S \subseteq S'$ geben, für die $v(S) = 1$ und $v(S') = 0$ gelten. Übrigens: Im Falle von $S \subseteq S'$ (oder $S' \supseteq S$) nennt man S Untermenge von S' und umgekehrt S' Obermenge von S.

Die Definition einfacher Spiele ist in der Literatur nicht einheitlich. Bisweilen werden auch Spiele, die nur den ersten Punkt erfüllen,
einfach (engl.: simple) genannt.

Wir werden in diesem Buch durchgängig $v(N) = 1$ bei einfachen
Spielen voraussetzen. Ansonsten hätte man die Null-Koalitionsfunktion,
bei der jeder Koalition der Wert Null zugeordnet wird.

Ein wichtiges Anwendungsgebiet einfacher Koalitionsspiele sind
Abstimmungen. Eine Gruppe von Individuen kann dabei ihre politischen Ziele erreichen (Wert 1) oder aber damit scheitern (Wert 0). Eine
Gruppe wird dabei ihr Ziel eher durchsetzen können als eine andere,
die in ihr enthalten ist.

Definition D.2.2. *Sei v ein einfaches Koalitionspiel. Koalitionen K,
die $v(K) = 1$ erfüllen, heißen siegreich oder auch Gewinnkoalitionen;
Koalitionen K mit $v(K) = 0$ heißen unterlegen oder Verlustkoalitio-
nen.*

Bisweilen ist ein einziger Spieler von überragender Bedeutung. Er
kann ein Veto-Spieler oder ein Diktator sein:

Definition D.2.3. *Sei v ein einfaches Spiel. Ein Spieler i aus N heißt
Veto-Spieler, falls*

$$v(N \setminus \{i\}) = 0$$

gilt. i heißt Diktator (oder allein produktiv), falls für alle $S \subseteq N$

$$v(S) = \begin{cases} 1, i \in S \\ 0, sonst \end{cases}$$

gilt.

Kurz gesagt: Ohne Veto-Spieler läuft nichts, aber der Diktator kann
auch allein Wert schaffen. Der Abgrenzung dieser beiden Begriffe dienen die folgenden Aufgaben:

Übung D.2.1. Gibt es eine Koalition K mit $v(K \setminus \{i\}) = 1$, falls v
ein einfaches Spiel und i ein Veto-Spieler oder ein Diktator ist?

Übung D.2.2. Muss jede Koalition K mit $i \in K$ eine Gewinnkoalition sein, falls v ein einfaches Spiel und i ein Veto-Spieler oder ein
Diktator ist?

Übung D.2.3. Ist jeder Veto-Spieler ein Diktator? Ist jeder Diktator ein Veto-Spieler?

Definition D.2.4. *Sei v ein einfaches Koalitionsspiel. K heißt eine minimale Gewinnkoalition, falls K siegreich ist und keine echte Teilmenge von K siegreich ist.*

Übung D.2.4. Einfache Koalitionsspiele sind durch die Angabe aller minimaler Gewinnkoalitionen definierbar. Stimmt das? Betrachten Sie die Fälle, in denen

- $\emptyset$ oder
- $\{i\}$

die einzigen minimalen Gewinnkoalitionen sind. Ist i im zweiten Fall ein Veto-Spieler?

Am anderen Ende des Spektrums stehen die ganz unwichtigen Spieler:

Definition D.2.5. *Sei v ein einfaches Spiel. Ein Spieler i aus N heißt Nullspieler, falls*

$$v(K) - v(K \setminus \{i\}) = 0$$

für alle Koalitionen $K \subseteq N$ gilt.

Nullspieler tragen also zu keiner Koalition etwas bei; häufig kann man sie vernachlässigen.

Einfache Spiele sind durch die Pivot-Koalitionen der Spieler zu charakterisieren. Eine Pivot-Koalition für Spieler i ist eine unterlegene Koalition K, die jedoch gemeinsam mit i als $K \cup \{i\}$ eine Gewinnkoalition ist.

Definition D.2.6. *Seien v ein einfaches Spiel und $i \in N$. Eine Koalition K, die $v(K) = 0$ und $v(K \cup \{i\}) = 1$ erfüllt, heißt Pivot-Koalition für Spieler i. Spieler i heißt dann auch Pivotspieler für K bzw. pivotal für K. Mit $\eta_i(v)$ bezeichnet man die Anzahl der Pivot-Koalitionen von Spieler i im einfachen Spiel v :*

$$\eta_i(v) = |\{K \subseteq N : v(K) = 0 \text{ und } v(K \cup \{i\}) = 1\}| \, .$$

Mit $\eta(v)$ bezeichnen wir den Vektor $(\eta_1(v), ..., \eta_n(v))$ und $\bar{\eta}(v) :=$ $\sum_{i \in N} \eta_i(v)$ ist die Summe der Pivot-Koalitionen aller Spieler.

Aus Gründen der Schreibökonomie werden wir häufig η_i $(\eta, \bar{\eta})$ anstelle von $\eta_i(v)$ $(\eta(v), \bar{\eta}(v))$ schreiben.

Man kann sich überlegen, dass

$$0 \leq \eta_i \leq 2^{n-1}$$

für alle Spieler i gelten muss. Es kann nicht mehr Pivot-Koalitionen für einen Spieler i geben, als Teilmengen von $N \backslash \{i\}$ vorhanden sind.

Übung D.2.5. Wie nennt man einen Spieler $i \in N$, der $\eta_i = 0$ bzw. $\eta_i = 2^{n-1}$ erfüllt?

Übung D.2.6. DUBEY/SHAPLEY (1979) definieren den Diktator i durch $\eta_i = \bar{\eta}(v)$. Verwenden diese Autoren also einen anderen Diktator-Begriff? Diese Aufgabe ist nicht ganz so leicht, aber mit etwas angestrengtem Nachdenken können Sie sie lösen!

Das Einmütigkeitsspiel. Ein häufig verwendetes einfaches Spiel ist das Einmütigkeitsspiel (engl.: unanimity game). Für eine nichtleere Teilmenge T von N ist es durch

$$u_T(K) = \begin{cases} 1, K \supseteq T \\ 0, \text{sonst} \end{cases}$$

definiert. Wir können uns die Spieler aus T als die produktiven oder mächtigen Mitglieder der Gesellschaft vorstellen. Sie generieren den Nutzenwert 1. Beispielsweise besitzen die Spieler aus T je einen Teil einer Schatzkarte; der Schatz kann jedoch nur gehoben werden, wenn alle Teile der Karte beisammen sind.

Bei u_T sind genau die Obermengen von T (also alle Koalitionen K mit $K \supseteq T$) Gewinnkoalitionen. T ist also die eindeutig bestimmte minimale Gewinnkoalition von u_T. Wir wollen nun überprüfen, ob es sich bei u_T tatsächlich um ein einfaches Spiel handelt:

- Gilt $u_T(\emptyset) = 0$? (Anderenfalls hätten wir es gar nicht mit einem Spiel zu tun.)

- Gilt $u_T(K) \in \{0,1\}$ für alle $K \subseteq N$?
- Folgt aus $S \subseteq S'$ bereits $u_T(S) \leq u_T(S')$?

Übung D.2.7. Richtig geraten, das ist **Ihre Aufgabe**.

Übung D.2.8. Kann es beim Einmütigkeitsspiel eine Gewinnkoalition K und eine unterlegene Koalition K' mit $|K'| > |K|$ geben?

Übung D.2.9. Gibt es im Einmütigkeitsspiel u_T auch bei $|T| \geq 2$ Veto-Spieler? Unter welchen Umständen ist ein Spieler ein Diktator?

Apex-Spiel. Das Apex-Spiel ist für einen Spieler $i \in N$ (den so genannten Hauptspieler oder Apex-Spieler) durch

$$h_i(K) = \begin{cases} 1, i \in K \text{ und } K \setminus \{i\} \neq \emptyset \\ 1, K = N \setminus \{i\} \\ 0, \text{sonst} \end{cases}$$

definiert. Die Koalition, die i und (mindestens) einen weiteren Spieler enthält, ist ebenso eine Gewinnkoalition wie auch die Koalition, die alle Spieler mit Ausnahme von i enthält. In der Regel setzt man $n \geq 4$ voraus.

Übung D.2.10. Unter welchen Umständen kann eine Koalition K mit $|K| = 2$ bei h_i ($n \geq 4$) siegreich sein?

Übung D.2.11. Wie kann man die Apex-Spiele für $n = 2$ und $n = 3$ einfacher formulieren? Lassen Sie Spieler 1 die Rolle des Apex-Spielers übernehmen.

Übung D.2.12. Ist ein Apex-Spieler ein Veto-Spieler oder ein Diktator?

Gewichtete Abstimmungsspiele. Eine wichtige Klasse einfacher Spiele sind gewichtete Abstimmungsspiele. Sie können für n Spieler durch Tupel

$$[q; g_1, ..., g_n]$$

angegeben werden, wobei die g_i Stimmgewichte darstellen und q Quote genannt wird. Es kommt nun darauf an, ob eine Koalition Stimmgewichte vorzuweisen hat, die in der Summe die Quote q erreichen. Konkret ist das einfache Spiel dann durch

$$v\left(K\right) = \begin{cases} 1, \sum_{i \in K} g_i \geq q \\ 0, \sum_{i \in K} g_i < q \end{cases}$$

definiert. Beispielsweise ist

$$\left[\frac{1}{2}; \frac{1}{n}, ..., \frac{1}{n}\right]$$

die Mehrheitsregel, nach der mindestens fünfzig Prozent der Stimmen für eine Gewinnkoalition notwendig sind. In dem hier gegebenen Beispiel hat jeder Spieler das gleiche Stimmgewicht.

Als Anwendungsbeispiel betrachten wir den Sicherheitsrat der Vereinten Nationen. Dieser kann eine Resolution nur mit der Unterstützung seiner fünf ständigen Mitglieder (USA, Russland, VR China, Frankreich, Großbritannien) verabschieden, wobei zusätzlich auch noch vier der zehn nicht ständigen Mitglieder zustimmen müssen. Diese Abstimmungsregel kann durch das gewichtete Abstimmungsspiel

$$[39; 7, 7, 7, 7, 7, 1, 1, 1, 1, 1, 1, 1, 1, 1, 1]$$

dargestellt werden, wobei die Gewichte 7 den 5 permanenten Mitgliedern und die Gewichte 1 den nicht permanenten Mitgliedern zukommen. Allerdings ist die Sachlage bei Stimmenthaltungen komplizierter: Beispielsweise kann eine Resolution verabschiedet werden, wenn sich drei ständige Mitglieder enthalten, während zwei ständige Mitglieder und sieben nicht ständige Mitglieder zustimmen (siehe BAILEY/DAWS (1998, S. 250)), obwohl $3 \cdot 3\frac{1}{2} + 2 \cdot 7 + 7 \cdot 1 = \frac{63}{2}$ kleiner als 39 ist. (Hierbei haben wir Enthaltung durch die Halbierung des Stimmgewichts modelliert.)

Übung D.2.13. Zeigen Sie, dass dieses Abstimmungsspiel die skizzierten Resolutionsregeln für den Sicherheitsrat wiedergibt. Zeigen Sie auch, dass jedes der fünf ständigen Mitglieder ein Veto-Spieler ist und dass neben diesen fünf Veto-Spielern noch vier nicht ständige Mitglieder eine erfolgreiche Resolution unterstützen müssen.

Bezeichnet man die Menge der fünf ständigen Mitglieder des Sicherheitsrates mit S, so kann man die für den Sicherheitsrat geltende Koalitionsfunktion durch

$$v(K) = \begin{cases} 1, S \subseteq K \text{ und } |K| \geq 9 \\ 0, \text{sonst} \end{cases}$$

definieren.

Für die folgende Definition benötigen wir den mengentheoretischen Begriff eines Komplementes. Die Menge $N \backslash K = \{i \in N : i \notin K\}$ heißt Komplement von K.

Abstimmungsregeln erfüllen häufig die folgenden Eigenschaften:

Definition D.2.7. *Ein einfaches Spiel v heißt*

- *nicht widersprüchlich, falls das Komplement einer jeden Gewinnkoalition eine Verlustkoalition ist,*
- *entscheidungsfähig, wenn das Komplement einer jeden Verlustkoalition eine Gewinnkoalition ist,*
- *entscheidend, falls es sowohl nicht widersprüchlich als auch entscheidungsfähig ist.*

Bei einem widersprüchlichen Spiel gibt es zwei disjunkte Koalitionen, die beide Gewinnkoalitionen sind und daher sich widersprechende Entscheidungen verabschieden können. Stellen Sie sich beispielsweise vor, Gesetze im Bundestag könnten sowohl von SPD und Bündnis 90/Die Grünen als auch alternativ von CDU/CSU und FDP verabschiedet werden. Bei einem nicht entscheidungsfähigen Spiel kann es dazu kommen, dass weder eine Koalition noch ihr Komplement eine Entscheidung durchsetzen können. In diesem Fall entsteht eine Pattsituation.

Übung D.2.14. Ist das durch die Mehrheitsregel definierte Spiel nicht widersprüchlich und entscheidungsfähig? Hinweis: Ist n gerade oder ungerade?

Übung D.2.15. Zeigen Sie, dass das einfache Spiel v bei Existenz eines Veto-Spielers nicht widersprüchlich ist und dass v bei Existenz von mindestens zwei Veto-Spielern nicht entscheidungsfähig ist. Wie ist also der Abstimmungsmechanismus beim Sicherheitsrat zu klassifizieren?

Übung D.2.16. Zeigen Sie, dass das Apex-Spiel nicht widersprüchlich ist.

D.2.2 Das Autokauf-Spiel

Im Buch von MORRIS (1994, S. 162) findet sich das kooperative Verhandlungsspiel über den Autoverkauf. Casajus (C) hat ein gebrauchtes Auto, das er verkaufen möchte; Wimmer (W) und Geisler (G) sind am Kauf interessiert und haben Zahlungsbereitschaften von 700 bzw. 500. Der Autor verwendet die auf folgende Weise definierte Koalitionsfunktion:

$$v\,(C) = v\,(W) = v\,(G) = 0,$$
$$v\,(C, W) = 700,$$
$$v\,(C, G) = 500,$$
$$v\,(W, G) = 0 \text{ und}$$
$$v\,(C, W, G) = 700.$$

Dabei realisieren die Einerkoalitionen jeweils den Wert Null: Für Casajus hat das Auto keinen Wert, Wimmer und Geisler können nur in der Kooperation mit Casajus das Auto erstehen. Für die Koalition, die aus Casajus und Wimmer besteht, ist die Zahlungsbereitschaft von Wimmer in Höhe von 700 aufzuteilen. Analog erklärt sich der Wert von 500 für die Koalition $\{C, G\}$. Da Wimmer und Geisler kein Tauschobjekt haben, erzielen sie zusammen den Wert Null. Der großen Koalition kommt der Wert 700 zu; dieser ist gleich dem Wert der Koalition $\{C, W\}$.

Wir werden später versuchen, aufgrund der Lösungskonzepte der kooperativen Spieltheorie Antwort auf folgende Fragen zu finden:

Übung D.2.17. Welcher Spieler wird das Auto erwerben? Welchen Preis wird Casajus erzielen können? Raten Sie!

D.2.3 Das Maschler-Spiel

AUMANN/MYERSON (1988) präsentieren das durch

$$v\,(K) = \begin{cases} 0, & |K| = 1 \\ 60, & |K| = 2 \\ 72, & |K| = 3 \end{cases}$$

definierte Koalitionsspiel, das sie Michael Maschler zuschreiben. Es ist symmetrisch; die Werte der Koalitionsfunktion hängen nur von der Anzahl, nicht jedoch von der Individualität der Spieler ab. Man kann daher vermuten, dass die Spieler gleich hohe Auszahlungen erhalten. Bei Pareto-Effizienz bekäme jeder $\frac{72}{3} = 24$. Nun liegt das Besondere dieses Spiels darin, dass zwei Spieler, sagen wir die Spieler 1 und 2, die sich den Wert $v(\{1,2\}) = 60$ teilen könnten, dadurch besser gestellt würden (30 > 24). Dazu muss es den Spielern 1 und 2 gelingen, Spieler 3 auszuschließen.

D.2.4 Lineares Produktionsspiel

OWEN (1975) hat ein lineares Produktionsspiel definiert, das wir hier für den Fall von nur zwei Spielern, zwei Faktoren und zwei Gütern vorstellen. Jeder der beiden Spieler, $i = 1, 2$, verfügt über einen zweistelligen Faktorenvektor $x^i = \left(x^i_1, x^i_2\right)$, wobei x^i_k die Anzahl der Faktoreinheiten des k-ten Faktors in der Verfügungsgewalt von Spieler i wiedergibt. Die große Koalition $\{1,2\}$ benutzt die Faktoren all ihrer Mitglieder und verfügt damit über

$$x^1_k + x^2_k$$

Einheiten des k-ten Faktors.

Mit den Faktoren können zwei Güter produziert werden. Die Produktionstechnologie ist limitational: Um eine Einheit von Gut j herzustellen, benötigt man mindestens a^j_k Einheiten von Faktor k. Zur Erinnerung: Limitationale Produktionsfaktoren in der Unternehmenstheorie entsprechen perfekten Komplementen in der Haushaltstheorie, d.h. ihr Einsatz ist nur in einem bestimmten fixen Verhältnis ökonomisch sinnvoll. Näheres kann der Leser beispielsweise dem mikroökonomischen Lehrbuch von WIESE (2005, Kap. I) entnehmen.

Übung D.2.18. Barmixer Harley benötigt 2 Deziliter Rum (x_1) und 6 Deziliter Cola (x_2) für eine Riesencola mit Rum (y).
a) Wie lautet die limitationale Produktionsfunktion, $y = f(x_1, x_2)$, für Riesencola mit Rum?
b) Zeichnen Sie die Isoquante für 2 Riesencola mit Rum.

Die Koalition S kann einen Vektor (y_1, y_2) nur dann produzieren, wenn für jeden Faktor $k = 1, 2$

$$a_k^1 y_1 + a_k^2 y_2 \leq x_k^1 + x_k^2$$

gilt.

Das Ziel der Koalition S besteht darin, die Erlöse

$$p_1 y_1 + p_2 y_2$$

im Rahmen der verfügbaren Faktoreinsatzmengen zu maximieren. Dabei stehen p_1 und p_2 für die Preise der Outputgüter 1 bzw. 2. Daher ist die Koalitionsfunktion durch

$$v(S) = \max_{y_1, y_2 \geq 0} \left\{ p_1 y_1 + p_2 y_2 : a_k^1 y_1 + a_k^2 y_2 \leq x_k^1 + x_k^2, k = 1, 2 \right\}$$

zu definieren.

D.2.5 Das Müll-Spiel

SHAPLEY/SHUBIK (1969a) haben das folgende Müll-Spiel ersonnen. Jeder Spieler $i \in N$ hat einen Beutel Müll der Größe $b_i > 0$. (Im Originalaufsatz ist $b_i = 1, i \in N$.) Diesen Müllbeutel kann man nun bei den Gegenspielern „entsorgen". Dabei haben die Spieler einer Koalition K unter dem Müll der Komplementärkoalition $N \backslash K$ zu leiden. Nimmt man nun an, dass ein Disnutzen in Höhe der „summierten Müllbeutel" entsteht, ist die durch

$$v(N) = -\sum_{i \in N} b_i,$$
$$v(K) = -\sum_{N \backslash K} b_i, K \subset N, K \neq \emptyset,$$

gegebene Koalitionsfunktion plausibel:

- Die große Koalition hat den Disnutzen des insgesamt vorhandenen Mülls, $-\sum_{i \in N} b_i$, zu ertragen.
- Jede nichtgroße Koalition $K \neq \emptyset$ erhält den Müll der übrigen Spieler.

D.2.6 Das Muto-Spiel

Das Muto-Spiel ist durch eine spezielle Teilmenge der Spieler $G \subseteq N$ und durch Gewinne $r_i, i \in N$, der Spieler definiert. Die Koalitionsfunktion ist durch

$$v(S) = \begin{cases} \sum_{i \in S} r_i, & S \cap G \neq \emptyset \\ 0, & S \cap G = \emptyset \end{cases}$$

gegeben. Man kann mit MUTO (1986) dieses Spiel als Informationsspiel interpretieren. Jeder Spieler i hat die Gewinnchance r_i. Diese lässt sich jedoch nur dann nutzen, wenn Spieler i über eine „Information" verfügt. Die Spieler aus G sind dabei die informierten Spieler, die ihre Information an die übrigen Spieler aus ihrer Koalition weitergeben.

Alternative Interpretationen sind möglich. Beispielsweise könnte man sich vorstellen, dass alle Spieler Produzenten sind, die ihr Produkt nur verkaufen können, wenn sie sich mit einem Händler (der gleichzeitig Produzent ist) zusammentun. Man darf sicherlich erwarten, dass ihre besondere Stellung den Spielern aus G höhere Auszahlungen als den anderen Spielern garantiert.

D.2.7 Ein streng konvexes Spiel

Der Leser betrachte das durch $N = \{1, 2, 3\}$ und

$$v(\{1\}) = v(\{2\}) = v(\{3\}) = 0,$$
$$v(\{1,2\}) = v(\{2,3\}) = 1, v(\{1,3\}) = 2 \text{ und}$$
$$v(\{1,2,3\}) = 4$$

definierte Koalitionsspiel. Wir werden sehen, dass ein Spieler zu einer größeren Koalition mehr beiträgt als zu einer kleineren. Diese Eigenschaft nennt man strenge Konvexität (siehe Abschnitt D.3.4, ab S. 106). Beispielsweise trägt Spieler 1 zur Koalition $\{2\}$ mehr bei als zur leeren Koalition und zur Koalition $\{2, 3\}$ mehr als zur Koalition $\{2\}$:

$$v(\{1,2\}) - v(\{2\}) = 1 - 0 > 0 - 0 = v(\{1\}) - v(\emptyset),$$
$$v(\{1,2,3\}) - v(\{2,3\}) = 4 - 1 > 1 - 0 = v(\{1,2\}) - v(\{2\}).$$

Übung D.2.19. Zeigen Sie, dass Spieler 2 zur Koalition $\{1, 3\}$ mehr beiträgt als zur leeren Koalition.

D.2.8 Kostenaufteilungsspiel

Viele Organisationen stehen vor dem Problem, Kosten auf mehrere
Einheiten verteilen zu müssen. Beispiele hierfür können eine von mehreren Ärzten genutzte Praxis, Militärbündnisse mit einem gemeinsamen Manöver, Unternehmen auf profit-center-Basis, Universitäten mit
von mehreren Fakultäten genutzten Rechenzentren oder Wohngemein-
schaften mit Grundgebühren bei Telefon oder Abwasser sein. Die Ausführungen in diesem Abschnitt basieren in der Hauptsache auf dem
Beitrag von YOUNG (1994a) bzw. auf Kapitel 5 aus YOUNG (1994b).
Insbesondere entstammt das unten angeführte Beispiel diesen Quellen.

Definition D.2.8. *Das Paar* (N, c)*, bestehend aus einer nichtleeren
Menge N und einer Funktion $c : 2^N \to \mathbb{R}_+$ mit $c(\emptyset) = 0$, heißt Kostenaufteilungsspiel. c heißt auch Kostenfunktion.*

   Hierbei ist $\mathbb{R}_+$ als $\{r \in \mathbb{R} : r \geq 0\}$ zu verstehen. Für eine Koalition K ist $c(K)$ als die minimalen Kosten zu interpretieren, mit denen
die Koalition eine Dienstleistung oder Ähnliches für sich bereitstellen
kann. Die implizite Minimierung der Kosten beinhaltet insbesondere die Möglichkeit, dass die Koalition K sich in Wirklichkeit in zwei
„Koalitionen" aufspaltet, um das Projekt am kostengünstigsten zu realisieren, z.B. durch die Einrichtung von zwei Rechenzentren für fünf
Fakultäten.

   Nun ist c zwar im formalen Sinne eine Koalitionsfunktion. Allerdings ließe sich die Grundidee einer Koalitionsfunktion, Teilmengen
der Spieler den von ihnen erwirtschafteten Wert beizumessen, eher
durch eine Kostenersparnisfunktion abbilden. Diese betrachtet die Kosten bei isoliertem Handeln im Vergleich zum gemeinsamen Realisieren
von Projekten:

Definition D.2.9. *Sei (N, c) ein Kostenaufteilungsspiel. Dann heißt
v die zu c gehörige Kostenersparnisfunktion, falls v durch*

$$v(K) := \sum_{i \in K} c(\{i\}) - c(K), \ K \subseteq N,$$

definiert ist.

Übung D.2.20. Definieren Sie die Kostenfunktion c und die dazuge-
hörige Kostenersparnisfunktion v für das folgende Beispiel: Zwei Städte
A und B planen ein gemeinsames Wasserwerk. Stadt A könnte mit 11
Millionen Euro ein Wasserwerk für sich selbst bauen. Stadt B hätte 7
Millionen Euro für ein eigenes Wasserwerk aufzubringen. Das gemein-
same Wasserwerk kostet dagegen nur 15 Millionen Euro.

D.2.9 Besteuerte Spiele

Wir schließen die Beispiele mit Steuerspielen. Es handelt sich dabei
um eine Variation gegebener Koalitionsspiele, die von TIJS/DRIESSEN
(1986) betrachtet wurde. Ausgehend von einer Koalitionsfunktion v
definieren diese Autoren die Besteuerung v_t, die durch

$$v_t(K) = v(K) - t\left[v(K) - \sum_{i \in K} v(\{i\})\right], K \subseteq N,$$

erklärt ist. (Wir ignorieren hier die Fallunterscheidung, die die Autoren
einführen; diese setzen $v_t(N) = v(N)$.) Tatsächlich ist es aus steuerli-
chen Gründen häufig vorteilhaft, wenn ein Individuum eine bestimmte
Leistung in Eigenarbeit erbringt. Wenn es dazu weitere Individuen
heranzieht, werden in der Regel steuerliche Tatbestände erfüllt. Bei
$t = 0$ gibt es keine Besteuerung der Kooperationsgewinne, bei $t = 1$
ist diese vollkommen:

$$v_1(K) = \sum_{i \in K} v(\{i\}), K \subseteq N.$$

Übung D.2.21. Definieren Sie die Besteuerung des Einmütigkeits-
spiels u_T (siehe Abschnitt D.2.1). Unterscheiden Sie dabei $|T| = 1$ und
$|T| > 1$. Wann kommt es zu einer Besteuerung?

D.3 Superadditivität, Monotonie, Konvexität und Wesentlichkeit

D.3.1 Superadditivität

Fast alle Koalitionsfunktionen, mit denen wir in diesem Buch arbeiten,
sind superadditiv. Grob gesprochen bedeutet dies: Zusammenarbeit

lohnt sich. Schließlich könnten Spieler die Zusammenarbeit einstellen, wenn sie schädlich ist. Formal ist Superadditivität so definiert:

Definition D.3.1. *Bei Koalitionsfunktionen v mit transferierbarem Nutzen liegt Superadditivität vor, falls für alle Koalitionen $R, S \subseteq N$ aus*

$$R \cap S = \emptyset \text{ (kein Agent ist in beiden Koalitionen)}$$

die Ungleichung

$$v(R) + v(S) \leq v(R \cup S)$$

folgt. Man kann $v(R \cup S) - (v(R) + v(S)) \geq 0$ als Kooperationsgewinn bezeichnen.

Daher ist das Handschuh-Spiel superadditiv. Durch die Vereinigung zweier disjunkter Mengen R und S von Handschuhbesitzern ist die insgesamt verfügbare Paarzahl mindestens so hoch wie die Summe der Paarzahlen bei R und bei S vor dem Zusammenschluss. Dies sieht man daran, dass die Handschuhbesitzer nach dem Zusammenschluss dieselbe Paarbildung vornehmen könnten wie vor dem Zusammenschluss. Zudem können möglicherweise noch weitere Paare gebildet werden.

Übung D.3.1. Ist die Koalitionsfunktion v, die für $N = \{1, 2, 3\}$ durch

$$v(\{1, 2, 3\}) = 5,$$
$$v(\{1, 2\}) = v(\{1, 3\}) = v(\{2, 3\}) = 4 \text{ und}$$
$$v(\{1\}) = v(\{2\}) = v(\{3\}) = 0$$

definiert ist, superadditiv?

Übung D.3.2. Ist das Einmütigkeitsspiel (Abschnitt D.2.1) superadditiv? Wie steht es mit dem Maschler-Spiel (Abschnitt D.2.3), dem Müll-Spiel (Abschnitt D.2.5) oder einer widersprüchlichen Abstimmungsregel (Abschnitt D.2.1)? Lediglich die Überprüfung der Superadditivität des Müll-Spiels ist ein wenig schwierig.

D.3.2 Superadditive Hülle

Wenn eine Koalitionsfunktion nicht superadditiv ist, gibt es für eine Koalition K zwei disjunkte Teilkoalitionen, bei denen die Summe ihrer Werte größer als der Wert von K ist. Man könnte dann die fehlende Superadditivität dadurch heilen, dass man der Koalition K die Summe der Werte der zwei Teilkoalitionen zuordnet. Diese Idee wollen wir nun verfolgen und gelangen damit zur superadditiven Hülle einer Koalitionsfunktion v.

Definition D.3.2. *Seien v und w zwei Koalitionsfunktionen aus G_N. w heißt Hülle von v, falls für alle Koalitionen $K \subseteq N$*

$$v(K) \leq w(K)$$

gilt.

Übung D.3.3. Unter welchen Umständen ist ein Einmütigkeitsspiel u_T eine Hülle eines anderen Einmütigkeitsspiels $u_{T'}$?

Im Allgemeinen gibt es zu einer Koalition K mehrere Möglichkeiten, diese als Vereinigung disjunkter nichtleerer Teilkoalitionen darzustellen. Die Menge dieser Partitionen bezeichnen wir mit $\mathfrak{P}(K)$. Beispielsweise gehören zu $\mathfrak{P}(\{1,2,3\})$ die Partitionen

$$\{\{1,2,3\}\},$$
$$\{\{1,2\},\{3\}\} \text{ oder}$$
$$\{\{1\},\{2\},\{3\}\}.$$

Übung D.3.4. Sind $\{\{1,2\},\{2,3,4\}\}$ und $\{\{1\},\{2,4\}\}$ Elemente aus $\mathfrak{P}(\{1,2,3,4\})$?

Definition D.3.3. *Die superadditive Hülle von v ist die Koalitionsfunktion v^{sa}, die durch*

$$v^{sa}(K) = \max_{\mathcal{P} \in \mathfrak{P}(K)} \sum_{S \in \mathcal{P}} v(S)$$

definiert ist.

Zur Berechnung des Koalitionswertes $v^{sa}(K)$ hat man also alle Partitionen von K zu betrachten. Man wählt dann diejenige aus, die die Summe der Koalitionswerte der Komponenten maximiert. Dass der Begriff „superadditive Hülle" gerechtfertigt ist, zeigt die nächste Übung:

Übung D.3.5. Zeigen Sie, dass v^{sa} eine Hülle von v ist und dass v^{sa} superadditiv ist.

Man kann zeigen, dass die superadditive Hülle von v die „kleinste" Hülle von v ist, die Superadditivität aufweist. Dies bedeutet: Es gibt keine Koalitionsfunktion w, die folgende drei Eigenschaften erfüllt:

- w ist superadditiv,
- w ist Hülle von v und
- v^{sa} ist Hülle von w mit $v^{sa} \neq w$.

Übung D.3.6. Ist die superadditive Hülle eines widersprüchlichen Abstimmungsspiels ein einfaches Spiel?

D.3.3 Monotonie

Mit der Superadditivität eng verknüpft ist die Monotonie. Sie bedeutet, dass eine Koalition S nie einen größeren Wert haben kann als eine Koalition S', in der sie enthalten ist:

Definition D.3.4. *Ein Koalitionsspiel* (N,v) *heißt monoton, falls für* $S, S' \subseteq N$ *mit* $S \subseteq S'$

$$v(S) \leq v(S')$$

gilt.

Monotonie muss Superadditivität nicht nach sich ziehen, wie man an der Koalitionsfunktion v auf $N = \{1,2\}$ sehen kann, die durch $v(\{1\}) = v(\{2\}) = 3$ und $v(\{1,2\}) = 4$ gegeben ist.

Übung D.3.7. Zeigen Sie, dass jedes monotone Spiel Nicht-Negativität (d.h. $v(K) \geq 0$ für alle $K \subseteq N$) aufweist.

Übung D.3.8. Ist das Einmütigkeitsspiel u_T monoton?

Übung D.3.9. Zeigen Sie, dass Superadditivität und Nicht-Negativität Monotonie implizieren. Was bedeutet dieses Ergebnis für die vorangehende Aufgabe?

D.3.4 Konvexität

Superadditivität bedeutet, dass sich der Zusammenschluss disjunkter Koalitionen lohnt. Monotonie heißt: Mehr Spieler bewirken mehr. Der Begriff der Konvexität gehört ebenfalls in diese Rubrik. Eine Koalitionsfunktion heißt konvex, falls der marginale Beitrag eines Spielers höher ist, wenn er sich auf eine größere Koalition bezieht. Dieser Abschnitt ist etwas lang geraten. Allerdings lohnt sich eine ausführliche Lektüre dennoch, weil konvexe Koalitionsfunktionen noch eine besondere Rolle spielen werden. Für diese Funktionen nimmt der Kern eine besondere geometrische Form an, zudem liegt die Shapley-Lösung im Kern.

Definition D.3.5. *Ein Koalitionsspiel (N,v) heißt konvex, wenn für alle Koalitionen S und S' mit $S \subseteq S'$ und für alle Spieler $i \in N$, die weder in S noch in S' enthalten sind,*

$$v\left(S \cup \{i\}\right) - v(S) \leq v\left(S' \cup \{i\}\right) - v\left(S'\right) \qquad \text{(D.1)}$$

erfüllt ist.

Ein Koalitionsspiel (N,v) heißt streng konvex, wenn für alle Koalitionen S und S' mit $S \subset S'$ und für alle Spieler $i \in N$, die weder in S noch in S' enthalten sind,

$$v\left(S \cup \{i\}\right) - v(S) < v\left(S' \cup \{i\}\right) - v\left(S'\right)$$

erfüllt ist.

Der marginale Beitrag von i zu einer Koalition steigt mit der Koalitionsgröße an. Es gibt also steigende Skalenerträge der Koalitionsbildung. Graphisch kann man dies wie in Abb. D.1 veranschaulichen. In dieser Abbildung sind Mengen dargestellt. Eine Menge ist dabei eine Obermenge einer zweiten, wenn sie sich oberhalb und/oder rechts von ihr befindet. Wir setzen $S \subset S'$ voraus und nehmen an, dass Spieler i in keiner dieser beiden Koalitionen enthalten ist. Dann gilt weder $S \cup \{i\} \subseteq S'$ noch umgekehrt $S' \subseteq S \cup \{i\}$. Offensichtlich ist jedoch $S \cup \{i\}$ eine Obermenge von S und eine Untermenge von $S' \cup \{i\}$; zudem gilt $S \subset S' \subset S' \cup \{i\}$.

Strenge Konvexität besagt nun: Die Wertdifferenz von S nach $S \cup \{i\}$ ist geringer als diejenige von S' nach $S' \cup \{i\}$.

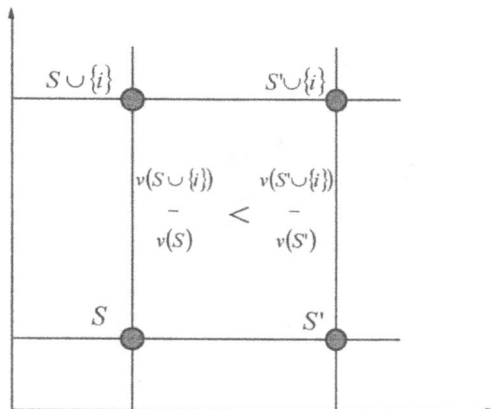

Abbildung D.1. Strenge Konvexität

Übung D.3.10. Ist das Einmütigkeitsspiel u_T konvex? Unterscheiden Sie $i \in T$ und $i \notin T$. Ist u_T streng konvex?

Der Leser mag sich fragen, warum diese steigenden Skalenerträge als Konvexität bezeichnet werden. Dieser Begriff wird auch für Funktionen $f : \mathbb{R} \to \mathbb{R}$ verwendet, die z.B. durch $f(x) = x^2$ oder $f(x) = e^x$ erklärt sind. Bei ihnen steigen die Differenzen an:

$$f(3) - f(2) > f(2) - f(1).$$

Im Falle von differenzierbaren Funktionen ist die zweite Ableitung positiv (2 bzw. e^x in unseren Beispielen).

Tatsächlich ist der Begriff konvex auch bei Koalitionsfunktionen ähnlich motiviert. Dazu nehmen wir als Spezialfall eine symmetrische Koalitionsfunktion v, deren Funktionswerte definitionsgemäß nur von der Anzahl der Spieler abhängen.

Definition D.3.6. *Eine Koalitionsfunktion v heißt symmetrisch, falls es eine Funktion $f : N \to \mathbb{R}$ gibt, die*

$$v(K) = f(|K|), \; K \subseteq N,$$

erfüllt.

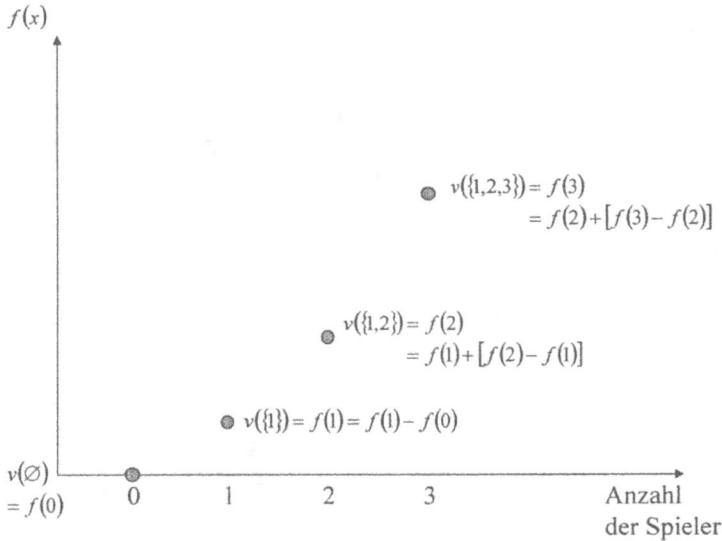

Abbildung D.2. Konvexität bei symmetrischer Koalitionsfunktion

Bei einer solchen Funktion f kann man nun die Konvexität im Sinne steigender Differenzen graphisch in Abb. D.2 so darstellen, dass dem Leser der Zusammenhang zwischen den Konvexitätsbegriffen klar wird.

Wir haben bisher den genauen Zusammenhang zwischen Superadditivität und Konvexität nicht behandelt. Eine wichtige Schlussfolgerung lässt sich aus der folgenden Aufgabe ableiten:

Übung D.3.11. Ist das Maschler-Spiel konvex? Ist es superadditiv?

Eine superadditive Koalitionsfunktion muss also nicht konvex sein. Umgekehrt folgt jedoch aus der Konvexität die Superadditivität. Dies werden wir anhand des folgenden Kriteriums für Konvexität weiter unten beweisen können.

Theorem D.3.1. *Ein Koalitionsspiel* (N, v) *ist genau dann konvex, wenn für alle Koalitionen* R *und* S *die Ungleichung*

$$v\left(R \cup S\right) + v\left(R \cap S\right) \geq v\left(R\right) + v\left(S\right)$$

gilt.

(N, v) *ist genau dann streng konvex, falls für alle Koalitionen R und S, die weder $R \subseteq S$ noch $S \subseteq R$ erfüllen,*

$$v\left(R \cup S\right) + v\left(R \cap S\right) > v\left(R\right) + v\left(S\right)$$

gilt.

Dieses Kriterium für Konvexität wollen wir nicht beweisen. Der Leser kann den Beweis im Lehrbuch von TOPKIS (1998) oder im Skript zur Verbandstheorie von CASAJUS/WIESE (2001) finden. In dieser Literatur werden konvexe Koalitionsfunktionen als ein Spezialfall der so genannten supermodularen Funktionen behandelt. Das Gebiet der Mathematik, das sich mit diesen Funktionen beschäftigt, heißt Verbandstheorie (engl. lattice theory).

Übung D.3.12. Das in Abschnitt D.2.7 (S. 100) definierte Spiel ist tatsächlich streng konvex. Bestätigen Sie, dass für $R = \{1, 2\}$ und $S = \{2, 3\}$ die obige Bedingung dafür erfüllt ist.

Das obige Kriterium macht es einfach, die folgende Aufgabe zu lösen:

Übung D.3.13. Zeigen Sie: Jede konvexe Koalitionsfunktion ist superadditiv.

D.3.5 Wesentliche Spiele

Wesentliche Spiele sind solche, bei denen die Agenten bei der großen Koalition einen größeren Wert erhalten, als wenn sie alle als Einerkoalitionen agieren. Auch hier erweist sich die Zusammenarbeit als lohnend.

Definition D.3.7. *Koalitionsspiele, die*

$$v\left(N\right) > \sum_{i \in N} v\left(\{i\}\right)$$

erfüllen, heißen wesentlich. Nicht wesentliche Spiele heißen unwesentlich.

Bitte lösen Sie die folgenden zwei Aufgaben:

Übung D.3.14. Sind Einmütigkeitsspiele immer wesentlich?

Übung D.3.15. Sei v ein unwesentliches und superadditives Koalitionsspiel. Drücken Sie $v(K)$, $K \subseteq N$, mithilfe der Werte von Einerkoalitionen aus.

D.3.6 Spiele mit konstanter Summe

Die bisherigen Konzepte betonen, dass sich Zusammenarbeit lohnt. Im Gegensatz dazu stehen Spiele mit konstanter Summe, die Zusammenarbeit anscheinend nicht „belohnen". Spiele mit konstanter Summe gehorchen für alle Koalitionen $K \subseteq N$ der Gleichung

$$v(N) = v(K) + v(N \backslash K).$$

Übung D.3.16. Ist das Einmütigkeitsspiel u_T ein Spiel mit konstanter Summe? Wie steht es mit dem Apex-Spiel?

D.3.7 Subadditivität und Monotonie bei Kostenaufteilungsspielen

Wir betrachten zum Abschluss das in Abschnitt D.2.8 eingeführte Kostenaufteilungsspiel. Wenn die Spieler durch Koalitionsbildung Kosten einsparen können, ist Subadditivität der Kostenfunktion plausibel.

Definition D.3.8. *Eine Kostenfunktion c heißt subadditiv, falls für alle Koalitionen $R, S \subseteq N$ mit*

$$R \cap S = \emptyset \text{ (kein Agent ist in beiden Koalitionen)}$$

die Ungleichung

$$c(R \cup S) \leq c(R) + c(S)$$

gilt.

Übung D.3.17. Ist die Kostenfunktion beim Wasserwerk (siehe S. 102) durch Subadditivität charakterisiert?

Subadditivität formalisiert die Idee, dass Kooperation beim Teilen von Kosten lohnt. Man kann $c(R) + c(S) - c(R \cup S) \geq 0$ als Kostenersparnis bezeichnen. Durch mehrfache Anwendung der Subadditivität folgt

$$c(K) \leq \sum_{i \in K} c(\{i\}) \tag{D.2}$$

für alle Koalitionen $K \subseteq N$. Diese Ungleichung gibt Anlass, den Leser an die von c abgeleitete Kostenersparnisfunktion v zu erinnern, die durch

$$v(K) = \sum_{i \in K} c(\{i\}) - c(K), \; K \subseteq N,$$

definiert ist.

Übung D.3.18. Beweisen Sie für die subadditive Kostenfunktion c und die zu ihr gehörende Kostenersparnisfunktion v die folgenden Aussagen:

- $v(\emptyset) = 0$.
- $v(\{j\}) = 0$ für alle j aus N.
- Die Kostenersparnisfunktion v ist superadditiv.
- Die Kostenersparnisfunktion v ist nichtnegativ und monoton.

D.4 Strategische Äquivalenz und Normierung

Einige Spiele sind sich in einem bestimmten Sinne so ähnlich, dass man vieles, was man von einem Spiel lernt, nahezu direkt auf das andere übertragen kann. Diese Ähnlichkeit werden wir formal durch eine Äquivalenzrelation ausdrücken. Dazu behandeln wir im nächsten Abschnitt zunächst den Begriff der Äquivalenzrelation allgemein, bevor wir dann im übernächsten Abschnitt eine spezielle Äquivalenz zwischen Spielen auf N betrachten.

D.4.1 Äquivalenzrelationen

Zur Erläuterung der strategischen Äquivalenz benötigen wir die Begriffe Äquivalenzrelation und Äquivalenzklasse. Diese Begriffe beziehen sich immer auf eine Grundmenge, z.B. die Menge aller Bewohner

Leipzigs oder die Menge der ganzen Zahlen. Für die Leipziger kann man fragen, ob für zwei von ihnen gilt:

- Einer ist der Vater des anderen.
- Sie haben das gleiche Geschlecht.

Für die Grundmenge der ganzen Zahlen können wir eine Relation zwischen a und b beispielsweise dadurch definieren, dass ihre Differenz eine gerade Zahl ist. Etwas formaler ausgedrückt: ganze Zahlen a und b stehen in der Relation $\sim$ zueinander, in Zeichen $a \sim b$, falls die Differenz $a - b$ eine gerade Zahl ist. Diese Relation hat die drei Eigenschaften der Reflexivität, der Transitivität und der Symmetrie. Wir betrachten diese der Reihe nach:

- Reflexivität bedeutet: Für alle ganzen Zahlen a gilt $a \sim a$. Dies ergibt sich aus der Tatsache, dass die Null eine gerade Zahl ist.
- Transitivität heißt: Für alle ganzen Zahlen a, b und c kann man aus $a \sim b$ und $b \sim c$ auf $a \sim c$ schließen. Denn $a \sim b$ und $b \sim c$ bedeutet, dass die Differenzen $a - b$ und $b - c$ gerade sind. Dann ist auch die Summe der Differenzen

$$(a - b) + (b - c)$$
$$= a - c$$

gerade und daher folgt $a \sim c$.
- Symmetrie bedeutet: Für alle ganzen Zahlen a und b folgt aus $a \sim b$ die umgekehrte Relation, $b \sim a$. Denn das Vorzeichen ist unwichtig für die Feststellung, ob eine Zahl (hier: die Differenz) gerade ist oder nicht.

Übung D.4.1. Sind die beiden für die Leipziger angegebenen Relationen reflexiv, transitiv oder symmetrisch?

Relationen mit den Eigenschaften der Reflexivität, der Transitivität und der Symmetrie heißen Äquivalenzrelationen. Zwei Elemente, für die eine solche Relation erfüllt ist, nennt man äquivalent. Man kann die jeweils zueinander äquivalenten Elemente in so genannte Äquivalenzklassen zusammenfassen. Das obige Beispiel aufgreifend, ist die zu einer ganzen Zahl a gehörige Äquivalenzklasse durch

$$[a] := \{z \in \mathbb{Z} : z \sim a\}$$

gegeben und besteht aus genau den ganzen Zahlen, deren Differenz zu a eine gerade Zahl ist.

Ohne Beweis merken wir an, dass die Äquivalenzklassen die Grundmenge partitionieren: Jedes Element gehört zu genau einer Äquivalenzklasse. In welche Mengen partitioniert unsere Beispielrelation, die wir als Äquivalenzrelation erkannt haben, die Menge $\mathbb{Z}$? Betrachten wir beispielsweise die Äquivalenzklasse $[0]$, d.h. die Menge aller Zahlen z, für die $z - 0$ gerade ist. Dies sind die geraden Zahlen von $\mathbb{Z}$, nämlich $\{\ldots -4, -2, 0, 2, 4 \ldots\}$. Da mit dieser Menge $\mathbb{Z}$ noch nicht ausgeschöpft ist, muss es mindestens eine weitere Äquivalenzklasse geben. Man kann sich überlegen, dass auch die ungeraden Zahlen eine Äquivalenzklasse bilden.

Übung D.4.2. In welche Äquivalenzklassen teilt die Relation „das gleiche Geschlecht habend" die Bewohner Leipzigs?

D.4.2 Eine nützliche Äquivalenzrelation zwischen Koalitionsspielen

Wir führen nun eine Äquivalenzrelation zwischen Koalitionsspielen ein, die sich als nützlich erweisen wird.

Definition D.4.1. *Sei G_N die Menge aller Koalitionsspiele auf N. Zwei Spiele v und w heißen strategisch äquivalent, falls es eine positive Konstante a und n Konstanten $b_1, \ldots, b_n$ gibt, sodass für alle Koalitionen K aus 2^N*

$$w(K) = av(K) - \sum_{i \in K} b_i$$

richtig ist. Wir schreiben dann $v \sim w$.

Tatsächlich ist die Relation $\sim$ eine Äquivalenzrelation. Sie ist also reflexiv, symmetrisch und transitiv, was wir jetzt der Reihe nach überprüfen wollen:

- Mit $a := 1$ und $b_i := 0$ für alle $i = 1, \ldots, n$ ergibt sich $v \sim v$ für alle $v \in G_N$ und damit die Reflexivität.

- Offenbar kann man

$$w(K) = av(K) - \sum_{i \in K} b_i$$

umformen zu

$$v(K) = \frac{1}{a}w(K) - \sum_{i \in K}\left(-\frac{1}{a}b_i\right),$$

sodass aus $v \sim w$ auf $w \sim v$ geschlossen werden kann. Dabei beachte man, dass mit a auch $\frac{1}{a}$ positiv ist. Wir haben also Symmetrie nachgewiesen.

- Die Überprüfung der Transitivität bleibt Ihnen in der nächsten Aufgabe überlassen.

Übung D.4.3. Zeigen Sie, dass aus $v_1 \sim v_2$ und $v_2 \sim v_3$ bereits $v_1 \sim v_3$ folgt.

Äquivalente Spiele haben eine Reihe von gemeinsamen Eigenschaften. Wir halten hier fest:

Theorem D.4.1. *Seien v und w äquivalente Spiele aus G_N. Dann gelten die beiden folgenden Aussagen:*

- *v ist genau dann wesentlich, wenn w wesentlich ist.*
- *v ist genau dann superadditiv, wenn w superadditiv ist.*

Übung D.4.4. Die Beweise können Sie selbst führen.

Übung D.4.5. Zeigen Sie, dass das Einmütigkeitsspiel $u_{\{1,2\}} \in G_{\{1,2,3\}}$ äquivalent ist zu der durch

$$w(K) = \begin{cases} 1, & K = \{1\} \\ 0, & K = \{2\} \\ -3, & K = \{3\} \\ 3, & K = \{1,2\} \\ -2, & K = \{1,3\} \\ -3, & K = \{2,3\} \\ 0, & K = \{1,2,3\} \end{cases}$$

gegebenen Koalitionsfunktion. Aufgrund welcher Konstanten gilt dies? Beginnen Sie mit den Einerkoalitionen und lösen Sie die Gleichungen

$$w\left(\{i\}\right) = au_{\{1,2\}}\left(\{i\}\right) - b_i, \ i = 1, 2, 3.$$

Die Koalitionsfunktion w aus der vorangehenden Aufgabe ist also superadditiv und wesentlich, wie wir aus den Aufgaben D.3.2 und D.3.14 wissen. Die Monotonie überträgt sich offenbar nicht von einem Spiel auf ein äquivalentes. Dies sieht man an den Werten für $\{1, 2\}$ und $\{1, 2, 3\}$.

D.4.3 Normierung

Wir haben wesentliche Spiele als solche definiert, die

$$v\left(N\right) > \sum_{i \in N} v\left(\{i\}\right)$$

erfüllen. Diese Spiele können durch

$$w\left(K\right) := \frac{v\left(K\right) - \sum_{i \in K} v\left(\{i\}\right)}{v\left(N\right) - \sum_{i \in N} v\left(\{i\}\right)}$$

in ein normiertes Spiel w überführt werden. Spezifischer spricht man auch von 0-1-Normierung. Es gelten zwei Aussagen, die diese Benennung begründen:

- $w\left(\{i\}\right) = 0$ für alle $i \in N$.
- $w\left(N\right) = 1$.

Übung D.4.6. Zeigen Sie, dass ein 0-1-normiertes Spiel w wesentlich ist.

Übung D.4.7. Zeigen Sie, dass sich die Superadditivität einer wesentlichen Koalitionsfunktion v auf die Superadditivität ihrer 0-1-Normierung w überträgt. Zeigen Sie auch, dass Superadditivität von v Nicht-Negativität von w impliziert. Schließen Sie mit Aufg. D.3.9 von der Superadditivität von v auf die Monotonie von w.

Bei 0-1-normiertem w gilt $w(N) = 1$, was $w(K) > 1$, $K \subset N$, im Allgemeinen nicht ausschließt. Allerdings ist für alle $K \subseteq N$

$$w(K) = \frac{v(K) - \sum_{i \in K} v(\{i\})}{v(N) - \sum_{i \in N} v(\{i\})} \leq 1$$

äquivalent zu

$$v(N) - v(K) \geq \sum_{i \in N \setminus K} v(\{i\}).$$

Diese Ungleichung ist erfüllt, falls w monoton ist. Insbesondere ist dies bei Superadditivität von v der Fall, wie die obige Übung zeigt.

Übung D.4.8. Seien v ein Koalitionsspiel mit $v(N) = 1$ und $v(\{i\}) = 0$ für alle $i \in N$. Zeigen Sie: Die 0-1-Normierung von v ist gleich v.

D.4.4 Äquivalenzklassen für wesentliche Spiele

0-1-normierte Spiele haben eine Stellvertreterfunktion für jeweils eine Klasse von wesentlichen Koalitionsspielen auf N. Um dies zu zeigen, benutzen wir die soeben eingeführte strategische Äquivalenz.

Ausgehend von einem wesentlichen Koalitionsspiel $v \in G_N$ ergeben die Faktoren

$$a := \frac{1}{v(N) - \sum_{i \in N} v(\{i\})} > 0$$

und

$$b_i := \frac{v(\{i\})}{v(N) - \sum_{j \in N} v(\{j\})}, \ i \in N,$$

das zu v äquivalente Koalitionsspiel

$$
\begin{aligned}
w(K) &= av(K) - \sum_{i \in K} b_i \\
&= \frac{1}{v(N) - \sum_{j \in N} v(\{j\})} v(K) - \sum_{i \in K} \frac{v(\{i\})}{v(N) - \sum_{j \in N} v(\{j\})} \\
&= \frac{v(K) - \sum_{i \in K} v(\{i\})}{v(N) - \sum_{j \in N} v(\{j\})}.
\end{aligned}
$$

Dies ist gerade die 0-1-Normierung von v. Die 0-1-Normierung jedes wesentlichen Spiels ist also zu diesem Spiel äquivalent. Nun haben wir noch zu zeigen, dass zwei unterschiedliche 0-1-Normierungen nicht äquivalent zueinander sind. Dann haben wir die wesentlichen Spiele in Äquivalenzklassen partitioniert, wobei als Vertreter jeder Äquivalenzklasse die 0-1-Normierung aller in dieser Klasse vertretenen Koalitionsspiele genommen werden kann.

Übung D.4.9. Betrachten Sie zwei Koalitionsspiele v und w aus G_N mit $v(N) = w(N) = 1$ und $v(\{i\}) = w(\{i\}) = 0$ für alle $i \in N$. Sei ein $K \subseteq N$ mit $v(K) \neq w(K)$ gegeben. Zeigen Sie durch Widerspruchsbeweis, dass v und w nicht äquivalent sind.

D.4.5 Normalisierte Monotonie

Wir wollen nun einen Blick zurück auf die Monotonie werfen. Sie scheint eine plausible Eigenschaft zu sein, hat allerdings den Nachteil, dass es zu jedem monotonen Koalitionsspiel v ein äquivalentes Koalitionsspiel w gibt, das seinerseits nicht monoton ist. Beispielhaft hatten wir dies anhand von Aufg. D.4.5 (S. 114) bereits sehen können.

Auch gibt es umgekehrt zu jedem nicht monotonen Koalitionsspiel w ein äquivalentes Koalitionsspiel v, das monoton ist. Man kann diese Aussagen als Argument gegen die Monotonie verwenden oder als Argument gegen die Äquivalenz. Wir werden nun beide Aussagen beweisen, bevor wir dann mit Definition D.4.2 fortfahren.

Seien also v ein monotones Koalitionsspiel und S und S' Koalitionen aus 2^N mit $S \subset S'$ (S ist also nicht gleich S'). Nun gilt bei Monotonie $v(S) \leq v(S')$. Es ist ein zu v äquivalentes Koalitionsspiel w mit $w(S) > w(S')$ zu finden. Sei dazu j ein Spieler aus $S'\backslash S$. Wir definieren

$$a := 1 \text{ und}$$
$$b_i := \begin{cases} v(S') - v(S) + 1, & i = j \\ 0, & i \neq j \end{cases}$$

und erhalten

$$w(S) - w(S') = av(S) - \sum_{i \in S} b_i - \left(av(S') - \sum_{i \in S'} b_i\right)$$
$$= v(S) - v(S') + b_j$$
$$= 1 > 0.$$

Auch umgekehrt kann man aus einem nicht monotonen Koalitionsspiel v ein monotones Koalitionsspiel w gewinnen.

Übung D.4.10. Versuchen Sie es bitte selbst. Der Trick besteht darin, die b_i so zu definieren, dass sie die Monotonie erzwingen. Dies erreicht man beispielsweise durch

$$a := 1 \text{ und}$$
$$b_i := - \max_{S,S' \in 2^N} \left\{ \left| v\left(S'\right) - v(S) \right| \right\},$$

wie Sie zu zeigen haben.

Eine alternative Definition der Monotonie besteht darin, sie auf die 0-1-Normierung zu beziehen.

Definition D.4.2. *Ein Koalitionsspiel (N,v) heißt normiert monoton, falls seine 0-1-Normierung w für alle $S,S' \subseteq N$ mit $S \subseteq S'$*

$$w\left(S\right) \leq w\left(S'\right)$$

erfüllt.

Aus Aufg. D.4.7 wissen wir, dass Superadditivität von v Monotonie von w impliziert. Die nächste Aufgabe zeigt, dass zudem eine Koalitionsfunktion normiert monoton sein kann, ohne Superadditivität aufzuweisen.

Übung D.4.11. Seien $N = \{1,2,3,4\}$ und v ein Koalitionsspiel, das durch

$$v\left(\{i\}\right) = 0, i \in \{1,2,3,4\},$$
$$v\left(\{i,j\}\right) = \frac{3}{5}, i,j \in \{1,2,3,4\}, i \neq j,$$
$$v\left(\{i,j,k\}\right) = \frac{4}{5}, i,j,k \in \{1,2,3,4\}, i \neq j, j \neq k, i \neq k, \text{ und}$$
$$v\left(\{1,2,3,4\}\right) = 1$$

definiert ist. Ist v normiert monoton? Ist v superadditiv?

D.5 Der Raum der Koalitionsspiele auf N als Vektorraum

D.5.1 Koalitionsspiele als Vektoren

G_N ist die Menge der Koalitionsspiele auf N. Diese Menge kann man als Vektorraum auffassen. Wir erinnern daran, dass 2^n die Anzahl der Teilmengen der Menge N ist. Da für jede Koalition mit Ausnahme von $\emptyset$ ein Wert anzugeben ist, kann man ein Koalitionsspiel auf N mit einem Vektor, der $2^n - 1$ Einträge hat, beschreiben. Derartige Vektoren sind Elemente des Vektorraums $\mathbb{R}^{2^n-1}$. Beispielsweise lässt sich $u_{\{1,2\}}$ in $G_{\{1,2,3\}}$ durch den Vektor

$$\left(\underbrace{0}_{\{1\}}, \underbrace{0}_{\{2\}}, \underbrace{0}_{\{3\}}, \underbrace{1}_{\{1,2\}}, \underbrace{0}_{\{1,3\}}, \underbrace{0}_{\{2,3\}}, \underbrace{1}_{\{1,2,3\}} \right)$$

darstellen.

Übung D.5.1. Geben Sie den Vektor an, der das Maschler-Spiel

$$v(K) = \begin{cases} 0, & |K| = 1 \\ 60, & |K| = 2 \\ 72, & |K| = 3 \end{cases}$$

beschreibt.

D.5.2 Addition und skalare Multiplikation von Vektoren

Zunächst wollen wir einige allgemeine Erkenntnisse über Vektorräume wiederholen. Auf Vektorräumen sind die Multiplikation eines Vektors mit einem Skalar α (einer reellen Zahl) und auch die Addition zweier Vektoren erklärt. Beide Operationen sind komponentenweise zu verstehen.

Übung D.5.2. Berechnen Sie für $v = (1, 3, 3)$, $w = (2, 7, 8)$ und $\alpha = \frac{1}{2}$ sowohl $v + w$ als auch αw.

Die skalare Multiplikation und die Addition sind also auch für Koalitionsspiele definiert. So ist αw das Koalitionsspiel, das jeder Koalition K die reelle Zahl

$$(\alpha w)(K) = \alpha w(K)$$

zuordnet. Entsprechend meint $v + w$ das Koalitionsspiel, das der Koalition K den Wert

$$(v + w)(K) = v(K) + w(K)$$

beimisst.

D.5.3 Lineare Unabhängigkeit und Basen

Für die Theorie von Vektorräumen ist der Begriff der Linearkombination zentral:

Definition D.5.1. *Ein Vektor w heißt Linearkombination der Vektoren $v_1, ..., v_m$, falls es Faktoren $\alpha_1, ..., \alpha_m$ gibt, sodass*

$$w = \sum_{\ell=1}^{m} \alpha_\ell v_\ell$$

erfüllt ist.

Man kann dann Skalare finden, sodass w in der obigen Weise darstellbar ist. Die Darstellung des Nullvektors $0 = (0, 0, ..., 0)$ ist für Vektorräume von besonderer Bedeutung. Zum einen gilt natürlich

$$\underbrace{0}_{\text{Nullvektor}} = \sum_{\ell=1}^{m} \underbrace{0}_{\text{Skalar}} \cdot v_\ell$$

für alle Vektoren; dies ist die triviale Darstellung des Nullvektors. Zum anderen ist es bisweilen möglich, auch mit positiven Skalaren die Null darzustellen, wie folgendes Beispiel zeigt:

$$0 = 2 \cdot (1, 3, 3) + 3 \cdot (2, 1, 1) - (8, 9, 9).$$

Definition D.5.2. *Die Vektoren $v_1, ..., v_m$ heißen linear unabhängig, wenn aus $\sum_{\ell=1}^{m} \alpha_\ell v_\ell = 0$ für alle Skalare $\alpha_\ell = 0$ folgt.*

Übung D.5.3. Sind die Vektoren $(1,3,3)$, $(2,1,1)$ und $(8,9,9)$ linear unabhängig?

Man kann lineare Unabhängigkeit auch anders ausdrücken:

Theorem D.5.1. *Die Vektoren $v_1, ..., v_m$ sind genau dann linear unabhängig, wenn keiner von ihnen als Linearkombination der anderen dargestellt werden kann.*

Nehmen Sie zum Beweis der Hin-Richtung („ $\Rightarrow$ ") an, es gäbe einen Vektor, der als Linearkombination der anderen darstellbar ist, beispielsweise

$$v_1 = \sum_{\ell=2}^{m} \alpha_\ell v_\ell.$$

Dann sieht man aufgrund der Umformung

$$\sum_{\ell=2}^{m} \alpha_\ell v_\ell - v_1 = 0,$$

dass die Null nichttrivial dargestellt ist: Mindestens ein Skalar (nämlich $\alpha_1 = -1$) ist ungleich Null.

Für die Rück-Richtung des Beweises („ $\Leftarrow$ ") gehen wir davon aus, dass $\sum_{\ell=1}^{m} \alpha_\ell v_\ell = 0$ gilt und mindestens ein Skalar, beispielsweise α_1, ungleich Null ist. Dann kann man v_1 als Linearkombination der anderen Vektoren darstellen:

$$v_1 = -\sum_{\ell=2}^{m} \frac{\alpha_\ell}{\alpha_1} v_\ell.$$

Damit ist das Theorem bewiesen.

Eignen sich die Vektoren $v_1, ..., v_m$ dazu, alle Vektoren aus $\mathbb{R}^{2^n-1}$ darzustellen, nennt man sie auch ein Erzeugendensystem. Beispielsweise sind die Vektoren $(1,0)$, $(0,1)$ und $(1,1)$ ein Erzeugendensystem des $\mathbb{R}^2$.

Übung D.5.4. Drücken Sie den Vektor $(2,3)$ mithilfe der drei angegebenen Vektoren aus.

Von besonderem Interesse sind Erzeugendensysteme, die mit einer minimalen Anzahl von Elementen auskommen. Man nennt sie auch Basen. Beispielsweise bilden die Einheitsvektoren $(1,0)$ und $(0,1)$ ein minimales Erzeugendensystem des $\mathbb{R}^2$. Dasselbe gilt für die Vektoren $(1,0)$ und $(1,1)$. Man kann zeigen, dass die Vektoren in einer Basis linear unabhängig sind. Tatsächlich ist eine Basis wahlweise

- als minimales Erzeugendensystem (man kann keinen Vektor entfernen und dennoch ein Erzeugendensystem erhalten),
- als maximale linear unabhängige Menge von Vektoren (man kann keinen Vektor hinzufügen und dennoch die lineare Unabhängigkeit aller Vektoren bewahren)
- oder als Erzeugendensystem mit linear unabhängigen Vektoren

definierbar.

Eine naheliegende Basis für Vektorräume besteht aus den Einheitsvektoren, also den Vektoren $(1,0,...,0)$ bis $(0,...,0,1)$. Jedes Spiel lässt sich als Linearkombination dieser linear unabhängigen Vektoren darstellen.

Übung D.5.5. Die Einheitsvektoren seien mit $v_1,...,v_m$ bezeichnet. Zeigen Sie, dass sie im $\mathbb{R}^m$ linear unabhängig sind und ein Erzeugendensystem bilden.

Man kann zeigen, dass jede Basis im $\mathbb{R}^m$ aus m Elementen besteht. Man sagt auch, der Vektorraum $\mathbb{R}^m$ habe die Dimension m.

Hat man eine Basis für einen Vektorraum identifiziert, so kann man jeden Vektor als Linearkombination der Basisvektoren darstellen. Die Faktoren, die man dazu benötigt, sind eindeutig. Ohne Beweis halten wir dies fest:

Theorem D.5.2. *Die Vektoren $v_1,...,v_m$ seien eine Basis für einen m-dimensionalen Vektorraum. Dann ist jeder Vektor w als Linearkombination*

$$w = \sum_{\ell=1}^{m} \alpha_\ell v_\ell$$

darstellbar und die Skalare α_ℓ sind eindeutig bestimmt.

D.5.4 Ausgezeichnete Basen des Vektorraums G_N

Den Einheitsvektoren entsprechen für $T \neq \emptyset$ die Koalitionsspiele v_T, die durch

$$v_T(S) = \begin{cases} 1, T = S \\ 0, T \neq S \end{cases}$$

definiert sind. Diese Einheitsspiele bilden eine Basis des $\mathbb{R}^{2^n-1}$. Eine alternative Basis dieses Vektorraums ist durch die Einmütigkeitsspiele u_T mit $T \neq \emptyset$ gegeben.

Wir wollen zeigen, dass diese Einmütigkeitsspiele tatsächlich eine Basis des $\mathbb{R}^{2^n-1}$ bilden. Von S. 5 wissen wir, dass es $2^n - 1$ nichtleere Koalitionen gibt. Wir haben also nur noch zu zeigen, dass die Vektoren zu den Einmütigkeitsspielen u_T, $T \subseteq N$, $T \neq \emptyset$ linear unabhängig sind. Im Widerspruch dazu nehmen wir an, diese Unabhängigkeit sei nicht gegeben. Dann gäbe es ein Koalitionsspiel u_T, das als Linearkombination von m anderen u_{T_ℓ} geschrieben werden kann, $m < 2^n - 1$:

$$u_T = \sum_{\ell=1}^{m} \beta_\ell u_{T_\ell}.$$

Hierbei haben natürlich T und alle $T_1, ..., T_m$ paarweise verschieden zu sein. Wir können sogar speziell T so bestimmen, dass $|T| \leq |T_\ell|$ für alle $\ell = 1, .., m$ gilt. Dann folgt mit der Koalition T als Argument

$$\begin{aligned} 1 &= u_T(T) \\ &= \sum_{\ell=1}^{m} \beta_\ell u_{T_\ell}(T) \\ &= \sum_{\ell=1}^{m} \beta_\ell \cdot 0 \\ &= 0 \end{aligned}$$

und somit der gewünschte Widerspruch.

Übung D.5.6. Warum ist $u_{T_\ell}(T) = 0$ für alle $\ell = 1, ..., m$?

Wir wollen nun für ein beliebiges Spiel v die Faktoren angeben, die zur Darstellung mithilfe der Einmütigkeitsspiele u_T zu nehmen sind.

Wie SHAPLEY (1953) gezeigt hat, benötigt man für v und für alle Koalitionen $T \subseteq N$ die Koeffizienten

$$\lambda_T(v) := \sum_{K \in 2^T \setminus \{\emptyset\}} (-1)^{t-k} v(K),$$

wobei $t := |T|$ und $k := |K|$ gilt. Man erhält dann

$$v = \sum_{T \in 2^N \setminus \{\emptyset\}} \lambda_T(v) u_T \qquad (D.3)$$

und

$$v(S) = \sum_{T \in 2^N \setminus \{\emptyset\}} \lambda_T(v) u_T(S). \qquad (D.4)$$

Den Beweis hierfür wollen wir nicht nachvollziehen. Wir betrachten stattdessen das Beispiel (dem Buch von SLIKKER/NOUWELAND (2001, S. 7) entnommen) der durch $N := \{1, 2, 3\}$ und

$$v(S) = \begin{cases} 0, & |S| = 1 \\ 60, & S = \{1, 2\} \\ 48, & S = \{1, 3\} \\ 30, & S = \{2, 3\} \\ 72, & S = N \end{cases}$$

gegebenen Koalitionsfunktion. Diese Koalitionsfunktion lässt sich durch den Vektor

$$\begin{pmatrix} 0 \ (\{1\}) \\ 0 \ (\{2\}) \\ 0 \ (\{3\}) \\ 60 \ (\{1,2\}) \\ 48 \ (\{1,3\}) \\ 30 \ (\{2,3\}) \\ 72 \ (\{1,2,3\}) \end{pmatrix}$$

darstellen, wobei den Funktionswerten die jeweilige Koalition in Klammern beigefügt ist.

Die Koeffizienten sind hierfür durch

$$\lambda_{\{1\}}(v) = \lambda_{\{2\}}(v) = \lambda_{\{3\}}(v) = 0,$$

$$\lambda_{\{1,2\}}(v) = \sum_{K \in 2^{\{1,2\}} \setminus \{\emptyset\}} (-1)^{|\{1,2\}| - |K|} v(K)$$

$$= (-1)^{2-1} v(\{1\}) + (-1)^{2-1} v(\{2\}) + (-1)^{2-2} v(\{1,2\})$$

$$= 0 + 0 + 60$$

$$= 60,$$

$$\lambda_{\{1,3\}}(v) = (-1)^{2-1} v(\{1\}) + (-1)^{2-1} v(\{3\}) + (-1)^{2-2} v(\{1,3\})$$

$$= 48,$$

$$\lambda_{\{2,3\}}(v) = (-1)^{2-1} v(\{2\}) + (-1)^{2-1} v(\{3\}) + (-1)^{2-2} v(\{2,3\})$$

$$= 30 \text{ und}$$

$$\lambda_{\{1,2,3\}}(v) = \sum_{K \in 2^N \setminus \{\emptyset\}} (-1)^{|N| - |K|} v(K)$$

$$= (-1)^{3-1} v(\{1\}) + (-1)^{3-1} v(\{2\}) + (-1)^{3-1} v(\{3\})$$

$$+ (-1)^{3-2} v(\{1,2\}) + (-1)^{3-2} v(\{1,3\})$$

$$+ (-1)^{3-2} v(\{2,3\}) + (-1)^{3-3} v(\{1,2,3\})$$

$$= 0 + 0 + 0 - 60 - 48 - 30 + 72$$

$$= -66$$

gegeben. Damit erhält man

$$\lambda_{\{1,2\}}(v)\, v_{\{1,2\}} + \lambda_{\{1,3\}}(v)\, v_{\{1,3\}} + \lambda_{\{2,3\}}(v)\, v_{\{2,3\}} + \lambda_{\{1,2,3\}}(v)\, v_N$$

$$= 60 \begin{pmatrix} 0 \\ 0 \\ 0 \\ 1 \\ 0 \\ 0 \\ 1 \end{pmatrix} + 48 \begin{pmatrix} 0 \\ 0 \\ 0 \\ 0 \\ 1 \\ 0 \\ 1 \end{pmatrix} + 30 \begin{pmatrix} 0 \\ 0 \\ 0 \\ 0 \\ 0 \\ 1 \\ 1 \end{pmatrix} - 66 \begin{pmatrix} 0 \\ 0 \\ 0 \\ 0 \\ 0 \\ 0 \\ 1 \end{pmatrix} = \begin{pmatrix} 0 \\ 0 \\ 0 \\ 60 \\ 48 \\ 30 \\ 72 \end{pmatrix}$$

und somit tatsächlich den obigen Vektor.

Zur Probe betrachte man die Einerkoalition $\{1\}$. Sie ist Obermenge weder von irgendeiner Zweierkoalition noch von der Dreierkoalition. Daher erhält man $v(\{1\}) = 0$. Für die Zweierkoalition $\{1,2\}$ ergibt sich dagegen $v(\{1,2\}) = 60 v_{\{1,2\}}(\{1,2\}) = 60$.

Übung D.5.7. Berechnen Sie die Koeffizienten für folgende Spiele auf $N = \{1, 2, 3\}$:

- $v \in G^N$ ist durch $v(\{1,2\}) = v(\{2,3\}) = v(\{1,2,3\}) = 1$ und $v(\{1\}) = v(\{2\}) = v(\{3\}) = v(\{1,3\}) = 0$ definiert.
- $v \in G^N$ ist durch

$$v(S) = \begin{cases} 0, & |S| \leq 1 \\ 8, & |S| = 2 \\ 9, & S = N \end{cases}$$

definiert.

D.6 Neue Begriffe

- Koalitionsspiel
- Transferierbarer Nutzen
- Einfache Spiele
- Gewinnkoalition
- Veto-Spieler
- Diktator
- Minimale Gewinnkoalition
- Nullspieler
- Pivot-Koalition, -Spieler
- Einmütigkeitsspiel
- Apex-Spiel
- gewichtete Abstimmungsspiele
- Widersprüchlichkeit
- Entscheidungsfähigkeit
- Autokauf-Spiel
- Maschler-Spiel
- Lineares Produktionsspiel
- Müll-Spiel
- Muto-Spiel
- Strenge Konvexität
- Kostenaufteilungsspiel
- Kostenersparnisfunktion
- Besteuerte Spiele

- Superadditivität
- Hülle
- Superadditive Hülle
- Monotonie
- (Strenge) Konvexität
- wesentliche Spiele
- Spiele mit konstanter Summe
- Äquivalenz, -relationen, -klassen, äquivalente Spiele
- Reflexivität, Transitivität, Symmetrie
- 0-1-Normierung
- lineare Unabhängigkeit, Linearkombination
- Erzeugendensystem
- Basis

D.7 Lösungen zu den Übungen

D.1.1. Nur die vierte Variante ergibt Sinn. Eine Koalition ist eine Teilmenge aller Spieler N und somit ein Element des Systems aller Teilmengen.

D.2.1. Zweimal nein. Für den Diktator ergibt sich die Antwort unmittelbar aus der Definition. Für den Veto-Spieler können wir uns überlegen: Jede Koalition $K\backslash\{i\}$ ist in $N\backslash\{i\}$ enthalten und daher gilt für das einfache (!) Spiel v

$$0 \leq v(K\backslash\{i\}) \leq v(N\backslash\{i\}) = 0$$

und damit $v(K\backslash\{i\}) = 0$.

D.2.2. i Veto-Spieler: nein. i Diktator: ja.

D.2.3. Jeder Diktator ist ein Veto-Spieler; umgekehrt gilt dies aber nicht.

D.2.4. Ja, das ist richtig. Wenn man alle minimalen Gewinnkoalitionen kennt, kann man diesen und ihren echten Obermengen den Wert 1 zuordnen und allen anderen Koalitionen den Wert 0. $\emptyset$ kann nicht die minimale Gewinnkoalition sein, denn in diesem Fall erhielte man $v(\emptyset) = 1$ und damit einen Widerspruch zur Definition einer Koalitionsfunktion. Ist $\{i\}$ die einzige minimale Gewinnkoalition, so wäre i auch Veto-Spieler, denn $N\backslash\{i\}$ ist keine Obermenge von $\{i\}$.

D.2.5. $\eta_i = 0$ bedeutet, dass Spieler i zu keiner Koalition einen positiven marginalen Beitrag leistet und daher ein Nullspieler ist. (Negative marginale Beiträge widersprechen der Definition einfacher Spiele.) $\eta_i = 2^{n-1}$ impliziert, dass jede Teilmenge K von $N \backslash \{i\}$ eine unterlegene Koalition ist, während $K \cup \{i\}$ eine Gewinnkoalition ist. Spieler i ist also ein Diktator.

D.2.6. Nein, die Begriffe sind äquivalent. Ist i ein Diktator im Sinne unserer Definition, gilt $\eta_j = 0$ für alle Spieler $j \neq i$. (Überlegen Sie sich Folgendes: Jede beliebige Koalition K erfüllt entweder $i \in K$ oder aber $i \notin K$ ...). Dann folgt $\eta_i = \bar{\eta}(v)$.

Nun die umgekehrte Richtung: Wir gehen von $\eta_i = \bar{\eta}(v)$ aus und wollen $\eta_i = 2^{n-1}$ beweisen. Zunächst einmal können wir $\eta_j = 0$ für alle $j \neq i$ festhalten. Wir wollen nun zeigen, dass jede Koalition $K \subseteq N \backslash \{i\}$ eine Pivot-Koalition für i ist. Wenn uns dies gelingt, sind wir mit dem Beweis fertig.

Nehmen wir also im Widerspruch zur gewünschten Behauptung an, es gäbe eine Koalition $K \subseteq N \backslash \{i\}$, die keine Pivot-Koalition für i ist. Dann muss $v(K) = 1$ oder $v(K \cup \{i\}) = 0$ gelten. Beide Gleichungen führen wir zum Widerspruch:

- $v(K) = 1$ impliziert, dass mindestens ein Spieler j aus K pivotal für $K \backslash \{j\}$ oder für eine Untermenge davon ist. Wir müssen nur sukzessive einen Spieler nach dem anderen aus K entfernen und stoßen dann schließlich auf einen Pivot-Spieler. Dies ist wegen $v(\emptyset) = 0$ unumgänglich. Damit hätten wir $\eta_i < \bar{\eta}(v)$ und somit einen Widerspruch zu $\eta_i = \bar{\eta}(v)$ gefunden.
- Ist $v(K \cup \{i\}) = 0$, so fügen wir alle restlichen Spieler sukzessive hinzu. Einer von ihnen wird dann wegen $v(N) = 1$ pivotal sein müssen, im Widerspruch zur Annahme $\eta_j = 0$ für alle $j \neq i$.

D.2.7. Da T nichtleer ist, folgt $\emptyset \not\supseteq T$ und somit $u_T(\emptyset) = 0$. Aus der Definition des Einmütigkeitsspiels entnimmt man $u_T(K) = 0$ oder $u_T(K) = 1$. Schließlich kann man aus $S \subseteq S'$ schlussfolgern: Ist S' keine Obermenge von T, so ist S erst recht keine Obermenge von T. Daher sind $u_T(S') = 0$ und $u_T(S) = 1$ nicht möglich.

D.2.8. Ja, dies sieht man an Beispielen wie diesem: $N = \{1, 2, 3\}$, $T = \{1\}$, $K = \{1\}$ und $K' = \{2, 3\}$.

D.2.9. Beim Einmütigkeitsspiel u_T sind alle Spieler aus T Veto-Spieler. Ein Spieler $i \in N$ ist nur dann Diktator, wenn er der einzige Spieler in T ist, wenn also $T = \{i\}$ gilt.

D.2.10. Dann und nur dann, wenn $i \in K$.

D.2.11. Bei $n = 2$ erhält man die durch

$$h_1\left(K\right) = \begin{cases} 0, K = \{1\} \\ 1, \text{sonst} \end{cases}$$

definierte Koalitionsfunktion. Nur der Apex-Spieler benötigt noch den zweiten Spieler, um eine Gewinnkoalition zu bilden. Das Spiel h_1 ist dann gleich $u_{\{2\}}$, der Apex-Spieler wird damit zum Nullspieler.

Bei $n = 3$ ergibt sich das symmetrische Spiel

$$h_1\left(K\right) = \begin{cases} 1, |K| \geq 2 \\ 0, \text{sonst.} \end{cases}$$

D.2.12. Nein. Der Apex-Spieler ist kein Veto-Spieler. Wenn sich alle anderen Spieler gegen den Hauptspieler verbünden, bilden sie eine Gewinnkoalition:

$$h_i\left(N \backslash \{i\}\right) = 1.$$

Aus demselben Grund ist der Apex-Spieler kein Diktator.

D.2.13. Wegen $5 \cdot 7 = 35 < 39$ reichen die fünf ständigen Mitglieder allein nicht aus, um eine Resolution zu verabschieden. Sie benötigen noch vier nicht ständige Mitglieder zur Unterstützung ($5 \cdot 7 + 4 \cdot 1 = 39$). Jedes einzelne ständige Mitglied kann eine Resolution blockieren; wegen $4 \cdot 7 + 10 \cdot 1 = 38 < 39$ ist die Koalition aus 4 ständigen Mitgliedern und allen nicht ständigen Mitgliedern eine unterlegene Koalition.

D.2.14. Die Mehrheitsregel ist widersprüchlich, wenn n gerade ist. Denn dann ist die Hälfte der Spieler, also beispielsweise die Koalition $K := \left\{1, 2, ..., \frac{n}{2}\right\}$, eine Gewinnkoalition ($\frac{n}{2} \cdot \frac{1}{n} = \frac{1}{2}$) und die andere Hälfte, die Koalition $N \backslash K = \left\{\frac{n}{2} + 1, ..., n\right\}$, ebenfalls. Wenn n jedoch ungerade ist, muss eine Gewinnkoalition über 50 Prozent der Spieler auf sich vereinigen; ihr Komplement enthält dann weniger als 50 Prozent und ist daher unterlegen. Bei ungeradem n ist die Mehrheitsregel also nicht widersprüchlich. Sowohl für gerade als auch für ungerade n

ist die Mehrheitsregel entscheidungsfähig. Das Komplement einer unterlegenen Koalition vereinigt auf sich mehr als die Hälfte der Spieler und ist damit eine Gewinnkoalition. Für ungerade n ist die Mehrheitsregel somit entscheidend.

D.2.15. Sei K eine Gewinnkoalition; sie muss den Vetospieler i aus N enthalten. Das Komplement von K enthält i dann nicht, ist also unterlegen. Dies zeigt die erste Behauptung. Zum Beweis der zweiten Behauptung seien zwei Vetospieler gegeben, die wir ohne Beschränkung der Allgemeinheit Spieler 1 und 2 nennen. Die Koalition $N \setminus \{1\}$ enthält einen Vetospieler nicht, ist also unterlegen. Das Komplement dieser Koalition, $\{1\}$, enthält den zweiten Vetospieler nicht, ist also ebenfalls unterlegen. Der Sicherheitsrat hat fünf Veto-Spieler; die Resolutionsregel ist also nicht widersprüchlich, aber auch nicht entscheidungsfähig.

D.2.16. Beim Apex-Spiel ist das Komplement jeder Gewinnkoalition K unterlegen. Denn entweder enthält K den Apex-Spieler i und noch einen weiteren Spieler. Dann kann das Komplement höchstens $n - 2$ Spieler enthalten und ist daher unterlegen. Oder aber die Gewinnkoalition enthält den Apex-Spieler i nicht. Dann muss sie alle anderen Spieler umfassen und ihr Komplement, $\{i\}$, ist dann unterlegen.

D.2.17. Aufgrund der höheren Zahlungsbereitschaft von Wimmer wird man vermuten, dass dieser das Auto erstehen wird. Der Preis wird sicherlich nicht über seiner Zahlungsbereitschaft (700) liegen. Casajus' Reservationspreis beträgt Null. Vielleicht gelingt es ihm dennoch, unter Hinweis auf die Zahlungsbereitschaft von Geisler (500) einen recht hohen Preis zu erzielen.

D.2.18. a) Die limitationale Produktionsfunktion lautet $f(x_1, x_2) = \min\left\{\frac{1}{2}x_1, \frac{1}{6}x_2\right\}$.
b) Die dazugehörige Isoquante für zwei Riesencola mit Rum ist in Abb. D.3 dargestellt.

D.2.19. Die Behauptung folgt aus

$$v(\{1,2,3\}) - v(\{1,3\}) = 4 - 2 > 0 - 0 = v(\{2\}) - v(\emptyset).$$

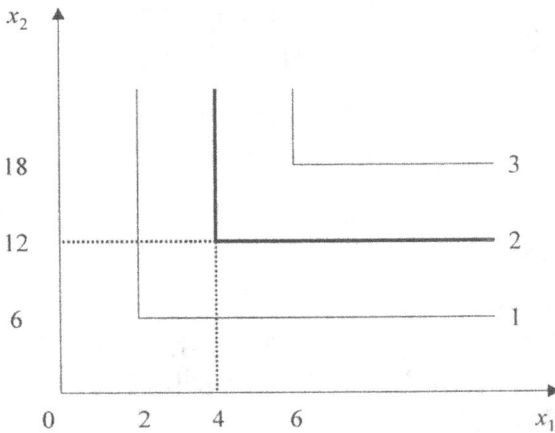

Abbildung D.3. Die Isoquante für zwei Cola mit Rum

D.2.20. Die Kostenfunktion c ist durch

$$c(\{A\}) = 11,$$
$$c(\{B\}) = 7 \text{ und}$$
$$c(\{A, B\}) = 15$$

definiert, während die Kostenersparnisfunktion v durch

$$v(\{A\}) = 0,$$
$$v(\{B\}) = 0 \text{ und}$$
$$v(\{A, B\}) = 3$$

gegeben ist.

D.2.21. Die Besteuerung des Einmütigkeitsspiels u_T ist für $|T| = 1$ durch

$$(u_T)_t(K) = \begin{cases} 1 - t[1-1], K \supseteq T \\ 0 - t[0-0], \text{ sonst} \end{cases}$$

$$= \begin{cases} 1, K \supseteq T \\ 0, \text{ sonst} \end{cases}$$

und für $|T| > 1$ durch

$$(u_T)_t (K) = \begin{cases} 1 - t\,[1 - 0]\,, K \supseteq T \\ 0 - t\,[0 - 0]\,, \text{sonst} \end{cases}$$

$$= \begin{cases} 1 - t, K \supseteq T \\ 0, \qquad \text{sonst} \end{cases}$$

definiert. Zusammenarbeit, die zu besteuern wäre, ergibt sich erst bei mehr als einem produktiven Spieler.

D.3.1. Ja, denn für alle $i,j \in \{1,2,3\}$ mit $i \neq j$ folgen $v(\{i\}) + v(\{j\}) = 0 + 0 < 4 = v(\{i,j\})$ und $v(\{1\}) + v(\{2\}) + v(\{3\}) = 0 + 0 + 0 < 5 = v(\{1,2,3\})$. Schließlich gilt $v(\{i\}) + v(N\setminus\{i\}) = 0 + 4 < 5 = v(\{1,2,3\})$.

D.3.2. Die Superadditivität des Einmütigkeitsspiels kann man folgendermaßen einsehen: Wir nehmen im Widerspruch zur Superadditivität an, es gäbe zwei disjunkte Koalitionen R und S mit $v(R) + v(S) > v(R \cup S)$. Höchstens eine der Koalitionen R oder S kann nun die Menge der produktiven Spieler, T, ganz enthalten. Daher kann die Ungleichung nur dann richtig sein, wenn $v(R) + v(S) = 1$ gilt und $v(R \cup S) = 0$. Falls aber R (oder S) T ganz enthält, ist dies auch für $R \cup S$ richtig, sodass man dann $v(R \cup S) = 1$ erhielte. Die Ungleichung kann somit nicht stimmen und daher ist Superadditivität gezeigt.

Das Maschler-Spiel ist ebenfalls superadditiv. Im Wesentlichen folgt dies aus

$$0 + 0 \leq 60,$$
$$0 + 0 + 0 \leq 72 \text{ und}$$
$$0 + 60 \leq 72.$$

Für das Müll-Spiel betrachten wir zwei disjunkte Koalitionen R und S. Falls eine der beiden leer ist, ist die gewünschte Ungleichung ohnehin klar. Sind beide nichtleer, sind auch beide ungleich der großen Koalition. Im Falle von $R \cup S = N$ gelten $S = N\setminus R$ und $R = N\setminus S$. Dann folgt

$$v(R) + v(S) = - \sum_{i \in N\setminus R} b_i - \sum_{i \in N\setminus S} b_i$$

$$= -\sum_{i \in S} b_i - \sum_{i \in R} b_i$$

$$= -\sum_{i \in N} b_i$$

$$= v(N).$$

Nur wenig schwieriger wird es für $R \cup S \subset N$. Wir überlegen uns, dass dann

$$N = N\backslash R \cup N\backslash S$$

eine nichtdisjunkte Vereinigung ist. Daher ergibt sich

$$v(R) + v(S) = -\sum_{i \in N\backslash R} b_i - \sum_{i \in N\backslash S} b_i$$

$$\leq -\sum_{i \in N} b_i$$

$$\leq -\sum_{i \in N\backslash(R \cup S)} b_i$$

$$= v(R \cup S).$$

Bei einem widersprüchlichen Abstimmungsspiel v gibt es zwei disjunkte Koalitionen R und S, die $v(R) = v(S) = 1$ erfüllen. Dann folgt $v(R) + v(S) = 2 > 1 = v(R \cup S)$ und damit die Verletzung der Superadditivität.

D.3.3. u_T ist genau dann eine Hülle von $u_{T'}$, wenn $T \subseteq T'$ erfüllt ist.

D.3.4. Nein. $\{\{1,2\}, \{2,3,4\}\}$ ist keine Partition von $\{1,2,3,4\}$, weil das Element 2 in beiden Komponenten des Mengensystems vorkommt. $\{\{1\}, \{2,4\}\}$ ist ebenfalls keine Partition von $\{1,2,3,4\}$, weil die 3 in keiner Komponente des Mengensystems auftaucht.

D.3.5. v^{sa} ist eine Hülle von v, denn $\{K\}$ ist eine Partition von K und man erhält daher

$$v^{sa}(K) = \max_{\mathcal{P} \in \mathfrak{P}(K)} \sum_{T \in \mathcal{P}} v(T) \geq v(K).$$

Seien nun K, R und S Koalitionen mit $K = R \cup S$ und $R \cap S = \emptyset$. Dann gilt

$$v^{sa}(K) \geq v^{sa}(R) + v^{sa}(S),$$

weil man auf der linken Seite K immer so partitionieren kann, wie man auf der rechten Seite R und S partitioniert. Tatsächlich kann die Ungleichung echt sein, denn in einer Komponente der Partition von K können sowohl Spieler aus R als auch Spieler aus S enthalten sein.

D.3.6. Aufgrund von Aufg. D.3.2 gibt es bei einem widersprüchlichen Abstimmungsspiel v zwei disjunkte Koalitionen R und S, die $v(R) = v(S) = 1$ erfüllen. Dann folgt $v^{sa}(R \cup S) \geq v(R) + v(S) = 2$ und somit ist die superadditive Hülle eines widersprüchlichen Abstimmungsspiels nicht einfach.

D.3.7. Für alle Koalitionen $K \subseteq N$ gilt $K \supseteq \emptyset$ und somit $v(K) \geq v(\emptyset) = 0$.

D.3.8. Ja, u_T ist monoton. Wenn nämlich $S \subseteq S'$ eine Obermenge von T ist (dann folgt $v(S) = 1$), gilt dies erst recht für S'.

D.3.9. Seien zwei Koalitionen $S, S' \subseteq N$ mit $S \subseteq S'$ gegeben. Dann folgt aus der Superadditivität und der Nicht-Negativität

$$\begin{aligned}
v(S') &= v\left(S \cup (S' \backslash S)\right) \\
&\geq v(S) + v\left(S' \backslash S\right) \\
&\geq v(S),
\end{aligned}$$

woraus man auf Monotonie schließen kann.

Dieses Ergebnis ist eine Bestätigung dafür, dass u_T tatsächlich monoton ist. Denn aufgrund von Aufg. D.3.2 ist u_T superadditiv. Die Nicht-Negativität ist für jedes einfache Spiel ebenfalls gegeben.

D.3.10. Ja, u_T ist konvex. Für $i \in T$ und $S \subseteq S' \subseteq N$ mit $i \notin S$ und $i \notin S'$ erhält man nämlich

$$\begin{aligned}
u_T(S \cup \{i\}) - u_T(S) &= u_T(S \cup \{i\}) - 0 \ (S \not\supseteq T) \\
&\leq u_T(S' \cup \{i\}) - 0 \ (u_T \text{ ist monoton}) \\
&= u_T(S' \cup \{i\}) - u_T(S') \ (S' \not\supseteq T).
\end{aligned}$$

Ist dagegen i nicht in T enthalten, sind sowohl $v(S \cup \{i\}) - v(S)$ als auch $v(S' \cup \{i\}) - v(S')$ gleich Null (nämlich gleich $1-1$ oder gleich $0-0$). Strenge Konvexität muss dagegen nicht vorliegen. Beispielsweise wird ein Nullspieler, d.h. ein Spieler i, der nicht zu T gehört, zu keiner Koalition etwas beitragen.

D.3.11. Das Maschler-Spiel ist superadditiv, wie bereits in Aufg. D.3.2 geklärt wurde. Konvex ist es jedoch nicht. Denn für $S = \{1\}$, $S' = \{1,2\}$ und $i = 3$ erhält man

$$
\begin{aligned}
v(S \cup \{i\}) - v(S) &= v(\{1,3\}) - v(\{1\}) = 60 \\
&> 12 = v(\{1,2,3\}) - v(\{1,2\}) \\
&= v(S' \cup \{i\}) - v(S').
\end{aligned}
$$

D.3.12. Man hat zunächst zu überlegen, dass keine der beiden Mengen eine Obermenge der anderen ist. Dies ist offensichtlich gegeben. Die gewünschte Ungleichung entnimmt man

$$
\begin{aligned}
v(R \cup S) + v(R \cap S) &= v(\{1,2,3\}) + v\{2\} \\
&= 4 + 0 \\
&> 1 + 1 \\
&= v(\{1,2\}) + v(\{2,3\}).
\end{aligned}
$$

D.3.13. Seien R und S disjunkte Koalitionen. Dann folgt für eine konvexe Koalitionsfunktion v

$$
v(R \cup S) = v(R \cup S) + v(R \cap S) \geq v(R) + v(S).
$$

v ist also superadditiv.

D.3.14. u_T ist genau dann wesentlich, wenn $|T| > 1$ gilt.

D.3.15. Wir wollen

$$
v(K) = \sum_{i \in K} v(\{i\})
$$

für alle Koalitionen $K \subseteq N$ zeigen.

Da v unwesentlich ist, gilt $v(N) \leq \sum_{i \in N} v(\{i\})$. Die Superadditivität impliziert

$$
v(N) \geq \sum_{i \in N} v(\{i\}).
$$

Insgesamt erhält man also $v(N) = \sum_{i \in N} v(\{i\})$.

Nun nehmen wir eine beliebige Koalition K. Superadditivität führt zur Ungleichung

$$
v(K) \geq \sum_{i \in K} v(\{i\}).
$$

Nehmen wir an, dass diese Ungleichung echt ist, dass also $v(K) > \sum_{i \in K} v(\{i\})$ richtig ist. Dann führt die Superadditivität von v zum gewünschten Widerspruch zu $v(N) \leq \sum_{i \in N} v(\{i\})$:

$$
\begin{aligned}
v(N) &\geq v(K) + v(N \backslash K) \\
&> \sum_{i \in K} v(\{i\}) + \sum_{i \in N \backslash K} v(\{i\}) \\
&= \sum_{i \in N} v(\{i\}),
\end{aligned}
$$

also gilt tatsächlich $v(K) = \sum_{i \in K} v(\{i\})$.

D.3.16. Für $|T| = 1$ ist u_T ein Spiel mit konstanter Summe. Der eine produktive Spieler hat nämlich für jedes $K \subseteq N$ entweder zu K oder aber zu $N \backslash K$ zu gehören. Bei $|T| > 1$ können die T-Spieler sich auf K und $N \backslash K$ verteilen; in diesem Fall gilt $u_T(N) = 1 > 0 + 0 = u_T(K) + u_T(N \backslash K)$.

Das Apex-Spiel ist ein Spiel mit konstanter Summe. Sei dazu K die Koalition, die den Apex-Spieler $i \in N$ enthält. Wir unterscheiden zwei Fälle: Entweder enthält die Koalition K neben dem Apex-Spieler $i \in N$ mindestens einen weiteren Spieler; dann gelten $h_i(K) = 1$ und $h_i(N \backslash K) = 0$. Oder aber K ist gleich $\{i\}$. Dann ergeben sich $h_i(K) = 0$ und $h_i(N \backslash K) = 1$.

D.3.17. Ja, es gilt nämlich $15 < 7 + 11$.

D.3.18. Der Beweis der ersten beiden Behauptungen ist kurz: Für die leere Menge erhält man

$$
v(\emptyset) = \sum_{i \in \emptyset} c(\{i\}) - c(\emptyset) = 0 - 0 = 0
$$

(eine Summe ohne Summanden ist gleich Null) und für einen Spieler j aus N gilt

$$
v(\{j\}) = \sum_{i \in \{j\}} c(\{i\}) - c(\{j\}) = c(\{j\}) - c(\{j\}) = 0.
$$

Zum Beweis der Superadditivität von v seien zwei Koalitionen $R, S \subseteq N$ mit $R \cap S = \emptyset$ gegeben. Aus der Subadditivität der Kostenfunktion, d.h. aus der Ungleichung

$$c(R \cup S) \leq c(R) + c(S)$$

folgt

$$
\begin{aligned}
v(R \cup S) &= \sum_{i \in R \cup S} c(\{i\}) - c(R \cup S) \\
&= \sum_{i \in R} c(\{i\}) + \sum_{i \in S} c(\{i\}) - c(R \cup S) \\
&\geq \sum_{i \in R} c(\{i\}) + \sum_{i \in S} c(\{i\}) - (c(R) + c(S)) \\
&= \sum_{i \in R} c(\{i\}) - c(R) + \sum_{i \in S} c(\{i\}) - c(S) \\
&= v(R) + v(S),
\end{aligned}
$$

also die gewünschte Ungleichung.

Nun zur vierten Behauptung. Aus Ungleichung D.2 folgt direkt die Nicht-Negativität von v. Für den Beweis der Monotonie betrachten wir zwei Koalitionen R und S mit $R \subseteq S$. Da Subadditivität von c Superadditivität und Nicht-Negativität von v impliziert, erhält man für die disjunkte Vereinigung $S = R \cup (S \backslash R)$

$$
\begin{aligned}
v(S) &= v(R \cup (S \backslash R)) \\
&\geq v(R) + v(S \backslash R) \quad (v \text{ superadditiv}) \\
&\geq v(R) \quad (v \text{ nichtnegativ})
\end{aligned}
$$

und hat damit die Monotonie von v bewiesen.

D.4.1. Die erste Relation weist keine der drei Eigenschaften auf, die zweite alle drei. Beispielsweise ist kein Leipziger Vater von sich selbst, also ist Reflexivität hier nicht erfüllt. Falls zudem a Vater von b und b Vater von c ist, ist a Großvater von c und nicht Vater. Somit ist die Transitivität verletzt. Die übrigen Schlussfolgerungen können Sie sich selbst klarmachen.

D.4.2. Männlein und Weiblein.

D.4.3. $v_1 \sim v_2$ und $v_2 \sim v_3$ implizieren positive Konstanten a_1 und a_2 und weitere Konstanten $b_{1,i}, b_{2,i}$ für $i = 1, ..., n$, sodass

$$v_2(K) = a_1 v_1(K) - \sum_{i \in K} b_{1,i}$$

und

$$v_3(K) = a_2 v_2(K) - \sum_{i \in K} b_{2,i}$$

für alle $K \subseteq N$ gelten. Für beliebiges $K \subseteq N$ folgt dann

$$v_3(K) = a_2 v_2(K) - \sum_{i \in K} b_{2,i}$$

$$= a_2 \left(a_1 v_1(K) - \sum_{i \in K} b_{1,i} \right) - \sum_{i \in K} b_{2,i}$$

$$= a_2 a_1 v_1(K) - a_2 \sum_{i \in K} b_{1,i} - \sum_{i \in K} b_{2,i}$$

$$= (a_2 a_1) v_1(K) - \sum_{i \in K} (a_2 b_{1,i} + b_{2,i}).$$

Mit der positiven Konstante $a_2 a_1$ und den Konstanten $(a_2 b_{1,i} + b_{2,i})$ für $i = 1, ..., n$ hat man die Äquivalenz von v_1 und v_3 gezeigt.

D.4.4. Sei v wesentlich. Die Wesentlichkeit von w ergibt sich aus

$$w(N) = av(N) - \sum_{i \in N} b_i$$

$$> a \sum_{i \in N} v(\{i\}) - \sum_{i \in N} b_i$$

$$= \sum_{i \in N} (av(\{i\}) - b_i)$$

$$= \sum_{i \in N} w(\{i\}).$$

Seien v superadditiv und S und T zwei Koalitionen aus 2^N mit $S \cap T = \emptyset$. Dann folgt für w mit den Konstanten $a > 0$ und b_i , $i \in N$,

$$w(S \cup T) = av(S \cup T) - \sum_{i \in S \cup T} b_i$$

$$\geq av(S) + av(T) - \sum_{i \in S} b_i - \sum_{i \in T} b_i$$

$$= w(S) + w(T).$$

Dies zeigt die Superadditivität von w.

D.4.5. Falls w zu $u_{\{1,2\}}$ äquivalent ist, erhält man aufgrund von $u_{\{1,2\}}(\{i\}) = 0$ für $i = 1,2,3$ die Konstanten $b_1 = -1$, $b_2 = 0$ und $b_3 = 3$. Die (positive!) Konstante $a = 2$ erhält man aufgrund von

$$3 = w(\{1,2\}) = a u_{\{1,2\}}(\{1,2\}) - \sum_{i \in \{1,2\}} b_i$$

$$= a \cdot 1 - \left(\underbrace{-1}_{b_1} + \underbrace{0}_{b_2} \right).$$

Diese so gewonnenen Faktoren passen auch für die Koalitionen $\{1,3\}$, $\{2,3\}$ und $\{1,2,3\}$. Damit ist die Äquivalenz gezeigt.

D.4.6. Es gilt $w(N) = 1 > 0 = |N| \cdot 0 = \sum_{i \in N} w(\{i\})$.

D.4.7. Seien S und T Koalitionen aus 2^N mit $S \cap T = \emptyset$. Ist v superadditiv, folgt für w

$$w(S \cup T) = \frac{v(S \cup T) - \sum_{i \in S \cup T} v(\{i\})}{v(N) - \sum_{i \in N} v(\{i\})}$$

$$\geq \frac{v(S) + v(T) - \sum_{i \in S} v(\{i\}) - \sum_{i \in T} v(\{i\})}{v(N) - \sum_{i \in N} v(\{i\})}$$

$$= \frac{v(S) - \sum_{i \in S} v(\{i\})}{v(N) - \sum_{i \in N} v(\{i\})} + \frac{v(T) - \sum_{i \in T} v(\{i\})}{v(N) - \sum_{i \in N} v(\{i\})}$$

$$= w(S) + w(T).$$

Superadditivität von v impliziert also Superadditivität von w. Zur zweiten Behauptung: Die mehrfache Anwendung der Superadditivität von v liefert $v(K) - \sum_{i \in K} v(\{i\}) \geq 0$ für alle $K \subseteq N$. Aufgrund der Definition von w als 0-1-Normierung von v folgt die Nicht-Negativität von w. Zusammenfassend folgt aus der Superadditivität von v sowohl die Superadditivität als auch die Nicht-Negativität von w. Wegen Aufg. D.3.9 folgt dann die Monotonie von w.

D.4.8. Wir nehmen eine beliebige Koalition $K \subseteq N$ und berechnen

$$w(K) = \frac{v(K) - \sum_{i \in K} v(\{i\})}{v(N) - \sum_{i \in N} v(\{i\})}$$

$$= \frac{v(K) - \sum_{i \in K} 0}{1 - \sum_{i \in N} 0}$$

$$= v(K).$$

D.4.9. Wir nehmen an, dass v und w äquivalent sind. Dann folgt für die Koalitionen $N, \{1\}, ..., \{n\}$ und K aufgrund der Äquivalenz zunächst

$$w(N) = av(N) - \sum_{i \in N} b_i,$$
$$w(\{i\}) = av(\{i\}) - b_i \ (i = 1, ..., n) \text{ und}$$
$$w(K) = av(K) - \sum_{i \in K} b_i.$$

Anschließend verwenden wir $v(N) = w(N) = 1$ und $v(\{i\}) = w(\{i\}) = 0$ für alle $i \in N$, um

$$1 = a \cdot 1 - \sum_{i \in N} b_i,$$
$$0 = a \cdot 0 - b_i \ (i = 1, ..., n) \text{ und}$$
$$w(K) = av(K) - \sum_{i \in K} b_i$$

zu erhalten. Aus den Gleichungen der zweiten Zeile (Einerkoalitionen) folgt $b_i = 0$ für alle $i \in N$. Damit erhält man aus der ersten Zeile (große Koalition) $a = 1$. Dies führt in der dritten Zeile (Koalition K) zum gewünschten Widerspruch $w(K) = v(K)$.

D.4.10. Sei dazu v ein beliebiges Koalitionsspiel, das Monotonie nicht zu erfüllen braucht. Wir haben ein Koalitionsspiel w zu finden, sodass $w(R) \leq w(R')$ für beliebige Koalitionen R und R' aus 2^N mit $R \subseteq R'$ richtig ist. Für die angegebenen Faktoren erhält man

$$w(R') - w(R) = v(R') - \sum_{i \in R'} \left(-\max_{S,S' \in 2^N} \{|v(S') - v(S)|\} \right)$$
$$- \left(v(R) - \sum_{i \in R} \left(-\max_{S,S' \in 2^N} \{|v(S') - v(S)|\} \right) \right)$$
$$= v(R') - v(R) + \sum_{i \in R'} \left(\max_{S,S' \in 2^N} \{|v(S') - v(S)|\} \right)$$
$$- \sum_{i \in R} \left(\max_{S,S' \in 2^N} \{|v(S') - v(S)|\} \right)$$
$$= v(R') - v(R)$$
$$+ (|R'| - |R|) \max_{S,S' \in 2^N} \{|v(S') - v(S)|\} \geq 0.$$

Für $R = R'$ erhält man $w(R') - w(R) = 0$. Für $R \neq R'$ gilt $(|R'| - |R|) \geq 1$ und selbst bei $v(R') - v(R) < 0$ erhält man wegen $v(R') - v(R) \leq \max_{S,S' \in 2^N} \{|v(S') - v(S)|\}$ die gewünschte Ungleichung $w(R') - w(R) \geq 0$. Damit ist die Monotonie von w gezeigt.

D.4.11. Die 0-1-Normierung von v ist v selbst. v ist monoton und auch normiert monoton, was sich aus $0 < \frac{3}{5} < \frac{4}{5} < 1$ ergibt. v ist nicht superadditiv, denn es gilt $v(N) = 1 < \frac{6}{5} = v(1,2) + v(3,4)$.

D.5.1. Der das Maschler-Spiel wiedergebende Vektor lautet

$$\left(\underbrace{0}_{\{1\}}, \underbrace{0}_{\{2\}}, \underbrace{0}_{\{3\}}, \underbrace{60}_{\{1,2\}}, \underbrace{60}_{\{1,3\}}, \underbrace{60}_{\{2,3\}}, \underbrace{72}_{\{1,2,3\}} \right).$$

D.5.2. Man erhält $v + w = (1,3,3) + (2,7,8) = (3,10,11)$ und $\alpha w = \frac{1}{2}(2,7,8) = (1, \frac{7}{2}, 4)$.

D.5.3. Nein, denn der Nullvektor kann mithilfe der Skalare 2, 3 und -1 dargestellt werden.

D.5.4. Man könnte $(2,3)$ durch die Linearkombinationen

$$2(1,1) + (0,1),$$
$$2(1,0) + 3(0,1) \text{ oder}$$
$$5(1,1) - 3(1,0) - 2(0,1)$$

ausdrücken.

D.5.5. Aus $(0,0,...,0) = 0 = \sum_{\ell=1}^{m} \alpha_\ell v_\ell = (\alpha_1, ..., \alpha_m)$ folgt sofort die lineare Unabhängigkeit. Und ein beliebiger Vektor $w = (w_1, ..., w_m)$ lässt sich auch als

$$\sum_{\ell=1}^{m} w_\ell v_\ell$$

schreiben.

D.5.6. Sei $\ell \in \{1, ..., m\}$ beliebig. Damit $u_{T_\ell}(T) = 1$ gelten könnte, müsste T eine Obermenge von T_ℓ sein. Wegen $|T| \leq |T_\ell|$ müssten dann T und T_ℓ genau dieselben Elemente enthalten; dies ist ein Widerspruch zur geforderten paarweisen Unterschiedlichkeit.

D.5.7. Allgemein gilt

$$\lambda_T (v) := \sum_{K \in 2^T \setminus \{\emptyset\}} (-1)^{|T|-|K|} v (K).$$

Für das erste Spiel ergibt sich

$$\lambda_{\{1\}} (v) = \lambda_{\{2\}} (v) = \lambda_{\{3\}} (v) = 0,$$
$$\lambda_{\{1,2\}} (v) = (-1)^{2-1} v (\{1\}) + (-1)^{2-1} v (\{2\}) + (-1)^{2-2} v (\{1,2\})$$
$$= 1,$$
$$\lambda_{\{1,3\}} (v) = (-1)^{2-1} v (\{1\}) + (-1)^{2-1} v (\{3\}) + (-1)^{2-2} v (\{1,3\})$$
$$= 0,$$
$$\lambda_{\{2,3\}} (v) = (-1)^{2-1} v (\{2\}) + (-1)^{2-1} v (\{3\}) + (-1)^{2-2} v (\{2,3\})$$
$$= 1,$$
$$\lambda_{\{1,2,3\}} (v) = (-1)^{3-1} v (\{1\}) + (-1)^{3-1} v (\{2\}) + (-1)^{3-1} v (\{3\})$$
$$+ (-1)^{3-2} v (\{1,2\}) + (-1)^{3-2} v (\{1,3\})$$
$$+ (-1)^{3-2} v (\{2,3\})$$
$$+ (-1)^{3-3} v (\{1,2,3\})$$
$$= 0 + 0 + 0 - 1 - 0 - 1 + 1$$
$$= -1$$

und für das zweite Spiel aufgrund der Symmetrie

$$\lambda_T (v) = 0 \text{ für } |T| = 1,$$
$$\lambda_T (v) = \lambda_{\{1,2\}} (v) = (-1)^{2-1} v (\{1\}) + (-1)^{2-1} v (\{2\})$$
$$+ (-1)^{2-2} v (\{1,2\}) = 8 \text{ für } |T| = 2,$$
$$\lambda_{\{1,2,3\}} (v) = 3 \cdot (-1)^{3-2} v (\{1,2\}) + (-1)^{3-3} v (\{1,2,3\})$$
$$= -24 + 9 = -15.$$

E. Der Kern

E.1 Einführendes

Lösungskonzepte in der kooperativen Spieltheorie ordnen Koalitionsfunktionen Auszahlungsvektoren zu. Koalitionsfunktionen geben für jede Teilmenge der Spielermenge N einen Wert an; es gibt 2^n derartige Teilmengen (Koalitionen). Ein Auszahlungsvektor gibt eine Auszahlung für jeden der n Spieler wieder. In diesem Kapitel geht es hauptsächlich um mengenwertige Lösungskonzepte; einer Koalitionsfunktion wird also eine Menge von Auszahlungsvektoren zugeordnet.

In der Hauptsache befassen wir uns mit dem Kern, der auf der Idee basiert, dass eine Koalition von Spielern einen Auszahlungsvektor blockieren kann, indem sie mit ihren eigenen Möglichkeiten alle Spieler dieser Koalition besser stellt. Der Kern besteht aus Auszahlungsvektoren, bei denen derartige Blockaden unmöglich sind. Diese einfache Grundidee des Kerns ist theoretisch attraktiv; allerdings wird der Kern durch experimentelle Untersuchungen nicht bestätigt (siehe MICHENER, CLANCY/YUEN (1984)).

Im nächsten Abschnitt wiederholen wir die Definition des Kerns und zeigen, dass äquivalente Koalitionsfunktionen zu äquivalenten Kernen führen. In Abschnitt E.3 wenden wir dann das Lösungskonzept des Kerns auf einige Beispiele an, u.a. auch auf Kostenspiele.

Die übrigen drei Abschnitte kreisen um das Problem des leeren Kerns. In Abschnitt E.4 werden wir uns überlegen, dass so genannte ausgewogene Spiele gerade diejenigen mit einem nichtleeren Kern sind. Zu dieser Klasse gehören auch die konvexen Spiele, denen ein eigener Abschnitt (E.5) gewidmet ist. Schließlich präsentieren wir in Abschnitt E.6 mit dem Nukleolus und den stabilen Mengen Alternativen zum Kern, deren Existenzprobleme geringer sind und die dennoch der Grundidee der fehlenden Blockademöglichkeit anhängen.

E.2 Definitionen und Äquivalenz

Die Grundanforderung an alle hier behandelten Lösungskonzepte (tatsächlich an fast alle Lösungskonzepte in diesem Buch) ist die Zulässigkeit. Danach ist ein Auszahlungsvektor $x = (x_1, ..., x_n)$ für eine Koalitionsfunktion v nur dann zulässig, wenn er höchstens so viel verteilt, wie die große Koalition „erwirtschaften" kann:

$$\sum_{i \in N} x_i \leq v(N).$$

Individuelle Rationalität verlangt darüber hinaus, dass kein Individuum Einspruch gegen x erhebt:

Definition E.2.1. *Ein Nutzenvektor $x = (x_i)_{i \in N}$ heißt individuell rational, falls er*

$$\sum_{i \in N} x_i \leq v(N) \quad (Zulässigkeit)$$

und für alle Spieler $i \in N$

$$x_i \geq v(\{i\}) \quad (Nichtblockade\ durch\ Einerkoalition)$$

erfüllt.

Pareto-Effizienz (auch kollektive Rationalität genannt) bezieht sich dagegen auf die Nichtblockade durch die große Koalition:

Definition E.2.2. *Ein Nutzenvektor $x = (x_i)_{i \in N}$ heißt kollektiv rational oder Pareto-effizient, falls er*

$$\sum_{i \in N} x_i \leq v(N) \quad (Zulässigkeit)$$

und

$$\sum_{i \in N} x_i \geq v(N) \quad (Nichtblockade\ durch\ die\ große\ Koalition)$$

erfüllt.

Kurz gesagt, bedeutet kollektive Rationalität $\sum_{i \in N} x_i = v(N)$.

Eine Zuteilung ist nun ein Nutzenvektor, der sowohl individuell als auch kollektiv rational ist:

Definition E.2.3. *Ein Nutzenvektor* $x = (x_i)_{i \in N}$ *heißt Zuteilung (engl.: imputation), falls er*

$$\sum_{i \in N} x_i = v(N) \quad (Pareto\text{-}Optimalität)$$

und für alle Spieler $i \in N$

$$x_i \geq v(\{i\}) \quad (Nichtblockade\ durch\ Einerkoalition)$$

erfüllt. Die Menge der Zuteilungen für (N, v) *bezeichnen wir mit* Z.

Ein Nutzenvektor x ist also eine Zuteilung, falls er zulässig ist und eine Blockade weder durch die große Koalition noch durch irgendeine Einerkoalition möglich ist.

Übung E.2.1. Geben Sie die Zuteilungen für das Einmütigkeitsspiel und für das Maschler-Spiel an.

Die Verwendung eines mengenwertigen Konzeptes schließt die leere Menge als Lösung nicht aus. Tatsächlich werden wir in diesem Kapitel dem Problem des leeren Kerns viel Platz einräumen (Abschnitt E.4). Das liegt zum einen daran, dass die leere Menge als Lösung unbefriedigend ist. Zum anderen gibt es ein schönes Kriterium dafür, wann man einen nichtleeren Kern erwarten darf.

Übung E.2.2. Konstruieren Sie ein Spiel, für das es keine Zuteilung gibt.

Man kann sich überlegen, dass die Eigenschaft eines Nutzenvektors, eine Zuteilung zu sein, durch äquivalente Umformungen „im Wesentlichen" nicht beeinträchtigt wird. Mit dem Übergang einer Koalitionsfunktion v auf die äquivalente Koalitionsfunktion w muss man jedoch auch die Vektoren transformieren:

Definition E.2.4. *Seien v und w äquivalente Koalitionsfunktionen in G_N, die für alle $K \subseteq N$ durch $w(K) = av(K) - \sum_{i \in K} b_i$, $a > 0$, miteinander verbunden sind. Dann heißt der v-Vektor x äquivalent zum w-Vektor y, falls $y_i = ax_i - b_i$ für alle $i \in N$ erfüllt ist.*

Wir betrachten nun das zu v äquivalente Koalitionsspiel w, das durch

$$w(K) = av(K) - \sum_{i \in K} b_i$$

definiert wird. Der v-Nutzenvektor x, so können wir zeigen, ist genau dann eine Zuteilung in (N, v), wenn der zu x äquivalente w-Nutzenvektor $y = (y_1, ..., y_n)$ eine Zuteilung in (N, w) ist.

Die Pareto-Optimalität von y ergibt sich folgendermaßen aus der Pareto-Optimalität von x:

$$\begin{aligned}
\sum_{i \in N} y_i &= \sum_{i \in N} (ax_i - b_i) \\
&= a \sum_{i \in N} x_i - \sum_{i \in N} b_i \\
&= av(N) - \sum_{i \in N} b_i \\
&= w(N).
\end{aligned}$$

Übung E.2.3. Zeigen Sie, dass aus der individuellen Rationalität von x diejenige von y folgt. Hinweis: Da die Zulässigkeit von y bereits gezeigt wurde, bleibt nur die Nichtblockade durch Einerkoalitionen zu zeigen.

Jetzt gelangen wir zum zentralen Begriff dieses Kapitels. Der Kern umfasst genau solche Auszahlungen, die zulässig und durch keine einzige Koalition blockierbar sind:

Definition E.2.5. *Der Kern von v ist die Menge derjenigen Auszahlungen x, die*

- $\sum_{i \in N} x_i = v(N)$ *(Pareto-Effizienz) und*
- $\sum_{i \in K} x_i \geq v(K)$ *für alle $K \subset N$ (keine Blockade durch irgendeine nichtgroße Koalition)*

erfüllen. Wir schreiben Kern (v) für den Kern von v.

Wenn es eine Koalition K mit $\sum_{i \in K} x_i < v(K)$ gäbe, so könnte diese Koalition x blockieren; ihre Mitglieder könnten $v(K)$ erreichen und sich alle besser stellen. Dazu könnte man beispielsweise für alle i aus K die Nutzenwerte

$$y_i = x_i + \frac{v(K) - \sum_{i \in K} x_i}{|K|} > x_i$$

nehmen.

Übung E.2.4. Ist Ihnen klar, warum die soeben definierte Auszahlung y einerseits durch die Koalition K realisierbar ist und andererseits jeden Spieler aus K besser stellt, als dies bei x der Fall ist?

Der Kern verlangt also, dass eine Auszahlung durch keine Koalition blockiert werden kann. Bei Pareto-Optimalität (kollektive Rationalität) hat man dagegen lediglich sicherzustellen, dass die große Koalition nicht blockieren kann, während individuelle Rationalität die Nichtblockade durch Einerkoalitionen fordert. Damit sind alle Auszahlungsvektoren aus dem Kern sowohl Pareto-optimal als auch individuell rational.

SHAPLEY/SHUBIK (1972, S. 128) weisen darauf hin, dass der Kern nur auf dem basiert, was eine Koalition tun kann, jedoch nicht auf dem, was sie verhindern kann. Insofern ist das Erheben eines Einspruchs bzw. die Blockade vielleicht eine etwas unglückliche Diktion. Allerdings, und daher kann man die übliche Sprechweise durchaus rechtfertigen, kann eine Koalition, die sich gegenüber einem Auszahlungsvektor x verbessern kann, diesen verhindern oder eben „blockieren".

Übung E.2.5. Bestimmen Sie den Kern für das Einmütigkeitsspiel u_T im Falle von $|T| > 1$.

Ebenso wie die Zuteilungen ist auch der Kern „im Wesentlichen" von äquivalenten Umformungen unberührt. Bezüglich der Zulässigkeit und der Pareto-Optimalität haben wir dies oben bereits gezeigt. Wir betrachten wiederum die Koalitionsfunktion v und die zu ihr äquivalente Koalitionsfunktion w, die $w(K) = av(K) - \sum_{i \in K} b_i$ für alle $K \subseteq N$ erfüllt.

Nun zeigen wir, dass man von der Nichtblockade von x durch irgendeine Koalition K in v auf die Nichtblockade des zu x äquivalenten w-Vektors y durch K in w schließen kann. Sei also

$$\sum_{i \in K} x_i \geq v(K)$$

gegeben. Dann folgt für $a > 0$ und beliebige b_i, $i \in N$,

$$\begin{aligned}
\sum_{i \in K} y_i &= \sum_{i \in K} (ax_i - b_i) \quad \text{(Definition } y) \\
&= a \sum_{i \in K} x_i - \sum_{i \in K} b_i \quad \text{(Umformung)} \\
&\geq av(K) - \sum_{i \in K} b_i \quad \text{(Nichtblockade von } x \text{ durch } K) \\
&= w(K) \quad \text{(Definition } w)
\end{aligned}$$

und damit die Nichtblockade von y durch K in w.

E.3 Beispiele

E.3.1 Das Autokauf-Spiel

Um das überaus wichtige Konzept des Kerns gut zu beherrschen, rechnen wir einige Beispiele durch. Zunächst erinnern wir an das Autokauf-Spiel, das wir auf S. 97 eingeführt haben. Die Koalitionsfunktion ist durch

$$\begin{aligned}
v(C) = v(W) = v(G) &= 0, \\
v(C, W) &= 700, \\
v(C, G) &= 500, \\
v(W, G) &= 0 \text{ und} \\
v(C, W, G) &= 700
\end{aligned}$$

gegeben.

Der Kern enthält diejenigen Nutzenvektoren (x_C, x_W, x_G), die

$$x_C + x_W + x_G = 700$$

sowie

$$x_C \geq 0, x_W \geq 0, x_G \geq 0,$$
$$x_C + x_W \geq 700,$$
$$x_C + x_G \geq 500 \text{ und}$$
$$x_W + x_G \geq 0$$

erfüllen.

Da die Koalition, die aus Casajus und Wimmer besteht, für sich bereits 700 erreichen kann, erhält Geisler höchstens Null,

$$x_G = 700 - (x_C + x_W) \leq 700 - 700 = 0,$$

und damit genau Null, $x_G = 0$. Aus $x_C + x_G \geq 500$ folgt dann weiterhin, dass der Verkäufer Casajus mindestens 500 erhalten muß. Schließlich liegen also genau diejenigen Auszahlungsvektoren (x_C, x_W, x_G) im Kern, für die

$$500 \leq x_C \leq 700,$$
$$x_W = 700 - x_C \text{ und}$$
$$x_G = 0$$

gilt.

E.3.2 Das Maschler-Spiel

Wir berechnen nun den Kern für das Maschler-Spiel, dessen Koalitionsfunktion durch

$$v(K) = \begin{cases} 0, & |K| = 1 \\ 60, & |K| = 2 \\ 72, & |K| = 3 \end{cases}$$

erklärt ist. Wir haben nach solchen Vektoren (x_1, x_2, x_3) zu suchen, die

$$x_1 + x_2 + x_3 = 72$$

und

$$x_1 \geq 0, x_2 \geq 0, x_3 \geq 0,$$
$$x_1 + x_2 \geq 60,$$
$$x_1 + x_3 \geq 60 \text{ und}$$
$$x_2 + x_3 \geq 60$$

erfüllen.

Wie im Autoverkauf-Spiel können wir für Spieler 1

$$x_1 = 72 - (x_2 + x_3) \leq 12$$

einsehen. Analog gelten auch $x_2 \leq 12$ und $x_3 \leq 12$. Daher folgt

$$x_1 + x_2 + x_3 \leq 3 \cdot 12 = 36.$$

Dieses Ergebnis steht jedoch im Widerspruch zur Pareto-Optimalität. Es gibt keinen Nutzenvektor, der alle angeführten Bedingungen erfüllt. Der Kern ist also leer.

Dieses Ergebnis hätten wir auch durch die Summation der drei Ungleichungen

$$x_1 + x_2 \geq 60,$$
$$x_1 + x_3 \geq 60 \text{ und}$$
$$x_2 + x_3 \geq 60$$

erhalten können. Denn

$$2x_1 + 2x_2 + 2x_3 \geq 3 \cdot 60 = 180$$

liefert einen Widerspruch zur Zulässigkeit.

Das Maschler-Spiel zeigt, dass es nicht unbedingt Nutzenvektoren geben muss, die im Kern liegen. Auch Zuteilungen müssen nicht für jedes Spiel existieren.

E.3.3 Das Handschuh-Spiel

In Kap. C haben wir den Kern des Handschuh-Spiels für $L = \{1, 2\}$ und $R = \{3\}$ untersucht. Dabei konnten wir feststellen, dass der Kern die Verhandlungsmacht des Besitzers des einen rechten Handschuhs sehr deutlich zum Vorschein bringt. Wie verhalten sich die Auszahlungen, wenn man von 100 linken und 99 rechten Handschuhen ausgeht?

Übung E.3.1. Bestimmen Sie den Kern des Handschuh-Spiels für $L = \{1, 2, ..., 100\}$ und $R = \{101, ..., 199\}$.

Tatsächlich ist es anhand des soeben praktizierten Verfahrens nicht schwer zu zeigen, dass der Kern des Handschuh-Spiels aus nur einer Auszahlung besteht, falls die Anzahl der linken und rechten Handschuhe unterschiedlich ist. Dann erhalten die Besitzer des relativ knappen Handschuhs die Auszahlung 1 und die anderen Spieler die Auszahlung 0.

Gilt dagegen $|L| = |R|$, sieht man an den Bedingungen für den Kern

$$\sum_{i \in N} x_i = |L| \quad \text{und}$$

$$\sum_{i \in K} x_i \geq \min\left(|K \cap L|, |K \cap R|\right) \text{ für alle } K \subset N,$$

dass alle Spieler zusammen $|L|$ erhalten und dass jedes Paar aus einem rechten und einem linken Handschuh-Besitzer mindestens 1 zu erhalten hat. Dies impliziert wegen der Zulässigkeit auch, dass ein solches Paar höchstens 1 erhält. Zudem erhält jede Einerkoalition mindestens 0. Man kann sich schließlich überlegen, dass innerhalb einer Auszahlung alle Besitzer linker Handschuhe dieselbe Auszahlung zu bekommen haben. Anderenfalls könnte sich ein relativ schlecht gestellter L-Spieler mit einem relativ schlecht gestellten R-Spieler zusammentun, um den Nutzenvektor zu blockieren.

Formal ist der Kern für $|L| = |R|$ durch

$$Kern\left(v_{\{1,...,|L|\},\{|L|+1,...,2|L|\}}\right) = \{(a, ..., a, 1-a, ..., 1-a) : a \in [0,1]\}$$

definiert, wobei die Vektoren in der Menge den Spielern $1, ..., |L|$ die Auszahlung a und den Spielern $|L| + 1, ..., 2|L|$ die Auszahlung $1 - a$ zuweisen.

AUMANN (1985, Abschnitt 2) zeigt unter Verweis auf ähnliche Ergebnisse bei anderen Autoren, dass ein Spieler im Handschuh-Spiel davon profitieren kann, wenn er einen Handschuh vernichtet:

Übung E.3.2. Gehen Sie von $L = \{1, 2\}$ und $R = \{3, 4\}$ aus und setzen Sie voraus, dass Spieler 2 zwei linke Handschuhe besitzt, sodass wir es mit vier Spielern und fünf Handschuhen zu tun haben. Berechnen Sie den Kern dieses Spiels. Wie ändert sich der Kern, wenn Spieler 2 einen seiner zwei Handschuhe vernichtet?

E.3.4 Kostenaufteilung

Ein oder zwei Wasserwerke. Das in Kap. D eingeführte Kostenaufteilungsspiel wollen wir nun aufgreifen und mithilfe des Kerns einer Lösung zuführen. In Anlehnung an den Beitrag von YOUNG (1994a) bzw. an Kap. 5 aus YOUNG (1994b) betrachten wir zwei Städte A und B, die ein gemeinsames Wasserwerk planen. Stadt A, mit 36.000 Einwohnern, könnte für 11 Millionen Euro ein Wasserwerk für sich allein bauen. Dies macht

$$\frac{11.000.000}{36.000} \approx 306$$

Euro pro Einwohner in Stadt A. In Stadt B wohnen 12.000 Einwohner, die für ein eigenes Wasserwerk zusammen 7 Millionen Euro und damit

$$\frac{7.000.000}{12.000} \approx 583$$

Euro pro Einwohner aufzubringen hätten .

Das gemeinsame Wasserwerk kostet dagegen nur 15<11+7 Millionen Euro. Eine Kostenersparnis in Höhe von 11+7-15=3 Millionen Euro ist also realisierbar. Es stellt sich nun die Frage, wie die 15 Millionen Euro auf die beiden Städte zu verteilen sind. Vier verschiedene Aufteilungsmöglichkeiten werden wir hier betrachten; weitere kann man sich sicherlich ausdenken:

- Jede Stadt trägt die Hälfte der 15 Millionen und somit 7,5 Millionen.
- Jeder Einwohner trägt dieselbe Last. Dieser Aufteilungsmodus führt zu einem Kostensatz von

$$\frac{15.000.000}{48.000} = \frac{625}{2}$$

pro Einwohner und damit hätten Stadt A

$$36.000 \cdot \frac{625}{2} = 11.250.000$$

und Stadt B

$$12.000 \cdot \frac{625}{2} = 3.750.000$$

zu tragen.

- Jede Stadt soll die gleiche Ersparnis realisieren können. Anstelle von 11 Millionen blieben dann für Stadt A

$$11.000.000 - \frac{3.000.000}{2} = 9.500.000$$

und für Stadt B statt 7 Millionen

$$7.000.000 - \frac{3.000.000}{2} = 5.500.000.$$

- Jeder Einwohner soll die gleiche Ersparnis realisieren können. Dies macht für Stadt A dann den Betrag

$$36.000 \cdot \left(\frac{11.000.000}{36.000} - \frac{3.000.000}{48.000} \right) = 8.750.000.$$

Die Differenz zu 15 Millionen, nämlich 6.250.000, hat Stadt B zu tragen.

Die ersten beiden Vorschläge haben jedoch den Nachteil, dass eine der beiden Städte dann jeweils mehr zu tragen hat, als wenn sie für sich allein ein Wasserwerk realisiert. Die letzten zwei Vorschläge geben dagegen jeder Stadt einen positiven Anreiz, das gemeinsame Wasserwerk zu planen. Der Handelsgewinn wird hier aufgeteilt.

Um zu verhindern, dass eine Kostenaufteilung durch irgendeine Koalition blockiert wird, hat man sich auf folgende Kostenaufteilungen zu beschränken:

- Sie müssen zulässig sein. (Die Beiträge der Städte müssen in der Summe mindestens 15 Millionen betragen.)
- Sie dürfen von der großen Koalition $N = \{A, B\}$ nicht blockiert werden ($15 < 7 + 11$).
- Sie dürfen von keiner Einerkoalition blockiert werden. (Stadt A zahlt höchstens 11 und Stadt B höchstens 7 Millionen Euro.)

Damit hat man immer noch eine relativ große Spannbreite von Kostenaufteilungen, den Kern, der in Abb. E.1 hervorgehoben ist.

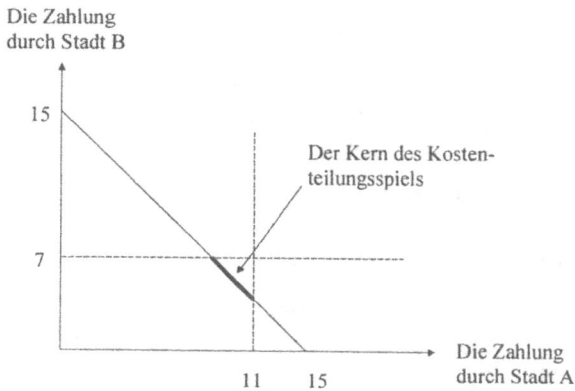

Abbildung E.1. Mögliche Kostenaufteilungen für das gemeinsame Wasserwerk

Alternativ könnte man als Zahlungen der Städte auch die Grenzkosten heranziehen: Um wie viel steigen die Kosten dadurch, dass neben Stadt B zusätzlich Stadt A mit Wasser versorgt werden muss? Die Antwort lautet

$$15 - 7 = 8.$$

Die entsprechenden Grenzkosten für Stadt B sind

$$15 - 11 = 4.$$

Man sieht, dass die Beiträge entsprechend den so aufgefassten Grenzkosten nicht reichen, um die Kosten des gemeinsamen Wasserwerks aufzubringen. Allerdings könnte man verlangen, dass jede Stadt mindestens ihre Grenzkosten trägt. Denn sonst würde sie von der jeweils anderen Stadt subventioniert.

Wenn nun Stadt A mindestens ihre Grenzkosten beiträgt, also mindestens 8 Millionen zahlt, bleiben für Stadt B höchstens die Kosten des eigenen Wasserwerks in Höhe von 7 Millionen. Falls umgekehrt Stadt B nicht mehr als die Kosten des eigenen Wasserwerks zahlt, hat Stadt A mindestens die Grenzkosten zu berappen. Die Subventionsfreiheit (jeder zahlt mindestens die eigenen Grenzkosten) und die individuelle Rationalität (niemand zahlt mehr als die Kosten des eigenen Wasserwerks) sind hier also äquivalent. Wir werden im nächsten Abschnitt sehen, dass diese Äquivalenz auch unter allgemeineren Bedingungen mit mehr als zwei Spielern gilt.

Eigenständiger Kostentest, Zusatzkostentest und Kern. Die Nichtblockade durch irgendeine Koalition nennt man in der englischen Literatur auch „stand-alone cost test". Auf Deutsch könnte man vom eigenständigen Kostentest sprechen. Für Spieler i aus N bezeichne b_i dessen Kostenbeitrag.

Definition E.3.1. *Für ein Kostenaufteilungsspiel (N, c) erfüllt $(b_i)_{i \in N}$ den eigenständigen Kostentest („stand-alone cost test"), falls für alle Koalitionen $K \subseteq N$*

$$\sum_{i \in K} b_i \leq c(K)$$

erfüllt ist.

Definition E.3.2. *Der Kern eines Kostenaufteilungsspiels c ist die Menge aller Kostenaufteilungen $(b_i)_{i \in N}$, die*

* *zum einen den eigenständigen Kostentest erfüllen und*
* *zum anderen zulässig sind ($\sum_{i \in N} b_i \geq c(N)$).*

Es stellt sich nun auch hier die Frage, ob es überhaupt Kostenaufteilungen geben muss, die diese beiden Bedingungen erfüllen. Da der eigenständige Kostentest obere Schranken für die Kostenaufteilungen definiert, ist bei steigenden Kosten für die große Koalition, $c(N)$, die Gefahr gegeben, dass der Kern leer ist.

Übung E.3.3. Man betrachte das Kostenaufteilungsspiel $(\{1, 2, 3\}, c)$ mit

$$c(\{1\}) = c(\{2\}) = c(\{3\}) = 3,$$
$$c(\{1, 2\}) = c(\{1, 3\}) = c(\{2, 3\}) = 4 \text{ und}$$
$$c(\{1, 2, 3\}) = 5$$

und beantworte folgende Fragen:

* Ist c subadditiv?
* Welche Kostenaufteilungen befinden sich im Kern?

• Wie verändern sich die Antworten, wenn man der großen Koalition die Kosten 6 oder 7 zuordnet?

Im vorangehenden Abschnitt haben wir argumentiert, dass jede Stadt mindestens ihre Grenzkosten tragen sollte. Ansonsten läge Subventionierung vor. Wir konnten zeigen, dass Subventionierung in diesem Sinne genau dann erfolgt, wenn individuelle Rationalität verletzt ist. Die folgende Definition verallgemeinert die Forderung des Subventionsverbots auf beliebige Koalitionen und das folgende Theorem zeigt, dass die angesprochene Äquivalenz allgemeiner gilt.

Definition E.3.3. *Für ein Kostenaufteilungsspiel* (N, c) *erfüllt* $(b_i)_{i \in N}$ *den Zusatzkostentest („incremental cost test"), falls für alle Koalitionen* $K \subseteq N$

$$\sum_{i \in K} b_i \geq c(N) - c(N \backslash K)$$

erfüllt ist.

Die Koalition K hat also mindestens so viel beizutragen, wie sich an zusätzlichen Kosten dadurch ergibt, dass auch sie versorgt wird.

Theorem E.3.1. *Falls genau die Kosten von allen Spielern getragen werden,* $\sum_{i \in N} b_i = c(N)$, *ist der Zusatzkostentest genau dann erfüllt, wenn der eigenständige Kostentest gilt.*

Beweis. Wir gehen zunächst davon aus, dass der eigenständige Kostentest positiv ist. Sei nun K eine beliebige Koalition. Der eigenständige Kostentest verlangt für die Koalition $N \backslash K$

$$\sum_{i \in N \backslash K} b_i \leq c(N \backslash K).$$

Zusammen mit $\sum_{i \in N} b_i = c(N)$ folgt nun

$$\sum_{i \in K} b_i = \sum_{i \in N} b_i - \sum_{i \in N \backslash K} b_i$$

$$= c(N) - \sum_{i \in N \backslash K} b_i$$

$$\geq c(N) - c(N \backslash K),$$

für die Koalition K ist somit der Zusatzkostentest erfüllt.

Übung E.3.4. Beweisen Sie den zweiten Teil des Theorems.

E.3.5 Wesentliche Spiele mit konstanter Summe

Wir erinnern uns an die folgenden Definitionen:

Definition E.3.4. *Wesentliche Spiele sind solche, die*

$$v(N) > \sum_{i \in N} v(\{i\})$$

erfüllen. Spiele mit konstanter Summe gehorchen für alle Koalitionen $K \subseteq N$ der Gleichung

$$v(N) = v(K) + v(N \backslash K).$$

Die genannten Eigenschaften können in einem Spiel vereinigt sein. Ein Beispiel ist die durch $N = \{1, 2, 3\}$ und

$$v(S) = \begin{cases} 1, & |S| = 1 \\ 3, & |S| = 2 \\ 4, & |S| = 3 \end{cases}$$

gegebene Koalitionsfunktion.

Übung E.3.5. Überlegen Sie sich, warum das obige Spiel wesentlich und von konstanter Summe ist.

Theorem E.3.2. *Sei v von konstanter Summe. Dann besteht der Kern aus höchstens einem Nutzenvektor. Ist v zudem wesentlich, ist der Kern von v leer.*

Beweis. Der Beweis dieses Theorems ist nicht sehr schwer. Für einen Nutzenvektor x aus dem Kern von v hat für jeden Spieler i aus N bei konstanter Summe

$$
\begin{aligned}
v(\{i\}) &= v(N) - v(N \backslash \{i\}) \quad \text{(konstante Summe)} \\
&= \sum_{j \in N} x_j - v(N \backslash \{i\}) \quad \text{(Pareto-Optimalität)} \\
&\geq \sum_{j \in N} x_j - \sum_{j \in N \backslash \{i\}} x_j \quad (x \text{ nicht blockiert durch } N \backslash \{i\}) \\
&= x_i
\end{aligned}
$$

zu gelten. Nichtblockade durch die Einerkoalition $\{i\}$ verlangt zudem $x_i \geq v(\{i\})$ für alle Spieler i aus N. Wenn der Kern also nichtleer ist, enthält er nur den Nutzenvektor $(x_i)_{i \in N} = (v(\{i\}))_{i \in N}$. Pareto-Optimalität und die Summation über alle Spieler ergeben

$$v(N) = \sum_{i \in N} x_i = \sum_{i \in N} v(\{i\})$$

und damit erhalten wir den gewünschten Widerspruch zur Wesentlichkeit.

E.3.6 Einfache 0-1-normierte Spiele

In Kap. D haben wir als einfache 0-1-normierte Spiele solche Spiele $v \in G_N$ bezeichnet, die

- $v(\{i\}) = 0$ für alle $i \in N$,
- $v(N) = 1$,
- $v(K) \in \{0, 1\}$ für alle $K \subseteq N$ und
- Monotonie

erfüllen. Es gibt für solche Spiele eine einfache Möglichkeit festzustellen, ob der Kern leer ist: Man hat lediglich zu schauen, ob es Veto-Spieler gibt. Zur Erinnerung: Ein Veto-Spieler ist ein Spieler i mit $v(N \setminus \{i\}) = 0$. Aufgrund der Monotonie gilt dann $v(K) = 0$ für alle Koalitionen K, die irgendeinen Veto-Spieler nicht enthalten.

Theorem E.3.3. *Sei v ein einfaches 0-1-normiertes Spiel aus G_N. Der Kern von v ist genau dann nichtleer, wenn v mindestens einen Vetospieler besitzt.*

Beweis. Wir nehmen zunächst an, es gäbe mindestens einen Vetospieler. Seien die Spieler $1, .., m$ mit $m \leq n$ die Vetospieler. Der Nutzenvektor $(x_i)_{i \in N}$ mit $x_1 = x_2 = ... = x_m = \frac{1}{m}$ und $x_{m+1} = ... = x_n = 0$ ist Pareto-optimal. Eine Koalition, die nicht alle Vetospieler enthält, hat den Wert 0 und kann sich gegenüber diesem Nutzenvektor nicht verbessern. Eine Koalition, die alle Vetospieler enthält, kann nicht jedem Vetospieler eine Auszahlung von mehr als $\frac{1}{m}$ bieten. Also kann keine

Koalition den angegebenen Nutzenvektor blockieren. Dieser liegt somit im Kern und der Kern ist nichtleer.

Nun nehmen wir an, es gäbe keinen Vetospieler. Für jeden Spieler $j \in N$ gilt also $v(N \setminus \{j\}) = 1$. Damit die Auszahlung $(x_i)_{i \in N}$ im Kern liegt, hat sie

$$\sum_{i \in N} x_i = 1 \text{ (Pareto-Optimalität) und}$$

$$\sum_{i \in N \setminus j} x_i \geq v(N \setminus \{j\}) = 1 \text{ (Nichtblockade durch } N \setminus \{j\}), j \in N,$$

zu erfüllen.

Übung E.3.6. Führen Sie den Beweis fort, indem Sie zeigen, dass eine Auszahlung x mit den genannten Eigenschaften nicht existieren kann.

E.3.7 Weitere Beispiele

Nun sind Sie an der Reihe. Bestimmen Sie den Kern einiger Ihnen bekannter Spiele:

Übung E.3.7. Wie lauten die Kerne des Apex-Spiels (unterscheiden Sie $n = 2$ und $n \geq 3$) und des Müll-Spiels (beschränken Sie sich auf $n = 2$ und $n = 3$)?

E.4 Das Problem des leeren Kerns

E.4.1 Eine notwendige Bedingung für den nichtleeren Kern

Wir haben nun einige Beispiele für einen leeren Kern kennen gelernt. Leere Kerne weisen auf instabile Situationen hin: Bei jedem Nutzenvektor gibt es eine Koalition, die ihre Mitglieder gegenüber diesem Nutzenvektor besser stellen kann.

Für Verhandlungssituationen mit lediglich zwei Agenten ist der Kern immer dann nichtleer, wenn die Koalitionsfunktion superadditiv ist. Das kann man sich leicht klarmachen: Aufgrund der Superadditivität gilt

$$v\left(\{1\}\right) + v\left(\{2\}\right) \leq v\left(\{1,2\}\right).$$

Eine mögliche Auszahlung besteht darin, jedem Agenten i $v\left(\{i\}\right)$ und die Hälfte des Kooperationsgewinnes $v\left(\{1,2\}\right) - \left(v\left(\{1\}\right) + v\left(\{2\}\right)\right)$ zu geben. Diese Auszahlung kann keine Koalition blockieren. Umgekehrt gilt auch dieses: Aus

$$v\left(\{1\}\right) + v\left(\{2\}\right) > v\left(\{1,2\}\right)$$

folgt ein leerer Kern. Denn jede Auszahlung im Kern müsste den Spielern 1 und 2 mindestens $v\left(\{1\}\right)$ bzw. $v\left(\{2\}\right)$ garantieren, in der Summe also mehr als $v\left(N\right)$, was jedoch die Zulässigkeit verletzen würde.

Man kann zeigen, dass eine naheliegende Verallgemeinerung des vorstehenden Beispiels auf mehr als zwei Agenten möglich ist:

Theorem E.4.1. *Wenn es eine Partition* $\mathcal{P} = \{S_1, ..., S_k\}$ *der Spielermenge* N *mit*

$$\sum_{j=1}^{k} v\left(S_j\right) > v\left(N\right)$$

gibt, ist der Kern leer.

Nehmen wir zum Beweis eine Partition $\mathcal{P} = \{S_1, ..., S_k\}$ der Spieler N mit

$$\sum_{j=1}^{k} v\left(S_j\right) > v\left(N\right).$$

Um eine Auszahlung x nicht zu blockieren, benötigen die Mitglieder jeder Koalition S_j mindestens $v\left(S_j\right)$, d.h. es hat $\sum_{i \in S_j} x_i \geq v\left(S_j\right)$ zu gelten. Damit folgt

$$\sum_{i \in N} x_i = \sum_{j=1}^{k} \sum_{i \in S_j} x_i \geq \sum_{j=1}^{k} v\left(S_j\right) > v\left(N\right)$$

und die Zulässigkeit ist verletzt.

Das Theorem kann man auch so ausdrücken: Damit der Kern nicht-leer ist, hat für jede Partition $\mathcal{P} = \{S_1, ..., S_k\}$ der Spielermenge N die Bedingung

$$\sum_{j=1}^{k} v\left(S_j\right) \leq v\left(N\right) \tag{E.1}$$

erfüllt zu sein. Wir haben hier eine notwendige Bedingung für den nichtleeren Kern gefunden. Allerdings ist diese Bedingung nicht hinreichend: Der Kern kann trotz ihrer Geltung leer sein. Das kann man am Apex-Spiel sehen.

Übung E.4.1. Zeigen Sie: Das Apex-Spiel erfüllt für $n \geq 2$ für jede Partition $\mathcal{P} = \{S_1, ..., S_k\}$ der Spielermenge die Bedingung

$$\sum_{j=1}^{k} v(S_j) \leq v(N),$$

weist jedoch für $n \geq 3$ einen leeren Kern auf.

E.4.2 Ein Kriterium für einen nichtleeren Kern

Glücklicherweise gibt es eine Verallgemeinerung der Bedingung E.1, die ein Kriterium für den nichtleeren Kern ist. (Ein Kriterium ist eine zugleich notwendige und hinreichende Bedingung - anders ausgedrückt eine „Genau-dann-wenn-Bedingung"). Sie geht auf die russischsprachige Veröffentlichung von Bondareva im Jahre 1963 und auf SHAPLEY (1967) zurück.

Zur Vorbereitung wollen wir die Menge der Spieler i enthaltenden Koalitionen mit einer besonderen Bezeichnung versehen: $\mathcal{K}(i)$ sei die Menge derjenigen Koalitionen, die den Spieler i enthalten. Formal gilt also

$$\mathcal{K}(i) = \left\{ S \in 2^N : i \in S \right\}.$$

Um eine intuitive Vorstellung von der anstehenden Verallgemeinerung zu bekommen, führen wir die Begriffe Vollzeitkoalition und Teilzeitkoalition ein. Ein Agent, der Mitglied einer Vollzeitkoalition ist, kann nicht weiteren Koalitionen angehören. Er könnte jedoch stattdessen beispielsweise Mitglied in drei Teilzeitkoalitionen sein, die jeweils ein Drittel seiner Zeit beanspruchen. Bei Partitionen sind alle Komponenten Vollzeitkoalitionen, denn jeder Spieler ist in genau einer Komponente enthalten.

Wir betrachten nun anstelle einer Partition ein Mengensystem

$$\{S_1, ..., S_k\},$$

bei dem jeder Spieler seine gesamte Zeit in einigen dieser Koalitionen verbringt. Konkret wird dies durch Teilzeitfaktoren $\lambda_1, ..., \lambda_k$ bewirkt, die angeben, welchen Bruchteil der Gesamtzeit die Mitgliedschaft in der entsprechenden Koalition in Anspruch nimmt. Möglicherweise gibt es für ein vorgegebenes Mengensystem derartige Teilzeitfaktoren, sodass jeder Spieler insgesamt seine gesamte Zeit verbraucht.

Definition E.4.1. *Sei N eine nichtleere Menge von Spielern. Ein Mengensystem $\{S_1, ..., S_k\}$ auf N heißt ausgewogen, falls es positive Zahlen (Teilzeitfaktoren) $\lambda_1, ..., \lambda_k$ aus $(0, 1]$ gibt, sodass für jeden Spieler i aus N*

$$\sum_{j=1,...,k,\, S_j \ni i} \lambda_j = 1 \qquad (E.2)$$

gilt. Die Funktion

$$\lambda \;:\; 2^N \to [0, 1]$$
$$S \mapsto \begin{cases} \lambda_j, & S = S_j, j = 1, ..., k \\ 0, & S \notin \{S_1, ..., S_k\} \end{cases}$$

heißt Teilzeitfunktion.

Die Teilzeitfunktion ordnet den Koalitionen aus dem Mengensystem $\{S_1, ..., S_k\}$ eine positive Zahl $\lambda(S_j) = \lambda_j$ zu. Jeder Koalition, die nicht zum angegebenen Mengensystem gehört, wird hingegen die Null zugeordnet.

Dass wir neben den Teilzeitfaktoren die Teilzeitfunktion einführen, hat lediglich den Zweck, die Schreibarbeit zu vereinfachen; mathematisch oder ökonomisch steckt nichts dahinter.

Ein Beispiel für ein ausgewogenes Mengensystem auf N ist durch

$$\{S : \text{Es gibt ein } j \text{ aus } N \text{ mit } S = N \setminus \{j\}\}$$

gegeben. Es besteht aus denjenigen Koalitionen, die sich von N durch das Fehlen genau eines Spielers unterscheiden. Ordnet man nun jeder dieser Koalitionen den Teilzeitfaktor

$$\frac{1}{n-1}$$

zu, erhält man für jeden Spieler i aus N, der in so vielen Koalitionen Mitglied ist, wie es andere Spieler gibt,

$$\sum_{S \subseteq N, S \ni i} \frac{1}{n-1} = (n-1) \cdot \frac{1}{n-1} = 1.$$

Übung E.4.2. Zeigen Sie, dass eine Partition ein ausgewogenes Mengensystem darstellt. Zeigen Sie weiterhin, dass jedes ausgewogene Mengensystem die Menge der Spieler überdecken muss: Die Vereinigung aller Elemente des Mengensystems ergibt N.

Übung E.4.3. Ist für $N = \{1, 2, 3\}$ das Mengensystem $\{\{1, 2\}, \{2, 3\}\}$ ausgewogen?

Übung E.4.4. Sind für die Spielermenge $N = \{1, 2, 3, 4\}$ die folgenden Mengensysteme ausgewogen? Geben Sie gegebenenfalls die Teilzeitfaktoren an.

- $\{N\}$
- $\{S : S \subseteq N, |S| = 2\}$
- $\{S : S \subseteq N, |S| = 1\}$
- $\{S : S = N \text{ oder } |S| = 2\}$

Eine notwendige Bedingung für einen nichtleeren Kern ist, wie wir im letzten Abschnitt gesehen haben, diese: Für jede Partition $\mathcal{P} = \{S_1, ..., S_k\}$ der Spieler N gilt

$$\sum_{j=1}^{k} v(S_j) \leq v(N).$$

Wir können jetzt die Verallgemeinerung auf ausgewogene Mengensysteme hinschreiben - diese Verallgemeinerung ist ein Kriterium für einen nichtleeren Kern (also notwendig und hinreichend).

Definition E.4.2. *Ein kooperatives Spiel (N, v) heißt ausgewogen, falls für jedes ausgewogene Mengensystem $\{S_1, ..., S_k\}$ auf N mit den Teilzeitfaktoren $\lambda_1, ..., \lambda_k > 0$*

$$\sum_{j=1}^{k} \lambda_j v(S_j) \leq v(N)$$

gilt.

Theorem E.4.2. *Sei* (N, v) *ein kooperatives Spiel. Es ist genau dann ausgewogen, wenn sein Kern nichtleer ist.*

Beweis. Wir wollen zeigen, dass aus der Tatsache, dass der Kern von (N, v) nichtleer ist, die Ausgewogenheit des kooperativen Spiels v folgt. Sei dazu $\{S_1, ..., S_k\}$ ein ausgewogenes Mengensystem auf N, mit den Teilzeitfaktoren $\lambda_1, ..., \lambda_k$. Der Kern ist nichtleer; wir greifen willkürlich ein Element $x = (x_i)_{i \in N}$ aus dem Kern heraus. Dieses erfüllt laut Definition für jede Teilmenge von N und insbesondere auch für jede Koalition S_j aus dem ausgewogenen Mengensystem $\{S_1, ..., S_k\}$ die Ungleichung

$$v(S_j) \leq \sum_{i \in S_j} x_i.$$

Hieraus folgt mit den positiven Teilzeitfaktoren λ_j

$$\sum_{j=1}^{k} \lambda_j v(S_j) \leq \sum_{j=1}^{k} \lambda_j \sum_{i \in S_j} x_i.$$

Den Ausdruck rechts des Ungleichheitszeichens können wir auch so schreiben:

$$\sum_{j=1}^{k} \lambda_j \sum_{i \in S_j} x_i$$

$$= \sum_{j=1}^{k} \sum_{i \in S_j} \lambda_j x_i \quad \text{(Ausmultiplizieren)}$$

$$= \sum_{i \in N} \sum_{S_j \ni i} \lambda_j x_i \quad \text{(Vertauschen der Summationsvariablen)}$$

$$= \sum_{i \in N} x_i \sum_{S_j \ni i} \lambda_j \quad \text{(siehe unten)}$$

$$= \sum_{i \in N} x_i \left(\sum_{S_j \ni i} \lambda_j \right)$$

$$= \sum_{i \in N} x_i \quad \text{(Definition ausgewogenes Mengensystem)}$$

$$= v(N).$$

Man erhält damit das gewünschte Ergebnis: $\sum_{j=1}^{k} \lambda_j v\left(S_j\right) \leq v\left(N\right)$.

Die Übergänge zur dritten und zur vierten Zeile bedürfen eventuell eines kurzen Kommentars. In der zweiten Zeile wird zunächst über die k Mengen des ausgewogenen Mengensystems summiert und anschließend über die Spieler in jeder dieser Menge. Wie in Aufg. E.4.2 gezeigt erscheint jeder Spieler aus N in mindestens einer dieser Mengen. In der dritten Zeile vertauscht man diese Reihenfolge: Zunächst addiert man über alle Spieler und anschließend über diejenigen Mengen im Mengensystem, die diese Spieler enthalten. Bei beiden Summationsarten werden die Summanden $\lambda_j x_i$ genau dann verwendet, wenn Spieler i in der Menge S_j enthalten ist.

Beim Übergang von der dritten zur vierten Zeile macht man sich zunutze, dass die zweite Summation nicht über die Spieler erfolgt, sondern über die Mengen, die Spieler i enthalten.

Die andere Beweisrichtung ist schwieriger. Der interessierte Leser findet sie bei OWEN (1995, S. 224 ff.), EICHBERGER (1993, S. 281 ff.) oder KANNAI (1992, S. 360 f.).

E.4.3 Das Handschuh-Spiel

Wir haben in Abschnitt E.3.3 gezeigt, dass der Kern des Handschuh-Spiels nie leer ist. Also ist $v_{L,R}$ nach Theorem E.4.2 ausgewogen.

Übung E.4.5. Zeigen Sie die Ausgewogenheit von $v_{\{1,2\},\{3\}}$ auf direktem Wege (ohne die Verwendung von Theorem E.4.2).

E.5 Konvexe Spiele

E.5.1 ρ-Lösungen

Konvexe Spiele, so werden wir in Anlehnung an SHAPLEY (1971) zeigen, weisen immer einen nichtleeren Kern auf. Dies kann man damit begründen, dass die ρ-Lösungen, die wir in diesem Abschnitt definieren werden, im Kern liegen. Man kann alle Elemente des Kerns konvexer Spiele durch die ρ-Lösungen ausdrücken. Wir gelangen dabei zu einer geometrisch einfachen Struktur des Kerns.

In Kap. C haben wir bei der Behandlung der Shapley-Lösung schon Reihenfolgen und marginale Beiträge kennen gelernt, die wir hier wieder benötigen. Zunächst wenden wir uns den Reihenfolgen zu:

Reihenfolgen ρ auf N werden als $(\rho_1, ..., \rho_n)$ aufgeschrieben, wobei ρ_1 der erste Spieler ist, ρ_2 der zweite Spieler und so fort. Die Leser erinnern sich an die Spieler, die vor der Tür stehen und einer nach dem anderen den Raum betreten. Beispielsweise sind $(2, 3, 1)$ und $(1, 2, 3)$ Reihenfolgen der Spielermenge $N = \{1, 2, 3\}$. Wir haben uns in Kap. C auf S. 64 überlegt, dass man n Spieler in $n!$ verschiedenen Reihenfolgen aufschreiben kann. Diese Menge aller Reihenfolgen auf N bezeichnen wir mit RF_n oder einfach nur mit RF.

Wir bezeichnen mit $j(i)$ diejenige Stelle, an der Spieler i bei der Reihenfolge ρ auftaucht. Dann gibt es für jeden Spieler $i \in N$ eine Stelle $j(i) \in N$, sodass $\rho_{j(i)} = i$ gilt. Dann können wir die ersten $j(i)$ Spieler, also die Spieler bis einschließlich Spieler i, mit

$$K_i(\rho) := \left\{ \rho_1, ..., \rho_{j(i)} \right\}$$

bezeichnen. Mit

$$K(\rho, j) := \left\{ \rho_1, ..., \rho_j \right\}$$

bezeichnen wir dagegen die Menge der Spieler $\{\rho_1, ..., \rho_j\}$, d.h. die Menge der ersten j Spieler in ρ. Wir setzen $K(\rho, 0) := \emptyset$.

Übung E.5.1. Geben Sie $K_2(\rho)$ und $K(\rho, 2)$ für die Reihenfolge $\rho = (2, 3, 1)$ an.

Der marginale Beitrag, den Spieler i bei der Reihenfolge ρ erbringt, ist durch

$$MB_i^\rho(v) := MB_i^{K_i(\rho)}(v) = v(K_i(\rho)) - v(K_i(\rho) \setminus \{i\})$$

gegeben. Man betrachtet also bei der Reihenfolge ρ alle Spieler, die vor Spieler i „eintreten". Diese schaffen den Wert $v(K_i(\rho) \setminus \{i\})$. Der marginale Beitrag misst nun, was Spieler 1 zu diesem Wert hinzufügt. Damit haben wir die ρ-Lösung bereits kennen gelernt:

Definition E.5.1. *Für die Koalitionsfunktion v und die Reihenfolge ρ bedeute die ρ-Lösung ψ^ρ den durch*

$$\psi_i^\rho (v) := MB_i^\rho (v) = v (K_i (\rho)) - v (K_i (\rho) \setminus \{i\}), i \in N,$$

bestimmten Auszahlungsvektor.

Übung E.5.2. Bestimmen Sie alle sechs ρ-Lösungen für das durch $N = \{1, 2, 3\}$ und

$$v (\{1\}) = v (\{2\}) = v (\{3\}) = 0,$$
$$v (\{1, 2\}) = v (\{2, 3\}) = 1, v (\{1, 3\}) = 2 \text{ und}$$
$$v (\{1, 2, 3\}) = 4$$

definierte Spiel.

In der Literatur spricht man diese Lösung auch unter dem Stichwort des gierigen Algorithmus (engl.: greedy algorithm) an: Jeder Spieler möchte 100 Prozent dessen haben, was er selbst hinzufügt. Tatsächlich ist diese Lösung gar nicht zu gierig. Alle Spieler erhalten zusammen nicht mehr, als sie an Wert schaffen. Für alle Reihenfolgen ρ gilt nämlich

$$\sum_{i \in N} \psi_i^\rho (v) = v (N).$$

Übung E.5.3. Welche Auszahlung erhält ein Nullspieler?

Wir wollen uns nun überlegen, dass alle ρ-Lösungen Pareto-optimal sind. Zunächst einmal machen wir uns

$$\sum_{i \in N} [v (K_i (\rho)) - v (K_i (\rho) \setminus \{i\})]$$
$$= \sum_{j \in N} [v (K (\rho, j)) - v (K (\rho, j) \setminus \{\rho_j\})]$$

klar. Auf beiden Seiten betrachtet man die marginalen Beiträge aller Spieler, auf der linken Seite sortiert nach der Spielernummerierung, auf der rechten Seite sortiert nach der Reihenfolge in ρ. Damit erhalten wir

$$\sum_{i \in N} \psi_i^\rho (v) = \sum_{i \in N} [v (K_i (\rho)) - v (K_i (\rho) \setminus \{i\})]$$

$$= \sum_{j=1}^{n} \left[v\left(K\left(\rho,j\right)\right) - v\left(K\left(\rho,j\right) \setminus \{\rho_j\}\right) \right]$$

$$= \left[v\left(\{\rho_1\}\right) - v\left(\emptyset\right) \right]$$
$$+ \left[v\left(\{\rho_1,\rho_2\}\right) - v\left(\{\rho_1\}\right) \right] +$$
$$+ \left[v\left(\{\rho_1,\rho_2,\rho_3\}\right) - v\left(\{\rho_1,\rho_2\}\right) \right]$$
$$+ \ldots$$
$$+ \left[v\left(\{\rho_1,...,\rho_{n-1}\}\right) - v\left(\{\rho_1,...,\rho_{n-2}\}\right) \right]$$
$$+ \left[v\left(\{\rho_1,...,\rho_n\}\right) - v\left(\{\rho_1,...,\rho_{n-1}\}\right) \right]$$
$$= v\left(N\right) - v\left(\emptyset\right)$$
$$= v\left(N\right).$$

Jetzt ist auch deutlich, dass die Gleichung nicht nur für die große Koalition gilt, sondern für jede Koalition „auf dem Weg dorthin":

$$\sum_{i \in K(\rho,j)} \psi_i^\rho\left(v\right) = v\left(K\left(\rho,j\right)\right), j = 1, ..., n. \qquad \text{(E.3)}$$

Außerdem ist für $j' < j''$

$$v\left(K\left(\rho,j''\right)\right) = \sum_{i=1}^{j''} \psi_i^\rho\left(v\right)$$

$$= \sum_{i=1}^{j'} \psi_i^\rho\left(v\right) + \sum_{i=j'+1}^{j''} \psi_i^\rho\left(v\right)$$

$$= v\left(K\left(\rho,j'\right)\right) + \sum_{i=j'+1}^{j''} \psi_i^\rho\left(v\right) \qquad \text{(E.4)}$$

einsichtig.

E.5.2 ρ-Lösungen und der Kern

Wir werden nun zeigen, dass im Kern einer konvexen Koalitionsfunktion alle ρ-Lösungen enthalten sind. Das Umgekehrte stimmt auch: Nur dann, wenn alle ρ-Lösungen im Kern einer Koalitionsfunktion enthalten sind, ist diese konvex.

Zunächst erinnern wir uns an die Definition der Konvexität:

Definition E.5.2. *Ein Koalitionsspiel (N, v) heißt konvex, wenn eine der zwei folgenden äquivalenten Bedingungen erfüllt ist:*

- *Für alle Koalitionen S und S' mit $S \subseteq S'$ und für alle Spieler $i \in N$, die weder in S noch in S' enthalten sind, ist*

$$v\left(S \cup \{i\}\right) - v\left(S\right) \leq v\left(S' \cup \{i\}\right) - v\left(S'\right)$$

erfüllt.

- *Für alle Koalitionen R und S gilt die Ungleichung*

$$v\left(R \cup S\right) + v\left(R \cap S\right) \geq v\left(R\right) + v\left(S\right).$$

Theorem E.5.1. *Sei (v, N) ein Koalitionsspiel. Es ist genau dann konvex, falls für jede Reihenfolge $\rho \in RF$ die entsprechende ρ-Lösung im Kern liegt: $\psi^\rho(v) \in Kern(v)$.*

Beweis. Für die Hin-Richtung haben wir am Ende des vorangehenden Abschnitts (in Anschluss an Aufg. E.5.3) die Pareto-Optimalität bereits gezeigt. Um die Nichtblockierbarkeit zu zeigen, haben wir für eine beliebige Koalition S und für eine beliebige Reihenfolge $\rho = (\rho_1, ..., \rho_n) \in RF$

$$\sum_{i \in S} \psi_i^\rho(v) \geq v(S)$$

zu zeigen. Zur Erläuterung der folgenden Gleichungskette beachte der Leser Folgendes:

- Für jeden Spieler i aus S gibt es genau eine Position j, sodass $i = \rho_j$ erfüllt ist (zweite Zeile).
- Die Konvexität geht aufgrund von $S \cap K(\rho, j) \subseteq K(\rho, j)$ in die dritte Zeile ein.
- Die letzte Gleichung rührt aus Umformungen her, die ganz ähnlich zu denjenigen sind, die zum Beweis der Pareto-Optimalität von $\sum_{i \in N} \psi_i^\rho(v) = v(N)$ geführt haben.

Wir können also

$$\sum_{i \in S} \psi_i^\rho(v) = \sum_{i \in S} \left[v\left(K_i(\rho)\right) - v\left(K_i(\rho) \setminus \{i\}\right)\right]$$

$$= \sum_{\substack{j \in N, \\ \rho_j \in S}} \left[v\left(K\left(\rho, j\right)\right) - v\left(K\left(\rho, j\right) \setminus \{\rho_j\}\right)\right]$$

$$\geq \sum_{\substack{j \in N, \\ \rho_j \in S}} \left[v\left(S \cap K\left(\rho, j\right)\right) - v\left(S \cap K\left(\rho, j\right) \setminus \{\rho_j\}\right)\right]$$

$$= v\left(S\right)$$

und damit die Nichtblockierbarkeit von $\psi^\rho\left(v\right)$ zeigen.

Für die Rück-Richtung nehmen wir zwei beliebige Koalitionen S und T. Hierzu konstruieren wir eine Reihenfolge ρ mit

- $\left\{\rho_1, ..., \rho_{|S \cap T|}\right\} = S \cap T$,
- $\left\{\rho_{|S \cap T|+1}, ..., \rho_{|S|}\right\} = S \setminus T$,
- $\left\{\rho_{|S|+1}, ..., \rho_{|S \cup T|}\right\} = T \setminus S$ und
- $\left\{\rho_{|S \cup T|+1}, ..., \rho_n\right\} = N \setminus \left(S \cup T\right)$,

die sich so veranschaulichen lässt:

$$\rho = \left(\underbrace{\rho_1, ..., \rho_{|S \cap T|}}_{\in S \cap T}, \underbrace{\rho_{|S \cap T|+1}, ..., \rho_{|S|}}_{\in S \setminus T}, \underbrace{\rho_{|S|+1}, ..., \rho_{|S \cup T|}}_{\in T \setminus S}, \underbrace{\rho_{|S \cup T|+1}, ..., \rho_n}_{\in N \setminus (S \cup T)} \right).$$

Nun folgt

$$v\left(T\right) \leq \sum_{i \in T} \psi_i^\rho\left(v\right) \quad (\psi^\rho\left(v\right) \text{ liegt im Kern})$$

$$= \sum_{i \in S \cap T} \psi_i^\rho\left(v\right) + \sum_{i \in T \setminus S} \psi_i^\rho\left(v\right) \quad (T = \left(S \cap T\right) \cup \left(T \setminus S\right))$$

$$= \sum_{j=1}^{|S \cap T|} \left[v\left(K\left(\rho, j\right)\right) - v\left(K\left(\rho, j-1\right)\right)\right]$$

$$+ \sum_{j=|S|+1}^{|S \cup T|} \left[v\left(K\left(\rho, j\right)\right) - v\left(K\left(\rho, j-1\right)\right)\right] \quad (\text{siehe } \rho)$$

$$= v\left(S \cap T\right) + v\left(S \cup T\right) - v\left(S\right) \quad (\text{siehe Gl. E.3 und E.4})$$

und damit die Konvexität von v.

Das Theorem zeigt, dass wir eine weitere äquivalente Bedingung für Konvexität gefunden haben: Alle ρ-Lösungen liegen im Kern.

Über die Konvexität hinaus liegt sogar strenge Konvexität vor, falls unterschiedliche Reihenfolgen zu unterschiedlichen ρ-Lösungen führen. Genauer gesagt können wir Folgendes feststellen:

Lemma E.5.1. *Ein konvexes Spiel (N, v) ist genau dann streng konvex, falls für alle Reihenfolgen $\rho, \tau \in RF$ aus $\rho \neq \tau$ bereits $\psi^\rho \neq \psi^\tau$ folgt.*

Für den Beweis verweisen wir wieder auf TOPKIS (1998) oder CASAJUS/WIESE (2001).

Das durch $N = \{1, 2, 3\}$ und

$$v(\{1\}) = v(\{2\}) = v(\{3\}) = 0,$$
$$v(\{1, 2\}) = v(\{2, 3\}) = 1, v(\{1, 3\}) = 2 \text{ und}$$
$$v(\{1, 2, 3\}) = 4$$

definierte streng konvexe Spiel hat daher sechs unterschiedliche ρ-Lösungen, wie wir bereits in Aufg. E.5.2 gesehen haben.

E.5.3 Darstellung des Kerns mithilfe von ρ-Lösungen

Interessant ist nun, dass bei konvexen Spielen die ρ-Lösungen dazu genutzt werden können, die anderen Elemente des Kerns als konvexe Linearkombination darzustellen, während umgekehrt die ρ-Lösungen nicht konvexe Linearkombination anderer Elemente des Kerns sind. Auch in diesem Abschnitt verweisen wir auf die o.a. Literatur.

Bevor wir diese Ergebnisse genauer aufschreiben, haben wir den Begriff der konvexen Linearkombination zu klären. Der Vektor w ist konvexe Linearkombination der Vektoren $v_1, ..., v_m$, falls

$$w = \sum_{\ell=1}^m \alpha_\ell v_\ell, \ \alpha_\ell \geq 0, \ell = 1, ..., m, \text{ und}$$
$$\sum_{\ell=1}^m \alpha_\ell = 1,$$

erfüllt sind. Anschaulich gesprochen liegt w dann zwischen den Vektoren v_ℓ. Klar ist auch: Lässt man $\alpha_1 = 1$ sein, ergibt sich $w = v_1$.

Theorem E.5.2. *Sei* (v, N) *ein konvexes Koalitionsspiel. Zu jedem x in $Kern(v)$ lassen sich Vektoren $\psi^\rho(v)$, $\rho \in RF$, finden, mit deren Hilfe x als konvexe Linearkombination darstellbar ist. (Man benötigt dazu höchstens $n + 1$ solcher Vektoren.) Umgekehrt ist jede konvexe Linearkombination von Vektoren $\psi^\rho(v)$, $\rho \in RF$, ein Element des Kerns.*

Definition E.5.3. *Sei X eine Teilmenge des $\mathbb{R}^n$. $x \in X$ heißt Extremalpunkt, falls keine $y, z \in X$ mit $y \neq z$ und kein α mit $0 < \alpha < 1$ existieren, sodass $x = \alpha y + (1 - \alpha) z$ gegeben ist.*

Ein Extremalpunkt einer Menge lässt sich also nicht als konvexe Linearkombination zweier unterschiedlicher Vektoren dieser Menge darstellen. Die Extremalpunkte des Kerns sind bei konvexen Spielen gerade die ρ-Lösungen:

Theorem E.5.3. *Sei (v, N) ein konvexes Spiel. Ein Auszahlungsvektor ist genau dann ein Extremalpunkt des Kerns, falls er gleich ψ^ρ für eine Reihenfolge $\rho \in RF$ ist.*

Man kann den Kern und die ρ-Lösungen bisweilen grafisch veranschaulichen. Bei drei Spielern kann man dazu ein Auszahlungsdreieck verwenden (siehe Abb. E.2). Jeder Punkt in diesem Dreieck bezeichnet einen Auszahlungsvektor x, der $x_i \geq 0$ und $x_1 + x_2 + x_3 = v(N) = 4$ erfüllt. Damit lassen sich in diesem Dreieck Auszahlungen darstellen, die in Bezug auf die streng konvexe Koalitionsfunktion Pareto-optimal und durch Einerkoalitionen nicht blockierbar sind. An der unteren Dreiecksseite gilt $x_3 = 0$. Je weiter man sich von dieser Seite entfernt, desto größer wird x_3, bis es schließlich im oberen Eckpunkt den Wert 4 erreicht.

Trägt man nun die ρ-Lösungen der streng konvexen Koalitionsfunktion (siehe Aufg. E.5.2) in das Dreieck ein, erhält man Abb. E.3. Man sieht sehr schön, dass die ρ-Lösungen (in der Abbildung beispielsweise durch 213 anstelle von $\psi^{(2,1,3)}$ ausgedrückt) die Extremalpunkte des Kerns sind.

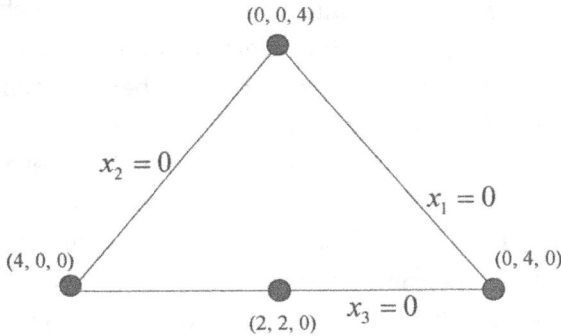

Abbildung E.2. Das Auszahlungsdreieck

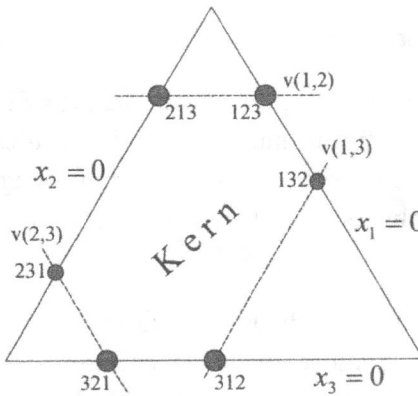

Abbildung E.3. Der Kern eines streng konvexen Spiels

E.6 Alternativen zum Kern

E.6.1 Einführendes

Es gibt neben dem Kern eine Reihe weiterer Konzepte, die in annähernd ähnlicher Weise aufgebaut sind. Eine Hauptmotivation all dieser Konzepte besteht darin, das Problem des leeren Kerns zu umgehen. Ein nahe liegendes Vorgehen besteht darin, die Anforderungen an den

Kern zu lockern. So besteht die Idee des so genannten ε-Kerns darin, dass die Spieler in einer Koalition K nicht $v(K)$ für sich fordern, sondern mit $v(K) - \varepsilon$ zufrieden sind. Der Idee nach ist auch das Konzept der Verhandlungsmenge mit dem Kern verwandt. Da dieses Konzept jedoch auf einer Partition der Spielermenge beruht, behandeln wir es erst in Kap. H auf den Seiten 343 ff.

Wir wollen jetzt in den nächsten Abschnitten zwei weitere Versuche, dem leeren Kern zu begegnen, darstellen. Zunächst präsentieren wir den Nukleolus, ein punktwertiges Lösungskonzept, das im Kern liegt, soweit dieser nichtleer ist. Danach beschäftigen wir uns mit den stabilen Mengen im Sinne von v. Neumann und Morgenstern. Bei den Ausführungen zu den stabilen Mengen habe ich mit der freundlichen Erlaubnis von Herrn Achim Hauck dessen Seminararbeit geplündert, die wiederum auf dem Handbucharttikel von LUCAS (1992) basiert.

E.6.2 Der Nukleolus

Wir werden im nächsten Kapitel sehen, dass die Shapley-Lösung auch dann nicht im Kern liegen muss, wenn dieser nichtleer ist. Der Nukleolus ist wie die Shapley-Lösung ein punktwertiges Lösungskonzept (genau ein Auszahlungsvektor), möchte jedoch dem Kern „möglichst nahe" sein:

- Ist der Kern nichtleer, befindet sich der Nukleolus immer im Kern.
- Ist der Kern dagegen leer, sucht der Nukleolus eine Auszahlung, bei der „möglichst wenig" Anlass für eine Blockade besteht, bei der also die Überschüsse

$$\ddot{U}(x, K) = v(K) - \sum_{i \in K} x_i, K \subseteq N, K \neq \emptyset,$$

möglichst klein sind. Ein Überschuss gibt an, wie viel eine Koalition über das, was sie erhält, hinaus erwirtschaftet.

Übung E.6.1. Was können wir über ein x sagen, das zulässig ist und für das die Überschüsse für jede nichtleere Koalition negativ oder Null sind?

Definition E.6.1. *Für ein Koalitionsspiel v und einen Auszahlungs-vektor x heißt*

$$\ddot{U}(x) = \left(v(K) - \sum_{i \in K} x_i \right)_{\substack{K \subseteq N, \\ K \neq \emptyset}}$$

Überschussvektor für x bei v.

Für die Definition des Nukleolus ist es nun wichtig, dass die Überschüsse absteigend geordnet werden: An erster Stelle muss also der Überschuss einer Koalition stehen, der mindestens so groß ist wie alle anderen Überschüsse.

Übung E.6.2. Stellen Sie die Überschussvektoren in absteigender Form für

- $N = \{1, 2, 3\}$, $v = u_{\{1,2\}}$, $x = \left(\frac{3}{4}, \frac{1}{4}, 0\right)$ und
- $N = \{1, 2, 3\}$, v definiert durch

$$v(K) = \begin{cases} 0, & |K| = 1 \\ 60, & |K| = 2 \\ 72, & |K| = 3 \end{cases}$$

und $x = (30, 30, 12)$

dar.

Die nun folgende Definition des Nukleolus geht auf SCHMEIDLER (1969) zurück:

Definition E.6.2. *Sei v ein Koalitionsspiel und Z die Menge der Zu-teilungen von v (also die Menge der Auszahlungen, die Pareto-optimal und durch keine Einerkoalition blockierbar sind). Der Nukleolus ist de-finiert als die Menge derjenigen Zuteilungen $x \in Z$, die*

$$\ddot{U}(x) \leq_{lex} \ddot{U}(y), y \in Z,$$

erfüllen. Hierbei bedeutet $\leq_{lex}$ „lexikographisch kleiner".

Lexikographisch kleiner lässt sich am einfachsten an einem Beispiel erläutern. Es gilt

$$(1, 0, -3) \leq_{\text{lex}} (2, -20, -30),$$
$$(1, 0, -4) \leq_{\text{lex}} (1, 0, -3) \text{ und}$$
$$(1, 0, -3) \leq_{\text{lex}} (1, 1, 1).$$

Wir betrachten bei zwei absteigend geordneten Überschussvektoren also zunächst nur die erste Komponente. Ist bei x die erste Komponente kleiner als bei y, stellen wir $\ddot{U}(x) \leq_{\text{lex}} \ddot{U}(y)$ fest. Sind beide Komponenten gleich, gehen wir zur zweiten Komponente über. Steht dort bei x ein kleinerer Überschuss als bei y, erhalten wir wiederum $\ddot{U}(x) \leq_{\text{lex}} \ddot{U}(y)$. Ebenso verfahren wir gegebenenfalls mit der dritten Komponente. Das Verfahren ähnelt den lexikographischen Präferenzen, die vielleicht aus der Haushaltstheorie bekannt sind: Ein Güterbündel x wird bei lexikographischen Präferenzen einem zweiten Güterbündel y vorgezogen, falls x lexikographisch größer als y ist.

Übung E.6.3. Bestimmen Sie für $N = \{1, 2, 3\}$ und $v = u_{\{1,2\}}$, ob $\ddot{U}\left(\left(\frac{1}{2}, \frac{1}{2}, 0\right)\right)$ lexikographisch kleiner als $\ddot{U}\left(\left(\frac{3}{4}, \frac{1}{4}, 0\right)\right)$ ist. Sie können das Ergebnis der vorangehenen Aufgabe verwenden.

Der in der Aufgabe angestellte Vergleich zeigt, wie der Nukleolus Auszahlungen innerhalb des Kerns aussondert. Die folgende Aufgabe zeigt nun, dass bei Koalitionsfunktionen mit leerem Kern einige Auszahlungen im Sinne des Nukleolus besser sind als andere.

Übung E.6.4. Bestimmen Sie für $N = \{1, 2, 3\}$ und v definiert durch

$$v(K) = \begin{cases} 0, & |K| = 1 \\ 60, & |K| = 2 \\ 72, & |K| = 3, \end{cases}$$

ob $\ddot{U}((30, 30, 12))$ lexikographisch kleiner als $\ddot{U}((24, 24, 24))$ ist.

SCHMEIDLER (1969) hat gezeigt, dass diese Aussonderungsprozesse immer zu genau einer Lösung führen; der Nukleolus ist also ein punktwertiges Lösungskonzept:

Theorem E.6.1. *Der Nukleolus enthält genau ein Element.*

Abschließend wollen wir den Nukleolus theoretisch und praktisch würdigen. Sein großer Vorteil besteht darin, einerseits ein punktwertiges Lösungskonzept zu sein und andererseits eine große Nähe zum Kern aufzuweisen. Im Gegensatz dazu muss die Shapley-Lösung, die auch ein punktwertiges Lösungskonzept ist, nicht unbedingt im Kern liegen, selbst wenn dieser nichtleer ist. Allerdings werden wir in Abschnitt F.10 des nächsten Kapitels feststellen, dass die Shapley-Lösung eine attraktive Monotonie-Eigenschaft aufweist, die dem Nukleolus fehlt.

In praktischer Hinsicht hat der Nukleolus aber große Nachteile. Es gibt nämlich (bisher) für ihn keinen Algorithmus, also kein Rechenverfahren, mit dessen Hilfe man ihn im Allgemeinen ermitteln könnte. Man hat in jedem Fall den ganzen Raum der Zuteilungen X auf die lexikographische Minimierung abzusuchen. Mit Blick auf die obigen Aufgaben können wir jedoch festhalten, dass für das Einmütigkeitsspiel $u_{\{1,2\}}$ mit $\left(\frac{1}{2}, \frac{1}{2}, 0\right)$ bereits das Element des Nukleolus' gefunden ist und wir für das Maschler-Spiel keine Zuteilung finden können, die lexikographisch kleiner als $(24, 24, 24)$ ist.

E.6.3 Stabile Mengen

Dominanz. Stabile Mengen sind ein mengenwertiges Lösungskonzept wie der Kern. Zur Definition beider Konzepte ist die folgende Dominanzrelation hilfreich.

Definition E.6.3. *Seien zwei Zuteilungen $x, y \in Z$ und eine Koalition $K \subseteq N$ gegeben. Dann sagen wir, dass die Zuteilung x die Zuteilung y via K dominiert, wenn $\sum_{i \in K} x_i \leq v(K)$ und $x_i > y_i$ für alle $i \in K$ gelten. In diesem Fall schreiben wir $dom_K(x, y)$.*

dom_K ist eine Relation auf der Menge der Zuteilungen. Für die Dominanz von x über y via K müssen zwei Bedingungen erfüllt sein: Zum einen muss x alle Mitglieder von K strikt besser stellen als y, zum anderen aber muss die Zuteilung x für die Spieler aus K ohne Mithilfe der anderen Spieler erreichbar sein. Diese zweite Bedingung ist eine Zulässigkeitsbedingung bezogen auf die Spieler aus K.

Übung E.6.5. Gehen Sie vom Maschler-Spiel v aus, das durch

$$v(K) = \begin{cases} 0, & |K| = 1 \\ 60, & |K| = 2 \\ 72, & |K| = 3 \end{cases}$$

definiert ist. Für welche Zuteilungen x und y ist $dom_K(x,y)$ mithilfe einer geeigneten Koalition K erfüllt?

1. $x = (30, 30, 12)$, $y = (24, 24, 24)$
2. $x = (30, 30, 12)$, $y = (12, 30, 30)$
3. $x = (35, 35, 2)$, $y = (24, 24, 24)$

Beim Kern kommt es darauf an, dass keine Koalition die Zuteilung blockieren kann. In nahe liegender Weise ist der Dominanzbegriff also zu erweitern:

Definition E.6.4. *Seien zwei Zuteilungen x, $y \in Z$ gegeben. Die Zuteilung x dominiert die Zuteilung y, wenn eine Koalition $K \subseteq N$ existiert, für die $dom_K(x,y)$ gilt. In diesem Fall schreiben wir $dom(x,y)$. Weiterhin definieren wir für $x, y \in Z$ und $X, Y \subseteq Z$*

$$Dom(x, \cdot) := \{y \in Z : dom(x,y)\},$$
$$Dom(X, \cdot) := \{y \in Z : \text{es gibt ein } x \in X \text{ mit } dom(x,y)\},$$
$$Dom(\cdot, y) := \{x \in Z : dom(x,y)\} \text{ und}$$
$$Dom(\cdot, Y) := \{x \in Z : \text{es gibt ein } y \in Y \text{ mit } dom(x,y)\}.$$

$Dom(x, \cdot)$ sind also diejenigen Zuteilungen, die von x dominiert werden, während $Dom(\cdot, y)$ diejenigen Zuteilungen sind, die y dominieren.

Nun könnte man auf die Idee kommen, den Kern als die Menge derjenigen Zuteilungen zu definieren, die von keiner anderen Zuteilung dominiert werden:

$$Kern(v) \overset{?}{:=} \left\{ y \in Z : \begin{array}{l} \text{Es gibt kein } x \in Z \text{ mit} \\ dom(x,y) \end{array} \right\} = Z \backslash Dom(Z, \cdot).$$

Diese Definition ist jedoch nicht ganz richtig. Denn laut der Definition des Kerns darf die Blockade auch aufgrund eines Pareto-effizienten Vektors erfolgen, der nicht individuell rational ist. Ohne Beweis halten wir fest, dass bei Superadditivität beide Definitionen zusammenfallen.

Definition stabiler Mengen. Wir gelangen jetzt zur Definition der stabilen Mengen, die auf VON NEUMANN/MORGENSTERN (1953, S. 264) zurückgeht. Obwohl auch bei diesen Mengen die Dominanzrelation eine zentrale Rolle spielt, sind die stabilen Mengen ein sehr eigenes Konzept. Die Stabilität kommt hier nicht einem einzelnen Auszahlungsvektor zu, sondern der gesamten „stabilen" Menge:

Definition E.6.5. *Sei ein Koalitionsspiel (N, v) gegeben. Sei Z die zu diesem Koalitionsspiel gehörende Menge von Zuteilungen. Eine Menge $X \subseteq Z$ heißt stabil, wenn*

- *$X \cap Dom\,(X, \cdot) = \emptyset$ (interne Stabilität) und*
- *$X \cup Dom\,(X, \cdot) = Z$ (externe Stabilität)*

erfüllt sind.

Die zwei in der Definition genannten Bedingungen bedürfen der Erläuterung. Die erste Bedingung bezieht sich auf die so genannte interne Stabilität von X. Es wird gefordert, dass innerhalb der stabilen Menge kein Element ein anderes Element dominieren darf. Machen Sie sich Folgendes klar: $Dom\,(X, \cdot)$ ist die Menge derjenigen Zuteilungen, die von irgendeiner Zuteilung aus X dominiert werden. Keine dieser dominierten Zuteilungen darf auch in X liegen. Anders ausgedrückt: Für zwei beliebige Zuteilungen $x, y \in X$ darf also nicht $dom\,(x, y)$ gelten.

Die zweite Bedingung besagt formal, dass es keine Zuteilung außerhalb von X gibt, die nicht von einem $x \in X$ dominiert wird. Damit spricht diese Bedingung die so genannte externe Stabilität an. Es wird hierfür gefordert, dass jede Zuteilung, die nicht der stabilen Menge angehört, von mindestens einem Element der stabilen Menge dominiert werden muss. Man spricht hierbei auch davon, dass alle nicht in der stabilen Menge enthaltenen Zuteilungen mengenweise von X dominiert werden.

Es stellt sich die Frage, warum eine so definierte stabile Menge als „Lösung" eines Koalitionsspieles geeignet ist. Tatsächlich nennen von Neumann und Morgenstern ihr Konzept schlichtweg „Lösung" (solution). Zunächst ist deutlich, dass jedes Element aus X nicht von einem anderen Element aus X dominiert wird. In diesem Sinne besteht also für die Agenten kein Anreiz, von einer gerade vorherrschenden Zuteilung auf eine andere zu der stabilen Menge gehörenden Zuteilung zu wechseln. Weiterhin werden alle nicht in X enthaltenen Zuteilungen durch zumindest ein Element der stabilen Menge dominiert. Somit mögen die Anreize gering sein, auf eine solche nicht in X liegende Zuteilung auszuweichen.

Die Definition lässt zu, dass es mehrere stabile Mengen geben kann. Wir werden im übernächsten Kapitel eine solche Koalitionsfunktion mit mehreren stabilen Mengen betrachten. Weiterhin macht die Definition keine Aussage darüber, ob denn überhaupt eine stabile Menge existiert. Tatsächlich hat LUCAS (1968) eine Koalitionsfunktion mit 10 Spielern präsentiert, die keine einzige stabile Menge aufweist. Dies hätten VON NEUMANN/MORGENSTERN (1953, S. 42) als gravierend angesehen:

„There can be, of course, no concessions as regards existence. If it should turn out that our requirements ... are, in any special case, unfulfillable, - this would certainly necessitate a fundamental change in the theory."

Der Grund, weshalb heutzutage wenig mit den stabilen Mengen gearbeitet wird, ist jedoch ein ganz anderer: Die Anwendung ist sehr mühsam, wie der übernächste Abschnitt zeigen wird.

Stabile Mengen und der Kern. Es liegt nahe, das soeben definierte Konzept der stabilen Menge mit dem anderen auf der Dominanzrelation beruhenden Konzept der kooperativen Spieltheorie, dem Kern, in Beziehung zu setzen. Wir wissen, dass der Kern im Falle der Superadditivität durch

$$Kern\,(v) = Z \backslash Dom\,(Z, \cdot)$$

zu definieren ist.

Wir können nun für die stabile Menge, falls sie denn existiert, einen recht ähnlichen Ausdruck finden. Man sieht nämlich, dass X und $Dom\,(X, \cdot)$ die Menge der Zuteilungen Z partitionieren, solange weder X noch $Dom\,(X, \cdot)$ leer ist. Man kann also X auch so schreiben:

$$X = Z \backslash Dom\,(X, \cdot).$$

Übung E.6.6. Machen Sie sich $Dom\,(X,\cdot) \subseteq Dom\,(Z,\cdot)$ klar.

Aus

$$Dom\,(X,\cdot) \subseteq Dom\,(Z,\cdot)$$

folgt sofort

$$X = Z\backslash Dom\,(X,\cdot) \supseteq Z\backslash Dom\,(Z,\cdot) = Kern\,(v)\,.$$

Der Kern ist also in der (in jeder!) stabilen Menge enthalten.

Dieses Ergebnis ist mit Hinblick auf die Konstruktion von stabilen Mengen hilfreich. Man kann zunächst den Kern eines Spieles bestimmen (wenn dieser nicht leer ist) und dann weitere Zuteilungen zum Kern hinzufügen, bis diese Menge stabil ist. Weiterhin stellt der Zusammenhang sicher, dass für jedes Spiel mit nichtleerem Kern eine stabile Menge existiert. Tatsächlich war das Problem des leeren Kerns für von Neumann und Morgenstern, die sich vor allem mit Nullsummenspielen ($v\,(K) + v(N\backslash K) = 0$ für alle $K \subseteq N$) beschäftigt haben, ein wichtiger Grund, das Konzept der stabilen Menge zu entwickeln.

Sind Kern und stabile Menge eines Koalitionsspiels gleich, so kann daraus geschlossen werden, dass die stabile Menge nur undominierte Zuteilungen enthält. Ist hingegen der Kern eine echte Teilmenge einer stabilen Menge, so enthält diese auch dominierte Zuteilungen. Diese sind dann von Zuteilungen, die selbst nicht in der stabilen Menge enthalten sind, dominiert.

Wenn Sie die folgende Aufgabe lösen können, haben Sie diesen Abschnitt verstanden.

Übung E.6.7. Betrachten Sie ein x aus $X\backslash Kern\,(v) \neq \emptyset$. Gibt es eine Zuteilung, die x dominiert? Wird diese Zuteilung ihrerseits dominiert?

Einfache normierte Drei-Personen-Spiele mit konstanter Summe. Das Konzept der stabilen Mengen soll anhand eines Drei-Personen-Spiels betrachtet werden, das durch

$$v\,(K) = \begin{cases} 0, & |K| = 1 \\ 1, & |K| = 2 \text{ oder } |K| = 3 \end{cases}$$

definiert ist. Dieses Spiel ist wesentlich und sein Kern ist daher leer, wie wir in Theorem E.3.2 auf S. 157 feststellen konnten.

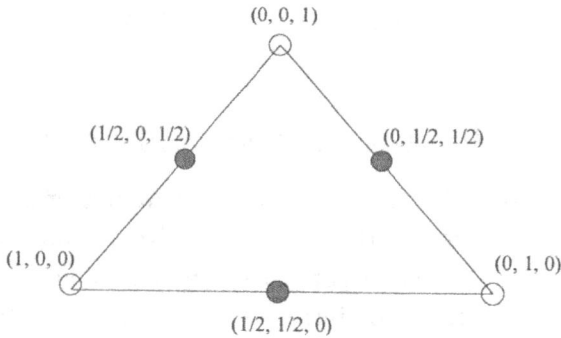

Abbildung E.4. Die endliche stabile Menge

Die Menge der Zuteilungen für v ist

$$Z = \{(x_1, x_2, x_3) : \sum_{i=1}^{3} x_i = 1, x_i \geq 0 \text{ für alle } i \in N\}. \qquad \text{(E.5)}$$

In diesem Spiel gibt es zwei verschiedene Typen von stabilen Mengen, nämlich genau eine stabile Menge mit nur endlich vielen Elementen und unendlich viele stabile Mengen mit jeweils unendlich vielen Elementen.

Lemma E.6.1. *Die Menge* $X = \{x^1 = (\frac{1}{2}, \frac{1}{2}, 0), x^2 = (\frac{1}{2}, 0, \frac{1}{2}), x^3 = (0, \frac{1}{2}, \frac{1}{2})\}$ *ist eine stabile Menge des obigen Koalitionsspiels.*

Die stabile Menge von Lemma E.6.1 ist in Abb. E.4 dargestellt. Der Leser blättere zur Einleitung zurück und vergleiche diese Abbildung mit Abb. A.1 auf S. 11.

Der Beweis des Lemmas lässt sich gemäß der allgemeinen Definition einer stabilen Menge in zwei Schritten vollziehen. Es ist zunächst die interne und dann die externe Stabilität von X zu zeigen.

Der Nachweis interner Stabilität ist unproblematisch. Es gibt keine Zuteilung aus X, welche für zwei Spieler jeweils eine höhere Auszahlung vorsieht als ein anderes Element aus X. Somit kann Dominanz über eine beliebige Zweierkoalition nicht entstehen.

Übung E.6.8. Kann Dominanz via einer Einerkoalition oder via der großen Koalition begründet werden?

Externe Stabilität kann wie folgt nachgewiesen werden: Ist z.B. eine Zuteilung y mit $y_1 = 0$ und $y_2 < \frac{1}{2} < y_3$ gegeben, so wird diese durch x^1 via $\{1,2\}$ dominiert. Analog kann im Falle von y mit $y_1 = 0$ und $y_3 < \frac{1}{2} < y_2$ mit x^2 über $\{1,3\}$ argumentiert werden. Für alle y mit $y_2 = 0$ bzw. $y_3 = 0$ führen ähnliche Überlegungen zur Dominiertheit von y durch X. Zu kontrollieren sind dann noch alle Zuteilungen y, die für alle Spieler eine strikt positive Auszahlung vorsehen. Sei eine solche Zuteilung mit $0 < y_1 \leq y_2 \leq y_3$ gegeben. Aufgrund der Pareto-Optimalität von y gilt

$$y_2 = 1 - y_1 - y_3 < 1 - y_3 \leq 1 - y_2$$

und somit

$$y_2 < \frac{1}{2}.$$

Durch $y_1 \leq y_2$ folgt direkt $y_1 < \frac{1}{2}$. Dies impliziert $dom_{\{1,2\}}\left(x^1, y\right)$. In analoger Weise zeigt man für alle Zuteilungen y mit nur positiven Auszahlungen die Dominiertheit durch x^1, x^2 oder x^3.

Lemma E.6.2. *Sei γ mit $0 \leq \gamma < \frac{1}{2}$ beliebig und $i \in \{1,2,3\}$. Dann ist $\{x \in Z : x_i = \gamma\}$ eine stabile Menge.*

Es gibt also unendlich viele stabile Mengen mit jeweils unendlich vielen Zuteilungen. Sie sind durch eine fest vorgegebene Auszahlung γ für einen fest vorgegebenen Spieler definiert. (Die anderen beiden Spieler haben sich dann $1 - \gamma$ zu teilen.) Der Leser weiß, dass jeder Auszahlungsvektor aus Z in irgendeiner stabilen Menge sein muss. Schließlich muss mindestens ein Spieler eine Auszahlung von weniger als $\frac{1}{2}$ erhalten. Dennoch schränkt das Lemma ein, wenn auch vielleicht in unbefriedigender Weise.

Für den Beweis der internen Stabilität sei beispielhaft die Menge $X = \{x \in Z : x_1 = \gamma\}$ betrachtet. Da Spieler 1 bei allen $x \in X$ eine konstante Auszahlung erhält, kann Dominanz nur über die Koalition $\{2,3\}$ entstehen. Jedoch gilt wegen der Pareto-Optimalität für alle Zuteilungen in X der Zusammenhang $x_2 + x_3 = 1 - \gamma$, sodass sich auch die Spieler 2 und 3 nicht beide gleichzeitig besser stellen können.

Die externe Stabilität soll hier nicht gezeigt werden. Mutigen Lesern ist der Beweis jedoch durchaus zuzutrauen.

E.7 Neue Begriffe

- Zulässigkeit
- individuelle Rationalität
- Nichtblockade durch die Einerkoalition
- kollektive Rationalität
- Zuteilung
- äquivalente Koalitionsfunktionen
- Kern
- eigenständiger Kostentest
- Zusatzkostentest
- Vollzeit-, Teilzeitkoalition
- Teilzeitfaktor, -funktion
- ausgewogenes Mengensystem
- ausgewogenes Spiel
- ρ-Lösungen
- gieriger Algorithmus
- (streng) konvexe Spiele
- Extremalpunkt
- ε-Kern
- Überschussvektor
- Nukleolus
- lexikographische Ordnung
- Dominanz
- stabile Menge

E.8 Lösungen zu den Übungen

E.2.1. Das Einmütigkeitsspiel u_T führt im Falle von $|T| = 1$ zu den Bedingungen

- Zulässigkeit, $\sum_{i \in N} x_i = u_T(N) = 1$, und

- Nichtblockierbarkeit durch Einerkoalitionen, $x_i \geq \begin{cases} 1, i \in T \\ 0, \text{sonst}, \end{cases}$

und damit zu der eindeutig bestimmten Zuteilung x mit

$$x_i = \begin{cases} 1, i \in T \\ 0, \text{sonst}. \end{cases}$$

Gilt dagegen $|T| > 1$ kann man lediglich

$$\sum_{i \in N} x_i = u_T(N) = 1 \text{ und}$$
$$x_i \geq 0, i \in N,$$

festhalten.

Das Maschler-Spiel führt zu den Zuteilungen x, die durch

$$x_1 + x_2 + x_3 = 72,$$
$$x_1 \geq 0, x_2 \geq 0, x_3 \geq 0$$

determiniert sind.

E.2.2. Um ein Spiel ohne Zuteilungen zu finden, hat man nach einem Widerspruch zwischen der Nichtblockade durch Einerkoalitionen und der Zulässigkeit zu suchen. Denn Zulässigkeit verlangt

$$\sum_{i \in N} x_i \leq v(N),$$

während die Nichtblockade durch Einerkoalitionen $x_i \geq v(\{i\})$ und damit

$$\sum_{i \in N} x_i \geq \sum_{i \in N} v(\{i\})$$

fordert. Erfüllt eine Koalitionsfunktion v

$$\sum_{i \in N} v(\{i\}) > v(N),$$

ist die Menge ihrer Zuteilungen also leer.

E.2.3. Die individuelle Rationalität von y folgt aus derjenigen von x aufgrund von

$$y_i = ax_i - b_i$$
$$\geq av\left(\{i\}\right) - b_i$$
$$= w\left(\{i\}\right).$$

E.2.4. Die Zuordnung $y_i = x_i + \frac{v(K) - \sum_{j \in K} x_j}{|K|}$, $i \in K$, ist durch die Koalition K realisierbar, weil

$$\sum_{i \in K} y_i = \sum_{i \in K} \left(x_i + \frac{v\left(K\right) - \sum_{j \in K} x_j}{|K|} \right)$$

$$= \sum_{i \in K} x_i + \frac{1}{|K|} \sum_{i \in K} v\left(K\right) - \frac{1}{|K|} \sum_{i \in K} \left(\sum_{j \in K} x_j \right)$$

$$= \sum_{i \in K} x_i + \frac{1}{|K|} |K| v\left(K\right) - \frac{1}{|K|} |K| \left(\sum_{j \in K} x_j \right)$$

$$= v\left(K\right)$$

gilt. Aufgrund der Voraussetzung $\sum_{i \in K} x_i < v\left(K\right)$ ist offenbar für alle i aus K die Ungleichung $y_i > x_i$ erfüllt.

E.2.5. Um den Kern des Einmütigkeitsspiels zu bestimmen, unterscheiden wir $T = N$ und $T \neq N$. Im Falle von $T = N$ erhalten wir die Bedingungen

$$\sum_{i \in N} x_i = 1, \ x_i \geq 0, i \in T = N.$$

Gilt $T \subset N$, ergibt sich für jedes $j \notin T$

$$\sum_{i \in N, i \neq j} x_i \geq 1 \ \text{(Nichtblockade durch } N \backslash j \supseteq T)$$

und damit

$$x_j = 1 - \sum_{i \in N, i \neq j} x_i \leq 1 - 1 = 0.$$

Also ergeben sich insgesamt

$$x_j = 0, j \notin T \ \text{und}$$
$$\sum_{i \in T} x_i = 1, x_i \geq 0, i \in T.$$

E.3.1. Der Kern besteht aus den Pareto-effizienten und nichtblockierbaren Nutzenvektoren:

$$\sum_{i \in N} x_i = 99,$$

$$\sum_{i \in K} x_i \geq v_{L,R}(K) = \min\left(|K \cap L|, |K \cap R|\right), K \subset N.$$

Für $l \in L$ erhält man wegen $\sum_{i \in N, i \neq l} x_i \geq v_{L,R}(N \setminus \{l\}) = 99$

$$x_l = 99 - \sum_{i \in N, i \neq l} x_i \leq 99 - 99 = 0$$

und daher wegen der Nichtblockade durch Einerkoalitionen $x_l = 0$. Betrachtet man nun eine beliebige Zweierkoalition $\{r, l\}$ mit $r \in R$ und $l \in L$, so hat

$$x_r + x_l \geq 1$$

und damit $x_r \geq 1$ für alle $r \in R$ zu gelten. Für einen beliebigen rechten Handschuh-Besitzer r folgt zudem wegen $\sum_{i \in N, i \neq r} x_i \geq v_{L,R}(N \setminus \{r\}) = 98$

$$x_r = 99 - \sum_{i \in N, i \neq r} x_i = 99 - \sum_{i \in R, i \neq r} x_i \leq 99 - 98 = 1$$

und damit erhalten wir $x_r = 1$ für alle Besitzer eines rechten Handschuhs. Der Kern kann also höchstens eine Auszahlung enthalten, nämlich x mit $x_l = 0$ für $l \in L$ und $x_r = 1$ für $r \in R$.

Diese Auszahlung ist offenbar Pareto-effizient. Auch erfüllt sie

$$\sum_{i \in K} x_i \geq v_{L,R}(K) = \min\left(|K \cap L|, |K \cap R|\right), K \subset N,$$

da in jeder Koalition K die Anzahl der Spieler aus R mindestens so groß wie das Minimum, gebildet aus der Anzahl der Spieler aus R in der Koalition und der Anzahl der Spieler aus L in der Koalition, ist. Also enthält der Kern genau eine Auszahlung.

E.3.2. Der Kern hat die Gleichung

$$x_1 + x_2 + x_3 + x_4 = 2$$

und u.a. die Ungleichungen

$$x_i \geq 0, i = 1, ..., 4,$$
$$x_1 + x_3 \geq 1,$$
$$x_1 + x_4 \geq 1,$$
$$x_2 + x_4 \geq 1 \text{ und}$$
$$x_2 + x_3 + x_4 \geq 2$$

zu erfüllen. Daraus folgt

$$x_1 = 2 - (x_2 + x_3 + x_4) \leq 0$$

und damit

$$x_1 = 0 \text{ (wegen } x_1 \geq 0),$$
$$x_3 \geq 1 \text{ und } x_4 \geq 1.$$

Pareto-Effizienz liefert nun $x_2 = 0$ und damit ist

$$(0, 0, 1, 1)$$

der einzige Kandidat für den Kern. Tatsächlich erfüllt diese Auszahlung auch alle übrigen (oben nicht aufgeführten) Ungleichungen für den Kern. Wenn Spieler 2 seinen zweiten Handschuh vernichtet, entsteht eine symmetrische Situation. Damit wird für jeden Spieler jede Auszahlung zwischen 0 und 1 möglich.

E.3.3. Zweierkoalitionen haben Gesamtkosten von 4, während die zwei Einerkoalitionen Kosten von insgesamt 6 zu tragen haben. Die Dreierkoalition hat Kosten von 5, während drei Einerkoalitionen Kosten von 9 und auch eine Einerkoalition zusammen mit einer Zweierkoalition Kosten von 7 haben. Subadditivität ist also gegeben.

Eine Kostenaufteilung (b_1, b_2, b_3) befindet sich im Kern, falls

$$b_i \leq 3, \ i = 1, 2, 3,$$
$$b_i + b_j \leq 4, \ i, j = 1, 2, 3 \text{ und } i \neq j, \text{ und}$$
$$b_1 + b_2 + b_3 = 5$$

erfüllt sind. Man erhält nun $b_1 = 5 - (b_2 + b_3) \geq 5 - 4 = 1$, Spieler 1 (und analog die anderen beiden Spieler) hat also einen Kostenbeitrag von mindestens 1 zu leisten. Deshalb hat man an die Beiträge für einen einzelnen Spieler bzw. für alle Spieler zusammen folgende Bedingungen zu stellen:

$$1 \leq b_i \leq 3, \ i = 1, 2, 3, \ \text{und}$$
$$b_1 + b_2 + b_3 = 5.$$

Damit hat man bereits den Kern gefunden. Denn auch die Bedingung für Zweierkoalitionen ist erfüllt: Da jeder Spieler mindestens 1 beitragen muss, bleibt für die anderen beiden höchstens $5 - 1 = 4$.

Bei Kosten von 6 bleibt die Subadditivität erhalten. Man erhält $b_1 = 6 - (b_2 + b_3) \geq 6 - 4 = 2$. Analoges gilt für die beiden anderen Spieler. Tatsächlich ist nur eine Kostenaufteilung im Kern:

$$b_1 = b_2 = b_3 = 2.$$

Würde nämlich ein Spieler mehr als 2 zahlen, überstiege die Summe der Zahlungen 6.

Auch bei den Kosten von 7, so kann man leicht überprüfen, ist Subadditivität noch erfüllt. Man erhält nun $b_1 = 7 - (b_2 + b_3) \geq 7 - 4 = 3$. Beiträge von mindestens 3 für jeden Spieler verletzen aber die Bedingungen für Zweierkoalitionen und die Pareto-Optimalität. Der Kern ist also leer.

E.3.4. Wir haben zu beweisen, dass der eigenständige Kostentest erfüllt ist, falls der Zusatzkostentest gilt. Bei Geltung des Zusatzkostentests hat für eine beliebige Koalition K

$$\sum_{i \in N \setminus K} b_i \geq c(N) - c(K)$$

zu gelten (wir haben hier $N \setminus K$ mit K vertauscht). Wegen $\sum_{i \in N} b_i = c(N)$ folgt nun

$$\sum_{i \in K} b_i = \sum_{i \in N} b_i - \sum_{i \in N \setminus K} b_i$$
$$= c(N) - \sum_{i \in N \setminus K} b_i$$

$$\leq c(N) - (c(N) - c(K))$$
$$= c(K)$$

und damit die Anforderung des eigenständigen Kostentests für Koalition K. Da wir Koalition K beliebig vorgegeben hatten, ist somit der eigenständige Kostentest erfüllt.

E.3.5. Die genannten Eigenschaften folgen aus $1 + 1 + 1 < 4$ (Wesentlichkeit) und $1 + 3 = 4$ (Spiel mit konstanter Summe).

E.3.6. Die beiden Bedingungen führen für jeden Spieler j zu

$$x_j = \sum_{i \in N} x_i - \sum_{i \in N \setminus j} x_i \leq 1 - 1 = 0$$

und damit zunächst zum Widerspruch zur Pareto-Optimalität und schließlich zum Widerspruch zu der Annahme, es gäbe eine Zuteilung im Kern.

E.3.7. Der Kern des Apex-Spiels besteht aus den Auszahlungen x, die

$$\sum_{j \in N} x_j = 1,$$

$$\sum_{\substack{j \in K, \\ i \in K, \\ |K| > 1}} x_j \geq 1 \text{ und}$$

$$\sum_{j \in N \setminus \{i\},} x_j \geq 1$$

erfüllen. Sei 1 der Apex-Spieler und $k \neq 1$ ein beliebiger weiterer Spieler. Im Falle von $n \geq 3$ folgen

$$x_1 = 1 - \sum_{j \neq 1} x_j \leq 1 - 1 = 0 \ (N \setminus \{1\} \text{ kann 1 realisieren) und}$$

$$x_k = 1 - \sum_{j \neq k} x_j \leq 1 - 1 = 0 \ (N \setminus \{k\} \text{ kann 1 realisieren})$$

und damit die Verletzung der Pareto-Optimalität. Der Kern ist also leer. Dies folgt mit Theorem E.3.3 alternativ daraus, dass bei $n \geq 3$ das Apex-Spiel keinen Vetospieler besitzt. Für $n = 2$ erhält man jedoch $u_{\{2\}}$ und der Kern ist gleich $\{(0, 1)\}$.

Für $n = 2$ besteht der Kern des Müll-Spiels aus den Auszahlungen $x = (x_1, x_2)$, die

$$x_1 + x_2 = -b_1 - b_2 \text{ und}$$
$$x_1 \geq -b_2, \ x_2 \geq -b_1$$

erfüllen. Wegen $x_1 = -b_1 - b_2 - x_2 \leq -b_1 - b_2 + b_1 = -b_2$ folgen

$$x_1 = -b_2 \text{ und } x_2 = -b_1.$$

Der Kern enthält also genau die Auszahlung $(-b_2, -b_1)$.

Für $n = 3$ ist der Kern leer. Dann kann sich bei jeder Müllverteilung eine Zweierkoalition bilden, die sich besser stellt, indem sie dem Dritten ihren Müll vor die Haustür lädt. Formal folgt dies aus der Positivität der b_i so: Der Kern hat u.a.

$$x_1 + x_2 + x_3 = -b_1 - b_2 - b_3 \text{ (Pareto-Optimalität)},$$
$$x_1 \geq -b_2 - b_3 \text{ (Nichtblockade durch } \{1\}) \text{ und}$$
$$x_2 + x_3 \geq -b_1 \text{ (Nichtblockade durch } \{2,3\})$$

zu erfüllen. Damit folgt

$$\begin{aligned} x_1 &= -b_1 - b_2 - b_3 - (x_2 + x_3) \\ &\leq -b_1 - b_2 - b_3 - (-b_1) \\ &= -b_2 - b_3 \end{aligned}$$

und somit

$$x_1 = -b_2 - b_3.$$

In analoger Weise begründet man $x_2 = -b_1 - b_3$ und $x_3 = -b_1 - b_2$. Durch Summation ergibt sich dann

$$\begin{aligned} x_1 + x_2 + x_3 &= -b_2 - b_3 - b_1 - b_3 - b_1 - b_2 \\ &= 2(-b_1 - b_2 - b_3), \end{aligned}$$

im Widerspruch zur Pareto-Optimalität.

E.4.1. Die Bedingung muss erfüllt sein, weil das Apex-Spiel nicht widersprüchlich ist (siehe Aufg. D.2.16) und somit die linke Seite höchstens gleich 1 sein kann, während die rechte gleich 1 ist. Dass der Kern für $n \geq 3$ leer ist, haben wir in Aufg. E.3.7 gezeigt.

E.4.2. Um zu zeigen, dass eine Partition ein ausgewogenes Mengensystem darstellt, ordnet man jeder Komponente der Partition den Teilzeitfaktor 1 zu. Jeder Spieler ist in genau einer Komponente enthalten und die Summe der Teilzeitfaktoren ist dann 1.

Wenn ein Mengensystem die Menge der Spieler nicht überdeckt, gibt es einen Spieler, der in keiner Koalition enthalten ist und für den daher $\sum_{j \text{ mit } S_j \ni i} \lambda_j = 0$ gelten muss. Ein solches Mengensystem ist also nicht ausgewogen.

E.4.3. Wenn das Mengensystem $\{\{1,2\},\{2,3\}\}$ ausgewogen wäre, so gäbe es λ_1 (für die Menge $\{1,2\}$) und λ_2 (für die Menge $\{2,3\}$) so, dass für die drei Spieler

$$\lambda_1 = 1 \text{ (wegen Spieler 1)},$$
$$\lambda_1 + \lambda_2 = 1 \text{ (wegen Spieler 2) und}$$
$$\lambda_2 = 1 \text{ (wegen Spieler 3)}$$

zu gelten hätte. Dies ist ein Widerspruch.

E.4.4. Alle angegebenen Mengensysteme sind ausgewogen. Beim ersten (Partition!) hat man $\lambda_N = 1$, beim zweiten gelangt man mit $\lambda_S = \frac{1}{3}$, $S \subseteq N$, zum Ziel. Bei der dritten Aufgabe liegt wiederum eine Partition vor, sodass $\lambda_{\{i\}} = 1$, $i \in N$, gesetzt werden muss. Schließlich zeigt man die Ausgewogenheit bei der vierten Aufgabe durch

$$\lambda_S = \tfrac{1}{2}, S = N$$
$$\lambda_S = \tfrac{1}{6}, S \neq N, |S| = 2.$$

Beispielsweise gilt hier für Spieler 1

$$\frac{1}{2} \text{ (Zeit in } N)$$
$$+\frac{1}{6} \text{ (Zeit in } \{1,2\})$$
$$+\frac{1}{6} \text{ (Zeit in } \{1,3\})$$
$$+\frac{1}{6} \text{ (Zeit in } \{1,4\})$$
$$= 1.$$

Alternativ könnte man

$$\lambda_S = \tfrac{1}{3}, S = N \text{ und}$$
$$\lambda_S = \tfrac{2}{9}, S \neq N, |S| = 2$$

nehmen.

E.4.5. Sei $\mathcal{K} = \{S_1, ..., S_k\}$ ein ausgewogenes Mengensystem auf $\{1, 2, 3\}$ mit den positiven Teilzeitfaktoren $\lambda_1, ..., \lambda_k$ aus $(0, 1]$. Wir haben die Ungleichung

$$\sum_{j=1}^{k} \lambda_j v_{\{1,2\},\{3\}} (S_j) \leq v (\{1, 2, 3\})$$

zu beweisen. Sei nun λ die Teilzeitfunktion, die für diese Faktoren definiert ist. Es gilt

$$
\begin{aligned}
\sum_{j=1}^{k} \lambda_j v_{\{1,2\},\{3\}} (S_j) &= \sum_{S \in \mathcal{K}} \lambda (S) v_{\{1,2\},\{3\}} (S) \\
&\leq \lambda (N) v (N) + \lambda (\{1, 3\}) v (\{1, 3\}) \\
&\quad + \lambda (\{2, 3\}) v (\{2, 3\}) \\
&= \lambda (N) + \lambda (\{1, 3\}) + \lambda (\{2, 3\}) \\
&\leq 1 \\
&= v (N),
\end{aligned}
$$

wobei die vorletzte Ungleichung daher rührt, dass der Spieler 3 sein Zeitbudget in $\mathcal{K}$ nicht überausschöpfen darf. Im Mengensystem $\{S_1, ..., S_k\}$ sind einige oder alle Mengen aus $\{N, \{1, 3\}, \{2, 3\}\}$ enthalten. Die nichtenthaltenen tragen den Faktor 0, die übrigen müssen wegen Spieler 3 die Ungleichung erfüllen.

E.5.1. Für $\rho = (2, 3, 1)$ erhält man $K_2 (\rho) = \{2\}$ und $K (\rho, 2) = \{2, 3\}$.

E.5.2. Wir erhalten

$$
\begin{aligned}
\psi^{(1,2,3)} (v) &= (0 - 0, 1 - 0, 4 - 1) = (0, 1, 3), \\
\psi^{(1,3,2)} (v) &= (0 - 0, 2 - 0, 4 - 2) = (0, 2, 2), \\
\psi^{(2,1,3)} (v) &= (1 - 0, 0 - 0, 4 - 1) = (1, 0, 3), \\
\psi^{(2,3,1)} (v) &= (4 - 1, 0 - 0, 1 - 0) = (3, 0, 1), \\
\psi^{(3,1,2)} (v) &= (2 - 0, 4 - 2, 0 - 0) = (2, 2, 0), \\
\psi^{(3,2,1)} (v) &= (4 - 1, 1 - 0, 0 - 0) = (3, 1, 0).
\end{aligned}
$$

E.5.3. Ein Nullspieler $i \in N$ trägt zu keiner Koalition etwas bei, also gilt für jede Reihenfolge ρ

$$\psi_i^\rho(v) = 0.$$

E.6.1. Ein solches x gehört zum Kern.

E.6.2. In unseren Beispielen gibt es mehrere absteigende Überschussvektoren. Wir haben willkürlich einen ausgewählt:

K	$\ddot{U}\left(\left(\frac{3}{4}, \frac{1}{4}, 0\right), K\right)$
$\{1, 2, 3\}$	0
$\{1, 2\}$	0
$\{3\}$	0
$\{2, 3\}$	$-\frac{1}{4}$
$\{2\}$	$-\frac{1}{4}$
$\{1, 3\}$	$-\frac{3}{4}$
$\{1\}$	$-\frac{3}{4}$

K	$\ddot{U}\left((30, 30, 12), K\right)$
$\{1, 3\}$	$18 = 60 - 30 - 12$
$\{2, 3\}$	18
$\{1, 2\}$	0
$\{1, 2, 3\}$	0
$\{3\}$	-12
$\{1\}$	-30
$\{2\}$	-30

Beim zweiten Beispiel sind einige Überschüsse positiv, $x = (30, 30, 12)$ liegt also nicht im Kern.

E.6.3. Man erhält:

K	$\ddot{U}\left(\left(\frac{1}{2}, \frac{1}{2}, 0\right), K\right)$
$\{1, 2, 3\}$	$0 = 1 - 2 \cdot \frac{1}{2}$
$\{1, 2\}$	0
$\{3\}$	0
$\{2, 3\}$	$-\frac{1}{2} = 0 - \frac{1}{2} - 0$
$\{2\}$	$-\frac{1}{2}$
$\{1, 3\}$	$-\frac{1}{2}$
$\{1\}$	$-\frac{1}{2}$

Wegen $-\frac{1}{2} < -\frac{1}{4}$ (Überschuss bei $\{2,3\}$) ist somit $\ddot{U}\left(\left(\frac{1}{2},\frac{1}{2},0\right)\right)$ lexikographisch kleiner als $\ddot{U}\left(\left(\frac{3}{4},\frac{1}{4},0\right)\right)$.

E.6.4. Nein, $\ddot{U}\left((24,24,24)\right)$ ist lexikographisch kleiner als $\ddot{U}((30,30,12))$, was man anhand von

K	$\ddot{U}\left((24,24,24),K\right)$
$\{1,3\}$	$12 = 60 - 2\cdot 24$
$\{2,3\}$	12
$\{1,2\}$	12
$\{1,2,3\}$	0
$\{1\}$	$-24 = 0 - 24$
$\{2\}$	-24
$\{3\}$	-24

sehen kann.

E.6.5. Zunächst einmal können wir feststellen, dass die Auszahlungen in der Summe immer $v(N) = 72$ ergeben und jeder Spieler mindestens den Wert der Einerkoalition erhält. Also sind die angegebenen Vektoren tatsächlich Zuteilungen. Die Dominanz erfolgt im ersten Beispiel via $K = \{1,2\}$. Im zweiten Beispiel ist keine Dominanz festzustellen. Insbesondere kann die Dominanz nicht via $K = \{1,2\}$ begründet werden, weil sich Spieler 2 nicht echt verbessert. Auch im dritten Beispiel liegt keine Dominanz vor. Hier scheitert die Koalition $K = \{1,2\}$ an $v(\{1,2\}) = 60 < 35 + 35$.

E.6.6. Sei y in $Dom(X,\cdot)$. Dann gibt es ein $x \in X$, das y dominiert. Dieses x ist auch in Z, sodass y auch in $Dom(Z,\cdot)$ enthalten ist.

E.6.7. Da x nicht im Kern liegt, gibt es eine Zuteilung y, die x dominiert. y darf wegen der internen Stabilität nicht in X liegen. Wegen der externen Stabilität wird y ihrerseits von einem $z \in X$ dominiert.

E.6.8. Einerkoalitionen können für sich höchstens Null erhalten und negative Auszahlungen kommen in den Vektoren x^1, x^2 und x^3 nicht vor. Die große Koalition kann sich auch nicht verbessern, weil alle Vektoren Zuteilungen sind.

F. Die Shapley-Lösung

F.1 Einführendes

Während der Kern vieler Spiele leer ist (Apex-Spiel, Maschler-Spiel), liefert die Shapley-Lösung für jede Koalitionsfunktion genau eine Auszahlung. Bei dieser sind die marginalen Beiträge

$$MB_i^S (v) = v(S \cup \{i\}) - v(S \setminus \{i\}),$$

die ein Spieler i zu allen möglichen Koalitionen S leistet, zentral.

Die Shapley-Lösung ist ein Lösungskonzept, das durch eine Reihe von Axiomen charakterisierbar ist. Es gibt mehrere Axiomenmengen, die zur Charakterisierung des Shapley-Wertes herangezogen werden können. Im nächsten Abschnitt präsentieren wir zunächst allgemein einige alternative Lösungskonzepte. In Abschnitt F.3 stellen wir eine Reihe von Axiomen vor, die diese Lösungskonzepte möglicherweise erfüllen könnten. Die Shapley-Lösung definieren wir in Abschnitt F.4 mithilfe von sechs verschiedenen Axiomensystemen. Danach präsentieren wir in Abschnitt F.5 die Shapley-Formel. Bevor wir uns dann an den Beweis des Satzes von Shapley machen (die Shapley-Formel lässt sich axiomatisieren), rechnen wir in Abschnitt F.6 einige Beispiele durch. Beim Beweis der Axiomatisierbarkeit selbst gehen wir in zwei Schritten vor: Zuerst zeigen wir in Abschnitt F.7, dass die Shapley-Formel tatsächlich alle Axiome erfüllt, die in Abschnitt F.4 zur Definition der Shapley-Lösung herangezogen werden. Umgekehrt beweisen wir danach in Abschnitt F.8 für zwei der sechs Axiomensysteme, dass sie tatsächlich ausreichen, um eine eindeutige Festlegung der Auszahlungen zu garantieren. Eine ganz andere Begründung der Shapley-Lösung findet der Leser in Abschnitt F.9. Hier wird gezeigt, dass ein risikoneutraler Entscheider die Shapley-Lösung als erwarteten Nutzen betrachten kann. Sodann stellen wir in Abschnitt F.10 dar, welche Zusammenhänge zwischen der Shapley-Lösung und dem Kern bestehen.

Die Shapley-Lösung nimmt in diesem Lehrbuch einen zentralen Platz ein. Darüber hinaus gibt es weitere „ähnliche" Konzepte, über die sich der Leser vielleicht informieren möchte. Eine gewichtete Shapley-Lösung präsentieren KALAI/SAMET (1987). DUBEY, NEYMAN/WEBER (1981) definieren mit dem „semivalue" ein Lösungskonzept, das die Axiome der Shapley-Lösung mit Ausnahme der Pareto-Effizienz beinhaltet. Diese Konzepte werden wir nicht behandeln; in Abschnitt F.11 finden sich jedoch Erläuterungen zu der Banzhaf- und der Solidaritäts-Lösung.

F.2 Lösungskonzepte

Wir beginnen mit der formalen Definition eines punktwertigen Lösungskonzeptes:

Definition F.2.1. *Sei N eine Spielermenge. Eine Abbildung*

$$\psi : G_N \rightarrow \mathbb{R}^n$$

heißt punktwertiges Lösungskonzept auf N.

$\psi(v)$ ist also ein n-stelliger Vektor, der die Auszahlungen der Spieler $i = 1, ..., n$ wiedergibt. Um in diesem Vektor die Auszahlung von Spieler i anzusprechen, müsste man (in Anlehnung an x_i beim Vektor $x = (x_1, ..., x_n)$) eigentlich $\psi(v)_i$ oder $(\psi(v))_i$ schreiben. Gebräuchlicher ist jedoch die Schreibweise

$$\psi_i(v)$$

für die Auszahlung, die Spieler i zukommt.

Wir betrachten nun sechs verschiedene Lösungskonzepte bzw. Lösungskonzeptklassen:

- Für Spieler $i \in N$ ist $\psi^{\text{alles für }i}$ auf N durch

$$\psi_j^{\text{alles für }i}(v) = \begin{cases} v(N), j = i \\ 0, \quad j \neq i \end{cases} \tag{F.1}$$

bestimmt. Spieler i erhält also alles, während die übrigen Spieler leer ausgehen.

- Das Lösungskonzept $\psi^{\text{jeder erhält }z}$ ist durch

$$\psi_i^{\text{jeder erhält }z}(v) = z, i \in N, \tag{F.2}$$

definiert.

- Das egalitäre Lösungskonzept $\psi^{\text{egalitär}}$ verteilt die Nutzensumme $v(N)$ folgendermaßen:

$$\psi_i^{\text{egalitär}}(v) = \frac{v(N)}{n}, i \in N. \tag{F.3}$$

- In Kap. E haben wir für die Reihenfolge ρ die ρ-Lösung ψ^ρ definiert. Sie ist durch

$$\psi_i^\rho(v) = MB_i^\rho(v) = v(K_i(\rho)) - v(K_i(\rho) \setminus \{i\}), i \in N,$$

bestimmt.

- Das Lösungskonzept $\psi^{\text{marginaler Beitrag zu }N}$ ist durch

$$\psi_i^{\text{marginaler Beitrag zu }N}(v) = v(N) - v(N \setminus \{i\})$$

definiert. Jeder Spieler erhält also das, was er zur großen Koalition beiträgt. Dieses Lösungskonzept hat eine große Nähe zu mikroökonomischen Entlohnungsregeln, wie einer Entlohnung nach dem Grenzprodukt, dem Grenzwertprodukt oder Ähnlichem.

- Ein recht ulkiges Lösungskonzept, das ich ψ^{Chun} nennen möchte, habe ich CHUN (1989, S. 128) entnommen. Es ist durch

$$\psi_i^{\text{Chun}}(v) = \sum_{|S|=2, S \ni i} v(S) - \sum_{j \in N} v(\{j\})$$

gegeben. Entsprechend der Formel werden für Spieler i die Werte aller Zweierkoalitionen, denen i angehört, addiert und von dieser Summe anschließend die Werte aller Einerkoalitionen abgezogen.

Natürlich muss man diese Lösungskonzepte nicht einleuchtend oder gerecht finden. Man mag auch der Meinung sein, dass sie keine guten Vorhersagen über die Auszahlungen der Spieler gestatten. All dies kann man jedoch am besten im Zusammenhang mit den Axiomen im nächsten Abschnitt diskutieren.

Übung F.2.1. Unter welchen Umständen gilt

a) $\psi^{\text{alles für } i} = \psi^{\text{egalitär}}$,

b) $\psi^{\text{alles für } i} = \psi^{\text{jeder erhält } z}$ oder

c) $\psi^{\text{egalitär}} = \psi^{\text{jeder erhält } z}$?

F.3 Axiome

Für Lösungskonzepte ψ auf N können die folgenden Axiome (oder Axiomenklassen), die wir in sechs Gruppen ordnen wollen, erfüllt oder verletzt sein.

F.3.1 Pareto-Axiom

Es gibt kaum ein (ernstzunehmendes) Lösungskonzept der kooperativen Spieltheorie, das die Zulässigkeit verletzt; auch die Nichtblockade durch die große Koalition wird bei denjenigen Konzepten, die nicht auf Graphen oder Partitionen zurückgreifen, fast immer vorausgesetzt. Zusammen führen diese beiden Bedingungen zum
Pareto-Axiom: Die Auszahlung $(\psi_i(v))_{i \in N}$ verteilt die maximal mögliche Nutzensumme:

$$\sum_{i \in N} \psi_i(v) = v(N).$$

Übung F.3.1. Welche der drei Lösungskonzepte $\psi^{\text{alles für } i}$, $\psi^{\text{egalitär}}$ und $\psi^{\text{jeder erhält } z}$ erfüllen das Pareto-Axiom? Erfüllt $\psi^{\text{Chun}}(v)$ oder $\psi^{\text{marginaler Beitrag zu } N}$ das Pareto-Axiom?

F.3.2 Unwichtige Spieler

Einige Axiome betreffen Spieler, die man „vergessen" kann. Zunächst haben wir diese zu definieren.

Definition F.3.1. *Ein Spieler* i, *der zu keiner Koalition etwas bei-trägt,*

$$v\left(K \cup \{i\}\right) = v\left(K\right), K \subseteq N,$$

heißt Nullspieler.

Ein Spieler i, *der zu jeder Koalition* K *genau* $v\left(\{i\}\right)$ *beiträgt,*

$$v\left(K \cup \{i\}\right) = v\left(K\right) + v\left(\{i\}\right), i \notin K, K \subseteq N,$$

heißt unwesentlich.

Übung F.3.2. Welche der folgenden Aussagen ist richtig?

• Jeder unwesentliche Spieler ist ein Nullspieler.
• Jeder Nullspieler ist ein unwesentlicher Spieler.

Bestimmen Sie außerdem $v\left(\{i\}\right)$ für den Nullspieler i.

Übung F.3.3. Zeigen Sie Folgendes: Wenn alle Spieler unwesentlich sind, kann man den Wert jeder Koalition auf die Werte der Einerkoalition zurückführen.

Man kann sich überlegen, dass die unproduktiven Spieler beim Einmütigkeitsspiel Nullspieler sind. Sei dazu $i \notin T$ und T eine nichtleere Teilmenge von N. Nun sind für eine beliebige Koalition $K \subseteq N$ zwei Fälle zu unterscheiden: Entweder enthält K die Menge T, dann gilt $u_T\left(K\right) = 1 = u_T\left(K \cup \{i\}\right)$. Oder aber K enthält die Menge T nicht, sodass sich $u_T\left(K\right) = 0 = u_T\left(K \cup \{i\}\right)$ ergibt. In beiden Fällen sind die nichtproduktiven Spieler Nullspieler.

Übung F.3.4. Zeigen Sie, dass die nichtproduktiven Spieler auch für γu_T, $\gamma \in \mathbb{R}$, Nullspieler sind.

Übung F.3.5. Betrachten Sie das Handschuh-Spiel $v_{\{1\},\{2,3\}}$. Ist einer der Spieler ein Nullspieler oder ein unwesentlicher Spieler?

Axiom über den Nullspieler: Jeder Nullspieler i erhält Null:

$$\psi_i\left(v\right) = 0.$$

Allgemeiner ist das folgende Axiom:

Axiom über den unwesentlichen Spieler: Jeder unwesentliche Spieler i erhält genau den Wert seiner Einerkoalition:

$$\psi_i (v) = v (\{i\}).$$

Das Axiom über den unwesentlichen Spieler (engl.: dummy) scheint plausibel: Ein unwesentlicher Spieler ist jemand, den man bei der Koalitionsbildung unberücksichtigt lassen kann; er erhält daher nur den Wert seiner Einerkoalition, der im Falle des Nullspielers Null ist.

Aufgrund der besonderen Bedeutung der Basisspiele u_T kann man auch mit einem Axiom arbeiten, das nur für Einmütigkeitsspiele Auszahlungen vorsieht:

Axiom über die nichtproduktiven Spieler bei Einmütigkeitsspielen: Jeder nichtproduktive Spieler erhält beim Einmütigkeitsspiel die Auszahlung Null:

$$\psi_i (u_T) = 0, i \in N \backslash T.$$

Eine Verallgemeinerung dieses letzten Axioms ist das auf CHUN (1989) zurückgehende Axiom, das die Auszahlung bei $v + \gamma u_T$ betrachtet:

Chun-Axiom über die nichtproduktiven Spieler bei Einmütigkeitsspielen: Die Auszahlung eines nichtproduktiven Spielers ändert sich nicht, wenn der Koalitionsfunktion das Vielfache eines Einmütigkeitsspiels hinzugefügt wird: Für alle $v \in G_N, \gamma \in \mathbb{R}$ und $T \subset N$ mit $T \neq \emptyset$ gilt

$$\psi_i (v + \gamma u_T) = \psi_i (v), i \in N \backslash T.$$

Nun präsentieren wir noch ein sehr schwaches Axiom, das ebenfalls CHUN (1989) entnommen ist. Es benutzt das denkbar einfachste Spiel, das Nullspiel $u_\emptyset$. Dieses ist durch $u_\emptyset = 0$ oder

$$u_\emptyset (K) = 0, \ K \subseteq N,$$

definiert. Die Schreibweise soll an die Einmütigkeitsspiele erinnern, bei denen wir jedoch $T \neq \emptyset$ voraussetzen. Beim Nullspiel ist jeder Spieler ein Nullspieler. Deshalb impliziert das Axiom über den Nullspieler das folgende

Axiom über das Nullspiel: Für jeden Spieler $i \in N$ gilt $\psi_i (u_\emptyset) = 0$.

F.3.3 Linearitäts-Axiome

In diese Gruppe gehören Axiome, die die Linearität des Lösungskonzeptes postulieren. Dabei betrachtet man sowohl die Menge der Koalitionsfunktionen als auch die Menge der Auszahlungstupel als Vektorräume (der Leser konsultiere Abschnitt D.5, S. 119 ff.).

Additivitäts-Axiom: Wenn v und w Koalitionsfunktionen sind, dann soll für jeden Spieler $i \in N$ die Auszahlung bei $v + w$ gleich der Summe der Auszahlungen bei v und w sein:

$$\psi_i(v + w) = \psi_i(v) + \psi_i(w).$$

Das Additivitätsaxiom verlangt, dass es unerheblich sein soll, ob man zunächst die Koalitionsfunktionen addiert (die Spieler sind dann an zwei Spielen gleichzeitig beteiligt) und anschließend das Lösungskonzept anwendet oder ob man zuerst das Lösungskonzept auf beide Koalitionsfunktionen anwendet und danach die Auszahlungen addiert. THOMAS (1984, S. 102) kommentiert das Additivitäts-Axiom mit diesen Worten:

> „What exactly is meant by playing two games together? Is it that having chosen a coalition you must stay with it through both games? In which case it is not at all obvious why what you expect, in these two games with this restriction, is the same as if you are allowed to join different coalitions in each game."

Diese Bemerkung ist nur auf den ersten Blick überzeugend. Im Rahmen der Shapley-Lösung gehören die Spieler schließlich alle der großen Koalition N an, sodass das Thomas'sche Problem insofern entfällt.

Übung F.3.6. Können Sie aus dem Additivitäts-Axiom $\psi_i(0) = 0$ schließen? Hinweis: Setzen Sie $w := 0$.

Linearitäts-Axiom: Für alle Koalitionsfunktionen v und w und alle Skalare α gelten

$$\psi_i(v + w) = \psi_i(v) + \psi_i(w) \quad \text{und} \tag{F.4}$$

$$\psi_i(\alpha v) = \alpha \psi_i(v) \tag{F.5}$$

für alle Spieler $i \in N$.

Linearität impliziert also Additivität. Umgekehrt kann man zeigen, dass aus der Additivität die Linearität zwar in Bezug auf rationale, aber nicht in Bezug auf reelle Skalare folgt. Wir zeigen hier nur den Anfang dieser Überlegungen: Sei α eine natürliche Zahl, dann folgt durch wiederholte Anwendung der Additivität

$$
\begin{aligned}
\psi_i\left(\alpha v\right) &= \psi_i\left(\left(\alpha-1\right)v+v\right) \\
&= \psi_i\left(\left(\alpha-1\right)v\right) + \psi_i\left(v\right) \\
&= \psi_i\left(\left(\alpha-2\right)v\right) + \psi_i\left(v\right) + \psi_i\left(v\right) \\
&= \ldots \\
&= \psi_i\left(\left(\alpha-\alpha\right)v\right) + \alpha\psi_i\left(v\right) \\
&= \alpha\psi_i\left(v\right) \quad \text{(siehe Aufg. F.3.6)}.
\end{aligned}
$$

Additivität ist also „fast" gleich Linearität; der fehlende Rest besteht in einer mathematischen Feinheit, um die wir uns hier nicht zu kümmern brauchen.

Übung F.3.7. Zeigen Sie, dass man das Chun-Axiom über die nicht-produktiven Spieler bei Einmütigkeitsspielen aus dem Additivitäts-Axiom und dem Nullspieler-Axiom schließen kann.

MYERSON (1991, S. 437 f.) präsentiert als Alternative ein Axiom, das wahrscheinlichkeitstheoretisch interpretierbar ist:
Linearitäts-Axiom bezüglich konvexer Kombinationen: Für alle Koalitionsfunktionen v und w und alle Skalare α mit $0 \leq \alpha \leq 1$ gilt

$$
\psi_i\left(\alpha v + \left(1-\alpha\right)w\right) = \alpha\psi_i\left(v\right) + \left(1-\alpha\right)\psi_i\left(w\right)
$$

für alle Spieler $i \in N$.

Hierbei ist α als die Wahrscheinlichkeit zu interpretieren, mit der die Spieler mit dem Spiel v konfrontiert sein werden. Bevor sich die Unsicherheit auflöst, stehen die Spieler dem Spiel $\alpha v + \left(1-\alpha\right)w$ gegenüber und erhalten die Auszahlung $\psi_i\left(\alpha v + \left(1-\alpha\right)w\right)$. Bei der Auflösung realisiert sich dann entweder v oder aber w. Die Spieler erhalten $\psi_i\left(v\right)$ mit der Wahrscheinlichkeit α oder $\psi_i\left(w\right)$ mit der Wahrscheinlichkeit $1-\alpha$, im Erwartungswert also $\alpha\psi_i\left(v\right) + \left(1-\alpha\right)\psi_i\left(w\right)$. Das

Linearitäts-Axiom bezüglich konvexer Kombinationen fordert nun, dass die (erwartete) Auszahlung unabhängig davon sein soll, ob die Spieler vor oder nach Auflösung der Unsicherheit miteinander verhandeln.

Übung F.3.8. Zeigen Sie, dass das Linearitäts-Axiom das Linearitäts-Axiom bezüglich konvexer Kombinationen impliziert.

Bisweilen möchte man Axiome für einfache Spiele entwickeln. Dann sind die bisher in diesem Abschnitt präsentierten Linearitäts-Axiome nicht anwendbar. Denn für einfache Spiele v und w müssen

- $v + w$,
- αv, $\alpha \in \mathbb{R}$, und
- $\alpha v + (1 - \alpha) w$,$0 \leq \alpha \leq 1$,

keine einfachen Spiele sein.

Übung F.3.9. Zeigen Sie für die Spielermenge $N = \{1, 2, 3\}$ anhand der Koalitionsfunktionen $v = u_{\{1,2\}}$ und $w = u_{\{2,3\}}$ die Richtigkeit der soeben getroffenen Feststellung.

Dagegen sind $v \wedge w$ und $v \vee w$, die durch

$$(v \wedge w)(K) = \min(v(K), w(K)), \; K \subseteq N \text{ und}$$
$$(v \vee w)(K) = \max(v(K), w(K)), \; K \subseteq N$$

definiert sind, einfache Spiele, falls v und w einfach sind. Zudem gilt für alle einfachen Spiele v und w (und darüber hinaus für alle Spiele)

$$v \wedge w + v \vee w = v + w.$$

Lösungskonzepte ψ, die additiv sind, müssen daher

$$\psi(v \wedge w) + \psi(v \vee w) = \psi(v \wedge w + v \vee w) \text{ (Additivität von } \psi)$$
$$= \psi(v + w)$$
$$= \psi(v) + \psi(w) \text{ (Additivität von } \psi)$$

erfüllen. Genau dies verlangt auch das auf DUBEY (1975) zurückgehende

Transfer-Axiom: Für alle einfachen Koalitionsfunktionen v und w gilt

$$\psi_i\left(v \wedge w\right) + \psi_i\left(v \vee w\right) = \psi_i\left(v\right) + \psi_i\left(w\right)$$

für alle Spieler $i \in N$.

F.3.4 Gleichheits- und Ungleichheits-Axiome

In diesem Abschnitt stellen wir zwei Axiome vor, die extreme Ungleichheit bzw. extreme Gleichheit postulieren:

Alles-für-i-Axiom: Die Auszahlung ψ verteilt $v\left(N\right)$ an $i \in N$, während die anderen Spieler leer ausgehen:

$$\psi_j\left(v\right) = \begin{cases} v\left(N\right), j = i \\ 0, \qquad j \neq i. \end{cases}$$

Gleichheits-Axiom: Die Auszahlung ψ verteilt $v\left(N\right)$ gleichmäßig an alle Spieler:

$$\psi_i\left(v\right) = \frac{v\left(N\right)}{n}, i \in N.$$

Das Alles-für-i-Axiom und das Gleichheits-Axiom geben recht direkt die Auszahlungen an, die sich bei Vorgabe der Koalitionsfunktion ergeben sollen. Häufig verwendete Axiome sind in aller Regel etwas „feiner gestrickt".

F.3.5 Gleiches gleich behandeln

Gleiches gleich zu behandeln kann verschiedene Ausprägungen annehmen, die hier mit Symmetrie, Brink-Symmetrie, Marginalismus oder Chun-Symmetrie bezeichnet werden.

Symmetrie-Axiom: Die Auszahlungen hängen nicht von der Benennung der Spieler ab, sondern nur davon, was diese zu den Koalitionen beitragen: Falls für jede Koalition K, die die Spieler i und j, $i \neq j$, nicht enthält,

$$v\left(K \cup \{i\}\right) = v\left(K \cup \{j\}\right)$$

gilt, soll

$$\psi_i\left(v\right) = \psi_j\left(v\right)$$

gelten.

Das Symmetrie-Axiom wird häufig als ein unmittelbar einsichtiges Fairnesskriterium betrachtet; für die Auszahlung ist nicht die Identität der Spieler wichtig sondern ihr Beitrag. Außerdem ist es auch aus rein positiver Sicht fast unumgänglich. Wenn die Spieler sich in ökonomisch relevanter Weise nicht unterscheiden, gibt es keinen Grund anzunehmen, sie erhielten unterschiedliche Auszahlungen.

Eine Möglichkeit, eine Unterscheidung jenseits der Koalitionsfunktion einzuführen, besteht darin, die Spieler in eine Reihenfolge zu bringen und dann entsprechend der Reihenfolge die marginalen Beiträge zu betrachten.

Übung F.3.10. Zeigen Sie anhand des Einmütigkeitsspiels $u_{\{1,2\}}$ auf $\{1,2,3\}$, dass die ρ-Lösung mit $\rho = (1,3,2)$ das Symmetrie-Axiom verletzt.

Übung F.3.11. Wenn ein Lösungskonzept auf $N = \{1,2,3\}$ Pareto-Effizienz und Symmetrie erfüllt, welche Auszahlungen muss es dann bei der durch

$$v(\{1,2,3\}) = 90,$$
$$v(\{1,2\}) = v(\{1,3\}) = v(\{2,3\}) \text{ und}$$
$$v(\{1\}) = v(\{2\}) = v(\{3\}) = 0$$

nur teilweise charakterisierten Koalitionsfunktion vorsehen?

Übung F.3.12. Welche Auszahlungen ordnet ein Lösungskonzept auf N den Spielern beim Einmütigkeitsspiel u_T zu, falls das Pareto-Axiom, das Symmetrie-Axiom und das Axiom über den Nullspieler erfüllt sind? Hinweise: Welche Spieler sind Nullspieler? Welche Auszahlungssumme bleibt dann für die übrigen Spieler? Den Rest erledigt die Symmetrie.

Das Ergebnis der obigen Aufgabe ist weit reichend, weil die Einmütigkeitsspiele auf N eine Basis des Vektorraums der Spiele auf N bilden. Wenn man Linearität oder Additivität ausnutzen kann, kann man die Auszahlungen für die Basis-Elemente auf die Auszahlungen für beliebige Spiele übertragen.

Das Symmetrie-Axiom fordert: (Symmetrische) Spieler, die gleich viel beitragen, erhalten die gleichen Auszahlungen. Eng verwandt ist das Marginalismus-Axiom, nach dem nur marginale Beiträge für die Auszahlungen relevant sein sollen. Diese Eigenschaft geht auf YOUNG (1985) zurück (siehe auch MOULIN (1995, S. 438 f.)).

Marginalismus-Axiom: Sind v und w Koalitionsfunktionen auf N und i ein Spieler mit

$$MB_i^K(v) = MB_i^K(w), K \subseteq N,$$

erhält Spieler i bei beiden Koalitionsfunktionen die gleiche Auszahlung:

$$\psi_i(v) = \psi_i(w).$$

Marginalismus schließt die Verletzung des Symmetrie-Axioms nicht aus. Um dies zu zeigen, benötigen wir nur ein Gegenbeispiel: Die ρ-Lösung erfüllt das Marginalismus-Axiom, verletzt aber die Symmetrie, wie man anhand von Aufg. F.3.10 sieht.

Übung F.3.13. Zeigen Sie: Das Marginalismus-Axiom impliziert das Chun-Axiom über die nichtproduktiven Spieler bei Einmütigkeitsspielen (S. 202).

Auch das folgende Axiom von CHUN (1989) ist der Symmetrie verwandt:

Chun-Symmetrie-Axiom: Sei S eine beliebige Teilmenge von N. Falls die Koalitionsfunktionen v und w sich nur auf S unterscheiden ($v(K) = w(K)$ für alle $K \neq S$ und $v(S) \neq w(S)$), ist für alle Spieler i und j aus S

$$\psi_i(v) > \psi_j(v)$$

äquivalent zu

$$\psi_i(w) > \psi_j(w).$$

Die Spieler i und j aus S müssen keinesfalls symmetrisch sein. Sie mögen daher unterschiedliche Auszahlungen erhalten. Das Axiom besagt lediglich: Wenn man den Wert einer Koalition, der beide Spieler angehören, erhöht, ändern sich die relativen Auszahlungen nicht.

Wir überlegen uns nun, dass Symmetrie und Additivität die Chun-Symmetrie implizieren. Dazu betrachten wir eine Menge S, zwei Spieler

i und j aus S und zwei Funktionen v und w wie im obigen Axiom. Ohne Beschränkung der Allgemeinheit können wir $v(S) > w(S)$ annehmen. Wir definieren nun die Koalitionsfunktion $v_S = v - w$, die somit

$$v_S(K) = \begin{cases} 0, & K \neq S \\ v(K) - w(K), & K = S \end{cases}$$

erfüllt. Wir können dann nach v auflösen, $v = w + v_S$, und erhalten aufgrund der Additivität

$$\psi_k(v) = \psi_k(w) + \psi_k(v_S), k \in N. \tag{F.6}$$

Die Symmetrie der Spieler i und j in Bezug auf v_S liefert uns zudem

$$\psi_i(v_S) = \psi_j(v_S). \tag{F.7}$$

Übung F.3.14. Zeigen Sie, dass Spieler i und j aus S symmetrisch in Bezug auf die Koalitionsfunktion v_S sind.

Führt man diese beiden Ergebnisse zusammen, erhält man

$$\begin{aligned} & \psi_i(v) - \psi_j(v) \\ &= \psi_i(w) + \psi_i(v_S) - [\psi_j(w) + \psi_j(v_S)] \quad \text{(Gl. F.6)} \\ &= \psi_i(w) - \psi_j(w) \quad \text{(Gl. F.7)}, \end{aligned}$$

woraus die gewünschte Implikation sofort folgt.

Falls also v für i besser ist als für j, gilt dies auch für jede andere Koalitionsfunktion w, die nur der Koalition S einen höheren Wert zuweist.

Die Stärke des Symmetrie-Axioms und des Chun-Symmetrie-Axioms besteht darin, von der Auszahlung eines Spielers auf die Auszahlung eines anderen (symmetrischen oder ähnlichen) Spielers schließen zu können. Das Marginalismus-Axiom erlaubt es dagegen, die Auszahlung eines Spielers bei einer Koalitionsfunktion der Auszahlung desselben Spielers bei einer anderen Koalitionsfunktion zu entnehmen.

Schließlich präsentieren wir das Fairness-Axiom, das BRINK (2001) in die Literatur eingeführt hat. Es besagt, dass verschiedene Spieler in gleicher Weise durch Hinzufügen eines Spieles profitieren sollen, bezüglich dessen sie symmetrisch sind.

Brink-Symmetrie-Axiom: Falls für jede Koalition K, die die Spieler i und j, $i \neq j$, nicht enthält,

$$v(K \cup \{i\}) = v(K \cup \{j\})$$

gilt, soll

$$\psi_i(w+v) - \psi_i(w) = \psi_j(w+v) - \psi_j(w)$$

für alle $w \in G_N$ gelten.

Brink-Symmetrie und Symmetrie liegen tatsächlich nahe beieinander. Fügt man zur Brink-Symmetrie noch das Nullspieler-Axiom hinzu, erhält man Symmetrie, während Symmetrie und Additivität gemeinsam Brink-Symmetrie ergeben.

Übung F.3.15. Zeigen Sie, dass das Brink-Symmetrie-Axiom zusammen mit dem Axiom über den Nullspieler das Symmetrie-Axiom impliziert. Setzen Sie beim Brink-Symmetrie-Axiom für w die Null-Koalitionsfunktion (d.h. $w(K) = 0$, $K \subseteq N$) ein.

Übung F.3.16. Zeigen Sie, dass das Symmetrie-Axiom zusammen mit dem Additivitäts-Axiom das Brink-Symmetrie-Axiom impliziert.

F.3.6 Monotonie

Die Monotonie-Axiome fordern, dass Spieler nicht darunter leiden sollen, wenn der Wert von Koalitionen, denen sie angehören, ansteigt. Es gibt zwei Varianten dieser Monotonie:

Monotonie-Axiom: Falls für zwei Koalitionsfunktionen v und w

$$v(K) \begin{cases} = w(K), K \neq S \\ > w(K), K = S \end{cases}$$

für irgendeine Koalition $S \subseteq N$ gilt, soll

$$\psi_i(v) \geq \psi_i(w) \text{ für alle } i \in S$$

gelten.

Monotonie-Axiom bezüglich der großen Koalition: Falls für zwei Koalitionsfunktionen v und w

$$v(K) \begin{cases} = w(K), K \neq N \\ > w(K), K = N \end{cases}$$

gilt, soll

$$\psi_i(v) \geq \psi_i(w) \text{ für alle } i \in N$$

gelten.

Die Monotonie-Axiome scheinen recht plausibel. Beispielsweise würde ihre Verletzung bei einem Kostenspiel (siehe SHUBIK (1962)) implizieren, dass es einen Spieler gibt, der zu einer Koalition S gehört, die höhere Kosten (bei v) verursacht, und trotzdem der mit einer Beitragsreduzierung (gegenüber w) belohnt wird.

F.3.7 Die Drohung mit dem Rückzug

Ein sehr interessantes Axiom hat MYERSON (1980) in einem etwas anderen Modellrahmen aufgestellt. Die Grundidee besteht darin, dass der Auszahlungsrückgang, den ein Spieler i bei einem anderen Spieler j dadurch auslöst, dass i sich „zurückzieht", genauso hoch sein soll wie im umgekehrten Fall. Bevor wir das Axiom formal aufschreiben, haben wir

$$v|_S$$

zu erklären. Hiermit ist das Koalitionsspiel gemeint, das anstelle der Spielermenge N lediglich die Spielermenge $S \subseteq N$ aufweist und den Teilmengen von S dieselben Werte zuweist wie v. Diese Restriktion (oder Einschränkung) von v auf S ist durch

$$v|_S : 2^S \to R,$$
$$K \mapsto v|_S(K) = v(K)$$

definiert.

Übung F.3.17. Definieren Sie $v|_S$ für $N = \{1,2,3\}$, $v = u_{\{1,2\}}$ und $S = \{3\}$.

Axiom der ausgewogenen Beiträge: Für je zwei Spieler i und j gilt

$$\psi_i(v) - \psi_i\left(v|_{N \setminus \{j\}}\right) = \psi_j(v) - \psi_j\left(v|_{N \setminus \{i\}}\right).$$

Zieht sich Spieler j zurück, reduziert er damit die Auszahlung für Spieler i um

$$\psi_i(v) - \psi_i\left(v|_{N\setminus\{j\}}\right).$$

Das Axiom besagt nun, dass sich diese Auszahlungsreduktion auch bei Spieler j ergibt, wenn Spieler i sich zurückzieht. Die Rückzugsdrohungen beider Spieler sind also gleich viel wert. Dieses Axiom wird dem Leser nicht unbedingt einleuchten: Gibt es keine asymmetrischen Machtbeziehungen, bei denen ein Spieler dem anderen mehr schaden kann als umgekehrt?

Wir betrachten als Beispiel eine emotionale Abhängigkeit, die zwischen einem Mann (Spieler M) und einer Frau (Spieler F) bestehen mag. Wir nehmen an, dass er das Single-Leben weniger schlimm findet als sie. Also kann man annehmen, dass die Koalitionsfunktion v auf $\{M, F\}$

$$v(\{M\}) > v(\{F\})$$

erfüllt.

Das Axiom der ausgewogenen Beiträge impliziert nun solche Auszahlungen, dass ihr Rückzug ihm ebenso schadet wie sein Rückzug ihr. Vielleicht ist dies gar nicht so überraschend. Aufgrund der obigen Ungleichung wird sie zum Beispiel während des Zusammenlebens bereitwillig den ganzen Abwasch erledigen. Dann aber ist der Zusammenbruch der Beziehung für sie nicht mehr ganz so schlimm, weil er sie von einem Teil der unangenehmen Arbeit befreit, während er nach dem Zusammenbruch diese Arbeit nicht mehr auf sie abschieben kann.

F.4 Die Shapley-Lösung in axiomatischer Definition

Kombiniert man einige der voranstehenden Axiome miteinander, erhält man ein Axiomensystem, das zu einer Einschränkung der Auszahlungen führt. Dabei können drei Fälle auftreten:

- Es gibt kein Lösungskonzept, dass alle Axiome des gewählten Axiomensystems erfüllt. Dann sagen wir, dass sich die Axiome widersprechen.

- Es gibt verschiedene Lösungskonzepte, die mit den Axiomen vereinbar sind.

- Es gibt genau ein Lösungskonzept, das mit den Axiomen vereinbar ist. Dann ist das Lösungskonzept axiomatisiert.

Übung F.4.1. Zeigen Sie, dass sich das Nullspieler-Axiom und das Gleichheits-Axiom für $n \geq 2$ widersprechen. Hinweis: Verwenden Sie das Einmütigkeitsspiel $u_{\{1\}}$ und zeigen Sie, dass das Nullspieler-Axiom eine andere Auszahlung für die Spieler $j \geq 2$ fordert als das Gleichheits-Axiom.

Nimmt man ein sehr einfaches Axiomensystem, das nur das Pareto-Axiom umfasst, so bleiben eine Vielzahl von Lösungskonzepten möglich, beispielsweise $\psi^{\text{alles für }i}$ oder $\psi^{\text{egalitär}}$.

Aus verständlichen Gründen interessiert man sich besonders für Axiome, die zu einem eindeutigen Lösungskonzept führen. SHAPLEY (1953) hat solch ein Axiomensystem für seine Lösung präsentiert. In der Folge wurden noch weitere Axiomensysteme für diese entwickelt. Einige hiervon stellen wir in der folgenden Definition vor, Beweise bleiben wir jedoch schuldig. Im Abschnitt F.7 zeigen wir, dass die Shapley-Formel tatsächlich alle unten aufgeführten Axiome erfüllt. Umgekehrt beweisen wir im Abschnitt F.8 für die beiden erstgenannten Axiomensysteme, dass sie die Shapley-Lösung implizieren.

Definition F.4.1. *Die Shapley-Lösung φ ist dasjenige Lösungskonzept, das eines der folgenden äquivalenten Axiomensysteme erfüllt:*

1. SHAPLEY *(1953):*

   - *Pareto-Axiom*
   - *Symmetrie-Axiom*
   - *Axiom über den Nullspieler, Axiom über den unwesentlichen Spieler oder Axiom über die nichtproduktiven Spieler bei Einmütigkeitsspielen*
   - *Additivitäts-Axiom, Linearitäts-Axiom oder Linearitäts-Axiom bezüglich konvexer Kombinationen*

2. MYERSON *(1980):*

   - *Pareto-Axiom, gültig für N und alle Teilmengen von N,*

- *Axiom der ausgewogenen Beiträge, gültig für N und alle Teilmengen von N,*

3. YOUNG *(1985):*

- *Pareto-Axiom*
- *Marginalismus-Axiom*
- *Symmetrie-Axiom*

4. MOULIN *(1995, S. 438 f.):*

- *Pareto-Axiom*
- *Chun-Axiom über die nichtproduktiven Spieler bei Einmütigkeitsspielen*
- *Symmetrie-Axiom*

5. CHUN *(1989):*

- *Pareto-Axiom*
- *Axiom über das Nullspiel*
- *Chun-Axiom über die nichtproduktiven Spieler bei Einmütigkeitsspielen*
- *Chun-Symmetrie-Axiom*

6. BRINK *(2001):*

- *Pareto-Axiom*
- *Axiom über den Nullspieler oder Axiom über den unwesentlichen Spieler*
- *Brink-Symmetrie-Axiom*

Äquivalenz bedeutet hier, dass man aus jedem der genannten Axiomensysteme jedes andere schlussfolgern kann. Beispielsweise folgt mit Aufg. F.3.16 aus dem ersten Axiomensystem das sechste, während sich das vierte aufgrund von Aufg. F.3.7 ergibt. Aufgrund von Aufg. F.3.13 ist klar, dass das dritte Axiomensystem das vierte impliziert.

Wir betrachten nun nochmals das Handschuh-Spiel $v_{\{1\},\{2,3\}}$ und versuchen, anhand der Axiome die Shapley-Lösung einzugrenzen oder zu bestimmen. Die zwei Spieler aus R sind symmetrisch. Aufgrund der Pareto-Effizienz wissen wir daher, dass

$$\varphi_1\left(v_{\{1\},\{2,3\}}\right) + 2\varphi_2\left(v_{\{1\},\{2,3\}}\right) = 1$$

zu gelten hat.

Als zweites Axiom wollen wir nun das Additivitäts-Axiom nutzen. Dazu addieren wir zu $v_{\{1\},\{2,3\}}$ das Einmütigkeitsspiel $u_{\{2,3\}}$ hinzu und erhalten ein neues Spiel.

Übung F.4.2. Bestimmen Sie $v_{\{1\},\{2,3\}} + u_{\{2,3\}}$.

Bei symmetrischen Spielen, bei denen die Werte der Koalitionen nur von der Anzahl der Spieler abhängen, sind alle Spieler symmetrisch. Damit betragen die Shapley-Lösungen für $v_{\{1\},\{2,3\}} + u_{\{2,3\}}$ alle $\frac{2}{3}$. Additivität führt zu

$$
\begin{aligned}
\left(\frac{2}{3}, \frac{2}{3}, \frac{2}{3}\right) &= \varphi\left(v_{\{1\},\{2,3\}} + u_{\{2,3\}}\right) \\
&= \varphi\left(v_{\{1\},\{2,3\}}\right) + \varphi\left(u_{\{2,3\}}\right) \\
&= \varphi\left(v_{\{1\},\{2,3\}}\right) + \left(0, \frac{1}{2}, \frac{1}{2}\right),
\end{aligned}
$$

wobei wir Aufg. F.3.12 für die Shapley-Lösung bei Einmütigkeitsspielen heranziehen. Auflösen ergibt nun

$$
\varphi\left(v_{\{1\},\{2,3\}}\right) = \left(\frac{2}{3}, \frac{1}{6}, \frac{1}{6}\right).
$$

F.5 Die Shapley-Formel

Die Shapley-Formel lautet:

$$
\begin{aligned}
\varphi_i(v) &= \frac{1}{n!} \sum_{\rho \in RF} \left[v\left(K_i(\rho)\right) - v\left(K_i(\rho) \setminus \{i\}\right)\right] \\
&= \sum_{\substack{K \subseteq N, \\ K \ni i}} \frac{(k-1)!\,(n-k)!}{n!} \left[v(K) - v(K \setminus \{i\})\right], i \in N,
\end{aligned}
$$

wobei hier $k := |K|$ gilt. Jeder Spieler erhält demnach den Durchschnitt seiner marginalen Beiträge.

- In der ersten Zeile wird der Durchschnitt über alle Reihenfolgen ρ aus RF berechnet. Der Leser erinnere sich aus den Kapiteln C und E daran, dass $\rho = (3, 1, 2)$ ein Beispiel für eine Reihenfolge der

Spieler $\{1, 2, 3\}$ darstellt. Die Spieler betreten also in einer solchen Reihenfolge den Raum. Bei jeder Reihenfolge bestimmt man für den eintretenden Spieler i dessen marginalen Beitrag

$$MB_i^\rho = v\left(K_i\left(\rho\right)\right) - v\left(K_i\left(\rho\right) \setminus \{i\}\right).$$

Hierbei bedeutet $K_i\left(\rho\right)$ die Koalition derjenigen Spieler, die sich nach Eintritt von Spieler i im Raum befinden. Die $n!$ marginalen Beiträge des Spielers i werden zunächst addiert und die Summe wird anschließend durch $n!$ dividiert.

- In der zweiten Formelzeile nutzt man aus, dass $K_i\left(\rho\right)$ für etliche Reihenfolgen identisch ist. Dazu betrachten wir eine Koalition K, die den Spieler i als Mitglied hat. Wir suchen nun nach all denjenigen Reihenfolgen, bei denen die ersten k Spieler aus der Koalition K stammen und bei denen Spieler i gerade als k-ter den Raum betritt. Wie viele solcher Reihenfolgen gibt es? Zunächst einmal gibt es $(k-1)!$ verschiedene Reihenfolgen für die Spieler aus $K \setminus \{i\}$. Als Nächstes betritt nun Spieler i den Raum. Dafür gibt es nur eine Möglichkeit. Für die restlichen Spieler, d.h. für die Spieler aus $N \setminus K$ gibt es $(n-k)!$ Möglichkeiten, den Raum zu betreten. Damit erhält man $(k-1)!\,(n-k)!$ Reihenfolgen, bei denen Spieler i den marginalen Beitrag MB_i^K erhält.

$$\frac{(k-1)!\,(n-k)!}{n!}$$

ist also die Wahrscheinlichkeit, mit der Spieler i den marginalen Beitrag MB_i^K erhält. Tatsächlich kann man mit einigem Rechnen bestätigen, dass diese Faktoren alle zwischen Null und Eins liegen und sich in der Summe zu Eins ergänzen.

Wir wenden nun beide Formeln an, um nochmals die Shapley-Lösung für $v_{\{1\},\{2,3\}}$ zu bestimmen. Bei der Addition über die sechs Reihenfolgen kann man sich eine Tabelle anlegen, in der man die marginalen Beiträge der Spieler einträgt, diese addiert und durch $n!$ teilt:

Reihenfolgen ρ	MB_1^ρ	MB_2^ρ	MB_3^ρ	Summe
$(1,2,3)$	0	1	0	1
$(1,3,2)$	0	0	1	1
$(2,1,3)$	1	0	0	1
$(2,3,1)$	1	0	0	1
$(3,1,2)$	1	0	0	1
$(3,2,1)$	1	0	0	1
Summe	4	1	1	6
Shapley-Lösung	$\frac{2}{3}$	$\frac{1}{6}$	$\frac{1}{6}$	1

Zur Kontrolle haben wir in der letzten Spalte die Summen über die Zeilen berechnet. Die ρ-Lösungen und die Shapley-Lösung sind Pareto-optimal, was in der letzten Spalte jeweils zu $v\left(\{1,2,3\}\right) = 1$ führt.

Alternativ kann man die erste Formelzeile so umsetzen:

$$
\varphi_1\left(v_{\{1\},\{2,3\}}\right) = \frac{1}{6}\left(\underbrace{0}_{(1,2,3)} + \underbrace{0}_{(1,3,2)} + \underbrace{1}_{(2,1,3)} + \underbrace{1}_{(2,3,1)} + \underbrace{1}_{(3,1,2)} + \underbrace{1}_{(3,2,1)}\right)
$$
$$
= \frac{1}{6}\cdot 4 = \frac{2}{3},
$$

$$
\varphi_2\left(v_{\{1\},\{2,3\}}\right) = \frac{1}{6}\left(\underbrace{1}_{(1,2,3)} + \underbrace{0}_{(1,3,2)} + \underbrace{0}_{(2,1,3)} + \underbrace{0}_{(2,3,1)} + \underbrace{0}_{(3,1,2)} + \underbrace{0}_{(3,2,1)}\right)
$$
$$
= \frac{1}{6},
$$

$$
\varphi_3\left(v_{\{1\},\{2,3\}}\right) = \frac{1}{6}\left(\underbrace{0}_{(1,2,3)} + \underbrace{1}_{(1,3,2)} + \underbrace{0}_{(2,1,3)} + \underbrace{0}_{(2,3,1)} + \underbrace{0}_{(3,1,2)} + \underbrace{0}_{(3,2,1)}\right)
$$
$$
= \frac{1}{6},
$$

wobei unter den marginalen Beiträgen jeweils die dazugehörigen Reihenfolgen angegeben sind.

Die Berechnung aufgrund der zweiten Formelzeile gestaltet sich manchmal einfacher. Spieler 2 erhält nur bei der Reihenfolge $(1,2,3)$ den marginalen Beitrag 1 und ansonsten den marginalen Beitrag 0. Daher ist seine Shapley-Auszahlung gleich der Wahrscheinlichkeit für die Reihenfolge $(1,2,3)$:

$$\frac{(|\{1,2\}|-1)!\,(|N|-|\{1,2\}|)!}{|N|!} = \frac{(2-1)!\,(3-2)!}{3!} = \frac{1}{6}.$$

Für die anderen Spieler könnte man nun analog vorgehen. Allerdings empfiehlt sich hier die Anwendung der Shapley-Axiome. Da Spieler 3 symmetrisch zu Spieler 2 ist, erhält auch er $\frac{1}{6}$. Pareto-Effizienz lässt nun für Spieler 1 die Auszahlung $1 - \frac{1}{6} - \frac{1}{6} = \frac{2}{3}$ übrig.

F.6 Beispiele

Wir wollen die Shapley-Lösung nun auf eine Reihe von Koalitionsfunktionen anwenden. Dabei sind in erster Linie Sie selbst gefordert. Verwenden Sie jeweils die Shapley-Formel und die Axiome in kreativer Mischung.

F.6.1 Einfache Spiele

Eines der wichtigsten Anwendungsgebiete der Shapley-Lösung sind Wahlverfahren, die sich als einfache Spiele modellieren lassen. Die Shapley-Lösung für solche Spiele nennt man auch Shapley-Shubik-Machtindex oder Shapley-Shubik-Index; diese Anwendung wird erstmals in SHAPLEY/SHUBIK (1954) beschrieben.

Wir erinnern an folgende Definitionen:

Definition F.6.1. *Ein Spiel v heißt einfach, falls es monoton ist und $v(K) \in \{0,1\}$ für alle $K \subseteq N$ erfüllt. Ein Veto-Spieler $i \in N$ ist durch*

$$v(N \setminus \{i\}) = 0$$

definiert, ein Diktator für alle $S \subseteq N$ durch

$$v(S) = \begin{cases} 1, & i \in S \\ 0, & sonst. \end{cases}$$

Eine interessante Frage lautet nun: Erhalten Veto-Spieler oder Diktatoren immer die gesamte Nutzensumme $v(N) = 1$? Für Veto-Spieler ist die Antwort negativ. Beispielsweise sind alle T-Spieler bei Einmütigkeitsspielen Veto-Spieler und die Shapley-Lösung ordnet jedem dieser Spieler die Auszahlung $\frac{1}{|T|}$ zu.

Übung F.6.1. Zeigen Sie, dass ein Diktator die Shapley-Auszahlung 1 erhält.

Übung F.6.2. Zeigen Sie, dass jeder Spieler, der einer minimalen Gewinnkoalition angehört, eine positive Shapley-Auszahlung erwarten kann. Zur Erinnerung: K heißt eine minimale Gewinnkoalition, falls $v(K) = 1$ und falls $v(K') = 0$ für alle echten Teilmengen $K' \subset K$ gelten.

Übung F.6.3. Ermitteln Sie die Shapley-Lösung für das Apex-Spiel h_1, das durch

$$h_1(K) = \begin{cases} 1, 1 \in K \text{ und } K \setminus \{1\} \neq \emptyset \\ 1, K = N \setminus \{1\} \\ 0, \text{sonst} \end{cases}$$

definiert ist. Was hat Spieler 1 zu erwarten, wenn die Anzahl der Spieler gegen unendlich geht? Hinweis: Überlegen Sie sich die Wahrscheinlichkeit dafür, dass der Apex-Spieler 1 als Erster oder als Letzter in einer Reihenfolge auftaucht.

Gewichtete Abstimmungsspiele (siehe S. 94 ff.) haben wir als Tupel

$$[q; g_1, ..., g_n]$$

geschrieben; sie definieren einfache Spiele aufgrund von

$$v(K) = \begin{cases} 1, \sum_{i \in K} g_i \geq q \\ 0, \sum_{i \in K} g_i < q. \end{cases}$$

Die Shapley-Lösung für den Sicherheitsrat der Vereinten Nationen zu ermitteln ist aufgrund der fünfzehn Mitglieder eine große Herausforderung. Man erhält immerhin

$$15! = 1.307.674.368.000,$$

also über eine Billion Reihenfolgen. Mit kombinatorischen Überlegungen, die wir hier aber nicht präsentieren wollen, kann man sich die Berechnung allerdings leichter machen. Man erhält ungefähr die Shapley-Lösungen

$0,19627$ für jedes der ständigen Mitglieder und

$0,00186$ für jedes der nichtständigen Mitglieder.

Wenn sich beim Abstimmungsspiel

$$[q; g_1, ..., g_n]$$

lediglich das Gewicht g_i für einen einzelnen Spieler i erhöht, kann sich die Shapley-Lösung für ihn nicht verringern. Insofern liegt also Monotonie vor. Allerdings könnte die Erhöhung von g_i auch mit einer Änderung der Verteilungsgewichte der anderen Spieler einhergehen. Und dann könnte die Erhöhung des Gewichtes letztendlich durchaus zu einer niedrigeren Shapley-Auszahlung für i führen.

Übung F.6.4. Vergleichen Sie die beiden HOLLER/ILLING (2003, S. 308 f.) entnommenen Abstimmungsspiele

$$[70; 50, 25, 25]$$

und

$$[70; 55, 35, 10]$$

und die Shapley-Lösungen für Spieler 1.

F.6.2 Das Autokauf-Spiel und seine Besteuerung

Das Autokauf-Spiel v ist durch

$$v\,(C) = v\,(W) = v\,(G) = 0,$$
$$v\,(C, W) = 700, v\,(C, G) = 500, v\,(W, G) = 0 \text{ und}$$
$$v\,(C, W, G) = 700$$

definiert. Wir wollen nun analysieren, wie die Einführung einer Steuer auf Kooperationsgewinne (siehe Kap. D, S. 102) die Shapley-Lösung beeinflusst. Dazu erinnern wir uns an die Besteuerung v_t, die allgemein durch

$$v_t\,(K) = v\,(K) - t\left[v\,(K) - \sum_{i \in K} v\,(\{i\})\right], K \subseteq N,$$

erklärt ist.

Übung F.6.5. Definieren Sie v_t für das Autokauf-Spiel v.

Die Shapley-Lösungen für v_t lauten

$$\varphi_W(v_t) = \frac{1}{6}\left(\underbrace{700\,[1-t]}_{(C,W,G)} + \underbrace{200\,[1-t]}_{(C,G,W)} + \underbrace{200\,[1-t]}_{(G,C,W)}\right) = \frac{550}{3}\,[1-t],$$

$$\varphi_G(v_t) = \frac{1}{6}\cdot\underbrace{500\,[1-t]}_{(C,G,W)} = \frac{250}{3}\,[1-t] \text{ und}$$

$$\varphi_C(v_t) = 700\,[1-t] - \frac{550}{3}\,[1-t] - \frac{250}{3}\,[1-t] = \frac{1300}{3}\,[1-t].$$

Beispielsweise kann Wimmer den marginalen Beitrag 700 nur bei der Reihenfolge (C,W,G) erhalten, während er bei den zwei Reihenfolgen (C,G,W) und (G,C,W) jeweils den Beitrag 200 bekommt. Die Koalitionswerte und die Auszahlungen sind gleichermaßen mit dem Faktor $1-t$ zu multiplizieren; das Steueraufkommen beträgt

$$v(N) - v_t(N) = 700 - (700 - t\cdot 700) = t\cdot 700.$$

Wir haben hier mit $t\cdot 700$ die Steuer auf den Kooperationsgewinn. Keinesfalls handelt es sich dabei um eine Verkaufssteuer. Tatsächlich gibt die Shapley-Lösung gar keine Antwort auf die Frage, zu welchem Preis das Auto verkauft wird. Wir werden uns in Kap. H auf S. 322 ausführlich mit diesem Problem beschäftigen und dort auch eine Alternative zur Shapley-Lösung vorschlagen.

F.6.3 Ein streng konvexes Spiel

Der Leser betrachte das durch $N = \{1,2,3\}$ und

$$v(\{1\}) = v(\{2\}) = v(\{3\}) = 0,$$
$$v(\{1,2\}) = v(\{2,3\}) = 1, v(\{1,3\}) = 2 \text{ und}$$
$$v(\{1,2,3\}) = 4$$

definierte Koalitionsspiel. Es ist streng konvex.

Übung F.6.6. Bestimmen Sie die Shapley-Lösung und überzeugen Sie sich, dass diese im Kern liegt.

Wir werden später sehen, dass die Shapley-Lösung für konvexe Spiele immer im Kern liegt. (Dass der Kern bei konvexen Spielen ohnehin nichtleer ist, wissen wir aus Kap. E.)

F.6.4 Kostenaufteilungsspiel

Die Shapley-Lösung lässt sich auch auf das Problem der Kostenaufteilung (siehe Abschnitt D.2.8, S. 101) anwenden: entweder direkt auf die Kostenaufteilungsfunktion c oder aber auf die Kostenersparnisfunktion v. Wir wollen hier den direkten Weg gehen und betrachten als Beispiel die Kostenaufteilung beim Bau des Wasserwerkes. Die Kostenaufteilungsfunktion c ist durch

$$c(\{A\}) = 11,$$
$$c(\{B\}) = 7 \text{ und}$$
$$c(\{A, B\}) = 15$$

definiert.

Die Beiträge, die die Shapley-Lösung für die beiden Städte A und B vorschlägt, sind

$$\varphi_A(c) = \frac{1}{2} \left(\underbrace{11}_{(A,B)} + \underbrace{8}_{(B,A)} \right) = \frac{19}{2} \text{ und}$$

$$\varphi_B(c) = \frac{1}{2} \left(\underbrace{4}_{(A,B)} + \underbrace{7}_{(B,A)} \right) = \frac{11}{2}.$$

Die Anwendung der Shapley-Lösung ist für Kostenaufteilungen besonders attraktiv, weil sie das Grenzkostenprinzip mit einer Aufteilung der gesamten Kosten verbindet. Einerseits fließen in die Shapley-Lösung die marginalen Beiträge (hier besser: die marginalen Kosten) ein und andererseits ist die Shapley-Lösung außerdem Pareto-optimal.

Übung F.6.7. Eine Flughafenbehörde hat darüber zu entscheiden, welche Anteile der insgesamt anfallenden Kosten einzelnen Fluggesellschaften zugeordnet werden sollen. Die Fluggesellschaften $i = 1, 2, 3$ benutzen den Flughafen entsprechend der folgenden Tabelle:

Fluggesellschaft	1	2	3
Anzahl der Flüge	1	5	4

Die Kostenfunktion für die Anzahl der Starts x lautet

$$C(x) = \begin{cases} 30 + 10x + x^2, & x > 0 \\ 0, & x = 0. \end{cases}$$

Welche Aufteilung der insgesamt anfallenden Kosten von $C(10) = 230$ ergibt sich bei einer einfachen proportionalen Regel? Wie sollte man nach der Shapley-Lösung vorgehen? Hinweis: Betrachten Sie die drei Fluggesellschaften als Spieler, nicht die Flüge! (Diese Aufgabe ist adaptiert aus einer Aufgabe im Lehrbuch von EICHBERGER (1993, S. 300 f.).)

F.6.5 Eine Formel für das Handschuh-Spiel

SHAPLEY/SHUBIK (1969b, S. 344) haben eine Formel für das Handschuh-Spiel entwickelt. Die Shapley-Lösung eines Spielers $i \in R$ ist demnach

$$\varphi_i(v_{L,R}) = \begin{cases} \frac{1}{2} + \frac{l-r}{2r} \sum_{k=1}^{r} \frac{l!r!}{(l+k)!(r-k)!}, & r \leq l \\ \frac{1}{2} - \frac{r-l}{2r} \sum_{k=0}^{l} \frac{l!r!}{(r+k)!(l-k)!}, & r > l. \end{cases} \tag{F.8}$$

Diese Formel kann man für den Beweis hernehmen, dass die Shapley-Lösungen beim Handschuh-Spiel gegen den Kern konvergieren. Wenn man das Handschuh-Spiel repliziert (d.h. die Anzahl der Besitzer linker und rechter Handschuhe durch Multiplikation mit demselben Faktor erhöht), konvergieren alle Auszahlungen im Fall von $l \neq r$ gegen 0 bzw. 1. (Für $l = r$ erhält man die Kernauszahlung $\frac{1}{2}$.)

F.6.6 Das Handschuh-Spiel und die Drohung mit Rückzug

Die Shapley-Lösung erfüllt das Axiom der ausgewogenen Beiträge: Für je zwei Spieler i und j gilt

$$\varphi_i(v) - \varphi_i\left(v|_{N\setminus\{j\}}\right) = \varphi_j(v) - \varphi_j\left(v|_{N\setminus\{i\}}\right).$$

Wir wollen uns die Plausibilität dieses Axioms anhand des Handschuh-Spiels verdeutlichen. Dazu gehen wir von einer asymmetrischen Situation aus und setzen einen Besitzer eines linken Handschuhs (Spieler 1) und vier Besitzer je eines rechten Handschuhs (Spieler 2 bis 5) voraus. Die Koalitionsfunktion $v_{\{1\},\{2,3,4,5\}}$ ist durch

$$v_{\{1\},\{2,3,4,5\}}(K) = \begin{cases} 1, 1 \in K \text{ und } |K| \geq 2 \\ 0, \text{ sonst} \end{cases}$$

gegeben.

Man würde in dieser Situation sicherlich vermuten, dass Spieler 1 eine größere Macht über Spieler 2 hat als umgekehrt. Immerhin ist ohne Spieler 1 kein Paar zu bilden, während Spieler 2 einen Handschuh besitzt, der nicht knapp ist. Müssten in dieser Situation die Drohungen mit Rückzug nicht ein ungleiches Gewicht haben?

Nein. Spieler 1 erhält nur dann nicht den marginalen Beitrag 1, wenn er in der Reihenfolge an erster Stelle auftaucht. Daher beträgt seine Shapley-Auszahlung $\frac{4}{5}$ bei vier und $\frac{3}{4}$ bei drei rechten Handschuhen. Das Axiom bestätigt sich daher:

$$\underbrace{\varphi_1(v)}_{\frac{4}{5}} - \underbrace{\varphi_1\left(v|_{N\setminus\{2\}}\right)}_{\frac{3}{4}} = \frac{1}{20} = \underbrace{\varphi_2(v)}_{\frac{1}{20}} - \underbrace{\varphi_2\left(v|_{N\setminus\{1\}}\right)}_{0}.$$

Der Grund für dieses Ergebnis liegt hierin: Spieler 1 erzielt bei vier potentiellen Käufern seines linken Handschuhs einen hohen Preis von $\frac{4}{5}$ und bei drei potentiellen Käufern den geringfügig niedrigeren Preis $\frac{3}{4}$. Spieler 2 kann also durch seinen Rückzug Spieler 1 tatsächlich keinen großen Schaden zufügen. Umgekehrt ist jedoch auch der Schaden, den Spieler 1 jedem der übrigen Spieler zufügen kann, gering. Denn jeder von ihnen kann mit einer Wahrscheinlichkeit von $\frac{1}{4}$ die Konsumentenrente in Höhe von $1 - \frac{4}{5} = \frac{1}{5}$ bekommen und hat somit nur einen Erwartungswert in Höhe von $\frac{1}{20}$.

Natürlich muss man die Macht eines Spielers über einen anderen nicht unbedingt aufgrund der Drohung mit Rückzug berechnen. Beispielsweise stellt sich Spieler 1 bei der Shapley-Lösung besser als beim egalitären Lösungskonzept $\psi^{\text{egalitär}}$, das jedem der fünf Spieler die Auszahlung $\frac{1}{5}$ zukommen ließe. Operationalisiert man „Macht haben über" aufgrund der Differenz zwischen Shapley-Auszahlung und egalitärer Auszahlung, könnte man bei unserem Beispiel durchaus feststellen, dass Spieler 1 Macht ausübt.

F.7 Welche Axiome erfüllt die Shapley-Formel?

F.7.1 Pareto-Optimalität

Wir werden uns nun überlegen, welche der bisher angeführten Axiome die Shapley-Lösung erfüllt. Wenn die Definition in Abschnitt F.4 korrekt ist, erfüllt sie alle dort genannten Axiome. Man kann sich leicht anhand von Beispielen (nehmen Sie u_T für $|T| \geq 2$ und $N \geq 3$) überlegen, dass die Axiome des Abschnitts F.3.4 dagegen im Allgemeinen nicht erfüllt sind.

In Kap. E haben wir uns überlegt, dass die ρ-Lösungen das Pareto-Axiom erfüllen. Damit gilt Pareto-Optimalität auch für die Shapley-Formel, die das arithmetische Mittel der ρ-Lösungen darstellt.

Übung F.7.1. Zeigen Sie die Pareto-Optimalität der Shapley-Lösung formal auf Grundlage der obigen Hinweise.

F.7.2 Monotonie

Auch Monotonie ist leicht zu zeigen. Wir haben eine Koalition $S \subseteq N$ und zwei Koalitionsfunktionen v und w mit

$$v\left(K\right) \begin{cases} = w\left(K\right), K \neq S \\ > w\left(K\right), K = S. \end{cases}$$

Es gilt $v\left(S\right) - v\left(S \setminus \{i\}\right) > w\left(S\right) - w\left(S \setminus \{i\}\right)$ für alle $i \in S$, sodass für die Shapley-Lösung sogar

$$\varphi_i\left(v\right) > \varphi_i\left(w\right) \text{ für alle } i \in S$$

erfüllt ist.

Die meisten der folgenden Beweise sind wesentlich komplizierter. Es wird dem Leser daher nachgesehen, wenn er nicht alle im Detail nachvollzieht.

F.7.3 Symmetrie

Das Symmetrie-Axiom ist nicht einfach zu zeigen. Wir präsentieren den Beweis von OSBORNE/RUBINSTEIN (1994, S. 293), der von der Reihenfolgen-Formel ausgeht. Zentral für den Beweis ist eine Funktion

$$g : RF \to RF,$$

die bei einer Reihenfolge $\rho \in RF$ die Spieler i und j vertauscht. Diese Funktion ist eine Bijektion: Es gibt keine zwei Reihenfolgen ρ und ρ' mit $\rho \neq \rho'$ und $g(\rho) = g(\rho')$ (g ist injektiv), aber zu jeder Reihenfolge $\overline{\rho}$ gibt es eine Reihenfolge ρ mit $g(\rho) = \overline{\rho}$ (g ist surjektiv).

Daher ist es unerheblich, ob man die Summe über alle ρ aus RF oder über alle $g(\rho)$ aus RF bildet. Diese Einsicht werden wir am Ende dieses Abschnitts (mit einem * gekennzeichnet) verwenden. Nun sind zwei Fälle zu unterscheiden: In ρ kann entweder Spieler i Spieler j vorausgehen oder umgekehrt. Taucht Spieler i vor Spieler j in ρ auf, verhält es sich bezüglich $g(\rho)$ gerade umgekehrt. Wir erhalten $K_i(\rho) \setminus \{i\} = K_j(g(\rho)) \setminus \{j\}$ und

$$
\begin{aligned}
MB_i^{K_i(\rho)} &= v(K_i(\rho)) - v(K_i(\rho) \setminus \{i\}) \\
&= v(K_j(g(\rho))) - v(K_j(g(\rho)) \setminus \{j\}) \quad (i \text{ und } j \text{ symmetrisch}) \\
&= MB_j^{K_j(g(\rho))}.
\end{aligned}
$$

Geht dagegen Spieler j in ρ Spieler i voraus, gilt $K_i(\rho) = K_j(g(\rho))$. Daraus können wir

$$
\begin{aligned}
&MB_i^{K_i(\rho)} - MB_j^{K_j(g(\rho))} \\
&= [v(K_i(\rho)) - v(K_i(\rho) \setminus \{i\})] - [v(K_j(g(\rho))) - v(K_j(g(\rho)) \setminus \{j\})] \\
&= v(K_j(g(\rho)) \setminus \{j\}) - v(K_i(\rho) \setminus \{i\}) \\
&= 0 \quad (i \text{ und } j \text{ symmetrisch})
\end{aligned}
$$

schlussfolgern. In beiden Fällen erhalten wir also

$$MB_i^{K_i(\rho)} = MB_j^{K_j(g(\rho))} \quad (**),$$

woraus

$$
\begin{aligned}
\varphi_i(v) &= \frac{1}{n!} \sum_{\rho \in RF} MB_i^{K_i(\rho)} \\
&= \frac{1}{n!} \sum_{\rho \in RF} MB_j^{K_j(g(\rho))} \quad (**) \\
&= \frac{1}{n!} \sum_{\rho \in RF} MB_j^{K_j(\rho)} \quad (*) \\
&= \varphi_j(v)
\end{aligned}
$$

folgt.

F.7.4 Unwesentliche Spieler

Das Axiom über den unwesentlichen Spieler kann man leicht einsehen: Ist i ein unwesentlicher Spieler, so erhält er bei jeder Reihenfolge den marginalen Beitrag $v(\{i\})$ und damit auch die Shapley-Auszahlung in dieser Höhe.

Dass die Bezeichnung „unwesentlicher Spieler" im Rahmen der Shapley-Formel berechtigt ist, sieht man weiterhin daran, dass die Auszahlungen der anderen Spieler $j \neq i$ von der Existenz unwesentlicher Spieler unberührt bleiben. Formal gilt

$$\varphi_j(v) = \varphi_j\left(v|_{N\setminus\{i\}}\right), \ i \text{ unwesentlich.} \tag{F.9}$$

Um diese Gleichheit zu beweisen, zeigen wir zunächst, dass die marginalen Beiträge von Spieler j durch Spieler i nicht beeinflusst werden. Sei dazu K eine Koalition, die sowohl i als auch j enthält. Dann sind die marginalen Beiträge von j nicht davon abhängig, ob i der jeweiligen Koalition angehört:

$$\begin{aligned}
MB_j^K &= v(K) - v(K\setminus\{j\}) \\
&= v(K\setminus\{i\}) + v(\{i\}) - (v((K\setminus\{i\})\setminus\{j\}) + v(\{i\})) \\
&= v(K\setminus\{i\}) - v((K\setminus\{i\})\setminus\{j\}) \\
&= MB_j^{K\setminus\{i\}}.
\end{aligned}$$

Damit ergibt sich

$$\begin{aligned}
\varphi_j(v) &= \frac{1}{n!} \sum_{\rho \in RF_n} MB_j^{K_j(\rho)} \\
&= \frac{1}{n!} \sum_{\rho \in RF_n} MB_j^{K_j(\rho)\setminus\{i\}} \\
&= \left(\frac{1}{n}\frac{1}{(n-1)!}\right)\left(n \sum_{\rho \in RF_{n-1}} MB_j^{K_j(\rho)}\right) \quad (*) \\
&= \frac{1}{(n-1)!} \sum_{\rho \in RF_{n-1}} MB_j^{K_j(\rho)} \\
&= \varphi_j\left(v|_{N\setminus\{i\}}\right),
\end{aligned}$$

wobei sich RF_{n-1} in (*) auf die Spielermenge $N \setminus \{i\}$ bezieht. Der Leser beachte dabei, dass es für je n Reihenfolgen aus RF_n, die die Spieler aus $N \setminus \{i\}$ in einer bestimmten Reihenfolge belassen, jeweils genau eine Reihenfolge aus RF_{n-1} gibt, die sich durch das Weglassen von Spieler i ergibt.

F.7.5 Additivität

Zur Bestätigung dafür, dass die Shapley-Formel das Additivitätsaxiom erfüllt, seien v und w Koalitionsspiele auf N. Dann gilt für jeden Spieler i aus N

$$
\begin{aligned}
&(v + w)(K) - (v + w)(K \setminus \{i\}) \\
&= v(K) + w(K) - (v(K \setminus \{i\}) + w(K \setminus \{i\})) \\
&= v(K) - v(K \setminus \{i\}) + (w(K) - w(K \setminus \{i\}))
\end{aligned}
$$

und somit bei $k := |K|$

$$
\begin{aligned}
&\varphi_i(v + w) \\
&= \sum_{\substack{K \subseteq N, \\ K \ni i}} \frac{(k-1)!\,(n-k)!}{n!} [(v + w)(K) - (v + w)(K \setminus \{i\})] \\
&= \sum_{\substack{K \subseteq N, \\ K \ni i}} \frac{(k-1)!\,(n-k)!}{n!} [v(K) - v(K \setminus \{i\}) + (w(K) - w(K \setminus \{i\}))] \\
&= \sum_{\substack{K \subseteq N, \\ K \ni i}} \frac{(k-1)!\,(n-k)!}{n!} [v(K) - v(K \setminus \{i\})] \\
&\quad + \sum_{\substack{K \subseteq N, \\ K \ni i}} \frac{(k-1)!\,(n-k)!}{n!} [w(K) - w(K \setminus \{i\})] \\
&= \varphi_i(v) + \varphi_i(w).
\end{aligned}
$$

Die nächste Übung zeigt, dass die Shapley-Formel zudem das Linearitäts-Axiom und daher auch das Linearitäts-Axiom bezüglich konvexer Kombinationen erfüllt.

Übung F.7.2. Beweisen Sie, dass $\varphi_i(\alpha v) = \alpha \varphi_i(v)$ für alle Skalare α und alle Koalitionsfunktionen v gilt.

F.7.6 Ausgewogene Beiträge

Wir wollen uns jetzt mit dem Myerson'schen Axiom der ausgewogenen Beiträge befassen. Es besagt die Gleichheit

$$\varphi_i(v) - \varphi_i\left(v|_{N\setminus\{j\}}\right) = \varphi_j(v) - \varphi_j\left(v|_{N\setminus\{i\}}\right).$$

Um die Additivität nutzen zu können, müssen wir zunächst eine zu $v|_{N\setminus\{j\}} \in G_{N\setminus\{j\}}$ „ganz ähnliche" Koalitionsfunktion aus G_N definieren:

$$v|^j_{N\setminus\{j\}} : 2^N \to \mathbb{R},$$
$$K \mapsto v(K\setminus\{j\}).$$

Diese ordnet einer Koalition K aus $N\setminus\{j\}$ denselben Wert zu, wie dies die Einschränkung $v|_{N\setminus\{j\}}$ (die wir auf S. 211 definiert haben) tut. Eine Koalition K mit $j \in K$ liegt nicht im Definitionsbereich von $v|_{N\setminus\{j\}}$. Ihr ordnen wir den Wert $v(K\setminus\{j\}) = v|_{N\setminus\{j\}}(K\setminus\{j\})$ zu. Spieler j ist nun für $v|^j_{N\setminus\{j\}}$ ein unwesentlicher, ja sogar ein Nullspieler. (Dies zeigen Sie bitte in der nächsten Aufgabe.) Daraus folgt zunächst

$$\left(v - v|^j_{N\setminus\{j\}}\right)(K) - \left(v - v|^j_{N\setminus\{j\}}\right)(K\setminus\{i\})$$
$$= v(K) - v|^j_{N\setminus\{j\}}(K) - v(K\setminus\{i\}) + v|^j_{N\setminus\{j\}}(K\setminus\{i\})$$
$$= v(K) - v(K\setminus\{j\}) - v(K\setminus\{i\}) + v((K\setminus\{i\})\setminus\{j\})$$
$$= v(K) - v(K\setminus\{j\}) - v(K\setminus\{i\}) + v(K\setminus\{i,j\})$$

und sodann zusammen mit Gl. F.9 und unter Beachtung von

$$f(K) := \frac{(|K| - 1)!\,(|N| - |K|)!}{|N|!}$$

schließlich

$$\varphi_i(v) - \varphi_i\left(v|_{N\setminus\{j\}}\right)$$
$$= \varphi_i(v) - \varphi_i\left(v|^j_{N\setminus\{j\}}\right) \quad (j \text{ ist unwesentlich in } v|^j_{N\setminus\{j\}})$$
$$= \varphi_i\left(v - v|^j_{N\setminus\{j\}}\right) \quad (\text{Additivität})$$

$$= \sum_{\substack{K \subseteq N, \\ K \ni i}} f(K) \left[\left(v - v|^j_{N\setminus\{j\}} \right)(K) - \left(v - v|^j_{N\setminus\{j\}} \right)(K\setminus\{i\}) \right]$$

$$= \sum_{\substack{K \subseteq N, \\ K \ni i}} f(K) \left[v(K) - v(K\setminus\{j\}) - v(K\setminus\{i\}) + v(K\setminus\{i,j\}) \right].$$

Nun ist $\varphi_i(v) - \varphi_i\left(v|_{N\setminus\{j\}}\right)$, wie die letzte Zeile zeigt, symmetrisch in i und j und daher gleich $\varphi_j(v) - \varphi_j\left(v|_{N\setminus\{i\}}\right)$, was wir zeigen wollten.

Übung F.7.3. Zeigen Sie: Spieler j ist ein Nullspieler für $v|^j_{N\setminus\{j\}}$.

F.7.7 Und die übrigen Axiome ...

Die Shapley-Formel erfüllt auch das Marginalismus-Axiom; schließlich wird bei der Berechnung ein Durchschnitt der marginalen Beiträge gebildet. Die übrigen Axiome, die in der Definition (S. 213 f.) Verwendung finden (Brink-Symmetrie-Axiom, Axiom über den Nullspieler, Chun-Axiom über die nichtproduktiven Spieler bei Einmütigkeitsspielen), folgen aus den bisher bewiesenen Axiomen, wie wir bereits im Abschnitt F.3 (S. 200 ff.) gezeigt haben.

F.8 Beweis des Shapley-Theorems

Wir führen jetzt die angekündigten Axiomatisierungen zu einem guten, wenn auch bisweilen etwas mühsamen Ende: SHAPLEY (1953) selbst hat den folgenden Darstellungssatz (fast in dieser Form) aufgestellt:

Theorem F.8.1. *Ein Lösungskonzept ψ auf N erfüllt genau dann die vier Axiome*

- *Pareto-Axiom*
- *Symmetrie-Axiom*
- *Axiom über den Nullspieler (alternativ: Axiom über den unwesentlichen Spieler oder Axiom über die nichtproduktiven Spieler bei Einmütigkeitsspielen)*
- *Additivitäts-Axiom (alternativ: Linearitäts-Axiom),*

wenn ψ gleich der Shapley-Formel φ ist.

Der Satz von Shapley behauptet zweierlei: Erstens erfüllt die angegebene Formel alle vier Axiome (Rück-Richtung) und zweitens gibt es kein anderes Lösungskonzept, das dies ebenfalls tut (Hin-Richtung). Die Rück-Richtung haben wir im vorangehenden Abschnitt bereits bewiesen.

Für die Hin-Richtung folgen wir im Wesentlichen dem von AUMANN (1989, S. 30 ff.) präsentierten Beweis. Sei dazu $\psi = (\psi_i)_{i \in N}$ ein beliebiges Lösungskonzept auf N, das die vier Axiome erfüllt.

Wir erinnern zunächst an einige Ergebnisse aus diesem und den vorangegangenen Kapiteln:

- Die Einmütigkeitsspiele u_T, $T \neq \emptyset$, $T \subseteq N$, bilden eine Basis des Vektorraums G_N (Kap. D, S. 123 ff.).
- Die nichtproduktiven Spieler, die also nicht in T sind, sind für γu_T, $\gamma \in \mathbb{R}$, Nullspieler (Aufg. F.3.4, S. 201).

Hieraus können wir auf

$$\sum_{i \in T} \psi_i\,(\gamma u_T) = \sum_{i \in T} \psi_i\,(\gamma u_T) + \sum_{i \in N \setminus T} \psi_i\,(\gamma u_T) \quad \text{(Nullspieler-Axiom)}$$

$$= \sum_{i \in N} \psi_i\,(\gamma u_T)$$

$$= (\gamma u_T)\,(N) \quad \text{(Pareto-Axiom)}$$

$$= \gamma u_T\,(N)$$

$$= \gamma$$

schließen. Die Symmetrie der T-Spieler untereinander liefert dann

$$\psi_i\,(\gamma u_T) = \begin{cases} \frac{\gamma}{|T|}, & i \in T \\ 0, & i \notin T. \end{cases}$$

Sei nun v ein beliebiges Koalitionsspiel auf N. v lässt sich als Linearkombination der Koalitionsspiele u_T schreiben (siehe Gl. D.3 auf S. 124):

$$v = \sum_{T \in 2^N \setminus \{\emptyset\}} \lambda_T\,(v)\,u_T.$$

Damit ergibt sich für Spieler i aus N durch mehrfache Anwendung des Additivitäts-Axioms und aufgrund des bisher Abgeleiteten:

$$
\begin{aligned}
\varphi_i(v) &= \varphi_i \left(\sum_{T \in 2^N \setminus \{\emptyset\}} \lambda_T(v)\, u_T \right) \\
&= \sum_{T \in 2^N \setminus \{\emptyset\}} \varphi_i\left(\lambda_T(v)\, u_T \right) \quad \text{(Additivität)} \\
&= \sum_{T \in 2^N \setminus \{\emptyset\}} \begin{cases} \frac{\lambda_T(v)}{|T|}, & i \in T \\ 0, & i \notin T. \end{cases}
\end{aligned}
$$

Die Axiome legen also die Auszahlung unter einem Lösungskonzept ψ fest. Da die Shapley-Formel die Axiome erfüllt, können wir

$$
\psi = \varphi
$$

festhalten. Dies schließt den Beweis von Shapley.

Als zweite Axiomatisierung der Shapley-Formel präsentieren wir die Axiomatisierung von Myerson:

Theorem F.8.2. *Ein Lösungskonzept ψ auf N erfüllt genau dann die zwei Axiome*

- *Pareto-Axiom, gültig für N und alle Teilmengen von N, und*
- *Axiom der ausgewogenen Beiträge, gültig für N und alle Teilmengen von N,*

  wenn ψ gleich der Shapley-Formel φ ist.

Im vorangehenden Abschnitt haben wir mithilfe des Additivitäts-Axioms gezeigt, dass die Shapley-Formel tatsächlich das Axiom der ausgewogenen Beiträge erfüllt. Wir müssen nun wiederum beweisen, dass die zwei genannten Axiome die Auszahlungen bereits festlegen.

Für $n = 1$ folgt aus dem Pareto-Axiom sofort $\psi_1(v) = v(\{1\})$ und damit der erforderliche Beweis. Für $n = 2$ ergibt sich

$$
\begin{aligned}
&\psi_1(v) - v|_{\{1\}}(\{1\}) \\
&= \psi_1(v) - \psi_1\left(v|_{\{1\}} \right) \quad \text{(Pareto-Axiom für } v|_{\{1\}}) \\
&= \psi_2(v) - \psi_2\left(v|_{\{2\}} \right) \quad \text{(Axiom der ausgewogenen Beiträge für } v) \\
&= \psi_2(v) - v|_{\{2\}}(\{2\}) \quad \text{(Pareto-Axiom für } v|_{\{2\}})
\end{aligned}
$$

und damit

$$\psi_1\left(v\right) - \psi_2\left(v\right) = v|_{\{1\}}\left(\{1\}\right) - v|_{\{2\}}\left(\{2\}\right). \tag{F.10}$$

Hieraus erhalten wir

$$2\psi_1\left(v\right) = v\left(\{1,2\}\right) + \psi_1\left(v\right) - \psi_2\left(v\right) \text{ (Pareto-Axiom)}$$
$$= v\left(\{1,2\}\right) + v|_{\{1\}}\left(\{1\}\right) - v|_{\{2\}}\left(\{2\}\right) \text{ (Gl. F.10)}$$

und bestimmen so $\psi_1\left(v\right)$. Auch $\psi_2\left(v\right)$ erhält man mithilfe der Pareto-Optimalität sehr einfach. Der Leser beachte, dass v durchaus selbst die Restriktion einer größeren Koalitionsfunktion w sein kann.

Man sieht nun, wie wir weiter verfahren können. Wir nehmen an, dass man die Auszahlungen unter ψ für alle Restriktionen $w|_K$ für $|K| \leq m < n$ bestimmen kann. Wir haben bereits gezeigt, dass dies für $m = 2$ richtig ist. Nun wollen wir den Induktionsschritt von m auf $m+1$ durchführen. Sei also $v = w|_K$ für $|K| = m+1$. Das Axiom von Myerson fordert für alle Spieler $i, j \in K$:

$$\psi_i\left(w|_K\right) - \psi_i\left(w|_{K\setminus\{j\}}\right) = \psi_j\left(w|_K\right) - \psi_j\left(w|_{K\setminus\{i\}}\right).$$

Wir halten nun einen beliebigen Spieler $i \in K$ fest und addieren für die übrigen m Spieler die entsprechenden Gleichungen. Dadurch ergibt sich

$$m\psi_i\left(w|_K\right) - \sum_{j\in K\setminus\{i\}} \psi_i\left(w|_{K\setminus\{j\}}\right)$$
$$= \sum_{j\in K\setminus\{i\}} \psi_j\left(w|_K\right) - \sum_{j\in K\setminus\{i\}} \psi_j\left(w|_{K\setminus\{i\}}\right)$$

und durch Umstellen

$$m\psi_i\left(w|_K\right) - \sum_{j\in K\setminus\{i\}} \psi_j\left(w|_K\right)$$
$$= \sum_{j\in K\setminus\{i\}} \psi_i\left(w|_{K\setminus\{j\}}\right) - \sum_{j\in K\setminus\{i\}} \psi_j\left(w|_{K\setminus\{i\}}\right).$$

Nun addieren wir eine „nahrhafte Null", nämlich $\psi_i\left(w|_K\right) - \psi_i\left(w|_K\right)$, auf der linken Seite:

$$(m+1)\,\psi_i\,(w|_K) - \underbrace{\sum_{j\in K}\psi_j\,(w|_K)}_{w(K)}$$

$$= \sum_{j\in K\setminus\{i\}}\psi_i\left(w|_{K\setminus\{j\}}\right) - \sum_{j\in K\setminus\{i\}}\psi_j\left(w|_{K\setminus\{i\}}\right).$$

Das Pareto-Axiom klärt nun den Subtrahenden auf der linken Seite, während die Ausdrücke auf der rechten Seite aufgrund der Induktionsannahme determiniert sind. Da wir Spieler i als beliebig vorausgesetzt hatten, können wir nun tatsächlich als Induktionsschluss folgern, dass ψ die Auszahlungen für alle Koalitionen K mit $|K| = m+1$ determiniert. Dies schließt den Beweis.

F.9 Risikoneutralität und Shapley-Lösung

SHAPLEY (1953) leitet seinen berühmten, nun gut 50 Jahre alten Beitrag mit der Frage ein: Wie evaluieren Spieler die Spiele, an denen sie teilnehmen können? Seine Antwort haben wir in diesem Kapitel gründlich dargestellt. ROTH (1988) nähert sich der Shapley'schen Frage auf ganz andere Weise. Seine Grundidee ist folgende: Können wir nicht Präferenzen der Spieler über die angebotenen Spiele annehmen und dann den von Neumann-Morgenstern-Nutzen (vNM-Nutzen, siehe S. 33 ff.) als Antwort verwenden? Und unter welchen Umständen fällt dann die Antwort mit der Shapley-Lösung zusammen? Um es vorwegzusagen: Der Roth'sche Ansatz führt immer dann zur Shapley-Lösung, wenn die Spieler risikoneutral bezüglich der folgenden zwei Unsicherheiten sind:

- Zum einen kann Unsicherheit darüber bestehen, welches das zugrunde liegende Spiel ist. Diese Unsicherheit bezeichnet Roth als gewöhnliches Risiko.

- Zum anderen kann sich die Unsicherheit darauf beziehen, wie gut sich der Spieler innerhalb eines gegebenen Spiels schlagen wird. Roth spricht hier von strategischem Risiko, das aus dem Verhalten der anderen Spieler resultiert.

Roth geht davon aus, dass die Spieler Präferenzen über so genannte Positionen haben. Eine Position besteht aus einem Tupel

$$(i, v) \, ,$$

wobei i eine Spielerrolle aus N und v ein Spiel aus G ist. Wir werden die Begriffe Spieler und Spielerrolle unterscheiden, falls dies für das Verständnis notwendig ist. Ein Spieler ist jemand, der Präferenzen über Positionen hat, die einerseits aus einer Spielerrolle und andererseits aus einem Spiel bestehen.

Roth nimmt nun nicht nur Präferenzen über Positionen an, sondern geht zusätzlich davon aus, dass die Spieler sogar Präferenzen über Lotterien bilden können. Diese Lotterien beziehen sich hier auf Positionen und nicht auf Auszahlungen wie in Abschnitt B.4 (S. 33 ff.).

Wir wollen nun eine bestimmte Spielermenge N voraussetzen. Ein Spieler kann beim Präferenzansatz Aussagen der folgenden Art treffen: „Mir ist es lieber, im Einmütigkeitsspiel $u_{\{1,2\}}$ Spieler 2 zu sein, als folgender Lotterie ausgesetzt zu werden: Mit einer Wahrscheinlichkeit von $\frac{3}{4}$ bin ich der Apex-Spieler 1 beim Apex-Spiel h_1 und mit einer Wahrscheinlichkeit von $\frac{1}{4}$ bin ich Spieler 2 im Apex-Spiel h_1."

Wir verwenden die üblichen Präferenzzeichen $\succ$ (für strikte Präferenz) und $\sim$ (für Indifferenz). Die Roth'schen Axiome sind (in Anlehnung an die Darstellung bei WINTER (2002, S. 2031 f.)) folgende vier:

Produktivitäts-Axiom: Sei v ein Spiel, für das Spieler i ein Nullspieler ist. Dann gelten

$$(i, v) \sim (i, u_\emptyset) \quad \text{und}$$
$$(i, u_{\{i\}}) \succ (i, u_\emptyset) \, .$$

Das Produktivitäts-Axiom besagt zweierlei: Zum einem ist es einem Spieler egal, ob er ein Nullspieler in irgendeinem Spiel oder aber in $u_\emptyset$ ist. $u_\emptyset$ ist das Spiel, in dem jeder Spieler ein Nullspieler ist. Zum anderen ist jeder Spieler lieber der einzig produktive Spieler im Einmütigkeitsspiel als ein (Null-)Spieler in $u_\emptyset$.

Symmetrie-Axiom bezüglich der Positionen: Für jedes Spiel v und jede Reihenfolge $\rho \in RF$ gilt

$$(i, v) \sim (\rho_i, \rho(v)),$$

wobei $\rho(v)$ das durch

$$\rho(v)(K) = v(\{\rho_i \in N : i \in K\})$$

definierte Spiel ist.

Das sieht zwar kompliziert aus, meint jedoch nur, dass es den Spielern nicht auf die Benennung ankommt.

Für das nächste Axiom haben wir für eine Wahrscheinlichkeit p (mit $0 \leq p \leq 1$)

$$[p(i, w); (1 - p)(i, v)]$$

und

$$(i, pw + (1 - p)v)$$

zu klären. Der Ausdruck in eckigen Klammern beschreibt die Lotterie, bei der ein Spieler mit der Wahrscheinlichkeit p die Rolle von i beim Spiel w und mit der Gegenwahrscheinlichkeit $1 - p$ die Rolle von i beim Spiel v übernimmt. Der zweite Ausdruck beschreibt die Position, bei der ein Spieler die Rolle von i beim Spiel $pw + (1 - p)v$ übernimmt. Die konvexe Kombination haben wir bereits bei den Linearitäts-Axiomen kennen gelernt.

Neutralitätsaxiom bezüglich des gewöhnlichen Risikos: Für alle Spielerpositionen und alle Spiele v und w gilt

$$(i, pw + (1 - p)v) \sim [p(i, w); (1 - p)(i, v)].$$

Den Spielern ist es also gleichgültig, ob sie (mit Sicherheit) das Spiel $pw + (1 - p)v$ zu bestreiten haben oder ob sie mit der Wahrscheinlichkeit p das Spiel w und mit der Gegenwahrscheinlichkeit $1 - p$ das Spiel v absolvieren müssen.

Roth führt nun noch eine zweite Neutralität ein, die sich nicht auf die Unsicherheit bezieht, welches Spiel zu spielen ist, sondern darauf, wie ein gegebenes Spiel gespielt wird und ob ein Spieler seinen durchschnittlichen Anteil in einem Spiel erhält.

Neutralitätsaxiom bezüglich des strategischen Risikos: Für alle nichtleeren Teilmengen T mit $i \in T$ gilt

$$(i, u_T) \sim \left(i, \frac{1}{|T|} u_{\{i\}}\right).$$

Den Spielern soll es also egal sein, ob sie einer von mehreren T-Spielern sind oder ob sie der einzige produktive Spieler in einem „Einmütigkeitsspiel" sind, bei dem der maximale Wert $\frac{1}{|T|}$ beträgt.

Zusammen mit einer Normierung führen die vorangegangenen Axiome zur Shapley-Lösung. Dieses schöne Resultat ist hier als Theorem formuliert:

Theorem F.9.1. *Sei u eine vNM-Nutzenfunktion auf der Menge der Positionen. u repräsentiere zudem Präferenzen auf der Menge der Positionen, die den vier obigen Axiomen genügen. Gelten außerdem die Normierungen $u\left(i, u_{\{i\}}\right) = 1$ und $u\left(i, u_\emptyset\right) = 0$, so gilt*

$$u\left(i, v\right) = \varphi_i\left(v\right).$$

Die Normierung ist dabei insofern nicht problematisch, als vNM-Nutzenfunktionen ohnehin nur bis auf affine Transformationen eindeutig bestimmt sind.

F.10 Shapley-Lösung und Kern

Wir werden in diesem Abschnitt aufzeigen, welche Übereinstimmungen es zwischen der Shapley-Lösung und dem Kern gibt:

Theorem F.10.1. *Sei (N, v) ein Koalitionsspiel. Dann können wir zeigen:*

- *Ist v superadditiv, ist die Shapley-Lösung durch keine Einerkoalition blockierbar.*
- *Die Shapley-Lösung erfüllt ebenso wie die Auszahlungen im Kern Pareto-Optimalität.*
- *Die Shapley-Lösung muss auch dann nicht im Kern liegen, wenn dieser nichtleer ist.*
- *Ist v konvex, liegt die Shapley-Lösung im Kern.*

Dieses Theorem werden wir nun beweisen. Die Richtigkeit der ersten Behauptung sieht man folgendermaßen: Superadditivität impliziert für K mit $i \in K$

$$v(\{i\}) + v(K \setminus \{i\}) \leq v(K).$$

Daraus folgt mit $k := |K|$

$$\varphi_i(v) = \sum_{\substack{K \subseteq N, \\ K \ni i}} \frac{(k-1)!\,(n-k)!}{n!} [v(K) - v(K \setminus \{i\})]$$

$$\geq \sum_{\substack{K \subseteq N, \\ K \ni i}} \frac{(k-1)!\,(n-k)!}{n!} v(\{i\}) \quad (v \text{ superadditiv})$$

$$= v(\{i\}).$$

Bei der zweiten Behauptung ist nichts zu zeigen: Dass die Shapley-Lösung und der Kern das Pareto-Axiom erfüllen, ist definitorisch richtig.

Die dritte Behauptung können Sie anhand der folgenden Aufgabe, die MOULIN (1995, S. 425) entnommen ist, selbst zeigen:

Übung F.10.1. Betrachten Sie die durch

$$v(K) = \begin{cases} 0, & |K| = 1 \\ \frac{1}{2}, & K = \{1,3\} \text{ oder } K = \{2,3\} \\ \frac{8}{10}, & K = \{1,2\} \\ 1, & K = \{1,2,3\} \end{cases}$$

gegebene Koalitionsfunktion. Bestätigen Sie, dass $\left(\frac{4}{10}, \frac{4}{10}, \frac{2}{10}\right)$ ein Element des Kerns ist und dass die Shapley-Lösung nicht zum Kern gehört.

Nun zur vierten Behauptung, nach der die Shapley-Lösung im Falle konvexer Koalitionsfunktionen immer im Kern liegt. Sie folgt recht direkt aus dem Theorem E.5.2 auf S. 172: Die Shapley-Lösung ist gleich einer konvexen Linearkombination der ρ-Lösungen, liegt also bei konvexen Spielen im Kern.

Im vorangehenden Kapitel haben wir den Nukleolus vorgestellt. Dieser liegt immer im Kern, wenn dieser nichtleer ist. Man mag das als

Vorteil des Nukleolus gegenüber der Shapley-Lösung ansehen. Allerdings hat YOUNG (1985, S. 69) zeigen können, dass es kein punktwertiges Lösungskonzept für Koalitionsfunktionen mit nichtleerem Kern gibt, das zugleich

- Pareto-effizient und
- monoton ist und
- Auszahlungen im Kern hat.

Diese Aussage von Young impliziert: Der (Pareto-effiziente) Nukleolus erkauft sich den Vorteil, immer zum nichtleeren Kern zu gehören, mit der Verletzung des Monotonie-Axioms. Tatsächlich verletzt der Nukleolus sogar das Monotonie-Axiom bezüglich der großen Koalition! Für Kostenspiele impliziert dies, dass einzelne Spieler davon profitieren können, wenn die große Koalition größere Kosten verursacht, während gleichzeitig die Kosten aller anderen Koalitionen konstant bleiben.

F.11 Alternativen zur Shapley-Lösung

F.11.1 Die Banzhaf-Lösung

Die Banzhaf-Lösung geht auf den Artikel des Juristen BANZHAF (1965) zurück, der sie auf gewichtete Abstimmungsspiele anwandte. DUBEY/SHAPLEY (1979) haben sich mit den Axiomen der Banzhaf-Lösung beschäftigt. Sie zeigen außerdem auf, dass es Konzepte in der Soziologie (Coleman-Index) und sogar in der Elektrophysik gibt, die in enger Verbindung zum Banzhaf-Index (Banzhaf-Lösung für einfache Spiele) stehen.

Man kann die Banzhaf-Formel durch

$$\beta_i'(v) = \frac{1}{2^{n-1}} \sum_{\substack{K \subseteq N, \\ K \ni i}} [v(K) - v(K \setminus \{i\})], i \in N,$$

definieren. Sie unterscheidet sich von der Shapley-Formel durch den Faktor, mit dem die marginalen Beiträge multipliziert werden. Anstelle von

$$\frac{(k-1)!\,(n-k)!}{n!} \text{ bei der Shapley-Formel}$$

sehen wir

$$\frac{1}{2^{n-1}} \text{ bei der Banzhaf-Formel.}$$

Dieser Faktor wirkt auf den ersten Blick recht plausibel. Es gibt nämlich 2^{n-1} Koalitionen, denen ein Spieler i beitreten kann. (2^{n-1} ist die Anzahl der Teilmengen von $N \backslash \{i\}$.) Die Banzhaf-Formel berechnet also den Durchschnitt der marginalen Beiträge eines Spielers, wobei dieser Durchschnitt über alle Koalitionen, denen dieser Spieler beitreten könnte, genommen wird.

Übung F.11.1. Welchen Koalitionen kann Spieler 1 bei $N = \{1, 2, 3\}$ beitreten?

Die Banzhaf-Formel findet hauptsächlich bei einfachen Spielen Anwendung, die bestimmte Wahlverfahren repräsentieren. In diesem Zusammenhang spricht man auch vom Banzhaf-Machtindex oder vom Banzhaf-Index.

Wir werden uns auf solche einfachen Spiele beschränken. Bei ihnen vereinfacht sich die Formel und es geht darum, die Anzahl der so genannten Pivot-Koalitionen zu ermitteln. Zur Erinnerung (siehe Kap. D, S. 90 ff.):

- Ein Spieler i ist pivotal für eine Koalition K, falls $v(K) = 0$ und $v(K \cup \{i\}) = 1$ gelten. Dann heißt K auch Pivot-Koalition für Spieler i.

- Mit $\eta_i(v)$ (bzw. η_i) bezeichnen wir die Anzahl der Pivot-Koalitionen für Spieler i, mit $\bar{\eta}(v)$ (bzw. $\bar{\eta}$) die Summe der Anzahl der Pivot-Koalitionen aller Spieler.

- Nullspieler sind durch $\eta_i = 0$ und Diktatoren durch $\eta_i = \bar{\eta}$ (oder $\eta_i = 2^{n-1}$) gekennzeichnet.

Nun können wir den Banzhaf-Index für Spieler i auch so ermitteln:

$$\beta_i'(v) = \frac{\eta_i}{2^{n-1}}.$$

Der Unterschied zur Shapley-Lösung ist folgender: Während bei Shapley die Reihenfolgen gleich wahrscheinlich sind, sind es bei Banzhaf die Koalitionen, denen ein Spieler angehört.

Übung F.11.2. Berechnen Sie die Banzhaf-Auszahlungen des ersten Spielers für $N = \{1,2,3\}$ und $u_{\{1,2\}}$. Was ergibt sich bei $N = \{1,2,3,4\}$ und $u_{\{1,2,3\}}$?

Übung F.11.3. Ermitteln Sie die Banzhaf-Auszahlungen für $N = \{1,2,3,4\}$ und das Apex-Spiel h_1, das durch

$$h_1(K) = \begin{cases} 1, 1 \in K \text{ und } K\setminus\{1\} \neq \emptyset \\ 1, K = N\setminus\{1\} \\ 0, \text{sonst} \end{cases}$$

definiert ist. Erfüllt die Banzhaf-Lösung die Pareto-Optimalität?

Während der Banzhaf-Index Pareto-Effizienz im Allgemeinen verletzt, erfüllt er die drei anderen Axiome, die für die Shapley-Lösung gelten:

- Symmetrie-Axiom,
- Nullspieler-Axiom und
- Transfer-Axiom (siehe S. 206 oben).

Man kann nun die Banzhaf-Lösung für allgemeine Spiele so variieren, dass sie die Pareto-Effizienz erfüllt. Für einfache Spiele erhält man die einfache Formel

$$\beta_i = \frac{\beta_i'}{\sum_{j \in N} \beta_j'} = \frac{\eta_i}{\bar{\eta}}.$$

Auch diese normalisierte Banzhaf-Lösung entspricht nicht der Shapley-Lösung, sodass nun also eines der drei genannten Axiome verletzt sein muss. Man kann zeigen, dass das Transfer-Axiom hier nicht mehr gilt.

Übung F.11.4. Zeigen Sie: Ein Diktator $i \in N$ in einem einfachen Spiel v (für i und v gilt also $v(K) = 1 \Leftrightarrow i \in K$) muss sowohl unter der normalisierten als auch unter der nicht-normalisierten Banzhaf-Lösung die Auszahlung 1 erhalten.

F.11.2 Die Solidaritäts-Lösung

Als zweite Alternative zur Shapley-Lösung präsentieren wir die Solidaritäts-Lösung, die NOWAK/RADZIK (1994) in die Literatur eingeführt haben. Sie ist ein punktwertiges Lösungskonzept und erfüllt Pareto-Effizienz, Symmetrie sowie Additivität. Lediglich das Nullspieler-Axiom ist verletzt: Die Solidaritäts-Lösung gibt auch den nichtproduktiven Spielern bei Einmütigkeitsspielen eine positive Auszahlung. Die Solidarität besteht also gerade darin, dass die produktiven Spieler den weniger produktiven etwas „abgeben".

In formaler Hinsicht wird diese Grundidee sehr einfach umgesetzt: An die Stelle des marginalen Beitrags von Spieler i bei der Reihenfolge ρ (siehe Shapley-Lösung S. 215) tritt der durchschnittliche Beitrag aller Spieler bis einschließlich Spieler i, wobei der Beitrag sich jeweils auf $K_i(\rho)$ bezieht. Die Solidaritäts-Lösung φ^{sol} ist also durch

$$\varphi_i^{\text{sol}}(v) = \frac{1}{n!} \sum_{\rho \in RF} \frac{\sum_{j \in K_i(\rho)} [v(K_i(\rho)) - v(K_i(\rho) \setminus \{j\})]}{|K_i(\rho)|}, i \in N,$$

definiert.

Wir betrachten zunächst $N = \{1,2,3\}$ und $u_{\{1,2\}}$. Spieler 3 ist ein Nullspieler und erhält bei der Shapley-Lösung, bei der (normalisierten) Banzhaf-Lösung und auch beim Nukleolus die Auszahlung Null. Anders ist es bei der Solidaritäts-Lösung. Dort erhalten wir

$$\varphi_1^{\text{sol}}(u_{\{1,2\}}) = \frac{1}{6} \left(\underbrace{\frac{\overbrace{0}^{MB_1^{\{1\}}}}{1}}_{(1,2,3)} + \underbrace{\frac{\overbrace{0}^{MB_1^{\{1\}}}}{1}}_{(1,3,2)} + \underbrace{\frac{\overbrace{1}^{MB_2^{\{2,1\}}} + \overbrace{1}^{MB_1^{\{2,1\}}}}{2}}_{(2,1,3)} \right.$$

$$+ \underbrace{\frac{\overbrace{1}^{MB_2^{\{2,3,1\}}} + \overbrace{0}^{MB_3^{\{2,3,1\}}} + \overbrace{1}^{MB_1^{\{2,3,1\}}}}{3}}_{(2,3,1)} + \underbrace{\frac{\overbrace{0}^{MB_3^{\{3,1\}}} + \overbrace{0}^{MB_1^{\{3,1\}}}}{2}}_{(3,1,2)}$$

$$\left. + \underbrace{\frac{\overbrace{0}^{MB_3^{\{3,2,1\}}} + \overbrace{1}^{MB_2^{\{3,2,1\}}} + \overbrace{1}^{MB_1^{\{3,2,1\}}}}{3}}_{(3,2,1)} \right)$$

$$= \frac{1}{6} \cdot \left(\frac{2}{2} + \frac{2}{3} + \frac{2}{3} \right)$$

$$= \frac{7}{18}.$$

Aufgrund von Symmetrie und Pareto-Effizienz ergibt sich die Solidaritäts-Auszahlung

$$\varphi^{\text{sol}} \left(u_{\{1,2\}} \right) = \left(\frac{7}{18}, \frac{7}{18}, \frac{4}{18} \right)$$

und damit eine Auszahlung in Höhe von $\frac{4}{18}$ für Spieler 3.

Übung F.11.5. Die Formel für die Solidaritäts-Lösung macht Gebrauch von den marginalen Beiträgen der Spieler. Dennoch wissen wir aufgrund der Definition F.4.1 auf S. 213, dass die Solidaritäts-Lösung das Marginalismus-Axiom verletzen muss. Können Sie den Widerspruch auflösen?

Man mag gegen die Solidaritäts-Lösung einwenden, dass für $u_{\{1,2\}}$ die Solidaritäts-Auszahlung nicht im Kern liegt, während die Shapley-Auszahlung dieses Kriterium erfüllt. NOWAK/RADZIK (1994) präsentieren jedoch ein Beispiel, bei dem es sich gerade umgekehrt verhält:

Übung F.11.6. Bestimmen Sie die Shapley- und die Solidaritäts-Auszahlungen für das durch

$$v(K) = \begin{cases} 0, & K = \{1\}, K = \{2\} \\ 1, & K = \{3\} \\ \frac{7}{2}, & K = \{1,2\} \\ 0, & K = \{1,3\} \\ 0, & K = \{2,3\} \\ 5, & K = \{1,2,3\} \end{cases}$$

definierte Spiel v. Liegen diese im Kern? Hinweis: Die Spieler 1 und 2 sind symmetrisch!

F.12 Neue Begriffe

• marginaler Beitrag

- Axiomatisierung
- Axiome:

  - Pareto
  - Nullspieler
  - unwesentlicher Spieler
  - nichtproduktiver Spieler beim Einmütigkeitsspiel
  - nichtproduktiver Spieler beim Einmütigkeitsspiel (Chun)
  - Nullspiel
  - Additivität
  - Linearität
  - Linearität bezüglich konvexer Kombinationen
  - Transfer
  - Alles-für-i
  - Gleichheit
  - Symmetrie
  - Marginalismus
  - Chun-Symmetrie
  - Brink-Symmetrie
  - Monotonie
  - Monotonie bezüglich der großen Koalition
  - ausgewogene Beiträge
  - Produktivität
  - Symmetrie bezüglich der Positionen
  - Neutralität bezüglich des gewöhnlichen Risikos
  - Neutralität bezüglich des strategischen Risikos
- Nullspieler
- Unwesentlicher Spieler
- Shapley-Formel
- Shapley-Theorem
- Banzhaf-Lösung
- Solidaritäts-Lösung

F.13 Lösungen zu den Übungen

F.2.1. a) $\psi^{\text{alles für } i} = \psi^{\text{egalitär}}$ ist für $N = \{i\}$ oder für $v(N) = 0$ erfüllt.

b) $\psi^{\text{alles für } i} = \psi^{\text{jeder erhält } z}$ gilt, falls sowohl $N = \{i\}$ als auch $z = v(N)$ erfüllt ist.

c) Schließlich erhält man $\psi^{\text{egalitär}} = \psi^{\text{jeder erhält } z}$ im Falle von $z = v(N)/n$.

F.3.1. $\psi^{\text{alles für } i}$ und $\psi^{\text{egalitär}}$ erfüllen das Pareto-Axiom immer, während $\psi^{\text{jeder erhält } z}$ dies nur im Falle von $z = v(N)/n$ tut. Im Allgemeinen ist eine Bezahlung nach dem marginalen Beitrag zu N nicht Pareto-effizient; es kann zu viel verteilt werden oder etwas übrig bleiben. Beispielsweise ergibt das Einmütigkeitsspiel u_T mit $|T| \geq 2$

$$\sum_{i \in N} \psi_i^{\text{marginaler Beitrag zu } N}(u_T) = \sum_{i \in N} [u_T(N) - u_T(N \setminus \{i\})]$$
$$= |T|$$
$$> 1.$$

Auch ψ^{Chun} ist nicht Pareto-optimal. Betrachten Sie u_T mit $|T| \geq 3$. Man erhält

$$\sum_{i \in N} \psi_i^{\text{Chun}}(v) = \sum_{i \in N} \left(\sum_{|S|=2, S \ni i} u_T(S) - \sum_{j \in N} u_T(\{j\}) \right)$$
$$= \sum_{i \in N} \left(\sum_{|S|=2, S \ni i} 0 - \sum_{j \in N} 0 \right)$$
$$= 0$$
$$\neq 1$$
$$= u_T(N).$$

F.3.2. Jeder Nullspieler ist ein unwesentlicher Spieler. Zudem gilt $v(\{i\}) = 0$ für den Nullspieler, was sich formal aus $K := \emptyset$ ergibt.

F.3.3. Man sieht leicht, dass man $v(K)$ durch $\sum_{i \in K} v(\{i\})$ ausdrücken kann, wenn alle Spieler unwesentlich sind. Nehmen wir beispielsweise an, dass die Spieler 1, 2 und 3 unwesentlich seien. Dann gilt

$$v\left(\{1,2,3\}\right) = v\left(\{1,2\}\right) + v\left(\{3\}\right) \quad (3 \text{ ist unwesentlich})$$
$$= v\left(\{1\}\right) + v\left(\{2\}\right) + v\left(\{3\}\right) \quad (2 \text{ ist unwesentlich}).$$

In Kap. D haben wir im Übrigen in Aufg. D.3.15 (S. 110) Bedingungen gefunden, unter denen $v\left(K\right) = \sum_{i \in K} v\left(\{i\}\right)$ für alle Koalitionen $K \subseteq N$ erfüllt ist: Die Koalitionsfunktion v muss unwesentlich und superadditiv sein. Wir können also festhalten: v ist genau dann unwesentlich und superadditiv, wenn alle Spieler unwesentlich sind.

F.3.4. Wir unterscheiden für eine beliebige Koalition $K \subseteq N$ wiederum zwei Fälle: Entweder enthält K die Menge T, dann gilt

$$\left(\gamma u_T\right)\left(K\right) = \gamma u_T\left(K\right)$$
$$= \gamma \cdot 1$$
$$= \gamma u_T\left(K \cup \{i\}\right)$$
$$= \left(\gamma u_T\right)\left(K \cup \{i\}\right).$$

Oder aber K enthält die Menge T nicht; in diesem Fall ergibt sich in ähnlicher Weise $\left(\gamma u_T\right)\left(K\right) = 0 = \left(\gamma u_T\right)\left(K \cup \{i\}\right)$. Also sind die nichtproduktiven Spieler auch für γu_T Nullspieler.

F.3.5. Beim Handschuh-Spiel $v_{\{1\},\{2,3\}}$ ist kein Spieler unwesentlich. Denn für jeden Spieler $i = 1,2,3$ gibt es einen Spieler j von der anderen Marktseite, sodass

$$v\left(\{i,j\}\right) \neq v\left(\{j\}\right) + v\left(\{i\}\right)$$

erfüllt ist. Daher ist bei diesem Spiel auch kein Nullspieler vorhanden.

F.3.6. Die Additivität ergibt für $w := 0$

$$\psi_i\left(v\right) = \psi_i\left(v + 0\right) = \psi_i\left(v\right) + \psi_i\left(0\right)$$

und damit $\psi_i\left(0\right) = 0$.

F.3.7. Zum Beweis des Chun-Axioms seien $v \in G_N, \gamma \in \mathbb{R}$ und $T \subset N$ mit $T \neq \emptyset$ gegeben. Für einen Spieler $i \in N \backslash T$ folgt dann

$$\psi_i\left(v + \gamma u_T\right) = \psi_i\left(v\right) + \psi_i\left(\gamma u_T\right) \quad (\text{Additivität})$$
$$= \psi_i\left(v\right) + 0 \quad (i \text{ ist Nullspieler für } \gamma u_T)$$
$$= \psi_i\left(v\right)$$

und somit die gewünschte Gleichung.

F.3.8. Seien Koalitionsfunktionen v und w und ein Skalar α mit $0 \leq \alpha \leq 1$ gegeben. Dann folgt aus dem Linearitäts-Axiom

$$\psi_i \left(\alpha v + (1 - \alpha) w\right) = \psi_i \left(\alpha v\right) + \psi_i \left((1 - \alpha) w\right) \quad \text{(Gl. F.4)}$$
$$= \alpha \psi_i \left(v\right) + (1 - \alpha) \psi_i \left(w\right) \quad \text{(Gl. F.5)}$$

und damit die Linearität bezüglich konvexer Kombinationen.

F.3.9. Man erhält

- $(v + w)\left(N\right) = 2$,
- $\frac{1}{2}v\left(\{1,2\}\right) = \frac{1}{2}$ und
- $\left(\frac{1}{2}v + \frac{1}{2}w\right)\left(\{1,2\}\right) = \left(\frac{1}{2}v\right)\left(\{1,2\}\right) + \left(\frac{1}{2}w\right)\left(\{1,2\}\right) = \frac{1}{2} + 0$;

es handelt sich hier also nicht um einfache Spiele.

F.3.10. Die (produktiven) Spieler 1 und 2 sind für $u_{\{1,2\}}$ symmetrisch. Dennoch ordnet die $(1,3,2)$-Lösung dem Spieler 1 die Auszahlung Null und dem Spieler 2 die Auszahlung 1 zu.

F.3.11. Man sieht leicht, dass die Spieler paarweise symmetrisch sind und somit $\psi_1\left(v\right) = \psi_2\left(v\right) = \psi_3\left(v\right)$ erfüllen. Pareto-Effizienz fordert $\psi_1\left(v\right) + \psi_2\left(v\right) + \psi_3\left(v\right) = 90$, sodass man insgesamt die Auszahlung $(30,30,30)$ erhält.

F.3.12. Die Spieler aus $N\backslash T$ tragen zu keiner Koalition etwas bei, sind also Nullspieler. Aufgrund des Nullspieler-Axioms erhalten sie Null:

$$\psi_i = 0, i \notin T.$$

Wegen des Pareto-Axioms erhalten die Spieler aus T daher zusammen 1:

$$\sum_{i \in T} \psi_i \left(u_T\right) = u_T \left(N\right) - \sum_{i \notin T} \psi_i \left(u_T\right) = 1.$$

Nun sind die T-Spieler i und j, $i \neq j$, paarweise symmetrisch: Für jede Koalition K, die weder i noch j enthält, gilt

$$v \left(K \cup \{i\}\right) = 0 = v \left(K \cup \{j\}\right),$$

weil die Koalitionen $K \cup \{i\}$ bzw. $K \cup \{j\}$ nur dann Obermengen von T sein können, wenn sie sowohl i als auch j enthalten. Für alle i und j aus T folgt daher

$$\psi_i(u_T) = \psi_j(u_T) = \frac{1}{|T|}.$$

Dies ergibt

$$\psi_i(u_T) = \begin{cases} \frac{1}{|T|}, & i \in T \\ 0, & i \notin T. \end{cases}$$

F.3.13. Sei $T \subset N$ mit $T \neq \emptyset$ und i ein beliebiger Spieler aus $N \backslash T$. Seien zudem $v \in G_N$ und $\gamma \in \mathbb{R}$ wie beim Chun-Axiom über die nichtproduktiven Spieler bei Einmütigkeitsspielen. Dann gilt für jede Koalition $K \subseteq N$ mit $i \notin K$

$$
\begin{aligned}
MB_i^K(v + \gamma u_T) &= (v + \gamma u_T)(K \cup \{i\}) - (v + \gamma u_T)(K) \\
&= v(K \cup \{i\}) - v(K) + (\gamma u_T)(K \cup \{i\}) - (\gamma u_T)(K) \\
&= v(K \cup \{i\}) - v(K) + \gamma[u_T(K \cup \{i\}) - u_T(K)] \\
&= v(K \cup \{i\}) - v(K) \\
&= MB_i^K(v).
\end{aligned}
$$

Aufgrund des Marginalismus-Axioms folgt dann $\psi_i(v + \gamma u_T) = \psi_i(v)$.

F.3.14. Ist K eine Koalition, die weder i noch j enthält, so ist weder $K \cup \{i\}$ noch $K \cup \{j\}$ gleich S. Daher gilt $v_S(K \cup \{i\}) = 0 = v_S(K \cup \{j\})$.

F.3.15. Sei eine beliebige Koalition K und seien Spieler i und j mit $i \neq j$, $i \notin K$ und $j \notin K$ gegeben. Wir gehen von

$$v(K \cup \{i\}) = v(K \cup \{j\})$$

aus und sollen

$$\psi_i(v) = \psi_j(v)$$

zeigen. Bezüglich w ist jeder Spieler ein Nullspieler; daher folgt die gewünschte Gleichung:

$$
\begin{aligned}
\psi_i(v) &= \psi_i(w + v) \quad (w \text{ ist Null-Koalitionsfunktion}) \\
&= \psi_j(w + v) - \psi_j(w) + \psi_i(w) \quad (\text{Brink-Symmetrie-Axiom}) \\
&= \psi_j(v) - \psi_j(w) + \psi_i(w) \quad (w \text{ ist Null-Koalitionsfunktion}) \\
&= \psi_j(v) \quad (\text{Nullspieler-Axiom}).
\end{aligned}
$$

F.3.16. Wir gehen von zwei Spielern i und j aus, die symmetrisch bezüglich der Koalitionsfunktion v sind. Für jede beliebige Koalitionsfunktion w haben wir nun

$$\psi_i(w+v) - \psi_i(w) = \psi_j(w+v) - \psi_j(w)$$

zu zeigen:

$$
\begin{aligned}
\psi_i(w+v) - \psi_i(w) &= \psi_i(w) + \psi_i(v) - \psi_i(w) \quad \text{(Additivitäts-Axiom)} \\
&= \psi_i(v) \\
&= \psi_j(v) \quad \text{(Symmetrie-Axiom)} \\
&= \psi_j(v) + \psi_j(w) - \psi_j(w) \\
&= \psi_j(w+v) - \psi_j(w) \quad \text{(Additivitäts-Axiom)}.
\end{aligned}
$$

F.3.17. $u_{\{1,2\}}\big|_{\{3\}}$ ist die Null-Koalitionsfunktion. Anders ausgedrückt ist $u_{\{1,2\}}\big|_{\{3\}}$ durch den Definitionsbereich $\{\emptyset, \{3\}\}$ und durch

$$u_{\{1,2\}}\big|_{\{3\}}(\{3\}) = 0$$

definiert.

F.4.1. Wir nehmen an, es gäbe ein Lösungskonzept ψ, das sowohl das Nullspieler-Axiom als auch das Gleichheits-Axiom erfüllt. Für $u_{\{1\}}$ fordert das Nullspieler-Axiom $\psi_j\left(u_{\{1\}}\right) = 0$ für $j \geq 2$, während das Gleichheitsaxiom $\psi_j\left(u_{\{1\}}\right) = \frac{1}{n}$ für $j \geq 2$ verlangt. Kein Lösungskonzept kann also beide Axiome erfüllen.

F.4.2. Während die Zweierkoalitionen $\{1,2\}$ und $\{1,3\}$ beim Handschuh-Spiel den Wert 1 schaffen, ist es beim Einmütigkeitsspiel die Zweierkoalition $\{2,3\}$. Daher ist $v_{\{1\},\{2,3\}} + u_{\{2,3\}}$ symmetrisch und durch

$$
\left(v_{\{1\},\{2,3\}} + u_{\{2,3\}}\right)(K) = \begin{cases} 0, & |K| = 1 \\ 1, & |K| = 2 \\ 2, & K = \{1,2,3\} \end{cases}
$$

definiert.

F.6.1. Man betrachte eine beliebige Reihenfolge ρ. Für den Diktator i gilt

$$v(K_i(\rho)) - v(K_i(\rho) \setminus \{i\}) = 1 - 0 = 1,$$

sodass seine Shapley-Lösung 1 beträgt. Die ρ-Lösungen und die Shapley-Lösungen aller anderen Spieler sind Null.

F.6.2. Gehört ein Spieler einer minimalen Gewinnkoalition an, hat er einen marginalen Beitrag von 1, wenn er K voll macht, also als letzter Spieler der Koalition K „den Raum betritt". Da sein marginaler Beitrag aufgrund der Monotonie der Koalitionsfunktion nie negativ ist, ist seine Shapley-Auszahlung positiv.

F.6.3. Nur dann, wenn Spieler 1 als Erster oder aber als Letzter in einer Reihenfolge auftaucht, ist sein marginaler Beitrag Null. Die Wahrscheinlichkeit dafür beträgt $\frac{2}{n}$. Die Auszahlung $\frac{2}{n}$ haben sich die anderen symmetrischen (!) Spieler zu teilen. Man erhält also die Shapley-Lösung

$$\left(1 - \frac{2}{n}, \frac{\frac{2}{n}}{(n-1)}, ..., \frac{\frac{2}{n}}{(n-1)}\right).$$

Spieler 1 erhält 1, falls die Anzahl der Spieler gegen unendlich geht:

$$\lim_{n \to \infty} \left(1 - \frac{2}{n}\right) = 1.$$

F.6.4. Die Auszahlung für Spieler 1 beträgt beim ersten Spiel $\frac{2}{3}$ (sein marginaler Beitrag ist 1, falls er an zweiter oder dritter Position auftaucht), während sie beim zweiten Spiel nur $\frac{1}{2}$ ist (Spieler 3 ist ein Nullspieler und die Spieler 1 und 2 leisten beide den marginalen Beitrag 1, sobald der jeweils andere vorausgeht). Dennoch hat Spieler 1 beim zweiten Spiel ein höheres Gewicht als beim ersten ($55 > 50$).

F.6.5. Da die Einerkoalitionen immer den Wert 0 haben, ist die Besteuerung v_t vereinfacht durch $v_t(K) = v(K)[1 - t]$, $K \subseteq N$, definierbar. Daher ergibt sich

$$v_t(C) = v_t(W) = v_t(G) = 0,$$
$$v_t(C, W) = 700\,[1 - t], v_t(C, G) = 500\,[1 - t], v_t(W, G) = 0 \text{ und}$$
$$v_t(C, W, G) = 700\,[1 - t].$$

F.6.6. Die Shapley-Lösung für Spieler 1 ist

$$\varphi_1(v) = \frac{1}{6}\left(\underbrace{0}_{(1,2,3)} + \underbrace{0}_{(1,3,2)} + \underbrace{1}_{(2,1,3)} + \underbrace{3}_{(2,3,1)} + \underbrace{2}_{(3,1,2)} + \underbrace{3}_{(3,2,1)}\right) = \frac{3}{2}.$$

Da die Spieler 1 und 3 symmetrisch sind, erhalten wir zunächst $\varphi_3(v) = \varphi_1(v) = \frac{3}{2}$ und schließlich aufgrund der Pareto-Optimalität $\varphi_2(v) = 1$.

$\left(\frac{3}{2}, 1, \frac{3}{2}\right)$ liegt im Kern. (Die Nichtblockade durch eine Zweier- oder Einerkoaliton ist leicht zu bestätigen.)

F.6.7. Bei einer proportionalen Regel hätten sich die Fluggesellschaften entsprechend

$$\left(\frac{1}{10}, \frac{5}{10}, \frac{4}{10}\right) \cdot 230 = (23, 115, 92)$$

an den Kosten von 230 zu beteiligen. Die Shapley-Lösung führt dagegen zu

$$\varphi_1(c) = \frac{1}{6}\left(\underbrace{41}_{(1,2,3)} + \underbrace{41}_{(1,3,2)} + \underbrace{21}_{(2,1,3)} + \underbrace{29}_{(2,3,1)} + \underbrace{19}_{(3,1,2)} + \underbrace{29}_{(3,2,1)}\right)$$
$$= \frac{1}{6} \cdot 180 = 30,$$

$$\varphi_2(c) = \frac{1}{6}\left(\underbrace{85}_{(1,2,3)} + \underbrace{125}_{(1,3,2)} + \underbrace{105}_{(2,1,3)} + \underbrace{105}_{(2,3,1)} + \underbrace{125}_{(3,1,2)} + \underbrace{115}_{(3,2,1)}\right)$$
$$= \frac{1}{6} \cdot 660 = 110,$$

$$\varphi_3(c) = \frac{1}{6}\left(\underbrace{104}_{(1,2,3)} + \underbrace{64}_{(1,3,2)} + \underbrace{104}_{(2,1,3)} + \underbrace{96}_{(2,3,1)} + \underbrace{86}_{(3,1,2)} + \underbrace{86}_{(3,2,1)}\right)$$
$$= \frac{1}{6} \cdot 540 = 90.$$

F.7.1. Man hat lediglich die Summen zu vertauschen und die Pareto-Effizienz der ρ-Lösungen zu verwenden:

$$\sum_{i \in N} \varphi_i(v) = \sum_{i \in N} \frac{1}{n!} \sum_{\rho \in RF} MB_i^{K_i(\rho)}$$
$$= \sum_{\rho \in RF} \frac{1}{n!} \sum_{i \in N} MB_i^{K_i(\rho)} \quad \text{(Vertauschen der Summen)}$$
$$= \sum_{\rho \in RF} \frac{1}{n!} v(N) \quad \text{(ρ-Lösungen Pareto-effizient)}$$

$$= n! \frac{1}{n!} v(N)$$
$$= v(N).$$

F.7.2. Die gewünschte Gleichung ergibt sich aus

$$(\alpha v)(K) - (\alpha v)(K \backslash \{i\})$$
$$= \alpha v(K) - \alpha v(K \backslash \{i\})$$
$$= \alpha [v(K) - v(K \backslash \{i\})]$$

und

$$\varphi_i(\alpha v) = \sum_{\substack{K \subseteq N, \\ K \ni i}} \frac{(k-1)!(n-k)!}{n!} [(\alpha v)(K) - (\alpha v)(K \backslash \{i\})]$$

$$= \sum_{\substack{K \subseteq N, \\ K \ni i}} \frac{(k-1)!(n-k)!}{n!} \alpha [v(K) - v(K \backslash \{i\})]$$

$$= \alpha \sum_{\substack{K \subseteq N, \\ K \ni i}} \frac{(k-1)!(n-k)!}{n!} [v(K) - v(K \backslash \{i\})]$$

$$= \alpha \varphi_i(v).$$

Zusammen mit dem Beweis von $\varphi_i(v+w) = \varphi_i(v) + \varphi_i(w)$ auf S. 228 haben wir somit Linearität gezeigt.

F.7.3. Für j und jede Koalition K mit $j \in K$ gilt

$$v|_{N \backslash \{j\}}^j (K) - v|_{N \backslash \{j\}}^j (K \backslash \{j\}) = v(K \backslash \{j\}) - v(K \backslash \{j\} \backslash \{j\})$$
$$= v(K \backslash \{j\}) - v(K \backslash \{j\})$$
$$= 0,$$

Spieler j ist also ein Nullspieler und damit auch unwesentlich.

F.10.1. Die Shapley-Auszahlung für Spieler 3 lässt sich als

$$\varphi_3(v) = \frac{1}{3} \cdot 0 + \frac{1}{3} \cdot \frac{1}{2} + \frac{1}{3} \cdot \frac{2}{10} = \frac{7}{30}$$

ermitteln, wobei der Faktor $\frac{1}{3}$ jeweils die Wahrscheinlichkeit dafür repräsentiert, dass Spieler 3 an erster, zweiter oder dritter Stelle in einer Reihenfolge auftaucht.

Symmetrie und Pareto-Effizienz liefern nun

$$\varphi_1(v) = \varphi_2(v) = \frac{1}{2} \cdot \left(1 - \frac{7}{30}\right) = \frac{23}{60}.$$

Damit eine Auszahlung $x = (x_1, x_2, x_3)$ im Kern ist, muss sie u.a.

$$x_1 + x_2 \geq v(\{1,2\}) = \frac{8}{10}$$

erfüllen, während wir $\varphi_1(v) + \varphi_2(v) = 2 \cdot \frac{23}{60} = \frac{23}{30} < \frac{24}{30} = \frac{8}{10}$ erhalten. Die Shapley-Lösung ist also nicht im Kern. $\left(\frac{4}{10}, \frac{4}{10}, \frac{2}{10}\right)$ erfüllt dagegen Pareto-Effizienz und ist weder durch Einer- noch durch Zweierkoalitionen blockierbar, wovon Sie sich leicht selbst überzeugen können. Diese Auszahlung liegt daher im Kern.

F.11.1. Spieler 1 kann den Koalitionen $\emptyset$, $\{2\}$, $\{3\}$ oder $\{2,3\}$ beitreten.

F.11.2. Für $N = \{1,2,3\}$ und $u_{\{1,2\}}$ erhält man

$$\begin{aligned}
\beta_1'(u_{\{1,2\}}) &= \frac{1}{4}\left(MB_1^{\emptyset} + MB_1^{\{2\}} + MB_1^{\{3\}} + MB_1^{\{2,3\}}\right) \\
&= \frac{1}{4}(0 + 1 + 0 + 1) \\
&= \frac{1}{2},
\end{aligned}$$

während $N = \{1,2,3,4\}$ und $u_{\{1,2,3\}}$ zu

$$\begin{aligned}
\beta_1'(u_{\{1,2,3\}}) &= \frac{1}{8}\left(MB_1^{\{2,3\}} + MB_1^{\{2,3,4\}}\right) \\
&= \frac{1}{4}
\end{aligned}$$

führen.

Alternativ hätte man diese Ergebnisse auch aufgrund von

$$\beta_1'(u_{\{1,2\}}) = \frac{\eta_1(u_{\{1,2\}})}{2^{3-1}} = \frac{|\{2\},\{2,3\}|}{4} = \frac{1}{2}$$

und

$$\beta_1'(u_{\{1,2,3\}}) = \frac{\eta_1(u_{\{1,2,3\}})}{2^{4-1}} = \frac{|\{2,3\},\{2,3,4\}|}{8} = \frac{1}{4}$$

ermitteln können.

F.11.3. Spieler 1 hat einen marginalen Beitrag von 1, wenn er einer der Koalitionen

$$\{2\},\{3\},\{4\},$$
$$\{2,3\},\{2,4\} \text{ oder } \{3,4\}$$

beitritt; seine Banzhaf-Auszahlung beträgt daher $\frac{6}{2^4-1} = \frac{3}{4}$. In Aufg. F.6.3 konnten wir dagegen die Shapley-Auszahlung $\frac{1}{2}$ feststellen. Spieler 2 hat nur dann einen marginalen Beitrag von 1, wenn er einer der Koalitionen

$$\{1\} \text{ oder } \{3,4\}$$

beitritt; er erhält also die Banzhaf-Auszahlung $\frac{2}{2^4-1} = \frac{1}{4}$. Analoges gilt für die Spieler 3 und 4. Die Zulässigkeit ist wegen $\frac{3}{4} + 3 \cdot \frac{1}{4} > 1$ verletzt, daher liegt keine Pareto-Optimalität vor.

F.11.4. Dies ergibt sich direkt daraus, dass für einen Diktator $\eta_i = \bar{\eta}$ oder auch $\eta_i = 2^{n-1}$ gilt.

F.11.5. Das Marginalismus-Axiom verlangt, dass die Auszahlung für einen Spieler von seinen eigenen marginalen Beiträgen abhängt. Bei der Solidaritäts-Lösung hängt die Auszahlung für einen Spieler jedoch auch von den marginalen Beiträgen der anderen Spieler ab. Übrigens: Bei symmetrischen Spielen muss folglich die Solidaritäts-Lösung gleich der Shapley-Lösung sein.

F.11.6. Man erhält für Spieler 1

$$\varphi_1(v) = \frac{1}{6}\left(\underbrace{0}_{(1,2,3)} + \underbrace{0}_{(1,3,2)} + \underbrace{\frac{7}{2}}_{(2,1,3)} + \underbrace{5}_{(2,3,1)} + \underbrace{-1}_{(3,1,2)} + \underbrace{5}_{(3,2,1)} \right)$$

$$= \frac{1}{6} \cdot \left(\frac{7}{2} + \frac{23}{6} - \frac{1}{2} + \frac{23}{6} \right)$$
$$= \frac{16}{9}.$$

Symmetrie und Pareto-Effizienz liefern dann

$$\varphi(v) = \left(\frac{25}{12}, \frac{25}{12}, \frac{10}{12} \right)$$

und

$$\varphi^{\text{sol}}(v) = \left(\frac{16}{9}, \frac{16}{9}, \frac{13}{9} \right).$$

Die Shapley-Auszahlung ist nicht individuell rational; Spieler 3 erhält nur $\frac{10}{12} < 1 = v(\{3\})$. Die Solidaritäts-Auszahlung liegt dagegen im Kern; weder Spieler 3 noch irgendeine andere Koalition können sie blockieren.

G. Die Koalitionsfunktion ohne transferierbaren Nutzen

G.1 Einführendes

Die Koalitionsfunktion bei transferierbarem Nutzen haben wir in den vorangehenden Kapiteln eingeführt und einiges an Theorie und Anwendungen dazu präsentiert. In diesem Kapitel geht es um den Fall nichttransferierbaren Nutzens. Hier reicht es nicht mehr aus, jeder Koalition eine Nutzensumme zuzuordnen. Stattdessen benötigen wir agentenspezifische Nutzeninformationen. Die dabei verwendete Modellierung ist allgemeiner als bei transferierbarem Nutzen.

Allerdings ist der Fall nichttransferierbaren Nutzens auch komplizierter und weniger handhabbar als der Fall transferierbaren Nutzens. Daher beschränken wir seine Vorstellung und Analyse auf ein einziges Kapitel. Im Vordergrund dieses Kapitels stehen der Kern, dessen Definition auch im Fall des nichttransferierbaren Nutzens intuitiv ist, und die Nash-Verhandlungslösung. Es gibt in der Literatur Verallgemeinerungen der Shapley-Lösung für den transferierbaren Fall auf den nichttransferierbaren Fall; sie stammen von HARSANYI (1963), SHAPLEY (1969) und MASCHLER/OWEN (1992). Wir werden sie jedoch nicht behandeln und weisen stattdessen auf den gründlichen, aber schwierigen Literaturüberblick bei MCLEAN (2002) hin.

Im nächsten Abschnitt definieren wir die Koalitionsfunktion ohne transferierbaren Nutzen. Die Abschnitte G.3 und G.4 bieten dann Beispiele für solche Koalitionsfunktionen, zunächst für eine Tauschökonomie und dann für einen Heiratsmarkt. Im Abschnitt G.5 wird der Kern für Koalitionsfunktionen ohne transferierbaren Nutzen definiert und auf die Tauschökonomie und den Heiratsmarkt angewandt. Bei der Tauschökonomie erhält man als Spezialfall das erste Wohlfahrtstheorem, das die Pareto-Effizienz von Märkten im Gleichgewicht

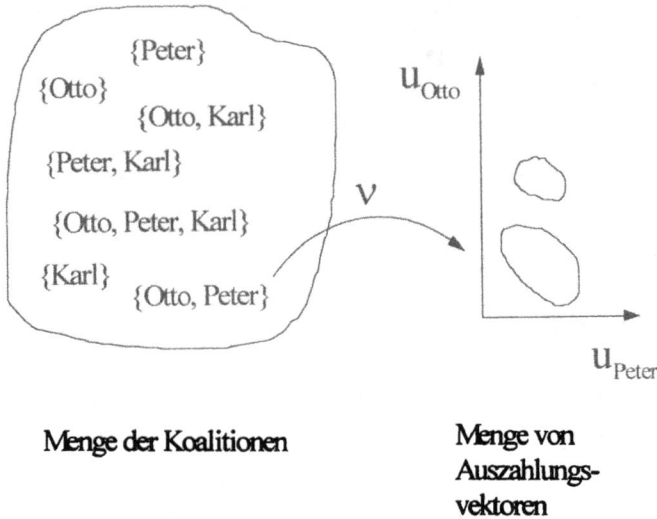

{Peter}

{Otto}

{Otto, Karl}

{Peter, Karl}

{Otto, Peter, Karl}

{Karl}   {Otto, Peter}

u_{Otto}

V

u_{Peter}

Menge der Koalitionen

Menge von
Auszahlungs-
vektoren

Abbildung G.1. Andeutung einer charakteristischen Funktion

behauptet. Abschnitt G.6 führt die Nash-Lösung ein und erläutert sie anhand eines einfachen Beispiels. Alternativen zur Nash-Lösung präsentiert schließlich der Abschnitt G.7.

G.2 Definition

Die Koalitionsfunktion ohne transferierbaren Nutzen bezeichnet man mit V, um sie von der Koalitionsfunktion v im Fall des transferierbaren Nutzens zu unterscheiden. Die Funktion V ordnet jeder Koalition $K \neq \emptyset$, bestehend aus $|K|$ Mitgliedern, eine Menge von Nutzenvektoren

$$u_K := (u_i)_{i \in K} \in \mathbb{R}^{|K|}$$

für diese Mitglieder zu. Hierbei ist u_i die Auszahlung für Spieler i. Für u_N schreiben wir oft nur u. $V(K)$ enthält also die Auszahlungsvektoren, die die Koalition K „für sich" erreichen kann.

Betrachten wir eine Koalitionsfunktion für die drei Herren Otto, Peter und Karl. Für die Koalition $K := \{Otto, Peter\}$ deutet Abbildung G.1 die charakteristische Funktion graphisch an.

Übung G.2.1. Zeichnen Sie für die Koalition $K := \{Otto, Peter\}$ die Menge

$$\{(u_{\text{Peter}}, u_{\text{Otto}}) : u_{\text{Peter}} \geq 2, u_{\text{Otto}} \geq 1, u_{\text{Peter}} + u_{\text{Otto}} \leq 4\}.$$

Definition G.2.1. *Ein Koalitionsspiel (N, V) bei nichttransferierbarem Nutzen mit Nutzenwerten ist eine nichtleere Menge N (die Spieler) zusammen mit einer Abbildung V, deren Definitionsbereich 2^N ist und die jeder Koalition $K \subseteq N$ eine Teilmenge von $\mathbb{R}^{|K|}$ so zuordnet, dass*

- *$V(\emptyset) = \emptyset$ und*
- *$V(K) \neq \emptyset$ für $K \neq \emptyset$*

erfüllt sind. Häufig bezeichnen wir das Koalitionsspiel (N, V) nur mit V.

Übung G.2.2. Welche der folgenden Ausdrücke sind formal korrekt?

- $V(\{1, 2\}) = 1$
- $V(\{1, 2\}) = \{1\}$
- $V(\{1, 2\}) = (1, 2)$
- $V(\{1, 2\}) = \emptyset$
- $V(\{1, 2\}) = \{(1, 2)\}$
- $V(\{1, 2\}) = \{(x_1, x_2) \in \mathbb{R}^2 : x_1 \leq 3, x_2 \leq 4, x_1 + x_2 \leq 5\}$

In der Regel stellt man an die Funktion V weitere Anforderungen (Konvexität, Abgeschlossenheit ...), die wir hier jedoch nicht aufführen wollen (siehe McLean (2002, S. 2079 f.)). Jede Koalitionsfunktion v (mit transferierbarem Nutzen) kann auch als Koalitionsfunktion V (ohne transferierbaren Nutzen) geschrieben werden, indem man für jede Koalition $K \subseteq N$

$$V(K) := \left\{ x_K \in \mathbb{R}^{|K|} : \sum_{i \in K} x_i \leq v(K) \right\}$$

setzt. Besteht K aus genau zwei Spielern, ist $V(K)$ gleich den Nutzentupeln, die auf einer Geraden mit der Steigung -1 oder darunter liegen.

Übung G.2.3. Welche Achsenabschnitte hat die soeben angesprochene Gerade im $\mathbb{R}^2$?

$V(K)$ legt die Auszahlung, die ein Spieler i aus K erhalten kann, im Allgemeinen nur im Zusammenhang mit den Auszahlungen für die anderen Spieler aus K fest. Man kann allerdings diejenigen Auszahlungen für einen Spieler angeben, die er möglicherweise bekommt:

Definition G.2.2. *Sei K eine Koalition und $V(K)$ eine Menge von Nutzenvektoren im Koalitionsspiel (N,V). Für einen Spieler i aus N definieren wir den maximal für ihn erreichbaren Nutzen durch*

$$m_i^K(V) := \max\left\{x_i \in \mathbb{R} : \begin{array}{l}\text{Es gibt einen Nutzenvektor } u \\ \text{in } V(K) \text{ mit } u_i = x_i\end{array}\right\}.$$

Bisweilen schreiben wir m_i^K anstelle von $m_i^K(V)$.

Wir wollen annehmen, dass $m_i^K(V)$ immer existiert.

Übung G.2.4. Bestimmen Sie $m_1^{\{1,2\}}$ für

$$V(\{1,2\}) = \left\{(x_1,x_2) \in \mathbb{R}^2 : x_1 \le 3, x_2 \le 4, x_1 + x_2 \le 5\right\}.$$

Auch Koalitionsfunktionen ohne transferierbaren Nutzen werden häufig als superadditiv vorausgesetzt. Natürlich brauchen wir dazu eine etwas andere Definition als bei transferierbarem Nutzen:

Definition G.2.3. *Die Koalitionsfunktion V ohne transferierbaren Nutzen heißt superadditiv, falls für alle Koalitionen $S,T \subset N$ aus*

$$S \cap T = \emptyset \text{ (kein Agent ist in beiden Koalitionen)},$$
$$u_S \in V(S) \text{ und}$$
$$u_T \in V(T)$$

folgt, dass

$$(u_S, u_T) \in V(S \cup T)$$

gilt.

Hierbei ist (u_S, u_T) der Vektor, der für die Agenten aus S und für die Agenten aus T Nutzenwerte enthält. Für zwei Agenten besagt die Bedingung der Superadditivität, dass die Nutzenwerte, die die Agenten einzeln erreichen können, bei Koalitionsbildung auch erreichbar sind.

Übung G.2.5. Welche der im Folgenden auf $\{1, 2, 3\}$ definierten Koalitionsfunktionen V_1 und V_2 ist superadditiv?

- $V_1(K) = \begin{cases} \{i\}, & K = \{i\} \\ \{(x_1, x_2) : x_1 \le 1, x_2 \le 4\}, & K = \{1, 2\} \\ \{(x_1, x_3) : x_1 \le 2, x_3 \le 3\}, & K = \{1, 3\} \\ \{(x_2, x_3) : x_2 \le 4, x_3 \le 5\}, & K = \{2, 3\} \\ \{(x_1, x_2, x_3) : x_1 + x_2 + x_3 \le 10\} & K = \{1, 2, 3\} \end{cases}$

- $V_2(K) = \begin{cases} \{i\}, & K = \{i\} \\ \{(x_1, x_2) : x_1 \le 1, x_2 \le 4\}, & K = \{1, 2\} \\ \{(x_1, x_3) : x_1 \le 2, x_3 \le 2\}, & K = \{1, 3\} \\ \{(x_2, x_3) : x_2 \le 4, x_3 \le 5\}, & K = \{2, 3\} \\ \{(x_1, x_2, x_3) : x_1 + x_2 + x_3 \le 9\} & K = \{1, 2, 3\} \end{cases}$

G.3 Die Tauschökonomie

G.3.1 Koalitionsfunktion

Im Zwei-Personen-zwei-Güter-Fall kann man eine Tauschökonomie graphisch mithilfe der Tausch-Edgeworth-Box darstellen (siehe Abschnitt B.2 auf den Seiten 19 ff.). Die den Koalitionen offen stehenden Nutzenwerte sind allerdings nicht transferierbar. Bei der Konstruktion der zu einer Tauschökonomie gehörenden Koalitionsfunktion ohne transferierbaren Nutzen gehen wir folgendermaßen vor:

- Zunächst überlegen wir für jede Koalition K, über welche Gütermengen diese verfügt.
- Die Gütermengen definieren die Nutzenwerte, die die Spieler aus K erreichen können.

Bevor wir nun die Koalitionsfunktion für die Tauschökonomie beschreiben, haben wir uns für den n-Personen- und ℓ-Güter-Fall auf eine Notation zu verständigen: Der Güterraum ist durch die Menge aller

ℓ-stelligen Güterbündel $x = \left(x^1, x^2, ..., x^\ell\right) \in \mathbb{R}_+^\ell$ gegeben, wobei $\mathbb{R}_+$ für die nichtnegativen reellen Zahlen steht.

Allgemein legen wir für die ℓ-komponentigen Vektoren x und y fest:

- $x \geq y :\Leftrightarrow x^j \geq y^j$ für alle $j \in \{1, 2, ..., \ell\}$,
- $x > y :\Leftrightarrow x^j \geq y^j$ für alle $j \in \{1, 2, ..., \ell\}$ und es gibt ein $j^* \in \{1, 2, ..., \ell\}$ mit $x^{j^*} > y^{j^*}$,
- $x >> y :\Leftrightarrow x^j > y^j$ für alle $j \in \exists\{1, 2, ..., \ell\}$.

Übung G.3.1. Welche der folgenden Relationen sind für die Vektoren $x = (1, 2, 3)$, $y = (1, 1, 3)$ und $z = (2, 2, 4)$ richtig?

- $z \geq x \geq y$
- $x > y$
- $z > y$
- $x >> y$
- $z >> y$

Jeder Agent $i \in N$ besitzt eine Anfangsausstattung dieser ℓ Güter,

$$\omega_i = \left(\omega_i^1, ..., \omega_i^\ell\right) \geq 0,$$

wobei hier 0 als Nullvektor $(0, ..., 0)$ zu verstehen ist. Ähnlich wie im Zwei-Güter-Fall kann man die „Länge" und „Breite" der verallgemeinerten Tausch-Edgeworth-Box definieren:

Übung G.3.2. Drücken Sie die Anzahl der Einheiten des Gutes 1 mithilfe der Anfangsausstattungen ω_i aus.

Von besonderem Interesse sind die so genannten Allokationen $(y_i)_{i \in N}$, die für jedes Individuum aus N die Mengen von jedem der ℓ Güter definieren.

Definition G.3.1. *Eine Allokation* $y = (y_i)_{i \in N}$ *heißt zulässig, falls sich die Individuen in der Tauschökonomie diese leisten können:*

$$\sum_{i \in N} y_i \leq \sum_{i \in N} \omega_i.$$

y heißt K-zulässig, falls

$$\sum_{i \in K} y_i \leq \sum_{i \in K} \omega_i$$

gilt.

Wir nehmen an, dass die Individuen über Nutzenfunktionen U_i auf der Menge der Güterbündel verfügen. Diese kann man graphisch veranschaulichen.

Übung G.3.3. Wie nennt man den geometrischen Ort der Allokationen x, für die $U_i(x_i)$ konstant ist?

Der Leser rekurriere auf Abb. B.1 auf S. 21, um sich klar zu machen, wie im Zwei-Personen- und Zwei-Güter-Fall die Begriffe Allokation, Anfangsausstattung und Indifferenzkurve zu verstehen sind.

Definition G.3.2. *Eine Tauschökonomie* $\left(N, (\omega_i)_{i \in N}, (U_i)_{i \in N}\right)$ *ist eine Menge N von Individuen zusammen mit Anfangsausstattungen* $(\omega_i)_{i \in N}$ *($\omega_i \in \mathbb{R}_+^\ell$) und Nutzenfunktionen* $(U_i)_{i \in N}$ *($U_i : \mathbb{R}_+^\ell \to \mathbb{R}$).*

Wir können nun die zu dieser Tauschökonomie gehörige Koalitionsfunktion ohne transferierbaren Nutzen definieren: Für $K \neq \emptyset$ setzen wir

$$V(K) = \left\{ u_K \in \mathbb{R}^{|K|} : \begin{array}{l} \text{Es gibt eine } K\text{-zulässige Allokation } x \\ \text{mit } u_i \leq U_i(x_i), i \in K \end{array} \right\}.$$

Man hätte in dieser Festlegung statt mit schwachen Ungleichheitszeichen auch mit Gleichheitszeichen arbeiten können. Hier haben wir (wie in der Literatur bisweilen üblich) die Koalitionsfunktion so aufgeschrieben, dass mit einem Nutzenvektor u_K auch alle Nutzenvektoren u'_K mit $u'_K \leq u_K$ in $V(K)$ enthalten sind. Ökonomisch bedeutet dies, dass die Individuen auf Nutzen bzw. bei Monotonie auf Güter verzichten können.

G.3.2 Budget und Nachfrage

Innerhalb der Tausch-Edgeworth-Box kann man zwei grundverschiedene Fragen behandeln. Die erste lautet: Welche Tauschaktionen führen die Individuen bei den Anfangsausstattungen $(\omega_i)_{i \in N}$ und den Nutzenfunktionen $(U_i)_{i \in N}$ durch? Die zweite lautet: Wie verhalten sich die Individuen bei gegebenen Preisen für die ℓ Güter und sind diese Verhaltensweisen miteinander verträglich?

Wir verfolgen nun zunächst die zweite Frage und setzen Preise $p = (p^1, ..., p^\ell)$ für die Güter $j = 1, ..., \ell$ voraus. Das Budget für Individuum i besteht aus denjenigen Güterbündeln, die es sich leisten kann, bei denen also seine Ausgaben den Wert seiner Anfangsausstattung nicht überschreitet:

$$\{x_i \geq 0 : x_i p \leq \omega_i p\}.$$

Hierbei ist $x_i p$ als das Skalarprodukt zu verstehen und somit folgendermaßen zu berechnen:

$$x_i p = \sum_{j=1}^{\ell} x_i^j p^j.$$

Für den Fall zweier Güter und positiver Preise ergibt sich dabei das bekannte Budgetdreieck.

Übung G.3.4. Skizzieren Sie für den Zwei-Güter-Fall das Budget. Zeichnen Sie ein Güterbündel ein, bei dem das Budget ausgeschöpft wird, und ein weiteres Güterbündel, bei dem das Budget nicht ausgeschöpft wird.

Jedes Individuum i wird ein Güterbündel x_i^* wählen, für das gilt:

1. Individuum i kann sich x_i^* leisten:

$$x_i^* \cdot p \leq \omega_i \cdot p.$$

2. Es gibt kein anderes Bündel y, das Individuum i sich leisten kann und gegenüber x_i^* präferiert:

$$U_i(y_i) > U_i(x_i^*) \Rightarrow y_i \cdot p > \omega_i \cdot p. \tag{G.1}$$

Wir schreiben für die Menge der Güterbündel, die diese beiden Anforderungen erfüllen,

$$x_i(p, \omega_i \cdot p).$$

Wir nehmen nun an, dass gewisse technische Bedingungen erfüllt sind, die dazu führen, dass es genau ein Güterbündel in $x_i\,(p, \omega_i \cdot p)$ gibt. Falls Sie mit den Konzepten der Beschränktheit und der Abgeschlossenheit des Budgets sowie der strengen Konvexität der Nutzenfunktionen etwas anfangen können, wissen Sie, wovon die Rede ist. Es ist für den momentanen Zweck ausreichend, dass Sie den Zusammenhang mit Abb. B.5 auf S. 30 verstehen. Das eine Güterbündel in $x_i\,(p, \omega_i \cdot p)$ nennen wir nun, formal etwas unkorrekt, ebenfalls $x_i\,(p, \omega_i \cdot p)$.

G.3.3 Walras-Gleichgewicht

Gibt es Preise für die ℓ Güter, sodass alle Märkte geräumt sind? Wir fragen also, ob es einen Preisvektor p^* gibt, sodass die Nachfrage nach den ℓ Gütern gleich der Anfangsausstattung ist:

Definition G.3.3. *Ein Preisvektor p^* und das dazugehörige Nachfragesystem $(x_i\,(p^*, \omega_i \cdot p^*))_{i \in N}$ heißen Walras-Gleichgewicht, falls*

$$\sum_{i \in N} x_i\,(p^*, \omega_i \cdot p^*) = \sum_{i \in N} \omega_i$$

gilt. $(x_i\,(p^*, \omega_i \cdot p^*))_{i \in N}$ heißt dann Walras-Allokation.

Man beachte, dass die Gleichgewichtsbedingung zum einen verlangt, dass sich alle Haushalte im Optimum befinden: Haushalt i wählt bei den gegebenen Preisen p^* das Güterbündel $x_i\,(p^*, \omega_i \cdot p^*)$. Zum anderen verlangt sie, dass die von allen Gütern nachgefragten Mengen gleich den von allen Gütern insgesamt vorhandenen Mengen sind.

Als Beispiel betrachten wir eine Cobb-Douglas-Ökonomie. Individuum 1 besitze die Cobb-Douglas-Nutzenfunktion U_1 mit den Parametern a_1 (für Gut 1) und $1 - a_1$ (für Gut 2). Um sich an das Rechnen mit solchen Nutzenfunktionen zu erinnern, lösen Sie bitte die folgende Aufgabe:

Übung G.3.5. Bestätigen Sie, dass bei einem Einkommen in Höhe von m und den Preisen p_x und p_y für die Güter x bzw. y ein Individuum mit der durch

$$U(x,y) = x^a y^{1-a}$$

gegebenen Nutzenfunktion U die Nachfragefunktionen

$$x = a\frac{m}{p_x} \text{ und}$$
$$y = (1-a)\frac{m}{p_y}$$

hat.

Nun weiter im Text: Die Anfangsausstattung des betrachteten Individuums betrage $\omega_1 = (1,0)$. Individuum 2 besitze eine Cobb-Douglas-Nutzenfunktion U_2 mit den Parametern a_2 (für Gut 1) und $1 - a_2$ (für Gut 2). Seine Anfangsausstattung laute $\omega_2 = (0,1)$. Für die Parameter a_1 und a_2 gelte $0 < a_1, a_2 < 1$. Gemäß der vorangehenden Aufgabe erhalten wir die Nachfrage nach Gut 1 als

$$x_1^1\left((p^1, p^2), \omega_1 \cdot p\right)$$
$$= a_1 \frac{\omega_1 \cdot p}{p^1}$$
$$= a_1 \frac{1 \cdot p^1 + 0 \cdot p^2}{p^1}$$
$$= a_1$$

für Individuum 1 und

$$x_2^1\left((p^1, p^2), \omega_2 \cdot p\right)$$
$$= a_2 \frac{\omega_2 \cdot p}{p^1}$$
$$= a_2 \frac{p^2}{p^1}$$

für Individuum 2.

Markt 1 ist geräumt, falls die Nachfrage gleich dem Angebot ist, d.h. falls

$$a_1 + a_2 p^2/p^1 = 1$$

oder, äquivalent dazu,

$$p^2/p^1 = (1-a_1)/a_2$$

gilt. Aufgrund des Gesetzes von Walras (sind $\ell - 1$ Märkte geräumt, so sind bereits alle ℓ Märkte geräumt) weiß man, dass dann auch Markt 2 geräumt ist. Alternativ könnte man dies analog dem Vorgehen bei Markt 1 direkt zeigen. Alle Preise, die diesen Gleichungen gehorchen, sind Gleichgewichtspreise. Offenbar sind nur die relativen Preise determiniert.

G.4 Der Heiratsmarkt

ROTH/SOTOMAYOR (1992) bieten ein Heiratsmarktmodell, das auf andere Allokationsprobleme (Arbeitnehmer und Arbeitgeber) erweitert werden kann. Ausgehend von der Menge der Männer

$$M = \{m_1, ..., m_k\}$$

und der Menge der Frauen

$$W = \{w_1, ..., w_n\}$$

gehen wir davon aus, dass jeder Mann $m \in M$ eine Nutzenfunktion U_m besitzt, die auf $W \cup \{m\}$ definiert ist. Dabei steht w_1 für die Heirat mit Frau 1, während m für die Ledigkeit steht. Analog gibt es für jede Frau $w \in W$ eine Nutzenfunktion U_w auf $M \cup \{w\}$.

Übung G.4.1. Was bedeutet $U_{w_1}(m_1) > U_{w_1}(w_1) > U_{w_1}(m_2)$?

Um die Analyse etwas zu vereinfachen, wollen wir mit den Autoren annehmen, dass die Präferenzen der Spieler immer strikt sind. Das Tupel aller $k + n$ Nutzenfunktionen bezeichnen wir mit **U**.

Definition G.4.1. *Ein Heiratsmarkt* $(M, W, \mathbf{U})$ *besteht aus den disjunkten Individuenmengen* M *und* W *und Nutzenfunktionen* $\mathbf{U} = (U_i)_{i \in M \cup W}$, *die für* $m \in M$ *auf* $W \cup \{m\}$ *und für* $w \in W$ *auf* $M \cup \{w\}$ *definiert sind.*

Im Vergleich zu einer Tauschökonomie sind die Spieler selbst Gegenstand der Präferenzen. Dies emotionalisiert sicherlich die Teilnahme an einem solchen Markt, wie die Leser aus eigener Erfahrung wissen.

Formal hat dies seinen Ausdruck im Definitionsbereich der Nutzenfunktionen.

Eine Allokation auf einem Gütermarkt ordnet den Spielern Güterbündel zu; eine Allokation auf dem Heiratsmarkt enthält die Spieler sowohl im Definitions- als auch im Wertebereich:

Definition G.4.2. *Für den Heiratsmarkt* (M, W, U) *heißt eine Abbildung*

$$\mu : M \cup W \to M \cup W$$

Allokation, falls die zwei Bedingungen

- $\mu(m) \neq m$ *impliziert* $\mu(m) \in W$ *für alle* $m \in M$ *und*
- $\mu(w) \neq w$ *impliziert* $\mu(w) \in M$ *für alle* $w \in W$

erfüllt sind.

Aufgrund der zwei Bedingungen kann ein Mann sich selbst zugeordnet werden. Er ist dann ledig. Wenn er nicht ledig ist, heiratet er eine Frau. Analoges gilt für Frauen. Eine Allokation schließt also in traditioneller Weise Ehen zwischen gleichgeschlechtlichen Partnern aus (prägnant und englisch: Adam and Eve, not Adam and Steve).

Übung G.4.2. Für welche Menschen ist $\mu(\mu(i)) = i$ garantiert?

Eine Allokation löst jedoch das Problem der Paarbildung nicht ausreichend. Denn eine solche Allokation schließt nicht aus, dass ein Mann m einer Frau w zugeordnet wird, ohne dass dies auch umgekehrt der Fall ist. Sie schließt also nicht aus, dass der Mann m die Frau w „heiratet" und dass zugleich w einen anderen Mann m' ehelicht oder aber sich selbst zugeordnet wird, also ledig bleibt. Möchte man Ehen in traditioneller Weise definieren, erhält man folgende Definition:

Definition G.4.3. *Für den Heiratsmarkt* (M, W, U) *heißt eine Allokation* μ *zulässig, falls* $\mu(\mu(i)) = i$ *für alle* $i \in M \cup W$ *erfüllt ist.*

Diese Bedingung bedeutet für $\mu(i) \neq i$, dass Spieler $m \in M$ genau dann Spieler $w \in W$ heiratet, wenn w umgekehrt auch m heiratet. Für Spieler $i \in M \cup W$, die ledig bleiben, ist die Bedingung ohnehin erfüllt.

Fast genau wie bei der Tauschökonomie können wir die zu diesem Heiratsmarkt gehörige Koalitionsfunktion ohne transferierbaren Nutzen definieren: Für $K \neq \emptyset$ setzen wir

$$V(K) = \left\{ u_K \in \mathbb{R}^{|K|} : \begin{array}{l} \text{Es gibt eine zulässige Allokation } \mu \\ \text{mit } u_i \leq U_i(\mu(i)), i \in K \end{array} \right\}.$$

G.5 Der Kern

G.5.1 Definition

Definition G.5.1. *Der Kern eines Koalitionsspiels (N, V) ist die Menge derjenigen Nutzenvektoren $u = (u_i)_{i \in N}$ aus $\mathbb{R}^n$, die Zulässigkeit und Nicht-Blockierbarkeit erfüllen:*

- *$u \in V(N)$.*
- *Es gibt keine Koalition K und keinen Nutzenvektor $u' = (u_i')_{i \in N}$ derart, dass $u_K' \in V(K)$ und $u_i \leq u_i'$ für alle $i \in K$ mit echter Ungleichung für mindestens ein i aus K gelten.*

Die Zulässigkeitsbedingung besagt, dass der Kern nur solche Nutzenvektoren enthält, die aufgrund der Koalitionsfunktion erreichbar sind. Die zweite Bedingung besagt: Falls die Koalition K für ihre Mitglieder die Auszahlung u_K' erreichen kann, dann darf diese Auszahlung gegenüber der Auszahlung u keine gruppenspezifische Pareto-Verbesserung darstellen.

Umgekehrt ausgedrückt: Falls es zu einem Nutzenvektor u eine Koalition K und einen Nutzenvektor u_K' mit

$$u_K' \in V(K)$$

und

$$u_K < u_K'$$

gibt, liegt u nicht im Kern, weil K den Nutzenvektor u blockiert.

Auch der Kern eines Koalitionsspiels ohne transferierbaren Nutzen kann leer sein; PREDTETCHINSKI/HERINGS (2004) geben notwendige und hinreichende Bedingungen an, unter denen der Kern nichtleer ist.

G.5.2 Der Kern der Tauschökonomie

Die obige Definition stellt auf die Nutzenvektoren ab. In einer Tausch-ökonomie kann man den Kern aber alternativ auch unter Verweis auf die Allokationen definieren:

Definition G.5.2. *Sei* $\left(N, (\omega_i)_{i \in N}, (U_i)_{i \in N}\right)$ *eine Tauschökonomie und V die zu dieser Tauschökonomie gehörige Koalitionsfunktion ohne transferierbaren Nutzen. Dann ist $x = (x_i)_{i \in N}$ aus $\mathbb{R}^{n \cdot \ell}$ genau dann im Kern der Tauschökonomie, wenn $(U_i (x_i))_{i \in N}$ zum Kern von V gehört.*

Aufgrund dieser Definition kann man den Kern einer Tauschöko-nomie auch direkt unter Verwendung von Zulässigkeit und Nicht-Blockierbarkeit aufschreiben:

Theorem G.5.1. *Der Kern der Tauschökonomie $(N, (\omega_i)_{i \in N}, (U_i)_{i \in N})$ ist die Menge derjenigen Allokationen $x = (x_i)_{i \in N}$ aus $\mathbb{R}^{n \cdot \ell}$, die Zu-lässigkeit und Nicht-Blockierbarkeit erfüllen:*

- $\sum_{i \in N} x_i \leq \sum_{i \in N} \omega_i.$
- *Es gibt keine Koalition K und keine Allokation $z = (z_i)_{i \in N}$ mit*
  - $U_i (z_i) > U_i (x_i)$ *für alle $i \in K$ und*
  - $\sum_{i \in K} z_i \leq \sum_{i \in K} \omega_i.$

Die zweite Bedingung verlangt, dass sich keine Koalition K gegen-über der Allokation x besser stellen kann, wobei K auf die Anfangs-ausstattungen ihrer Mitglieder angewiesen ist. Anstelle von $U_i (z_i) > U_i (x_i)$ für alle i aus K könnte man auch die entsprechende schwächere Bedingung formulieren. Bei strenger Monotonie (mehr ist echt besser) und Teilbarkeit macht dies keinen Unterschied.

In Abb. B.1 auf S. 21 sind die Tauschlinse und der Kern dargestellt. Entsprechend der obigen Definition erfüllen die Allokationen im Kern die Bedingungen

- Zulässigkeit (die Kern-Allokationen liegen in der Edgeworth-Box) und
- Nicht-Blockierbarkeit (Einerkoalitionen erheben keinen Widerspruch, weil kein Element des Kerns auf einer niedrigeren Indifferenzkurve

als die Anfangsausstattung liegt; Zweierkoalitionen erheben keinen Einspruch, da im Kern die Grenzraten der Substitution gleich sind und eine Pareto-Verbesserung daher nicht möglich ist).

Übung G.5.1. Der Kern einer Tauschökonomie entspricht dem Kern einer Koalitionsfunktion ohne transferierbaren Nutzen. Welchem Konzept entspricht die Tauschlinse einer Tauschökonomie? Vervollständigen Sie: „Die Tauschlinse einer Tauschökonomie $\left(N, (\omega_i)_{i \in N}, (U_i)_{i \in N}\right)$ ist die Menge derjenigen Allokationen $x = (x_i)_{i \in N}$ aus $\mathbb{R}^{n \cdot \ell}$, die ... ".

Ein theoretischer Grund für das Vertrauen vieler Ökonomen in die Effizienz des Marktmechanismus liegt im ersten Hauptsatz der Wohlfahrtstheorie, nach dem ein System vollkommener Wettbewerbsmärkte Pareto-effizient ist. Für unsere Tauschökonomie ist der Beweis dieses Theorems recht leicht; wir können sogar noch mehr zeigen:

Theorem G.5.2. *Sei* $\left(N, (\omega_i)_{i \in N}, (U_i)_{i \in N}\right)$ *eine Tauschökonomie und* $(x_i (p^*, \omega_i \cdot p^*))_{i \in N}$ *die dazugehörige Walras-Allokation. Im Falle von* $p^* > 0$ *liegt diese im Kern.*

Dieses Theorem führt die zwei Themen zusammen, die HILDENBRANDT/KIRMAN (1988) in ihrem Lehrbuch behandeln:

- das Walras'sche Thema der Dezentralisierung und
- das Edgeworth'sche Thema der Kooperation.

Der Beweis des Theorems ist erstaunlich einfach. Wir führen einen Widerspruchsbeweis und nehmen an, dass die Walras-Allokation $(x_i(p^*, \omega_i \cdot p^*))_{i \in N}$ nicht im Kern liegt, dass es also eine Koalition K gibt, die diese Allokation blockieren kann. Dann existiert eine Allokation $z = (z_i)_{i \in N}$, sodass jedes Individuum aus K die Allokation z bevorzugt und die Koalition K sich die bevorzugte Allokation leisten kann:

- $U_i(z_i) > U_i(x_i(p^*, \omega_i \cdot p^*))$ für alle i aus K und
- $\sum_{i \in K} z_i \leq \sum_{i \in K} \omega_i$.

Aus $U_i(z_i) > U_i(x_i(p^*, \omega_i \cdot p^*))$ können wir wegen der Bedingung G.1 für das Haushaltsoptimum (siehe S. 264) schließen, dass sich die Individuen i aus K das Güterbündel z_i nicht leisten können und dass daher

$$p \cdot z_i > p \cdot \omega_i$$

für alle i aus K gelten muss. Durch Summation erhält man

$$\begin{aligned}
p \cdot \sum_{i \in K} z_i &= \sum_{i \in K} p \cdot z_i \\
&> \sum_{i \in K} p \cdot \omega_i \\
&= p \cdot \sum_{i \in K} \omega_i.
\end{aligned}$$

Diese Ungleichung stellt aufgrund der nichtnegativen Preise einen Widerspruch zu $\sum_{i \in K} z_i \leq \sum_{i \in K} \omega_i$ dar.

Jede Walras-Allokation liegt also im Kern. Da keine Koalition die Walras-Allokationen blockieren kann, gilt dies auch für die Menge N selbst: Walras-Allokationen sind also Pareto-effizient.

G.5.3 Der Kern des Heiratsmarkts

Für die Stabilität einer zulässigen Allokation ist es von zentraler Bedeutung, dass ein Mann (oder eine Frau) i keinen Partner $\mu(i)$ hat, dem gegenüber er (oder sie) das Ledigsein vorziehen würde:

Definition G.5.3. *Ein Individuum i findet ein anderes Individuum i' akzeptabel, falls $U_i(i') > U_i(i)$ gilt.*

Hintergrund dieser Definition ist die Annahme, dass es keine Zwangsheiraten gibt. Eine Allokation, bei der irgendein Mann oder irgendeine Frau einen nichtakzeptablen Ehepartner hat, würde nicht zustande kommen oder wäre durch Scheidung bedroht. Im Allgemeinen muss die Stabilität nicht dadurch gefährdet sein, dass ein Mann m nicht seine Lieblingsfrau w zur Ehefrau hat; denn w könnte ihrerseits einen Mann m' haben, den sie gegenüber m vorzieht. Diese Vorüberlegungen motivieren neben der individuellen Rationalität die paarweise Rationalität. Die folgende Definition ist alternativ zu einer Definition, die auf die Koalitionsfunktion des Heiratsmarktes rekurriert. Wir nehmen weiterhin an, dass alle Präferenzen strikt sind.

Definition G.5.4. *Sei μ eine zulässige Allokation.*

- μ heißt individuell rational, falls $U_i\left(\mu\left(i\right)\right) \geq U_i\left(i\right)$ für alle Spieler $i \in N$ gilt (Nichtblockierbarkeit durch Einerkoalition).

- μ heißt paarweise rational, falls es kein Paar von Spielern $(m, w) \in M \times W$ gibt, das

$$U_m\left(w\right) > U_m\left(\mu\left(m\right)\right) \quad und$$
$$U_w\left(m\right) > U_w\left(\mu\left(w\right)\right)$$

erfüllt (Nichtblockierbarkeit durch Zweierkoalition).

- μ heißt Pareto-optimal, falls es keine zulässige Allokation μ' gibt, sodass

$$U_i\left(\mu'\left(i\right)\right) \geq U_i\left(\mu\left(i\right)\right) \quad für\ alle\ i \in M \cup W \quad und$$
$$U_{i'}\left(\mu'\left(i'\right)\right) > U_{i'}\left(\mu\left(i'\right)\right) \quad für\ mindestens\ ein\ i' \in M \cup W$$

erfüllt sind (Nichtblockierbarkeit durch große Koalition).

- μ liegt im Kern, falls es keine Koalition $K \subseteq M \cup W$ und keine zulässige Allokation μ' mit $\mu'\left(K\right) \subseteq K$ gibt, sodass

$$U_i\left(\mu'\left(i\right)\right) \geq U_i\left(\mu\left(i\right)\right) \quad für\ alle\ i \in K \quad und$$
$$U_{i'}\left(\mu'\left(i'\right)\right) > U_{i'}\left(\mu\left(i'\right)\right) \quad für\ mindestens\ ein\ i' \in K$$

erfüllt sind (Nichtblockierbarkeit durch irgendeine Koalition).

Die Bedingung $\mu'\left(K\right) \subseteq K$ bei der Kern-Definition besagt, dass die (blockierende) Koalition K Partner nur in den eigenen Reihen suchen darf. Ganz analog kann bei einer Tauschökonomie eine blockierende Koalition nur diejenigen Güter untereinander verteilen, über die sie auch verfügt (K-Zulässigkeit, siehe S. 263). Für die drei Spezialfälle (Blockade durch eine Einer-Koalition, durch eine Zweier-Koalition oder durch die große Koalition) ist $\mu'\left(K\right) \subseteq K$ ebenfalls gegeben:

- Bei der Pareto-Optimalität ist $\mu'\left(N\right) \subseteq N$ selbstverständlich erfüllt,
- bei der paarweisen Rationalität besteht die blockierende Koalition aus den zwei Spielern $\{m, w\}$, die ein Paar bilden, und
- bei der individuellen Rationalität kann sich ein Spieler i nicht besser stellen, wenn er Single bleibt statt mit $\mu\left(i\right)$ verbandelt zu sein.

Übung G.5.2. Welcher Zusammenhang besteht zwischen individueller Rationalität und der Akzeptabilität von Partnern?

Paarweise Rationalität bedeutet, dass es keinen Mann und keine Frau geben darf, die sich heiraten und sich dadurch besser stellen können. Die Besserstellung kann dabei entweder dadurch erfolgen, dass sie aus bestehenden Ehen ausbrechen, oder dadurch, dass sie die Ledigkeit aufgeben. Pareto-Optimalität und der Kern sind wie üblich unter Bezug auf Zulässigkeit und Nichtblockierbarkeit durch die große bzw. durch irgendeine Koalition definiert.

Theorem G.5.3. *Sei $(M, W, \mathbf{U})$ ein Heiratsmarkt. Die Menge der zulässigen Allokationen, die sowohl individuell rational als auch paarweise rational sind, ist gleich dem Kern.*

Die eine Richtung des Beweises ist sehr einfach, die zweite etwas schwieriger. Nehmen wir für die Hin-Richtung an, dass eine Allokation μ nicht aus dem Kern stammt. Wenn sie nicht zulässig ist, kann sie weder individuell noch paarweise rational sein. Also können wir μ als zulässig voraussetzen. Dann gibt es also eine Koalition K, die μ blockieren kann, indem sie eine andere Allokation μ' vorschlagen kann, die

$$U_i\left(\mu'(i)\right) \geq U_i\left(\mu(i)\right) \text{ für alle } i \in K \text{ und}$$

$$U_{i'}\left(\mu'(i')\right) > U_{i'}\left(\mu(i')\right) \text{ für mindestens ein } i' \in K$$

erfüllt. Für dieses Individuum i' gibt es drei Möglichkeiten:

- Unter μ ist i' ledig, unter μ' ist i' verheiratet,
- unter μ ist i' verheiratet, unter μ' ist i' ledig oder
- unter μ ist i' verheiratet, unter μ' ist i' mit einer anderen Person verheiratet.

Im ersten Fall stellen sich sowohl i' als auch der Ehepartner $\mu'(i')$ echt besser, weil wir strikte Präferenzen unterstellt haben. Dann ist μ nicht paarweise rational. Im zweiten Fall ist $\mu(i')$ für i' nicht akzeptabel und μ daher individuell nicht rational. Im dritten Fall verbessern sich sowohl i' als auch ihr neuer Partner (bzw. seine neue Partnerin) $\mu'(i')$, sodass die paarweise Rationalität von μ verletzt ist.

Übung G.5.3. Zeigen Sie die Rück-Richtung.

Wir haben somit gezeigt: Wenn eine Allokation μ nicht im Kern ist, ist sie individuell oder paarweise nicht rational. Insgesamt konnten wir zeigen, dass eine Allokation μ genau dann im Kern ist, wenn sie sowohl individuell als auch paarweise rational ist.

G.6 Die Nash-Lösung

G.6.1 Das Verhandlungsspiel als Koalitionsfunktion

Eines der berühmtesten Konzepte der Koalitionsfunktion ohne transferierbaren Nutzen ist die Nash-Lösung (oder Nash-Verhandlungslösung). Sie hat mit dem Begriff des Nash-Gleichgewichtes, das in die nichtkooperative Spieltheorie gehört, außer dem Bezug zu John Nash, nichts zu tun. Die hier folgenden Ausführungen sind durch THOMSON (1994) und PETERS (1992) inspiriert. NASH (1953) selbst hat seine Theorie für zwei Personen expliziert. Die Verallgemeinerung auf n Personen ist jedoch nicht schwer.

Die Besonderheit der Nash-Lösung besteht darin, dass die Auszahlungen $V(K)$, die Koalitionen K mit $1 < |K| < n$ erzielen können, keine Rolle spielen. Es kommt nur darauf an, was die große Koalition und die Einerkoalitionen erzielen können. Für die Einerkoalitionen beschränkt man sich zudem auf ihre maximale Auszahlungen:

$$d_i := m_i^{\{i\}}, i \in N.$$

$d = (d_i)_{i \in N}$ nennt man auch den Drohpunkt oder Status-quo-Punkt. Er gibt diejenigen Nutzen an, die die Agenten bei Abbruch der Verhandlungen erreichen können.

Wir definieren nun ein Verhandlungsspiel (N, V) als ein spezielles Koalitionsspiel bei nichttransferierbarem Nutzen (siehe MCLEAN (2002, S. 2080)):

Definition G.6.1. *Ein Verhandlungsspiel (N, V) ist ein Koalitionsspiel bei nichttransferierbarem Nutzen, das die folgenden Bedingungen erfüllt:*

- $(d_i)_{i \in N}$ *ist zulässig:* $(d_i)_{i \in N} \in V(N)$.
- *In $V(N)$ existiert mindestens ein Vektor x mit $x >> d$.*

Häufig setzt man $U := V(N)$ (die so genannte Verhandlungsmenge) und schreibt dann auch (U, d) anstelle von V. Die Menge der n-Personen-Verhandlungsspiele bezeichnet man mit V_n.

In Abb. G.2, die sich auf den Zwei-Personen-Fall bezieht, gibt es offenbar viele Nutzenvektoren, die beide Spieler im Vergleich zu d besser stellen. Von besonderer Wichtigkeit ist die Nutzengrenze (die so genannte Nutzenmöglichkeitenkurve), die die Menge der Pareto-optimalen Nutzenkombinationen wiedergibt. Streng genommen bräuchten wir noch einige weitere „technische" Bedingungen (u.a. Konvexität); wir wollen sie jedoch nicht näher erläutern. Eine ausführlichere Einführung in die Nash-Verhandlungs-Lösung bietet BINMORE (1992, Kap. 5).

Bevor Sie sich an die nächste Aufgabe machen, wollen wir den so genannten Idealpunkt definieren:

Definition G.6.2. *Idealpunkt heißt der durch*

$$a(U, d) = (a_i(U, d))_{i \in N}$$

und

$$a_i(U, d) := \max \left\{ u_i \in \mathbb{R} : \begin{array}{l} \textit{Es gibt einen Nutzenvektor } u \\ \textit{in } U \textit{ mit } u \geq d \end{array} \right\}$$

definierte Punkt aus $\mathbb{R}^n$.

$a_i(U, d)$ ist die maximale Auszahlung, die Spieler i unter all denjenigen Punkten aus U erreichen kann, die alle Spieler gegenüber dem Drohpunkt vorziehen („rechts oberhalb" des Drohpunktes). Im Allgemeinen liegt $a(U, d)$ nicht in U.

Übung G.6.1. Skizzieren Sie den Kern der zu Abbildung G.2 gehörigen charakteristischen Funktion ohne transferierbaren Nutzen. Zeichnen Sie auch $a_1(U, d)$, $a_2(U, d)$ und $a(U, d)$ ein.

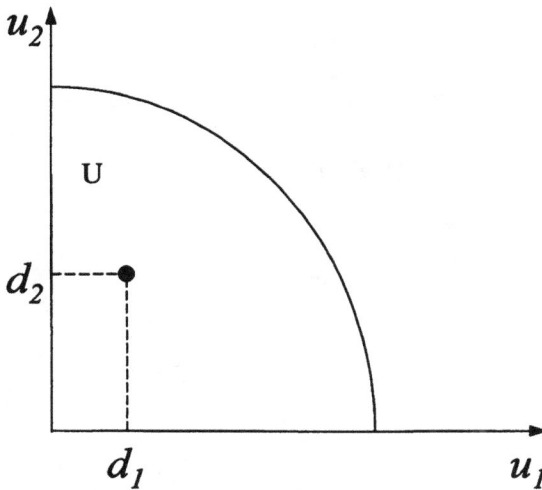

Abbildung G.2. Ausgangssituation für die Nash-Verhandlungslösung

G.6.2 Axiome für Verhandlungslösungen

Das Ziel dieses und des nächsten Abschnittes besteht darin, Verhandlungsspielen Auszahlungsvektoren zuordnen zu können. Dazu definieren wir zunächst allgemein eine solche Lösung:

Definition G.6.3. *Die Abbildung*

$$\psi : \mathbb{V}_n \to \mathbb{R}^n$$

heißt punktwertige Verhandlungslösung auf N.

Übung G.6.2. Wie sollte Ihrer Meinung nach eine Lösung auf $\{1,2\}$ von d_1 abhängen?

Wir präsentieren zunächst Axiome, die Verhandlungslösungen erfüllen könnten oder sollten. Dabei beschränken wir uns auf den Fall $N = \{1,2\}$; die Verallgemeinerung auf n Spieler ist jedoch leicht.

Pareto-Axiom: Die Auszahlung $(\psi_1 (U,d), \psi_2 (U,d))$ ist zulässig und durch $\{1,2\}$ nicht blockierbar:

- $(\psi_1 (U,d), \psi_2 (U,d)) \in U$ und
- $(u_1, u_2) > (\psi_1 (U,d), \psi_2 (U,d))$ impliziert $(u_1, u_2) \notin U$.

Übung G.6.3. Welche Auszahlungen in Abb. G.2 auf S. 277 sind Pareto-effizient?

Symmetrie-Axiom: Für zwei Verhandlungsprobleme

$$(U, d) \text{ und } (U', d')$$

gelte

$$d_1' = d_2, \ d_2' = d_1$$

und

$$U' = \{(u_1, u_2) : (u_2, u_1) \in U\}.$$

Dann folgen

$$\psi_1\left(U', d'\right) = \psi_2\left(U, d\right) \text{ und }$$
$$\psi_2\left(U', d'\right) = \psi_1\left(U, d\right).$$

Die Lösung darf also nicht von der Benennung der Spieler abhängen. Das Symmetrieaxiom ist insofern angreifbar, als es in Verhandlungen sicherlich Aspekte gibt, die nicht in U und d „eingefangen" sind: die Persönlichkeit der Verhandelnden, ein möglicher „Heimvorteil" eines Spielers oder Ähnliches.

Axiom über die Invarianz bei affinen Transformationen: Für $a_1, a_2 > 0$, b_1, b_2 beliebig und zwei Verhandlungsprobleme

$$(U, d) \text{ und } (U', d')$$

gelte

$$d_1' = a_1 \cdot d_1 + b_1,$$
$$d_2' = a_2 \cdot d_2 + b_2$$

und

$$U' = \{(a_1 \cdot u_1 + b_1, a_2 \cdot u_2 + b_2) : (u_1, u_2) \in U\}.$$

Dann folgen

$$\psi_1\left(U', d'\right) = a_1 \psi_1\left(U, d\right) + b_1 \text{ und }$$
$$\psi_2\left(U', d'\right) = a_2 \psi_2\left(U, d\right) + b_2.$$

Wir erinnern daran (siehe Abschnitt B.4.1 auf S. 33 ff.), dass von Neumann-Morgenstern-Nutzenfunktionen u nur bis auf positive affine Transformationen eindeutig bestimmt sind. Diese Invarianz, so fordert das Axiom, soll sich auch auf die Verhandlungslösung übertragen. Allerdings ist die vorangehende Begründung nur für von Neumann-Morgenstern-Nutzenfunktionen stichhaltig. Beispielsweise kann man nicht die Nutzenwerte einer Cobb-Douglas-Nutzenfunktion im Falle einer Tauschökonomie nehmen.

Axiom über die Unabhängigkeit irrelevanter Alternativen:
Für zwei Verhandlungsprobleme

$$(U, d) \text{ und } (U', d')$$

gelte

$$d'_1 = d_1, \; d'_2 = d_2$$

und

$$U' \subseteq U.$$

Dann folgt aus

$$(\psi_1 (U, d), \psi_2 (U, d)) \in U'$$

bereits

$$(\psi_1 (U', d'), \psi_2 (U', d')) = (\psi_1 (U, d), \psi_2 (U, d)).$$

Falls sich bei einem Verhandlungsproblem eine bestimmte Verhandlungslösung ergibt, so sollte diese Verhandlungslösung also nach Möglichkeit auch dann weiter bestehen bleiben, wenn die Menge der erreichbaren Nutzenkombinationen kleiner wird.

Dieses Axiom ist vielleicht am problematischsten: Betrachten wir dazu Abb. G.3. Die Menge U enthält die Menge U'. Wenn der hervorgehobene Punkt, der sowohl in U als auch in U' liegt, die Lösung bei U ist, gilt dies auch für U'. Intuitiv sollte man allerdings meinen, dass sich die Verhandlungsposition für Spieler 2 bei U' schlechter darstellt als bei U.

Schließlich präsentieren wir zwei recht plausible Monotonie-Axiome. Das erste bezieht sich auf die Verhandlungsmenge, das zweite auf

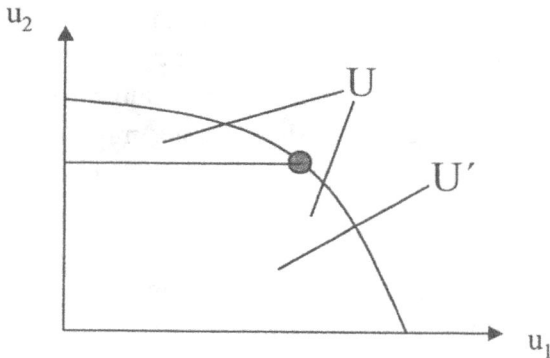

Abbildung G.3. Irrelevante Alternativen?

den Drohpunkt. Intuitiv besagt das Verhandlungsmengen-Monotonie-Axiom Folgendes: Wenn man für jeden Nutzenwert u_2 die u_1-Nutzenwerte erhöht, erhält Spieler 1 eine höhere Auszahlung. Formal schreiben wir dies so:

Axiom über die Verhandlungsmengen-Monotonie: Für $N = \{1, 2\}$ und $i, j \in N$, $i \neq j$, erhält bei

$$U' \supseteq U \text{ und}$$
$$a_j\left(U', d\right) = a_j\left(U, d\right)$$

Spieler i bei U' mindestens so viel wie bei U :

$$\psi_i\left(U', d\right) \geq \psi_i\left(U, d\right).$$

(Die $a_j\left(U, d\right)$ haben wir auf S. 276 definiert.)

Dieses Axiom ist in Abb. G.4 angedeutet, wobei wir $i = 1$ und $j = 2$ gesetzt haben.

Axiom über die Drohpunkt-Monotonie: Für $N = \{1, 2\}$ und $i, j \in N$, $i \neq j$, erhält bei

$$d_i' \geq d_i \text{ und } d_j = d_j'$$

Spieler i bei d' mindestens so viel wie bei d :

$$\psi_i\left(U, d'\right) \geq \psi_i\left(U, d\right).$$

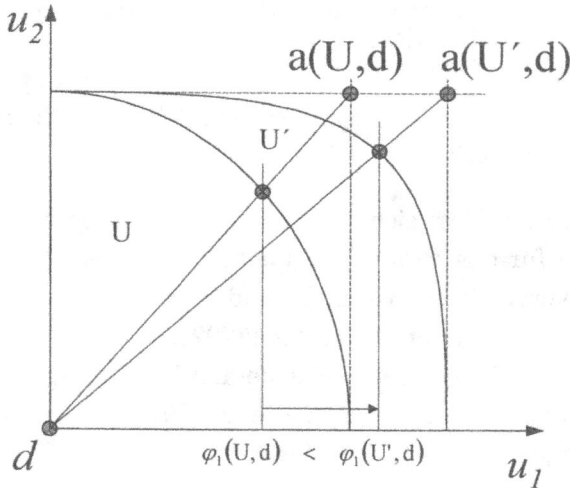

Abbildung G.4. Monotonie-Axiom

G.6.3 Die Nash-Verhandlungslösung

Ähnlich wie bei der Shapley-Lösung kann man auch für Verhandlungs-Lösungen zeigen, dass bestimmte Axiome äquivalent zu einer bestimmten Berechnungsart sind. Es stellt sich heraus, dass einige Axiome gleichbedeutend damit sind, dass man nach demjenigen Nutzenbündel (u_1, u_2) sucht, das

$$(u_1 - d_1)(u_2 - d_2)$$

maximiert. Hierbei sind allerdings nur Nutzenbündel „rechts oberhalb" von d zulässig; ansonsten wäre die individuelle Rationalität verletzt. Wir setzen zudem voraus, dass es genau ein Nutzentupel gibt, das diese Maximierungsaufgabe löst.

Theorem G.6.1. *Genau dann, wenn eine Lösung auf* V_2 *die Axiome*

- *Pareto-Axiom,*
- *Symmetrie-Axiom,*
- *Axiom über die Invarianz bei affinen Transformationen und*
- *Axiom über die Unabhängigkeit irrelevanter Alternativen*

erfüllt, lautet sie

$$\underset{\substack{(u_1,u_2)\in U,\\ u_1\geq d_1, u_2\geq d_2}}{\text{argmax}} \;(u_1 - d_1)\,(u_2 - d_2)\,.$$

Diese Lösung nennen wir die (symmetrische) Nash-Verhandlungslösung und bezeichnen sie mit φ^N.

Dieses Theorem lässt sich ohne weiteres auf n Spieler übertragen. Man hat dann für das Produkt aus n Faktoren das Maximum zu suchen. Einen Beweis liefern wir nicht und verweisen stattdessen wiederum auf das Lehrbuch von BINMORE (1992).

Es gibt eine einfache graphische Veranschaulichung der Nash-Verhandlungslösung. Wir betrachten die Iso-Produkt-Kurven, d.h. die Menge derjenigen Tupel (u_1, u_2), für die

$$(u_1 - d_1)\,(u_2 - d_2) = k$$

für verschiedene Konstanten k gilt. Dies sind Hyperbeln mit nach (d_1, d_2) verschobenem Ursprung. Die Nash-Verhandlungslösung ist diejenige Nutzenkombination, bei der eine Hyperbel die Verhandlungsmenge U genau einmal berührt (siehe Abbildung G.5).

Betrachten wir ein sehr einfaches Beispiel: Ein Kuchen der Größe 1 sei zwischen zwei Spielern aufzuteilen. Damit haben wir

$$U = \{(u_1, u_2) : u_1 + u_2 \leq 1, u_1, u_2 \geq 0\}\,.$$

Der Status-quo-Punkt d sei ein Punkt aus U mit

$$d_1 + d_2 < 1\,.$$

Sind die vier Axiome erfüllt, erhalten wir

$$\left(\varphi_1^N\,(U,d)\,, \varphi_2^N\,(U,d)\right) = \underset{\substack{(u_1,u_2)\in U,\\ u_1\geq d_1, u_2\geq d_2}}{\text{argmax}} \;(u_1 - d_1)\,(u_2 - d_2)$$

$$= \left(\frac{1}{2} + \frac{1}{2}\,(d_1 - d_2)\,, \frac{1}{2} + \frac{1}{2}\,(d_2 - d_1)\right)\,.$$

Übung G.6.4. Stimmt das?

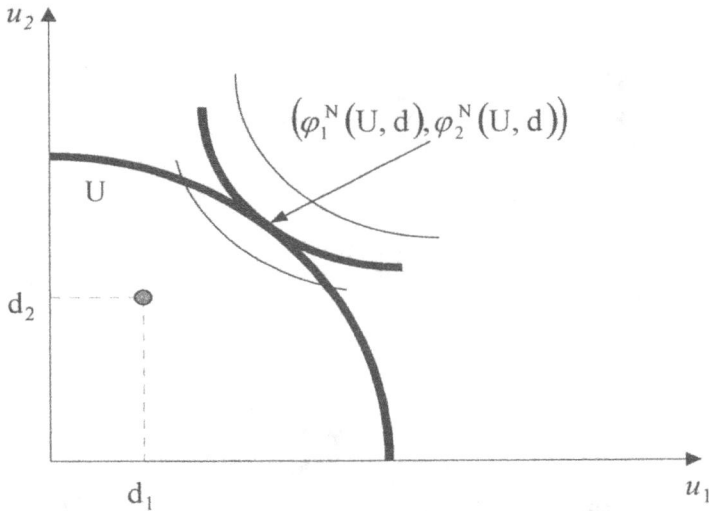

Abbildung G.5. Die Nash-Verhandlungslösung

Die Interpretation dieses Ergebnisses ist offensichtlich: Jeder Spieler profitiert von einem eigenen hohen Drohpunkt (er hat „nicht viel zu verlieren") und von einem niedrigen Drohpunkt des Verhandlungspartners (dieser ist auf den Handel angewiesen). Die Drohpunkt-Monotonie ist für die Nash-Verhandlungslösung also erfüllt.

Man könnte nun das obige Kuchen-Aufteilungsbeispiel so variieren, dass einer der Spieler risikoavers ist, während der andere risikoneutral bleibt. Wir werden sehen, dass der risikoneutrale Agent einen größeren Teil des Kuchens erhält als der risikoaverse. Ein Beispiel für eine Risikoaversion ausdrückende von Neumann-Morgenstern-Nutzenfunktion ist die Wurzelfunktion.

Übung G.6.5. Bestimmen Sie die Nash-Verhandlungslösung im Falle von

$$U = \{(u_1, u_2) : x_1 + x_2 \leq 1, u_1 = \sqrt{x_1}, u_2 = x_2, x_1 \geq 0, x_2 \geq 0\}$$

und

$$d_1 = 0, d_2 = 0.$$

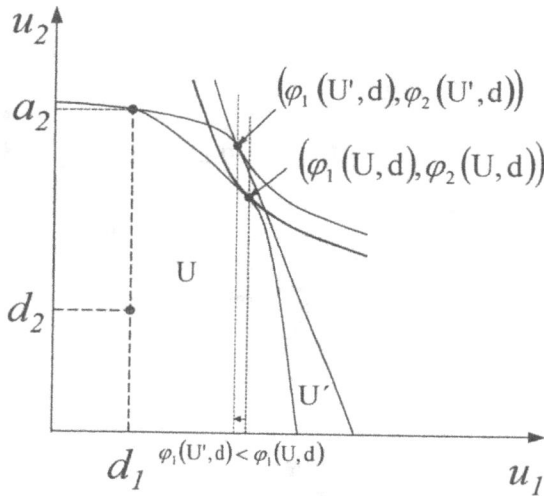

Abbildung G.6. Verletzung der Verhandlungsmengen-Monotonie

Hinweis: Bestimmen Sie zunächst die Nutzenmöglichkeitenkurve, also u_2 als Funktion von u_1.

Eine Frage bezüglich der Axiomatisierung haben wir offen gelassen. Wie steht es mit der Verhandlungsmengen-Monotonie auf S. 280? Lässt sie sich vielleicht aus den anderen Axiomen folgern? Nein! Sie ist nicht erfüllt. Diese Behauptung kann man aus Abb. G.6 ablesen. Offenbar ist hier U' eine echte Obermenge von U und auch $a_2(U', d) = a_2(U, d)$ ist erfüllt. Trotzdem erhält Spieler 1 bei U' weniger als bei U.

Dass die Nash-Lösung Monotonie verletzt, ist sicherlich ein großer Nachteil dieses Lösungskonzeptes. Wir werden in Abschnitt G.7 monotone Alternativen zur Nash-Lösung präsentieren.

G.6.4 Asymmetrische Nash-Lösungen

Definition. In der Literatur findet sich neben der symmetrischen Nash-Lösung (die wir in den vorangehenden Abschnitten erläutert haben) auch eine asymmetrische Lösung, die auf HARSANYI/SELTEN (1972) zurückgeht. In diese Lösung gehen neben der Verhandlungsmenge $U \subseteq \mathbb{R}^n$ und dem Drohpunkt $d \in \mathbb{R}^n$ Gewichte $\omega = (\omega_1, ..., \omega_n) > 0$

ein. (Man hat $\omega_i \geq 0$ für alle $i \in N$ und $\omega_i > 0$ für mindestens ein $i \in N$.)

Definition G.6.4. *Die asymmetrische Nash-Lösung ist durch*

$$\varphi_i^N (U, d, \omega) := \begin{cases} \arg_i \max_{\substack{u \in U \\ u \geq d}} (u_1 - d_1)^{\omega_1} (u_2 - d_2)^{\omega_2} \, , \omega_i > 0 \\ d_i, \hspace{4cm} \omega_i = 0 \end{cases}$$

definiert.

Falls ein Spieler $i \in N$ das Gewicht Null aufweist, erhält er also als Auszahlung nur seinen Drohwert d_i. Falls sein Gewicht positiv ist, erhält er aus dem Auszahlungsvektor, der das obige Produkt maximiert, seine Komponente (daher das i neben arg). Die Gewichte müssen sich nicht zu 1 ergänzen, man kann dies jedoch ohne Beschränkung der Allgemeinheit fordern. Denn $(u_1 - d_1)^{\omega_1} (u_2 - d_2)^{\omega_2}$ wird für genau dieselben (u_1, u_2) maximiert wie

$$[(u_1 - d_1)^{\omega_1} (u_2 - d_2)^{\omega_2}]^{\frac{1}{\omega_1 + \omega_2}} = (u_1 - d_1)^{\frac{\omega_1}{\omega_1 + \omega_2}} (u_2 - d_2)^{\frac{\omega_2}{\omega_1 + \omega_2}} .$$

Axiomatisch lässt sich die asymmetrische Nash-Lösung so wie die symmetrische Nash-Lösung charakterisieren. Lediglich das Symmetrie-Axiom muss nicht mehr erfüllt sein.

Als Beispiel betrachten wir

$$U = \{(u_1, u_2) : x_1 + x_2 \leq 1, u_1 = \sqrt{x_1}, u_2 = x_2, x_1 \geq 0, x_2 \geq 0\}$$

mit der dazugehörigen Nutzenmöglichkeitenkurve

$$u_2 = x_2 = 1 - x_1 = 1 - (u_1)^2 ,$$

dem Drohpunkt $d = (0, 0)$ und dem Gewichtsvektor $\omega = (1, 2)$.

Damit erhält man das zu maximierende Produkt

$$(u_1 - d_1)^1 (u_2 - d_2)^2$$
$$= u_1 (1 - u_1^2)^2$$
$$= u_1 + u_1^5 - 2u_1^3.$$

Differenzieren und Nullsetzen ergeben

$$1 + 5u_1^4 - 6u_1^2 \stackrel{!}{=} 0$$

bzw.

$$u_1^4 - \frac{6}{5}u_1^2 + \frac{1}{5} \stackrel{!}{=} 0,$$

woraus sich zunächst (Anwendung der quadratischen Lösung auf u_1^2)

$$u_1^2 = 1 \text{ oder } u_1^2 = \frac{1}{5}$$

und dann die Lösungen

$$1, -1, \frac{1}{\sqrt{5}}, -\frac{1}{\sqrt{5}}$$

ergeben. Die negativen Nutzenwerte fallen wegen $d = 0$ weg. $u_1 = 1$ können wir ausschließen, weil dadurch $u_2 = 0$ impliziert wird und sich damit ein Nash-Produkt von Null ergibt, während das Nash-Produkt bei $\frac{1}{\sqrt{5}}$

$$u_1 \left(1 - u_1^2\right)^2 = \frac{1}{\sqrt{5}} \left(1 - \frac{1}{5}\right)^2 = \frac{16}{5^3}\sqrt{5} > 0$$

ist. Wir erhalten also (mit $\frac{1}{\sqrt{5}} = \frac{\sqrt{5}}{5}$)

$$\varphi^N (U, d, \omega) = \left(\frac{\sqrt{5}}{5}, \frac{4}{5}\right).$$

Gegenüber der symmetrischen Lösung (siehe Aufg. G.6.5), hat sich Spieler 2 von $\frac{2}{3}$ auf $\frac{4}{5}$ verbessert, dies ist eine Auswirkung seines höheren Gewichtes.

Übung G.6.6. Berechnen Sie die asymmetrische Nash-Lösung für $\omega_1 = 2$ und $\omega_2 = 1$. Ist die Auszahlung für Spieler 1 dieses Mal höher als $\frac{\sqrt{3}}{3}$? Hinweis: Die Aufgabe ist leichter als die obige Beispielrechnung!

Interpretation der Gewichte. Wie kann es nun zu unterschiedlichen Gewichten kommen? In der Literatur wird in der Regel darauf verwiesen, dass die Spieler über unterschiedliches Verhandlungsgeschick oder unterschiedliche Verhandlungsmacht verfügten. Das ist natürlich noch recht vage. Hinter den unterschiedlichen Gewichten kann sich durchaus Konkretes verbergen; wir zitieren hierzu drei unterschiedliche Ansätze:

KALAI (1977) generiert die Asymmetrie zwischen zwei Spielern dadurch, dass einer der Spieler eine größere Familie repräsentiert als der andere. Der Verhandlungspartner mit der großen Familie hat dann ein größeres Gewicht. Vielleicht verhandelt er härter, weil sein Anteil durch viele Köpfe geteilt werden muss, oder er ist mächtiger, weil er eine größere Familie zur Unterstützung im Rücken hat. Die Verhandlungsmacht eines Spielers ist nun mit seiner Familiengröße zu gewichten.

RUBINSTEIN (1982) ist es gelungen, ein nichtkooperatives Kuchen-Verhandlungsspiel für zwei Spieler zu definieren, dessen Auszahlungen im teilspielperfekten Gleichgewicht gleich der asymmetrischen Nash-Lösung sind. Die beiden Verhandelnden machen Angebot und Gegenangebot; sie werden jedoch dadurch, dass der „Kuchen" in jeder Verhandlungsrunde schrumpft, unter Druck gesetzt, sich schnell zu einigen. Und diese Schrumpfungsfaktoren, so kann Rubinstein zeigen, sind gerade die Gewichte der Nash-Verhandlungslösung! Der ungeduldige Spieler (mit kleinem Schrumpffaktor) wird einen geringeren Teil des Kuchens bekommen als der geduldige Spieler. Der Rubinstein'sche Aufsatz bietet zudem ein schönes Beispiel für das Nash-Programm; die mithilfe der kooperativen Spieltheorie gewonnenen Auszahlungen werden dabei durch die Auszahlungen im Gleichgewicht eines geeigneten nichtkooperativen Spiels repliziert. Eine leicht verständliche Darstellung des Rubinstein-Modells bietet WIESE (2002, S. 323 ff.).

Der dritte Ansatz führt die Nash-Lösung mit der Shapley-Lösung zusammen. Diesen Ansatz wollen wir im nächsten Abschnitt etwas ausführlicher darstellen. Bisher gibt es lediglich ein Arbeitspapier dazu, die Autoren sind LARUELLE/VALENCIANO (2003). Federico Valenciano hat den Ansatz während der „14th Conference on Game Theory at Stony Brook" im Juli 2003 präsentiert, auf der übrigens sowohl John Nash als auch Lloyd Shapley anwesend waren. Robert Aumann (siehe S. 12) fasste das Lösungskonzept mit den Worten „Nash to the power of Shapley" zusammen.

Shapley-Indizes als Gewichte.

Vorgehen. LARUELLE/VALENCIANO (2003) verknüpfen in wunderbarer Weise die Nash-Lösung mit der Shapley-Lösung: Die Verhandlungen über den zu wählenden Auszahlungspunkt in U finden, und das ist die Grundidee des Beitrags der Autoren, „unter dem Schatten einer Wahlregel" statt. Man wird dadurch auf die asymmetrische Nash-Lösung geführt, wobei die Gewichte gerade die Shapley-Auszahlungen der die Wahlregel darstellenden einfachen Koalitionsfunktion sind.

Wir werden nun in fünf Schritten vorgehen:

- Zunächst haben wir einige wenige formale Festlegungen zu treffen.
- Dann präsentieren wir die Formalisierung der Wahlregel.
- Anschließend definieren wir eine Koalitionsfunktion ohne transferierbaren Nutzen, die sowohl auf der Verhandlungsmenge U und dem Drohpunkt d als auch auf der Wahlregel beruht.
- Dann deuten wir kurz an, welche Axiome wir für die einzuführende Lösung benötigen.
- Schließlich präsentieren wir die Laruelle-Valenciano-Lösung.

Eine kurze formale Vorbemerkung. LARUELLE/VALENCIANO (2003) gehen davon aus, dass die Spieler einem Nash'schen Tupel

$$(U, d)$$

gegenüberstehen, wobei U eine (hinreichend schöne) Teilmenge des $\mathbb{R}^n$, die Verhandlungsmenge, und $d \in \mathbb{R}^n$ den Drohpunkt darstellen. Wir benötigen nun die Festlegungen

$$U^K := \left\{ x^K \in \mathbb{R}^{|K|} : x \in U \right\} \text{ und}$$

$$H\left(d^K\right) := \left\{ x^K \in \mathbb{R}^{|K|} : x^K \leq d^K \right\}.$$

U^K ist also eine Teilmenge von $\mathbb{R}^{|K|}$, die dadurch gebildet wird, dass man die Auszahlungen der Spieler aus $N \backslash K$ streicht. $H\left(d^K\right)$ ist die so genannte umfassende Hülle von $d^K = (d_i)_{i \in K}$, die neben d^K selbst alle Auszahlungen „links unterhalb" von d^K enthält.

Die Wahlregel. Die Wahlregel wird durch ein einfaches Spiel v repräsentiert. Koalitionen K mit $v(K) = 1$ heißen Gewinnkoalitionen und können „sich durchsetzen". Die Autoren treffen folgende zwei Annahmen:

- Die große Koalition kann durchsetzen, was sie möchte, $v(N) = 1$.
- v ist nicht widersprüchlich; das Komplement jeder Gewinnkoalition ist also unterlegen.

Die Menge der einfachen Spiele, die diese Eigenschaften haben, nennen wir G_n^W.

Die Koalitionsfunktion ohne transferierbaren Nutzen. Die durch v repräsentierte Wahlregel dient nun dazu, eine Koalitionsfunktion ohne transferierbaren Nutzen zu definieren. Dazu setzt man für $K \subseteq N$

$$V_{(U,d,v)}(K) := \begin{cases} U^K, & v(K) = 1 \\ H(d^K), & v(K) \neq 1. \end{cases}$$

Die Spieler aus K können also eine Auszahlungsmenge U^K realisieren, falls sie eine Gewinnkoalition darstellen. Ansonsten können sie lediglich ihre Drohauszahlungen realisieren. Diese Definition ist das zentrale Element im Ansatz der beiden Autoren. Sie zeigen, dass diese Koalitionsfunktion eine Verallgemeinerung sowohl der Nash'schen Verhandlungsspiele als auch der einfachen Spiele darstellt:

- Nimmt man nun als Spezialfall die Wahlregel v, bei der nur die große Koalition eine Gewinnkoalition ist, ergibt sich

$$V_{(U,d,v)}(K) := \begin{cases} U, & K = N \\ H(d^K), & \text{sonst.} \end{cases}$$

Dann hat man ein Nash'sches Verhandlungsspiel.

- LARUELLE/VALENCIANO (2003) begründen, dass man für

$$U = \left\{ x \in \mathbb{R}^n : \sum_{i \in N} x_i \leq 1 \right\} \text{ und}$$
$$d = (0, ..., 0)$$

eine Koalitionsfunktion ohne transferierbaren Nutzen erhält, die der Koalitionsfunktion v (mit transferierbarem Nutzen) entspricht.

Lösungen und Axiome. Laruelle und Valenciano suchen nach einer Lösung in Abhängigkeit von $U \subseteq \mathbb{R}^n, d \in \mathbb{R}^n$ und $v \in G_n^W$:

Definition G.6.5. *Die Abbildung*

$$\psi : \mathbb{V}_n \times G_n^W \to \mathbb{R}^n$$

heißt punktwertige Verhandlungslösung auf N.

Den Autoren gelingt es, ihre Lösung durch sechs Axiome zu charakterisieren. Diese Axiome sind im Wesentlichen diejenigen, die für die Nash-Lösung bzw. die Shapley-Lösung benötigt werden. Wir deuten sie hier an, ohne sie formal präzise wiederzugeben:

- ψ soll das Pareto-Axiom der Nash-Lösung (S. 277) erfüllen.
- ψ soll unabhängig davon sein, wie die Spieler benannt sind.
- ψ soll von irrelevanten Alternativen unabhängig sein (S. 279).
- ψ soll die Invarianz bei affinen Transformationen (S. 278) erfüllen.
- Ein Nullspieler $i \in N$ in $v \in G_n^W$ soll die Auszahlung d_i erhalten.
- Schließlich soll das Transferaxiom (bzw. eine Variante dieses Axioms) bezüglich der (einfachen!) Spiele aus G_n^W erfüllt sein (siehe Kap. F, S. 206).

Die Laruelle-Valenciano-Lösung. Nun endlich präsentieren wir die Laruelle-Valenciano-Lösung samt ihrer Axiomatisierung:

Definition G.6.6. *Sei eine Verhandlungsmenge $U \subseteq \mathbb{R}^n$, ein Drohpunkt $d \in \mathbb{R}^n$ und eine Wahlregel $v \in G_n^W$ mit $\varphi_i(v) > 0$ für alle $i \in N$ gegeben. Die Laruelle-Valenciano-Lösung φ^{LV} ist gleich der asymmetrischen Nash-Lösung für (U, d), wobei die Gewichte gleich den Shapley-Auszahlungen für v sind:*

$$\varphi^{LV}(U, d, v) = \varphi^N(U, d, \varphi(v)).$$

Theorem G.6.2. *Eine Lösung*

$$\psi : \mathbb{V}_n \times G_n^W \to \mathbb{R}^n$$

erfüllt genau dann die sechs Axiome aus Abschnitt G.6.4, wenn $\psi = \varphi^{LV}$ gilt.

Zudem ist φ^{LV} eine Verallgemeinerung der Nash- und der Shapley-Lösung:

- Ist v eine symmetrische Koalitionsfunktion, ist die Laruelle-Valenciano-Lösung gleich der symmetrischen Nash-Lösung,

$$\varphi^{LV}\left(U, d, v\right) = \varphi^{N}\left(U, d\right).$$

- Für

$$U = \left\{ x \in \mathbb{R}^n : \sum_{i \in N} x_i \leq 1 \right\} \text{ und}$$
$$d = (0, ..., 0)$$

erhält man

$$\varphi^{LV}\left(U, d, v\right) = \varphi\left(v\right).$$

Die Laruelle-Valenciano-Lösung verbindet also auf äußerst elegante Art und Weise die Nash-Lösung mit der Shapley-Lösung. Zu Recht bezeichnete Robert Aumann während der auf S. 287 erwähnten Konferenz dieses Resultat als „mind blowing". Man könnte es auch als Hinweis dafür nehmen, dass die Shapley-Lösung im Bereich des transferierbaren Nutzens und die Nash-Lösung im Bereich des nichttransferierbaren Nutzens ihre Vorrangstellungen verdient haben. Beispielsweise bezeichnet auch MYERSON (1994, S. 69) diese beiden Lösungen als „the most conceptually elegant and appealing solution theories in cooperative game theory".

G.7 Alternativen zur Nash-Lösung

Es gibt eine Vielzahl von Alternativen zur Nash-Lösung. Aber lediglich die Kalai-Smorodinsky-Lösung (KALAI/SMORODINSKY (1975)) werden wir etwas ausführlicher darstellen. Bei diesem Lösungskonzept spielt der durch

$$a_i\left(U, d\right) := \max \left\{ u_i \in \mathbb{R} : \begin{array}{l} \text{Es gibt einen Nutzenvektor } u \\ \text{in } U \text{ mit } u \geq d \end{array} \right\}$$

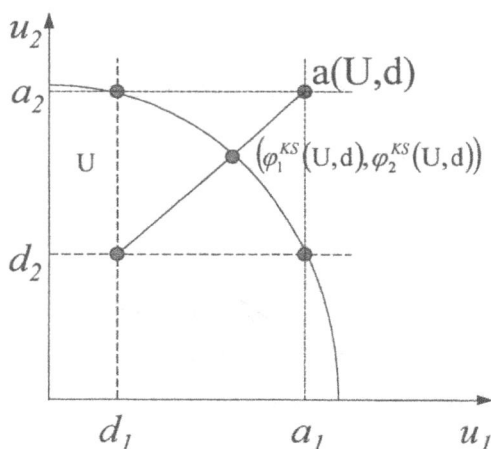

Abbildung G.7. Die Kalai-Smorodinsky-Lösung

definierte Punkt $a\,(U,d) \; = \; (a_i\,(U,d))_{i\in N}$ eine zentrale Rolle (siehe S. 276). Dieser so genannte Idealpunkt und die Kalai-Smorodinsky-Lösung sind in Abb. G.7 für zwei Spieler eingezeichnet. Die Kalai-Smorodinsky-Lösung erhält man als Schnittpunkt der Nutzengrenze von U mit der Strecke, die $a\,(U,d)$ mit d verbindet. Wir bezeichnen sie mit φ^{KS}.

Theorem G.7.1. *Genau dann, wenn eine Lösung ψ auf $\mathbb{V}_2$ die Axiome*

- *Pareto-Axiom,*
- *Symmetrie-Axiom,*
- *Axiom über die Invarianz bei affinen Transformationen und*
- *Axiom über die individuelle Monotonie für zwei Spieler*

erfüllt, gilt

$$\psi = \varphi^{KS}.$$

Während sich die Axiomatisierungen im Falle der Nash-Lösung und auch bei der asymmetrischen Nash-Lösung ohne weiteres auf n Spieler erweitern lassen, gilt die Axiomatisierung der Kalai-Smorodinsky-Lösung nur für den Zwei-Personen-Fall. Die Berechnung von φ^{KS} lässt sich jedoch ohne größere Schwierigkeiten auch für beliebige Spielermengen bewerkstelligen.

Man beachte, dass die Axiome für die Kalai-Smorodinsky-Lösung sich von denjenigen für die Nash-Lösung nur im vierten Axiom unterscheiden. Anstelle des Axioms über die Unabhängigkeit irrelevanter Alternativen bei Nash tritt bei Kalai und Smorodinsky das Axiom über die individuelle Monotonie für zwei Spieler. Beide Lösungskonzepte erfüllen die Drohpunkt-Monotonie (S. 280).

Nun nehmen wir wieder unser Kuchen-Beispiel. Die Verhandlungsmenge sei also

$$U = \{(u_1, u_2) : u_1 + u_2 \leq 1, u_1 \geq 0, u_2 \geq 0\}$$

und der Drohpunkt d erfülle

$$d_1 + d_2 < 1.$$

Der Idealpunkt ist durch

$$a_1(U, d) = \max \left\{ u_1 \in \mathbb{R} : \begin{array}{l} \text{Es gibt einen Nutzenvektor } u \\ \text{in } U \text{ mit } u \geq d \end{array} \right\}$$
$$= \max \{u_1 \in \mathbb{R} : u_1 + u_2 \leq 1 \text{ und } u_2 \geq d_2\}$$
$$= 1 - d_2 > d_1$$

und analog durch

$$a_2(U, d) = 1 - d_1$$

gegeben.

Aus Gründen der Schreibökonomie verwenden wir nun a_i für $a_i(U, d)$. Wir haben den Schnittpunkt der Nutzengrenze mit der d und a verbindenden Strecke zu finden. Die Nutzengrenze erfüllt $u_2 = 1 - u_1$; die Verbindungsstrecke zwischen d und a kann man mithilfe der Punkt-Steigungs-Formel beschreiben, wobei wir vom Punkt d ausgehen und von dort $(a_1 - d_1) > 0$ Einheiten in Richtung u_1 und $(a_2 - d_2) > 0$ Einheiten in Richtung u_2 „marschieren":

$$\underbrace{\begin{pmatrix} d_1 \\ d_2 \end{pmatrix} + \beta \begin{pmatrix} a_1 - d_1 \\ a_2 - d_2 \end{pmatrix}}_{\substack{\text{durch } \beta \text{ parametrisierter Punkt} \\ \text{auf der Linie von } d \text{ zu } a}} = \underbrace{\begin{pmatrix} u_1 \\ 1 - u_1 \end{pmatrix}}_{\substack{\text{Punkt auf der} \\ \text{Nutzengrenze}}}.$$

Wir haben somit zwei Gleichungen mit den zwei Unbekannten u_1 und β. Nach Substitution von $a_1 = 1 - d_2$ und $a_2 = 1 - d_1$ kann man diese folgendermaßen schreiben:

$$d_1 + (1 - d_2 - d_1)\,\beta = u_1 \text{ und}$$
$$d_2 + (1 - d_1 - d_2)\,\beta = 1 - u_1.$$

Setzt man die obere in die untere ein, erhält man zunächst

$$d_2 + (1 - d_1 - d_2)\,\beta = 1 - (d_1 + (1 - d_2 - d_1)\,\beta)$$

und sodann

$$\beta = \frac{1}{2}.$$

Hieraus ergibt sich die Kalai-Smorodinsky-Lösung für unser Kuchen-Beispiel als

$$\begin{aligned} \varphi^{KS}(U, d) &= (d_1 + \beta(a_1 - d_1),\, d_2 + \beta(a_2 - d_2)) \\ &= \left(d_1 + \frac{1}{2}(1 - d_2 - d_1),\, d_2 + \frac{1}{2}\beta(1 - d_1 - d_2) \right) \\ &= \left(\frac{1}{2} + \frac{1}{2}(d_1 - d_2),\, \frac{1}{2} + \frac{1}{2}(d_2 - d_1) \right). \end{aligned}$$

Für dieses Beispiel stimmen φ^{KS} und φ^N überein. Die Übereinstimmung ist jedoch im Falle von

$$U' = \{(u_1, u_2) : x_1 + x_2 \leq 1, u_1 = \sqrt{x_1}, u_2 = x_2, x_1 \geq 0, x_2 \geq 0\}$$

und

$$d_1 = 0, d_2 = 0$$

nicht mehr gegeben, wie wir nun zeigen wollen. Bevor die tatsächliche Rechnung erfolgt (siehe die nächste Übung), können wir jedoch das Monotonie-Axiom anwenden. Die Nutzengrenze für U' ist durch $u_2 =$

$x_2 = 1 - x_1 = 1 - (u_1)^2$ gegeben. Wegen $(u_1)^2 \leq u_1$, $0 \leq x_1 \leq 1$, und $-(u_1)^2 \geq -u_1$ ist U' eine Obermenge von U. Gleichheit ergibt sich bei 0 und 1, sodass alle Voraussetzungen für das Monotonie-Axiom (S. 280) erfüllt sind. Wir wissen also, dass die Kalai-Smorodinsky-Lösung für beide Spieler eine Auszahlung von mindestens $\frac{1}{2}$ vorsehen muss.

Übung G.7.1. Berechnen Sie die Kalai-Smorodinsky-Lösung für das variierte Kuchen-Beispiel. Hinweis: Die quadratische Gleichung $(u_1)^2 + u_1 - 1 = 0$ hat die zwei Lösungen $-\frac{1}{2} + \frac{1}{2}\sqrt{5} \approx 0,62$ und $-\frac{1}{2} - \frac{1}{2}\sqrt{5}$.

Neben der Nash-Lösung und der Kalai-Smorodinsky-Lösung gibt es

- die egalitäre Lösung (ausgehend von d gewinnt jeder Spieler gleich viel hinzu),
- die diktatorische Lösung (ein Spieler $i \in N$, der Diktator, erhält $a_i(U, d)$, während sich die übrigen Spieler mit d_j, $j \neq i$, zu begnügen haben),
- die utilitaristische Lösung (die Summe der Auszahlungen wird maximiert) und
- etliche andere Lösungen (siehe THOMSON (1994) und die dort angegebene Literatur).

G.8 Neue Begriffe

- Koalitionsfunktion ohne transferierbaren Nutzen
- maximal erreichbarer Nutzen
- Superadditivität
- Anfangsausstattung
- Allokationen
- Walras-Gleichgewicht
- Walras-Allokation
- Heiratsmarkt
- Kern (Zulässigkeit, Nicht-Blockade)
- 1. Hauptsatz der Wohlfahrtstheorie
- Nash-Verhandlungs-Lösung
- Drohpunkt

- Verhandlungsmenge
- Verhandlungsspiel
- Nutzenmöglichkeitenkurve
- Idealpunkt
- punktwertige Verhandlungslösung
- Axiome
  - Invarianz bei affinen Transformationen
  - Unabhängigkeit irrelevanter Alternativen
  - Individuelle Monotonie für zwei Spieler
  - Verhandlungsmengen-Monotonie
  - Drohpunkt-Monotonie
- asymmetrische Nash-Lösung
- Laruelle-Valenciano-Lösung
- Kalai-Smordinsky-Lösung

G.9 Lösungen zu den Übungen

G.2.1. Die Menge

$$\{(u_{\text{Peter}}, u_{\text{Otto}}) : u_{\text{Peter}} \geq 2, u_{\text{Otto}} \geq 1, u_{\text{Peter}} + u_{\text{Otto}} \leq 4\}$$

ist in Abb. G.8 dargestellt.

G.2.2. $V(\{1,2\})$ hat eine nichtleere Teilmenge von $\mathbb{R}^2$ zu sein; dies ist lediglich bei den zwei letztgenannten Ausdrücken der Fall.

G.2.3. Beide Achsenabschnitte lauten $v(K)$.

G.2.4. Sie haben hoffentlich $m_1^{\{1,2\}} = 3$ ermittelt?!

G.2.5. V_1 ist superadditiv. Beispielsweise hat man für $S = \{1\}$ und $T = \{2\}$ sowohl $1 \in V(\{1\})$ und $2 \in V(\{2\})$ als auch $(1,2) \in V(\{1,2\})$. Für $S = \{1\}$ und $T = \{2,3\}$ hat man $1 \in V(\{1\})$, $(4,5) \in V(\{2,3\})$ und $(1,4,5) \in V(\{1,2,3\})$.

V_2 ist dagegen nicht superadditiv. Beispielsweise ergeben sich für $S = \{1\}$ und $T = \{3\}$ sowohl $1 \in V(\{1\})$ und $3 \in V(\{3\})$ als auch $(1,3) \notin V(\{1,3\})$. Alternativ kann man die mangelnde Superadditivität anhand von $S = \{1\}$ und $T = \{2,3\}$ aufzeigen.

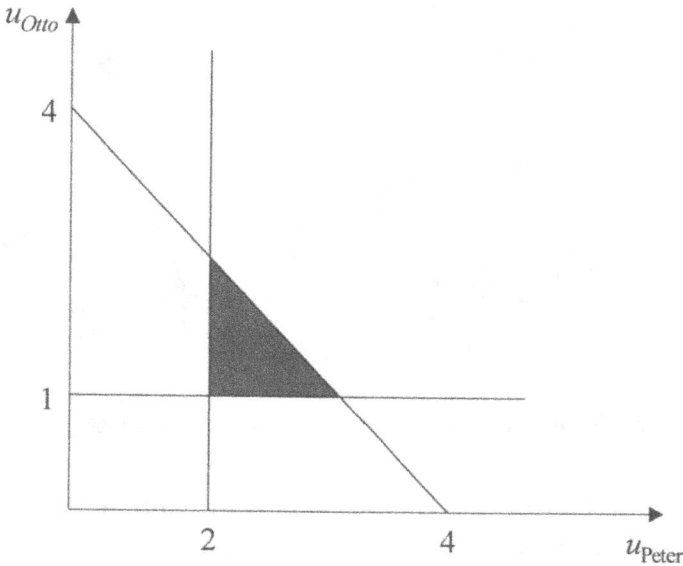

Abbildung G.8. Auszahlungen für Peter und Otto

G.3.1. Mit Ausnahme der vierten Relation sind alle Relationen richtig.

G.3.2. Insgesamt sind

$$\sum_{i \in N} \omega_i^1$$

Einheiten des Gutes 1 in der Tauschökonomie vorhanden.

G.3.3. Indifferenzkurve von Individuum i.

G.3.4. Im Zwei-Güter-Fall ist die Budgetgerade bei positiven Preisen p_1 und p_2 eine fallende Gerade (siehe Abbildung G.9). Im Punkt A wird nicht alles ausgegeben, während im Punkt B der Wert der Anfangsausstattung (ω_1, ω_2) genau gleich dem Wert des konsumierten Güterbündels ist. Ist beispielsweise der Preis des ersten Gutes gleich Null, ergibt sich eine unbeschränkte Budgetmenge bei waagerechter Budgetgeraden.

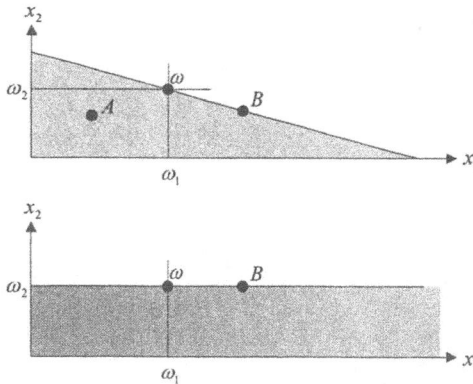

Abbildung G.9. Budgetgerade und Anfangsausstattung

G.3.5. Im Haushaltsoptimum ist die Grenzrate der Substitution gleich dem Preisverhältnis, d.h.

$$|MRS| = \left|\frac{MU_x}{MU_y}\right| \stackrel{!}{=} \frac{p_x}{p_y}.$$

Daraus folgen

$$\frac{ax^{a-1}y^{1-a}}{x^a(1-a)y^{-a}} = \frac{a}{1-a}\frac{y}{x} \stackrel{!}{=} \frac{p_x}{p_y}$$

und

$$\frac{a}{1-a}p_y y \stackrel{!}{=} p_x x. \tag{G.2}$$

Zusätzlich ist das Ausschöpfen des Budgets zu berücksichtigen. Setzt man

$$p_x x = m - p_y y \tag{G.3}$$

in die Bedingung G.2 ein, erhält man

$$\frac{a}{1-a}p_y y \stackrel{!}{=} m - p_y y,$$

daraus

$$\left(1 + \frac{a}{1-a}\right)p_y y = \left(\frac{1}{1-a}\right)p_y y \stackrel{!}{=} m$$

und schließlich

$$y \stackrel{!}{=} (1 - a) \frac{m}{p_y}.$$

Analog oder durch Einsetzen in G.3 ergibt sich

$$x \stackrel{!}{=} a \frac{m}{p_x}.$$

G.4.1. Frau 1 möchte lieber Mann 1 heiraten, als ledig zu bleiben, und lieber ledig bleiben, als Mann 2 zu ehelichen.

G.4.2. Für ledige Menschen oder Menschen in einer Paarbeziehung. (Siehe auch die folgenden Erläuterungen im Text.)

G.5.1. Die Tauschlinse einer Tauschökonomie $\left(N, (\omega_i)_{i \in N}, (U_i)_{i \in N}\right)$ ist die Menge derjenigen Allokationen $x = (x_i)_{i \in N}$ aus $\mathbb{R}^{n \cdot \ell}$, die Zulässigkeit und Nicht-Blockierbarkeit durch Einerkoalitionen erfüllen:

- $\sum_{i \in N} x_i \leq \sum_{i \in N} \omega_i$.
- Es gibt keinen Spieler $i' \in N$ und keine Allokation $z = (z_i)_{i \in N}$ mit
  - $U_{i'}(z_{i'}) > U_{i'}(x_{i'})$ (Spieler i' präferiert $z_{i'}$ streng gegenüber $x_{i'}$) und
  - $z_{i'} \leq \omega_{i'}$ (Spieler i' kann sich $z_{i'}$ leisten).

Im Rahmen von Koalitionsfunktionen mit transferierbarem Nutzen haben wir Zulässigkeit und Nicht-Blockierbarkeit durch Einerkoalitionen auch als individuelle Rationalität bezeichnet.

G.5.2. Individuelle Rationalität bedeutet, dass jedes verheiratete Individuum einen akzeptablen Partner hat.

G.5.3. Wir haben zu zeigen, dass jede Allokation aus dem Kern sowohl individuell als auch paarweise rational ist. Sei also μ eine Allokation aus dem Kern des Heiratsspiels $(M, W, \mathbf{U})$. Dann ist μ eine zulässige Allokation und keine Koalition $K \subseteq M \cup W$ kann μ blockieren. Dies hat dann insbesondere auch für jede Einerkoalition und für jede Zweierkoalition zu gelten. Daher erhält man individuelle Rationalität (kein Mensch kann verheiratet werden, obwohl er lieber ledig wäre) und paarweise Rationalität (kein Paar kann zum Verzicht auf die für beide Partner vorteilhafte Ehe gezwungen werden).

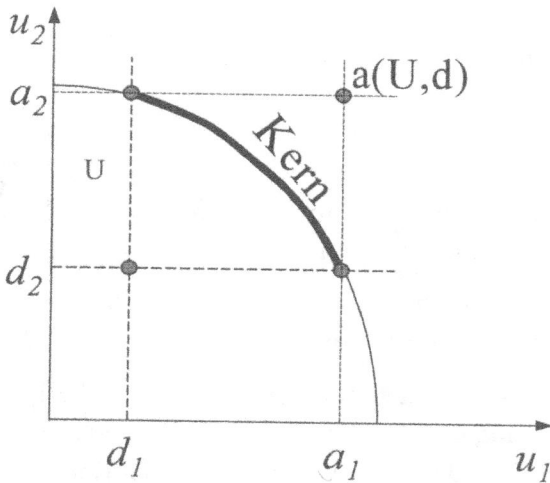

Abbildung G.10. Der Kern des Verhandlungsproblems

G.6.1. Der Kern umfasst die Nutzenkombinationen, gegen die keine Koalition Einwand erhebt. Die große Koalition, also beide Spieler zusammen, besteht auf einen Punkt auf der Nutzenmöglichkeitskurve, während Spieler 1 eine Auszahlung unterhalb von d_1 und Spieler 2 eine Auszahlung unterhalb von d_2 nicht akzeptieren werden. Der Kern, der in Abbildung G.10 eingezeichnet ist, ist also gleich der Nutzengrenze zwischen $a_1(U,d)$ und $a_2(U,d)$.

G.6.2. Je weniger ein Spieler auf Verhandlungen angewiesen ist, desto stärker ist seine Verhandlungsposition. Deshalb sollte man erwarten, dass der in Verhandlungen erreichbare Nutzen mit d_1 ansteigt.

G.6.3. Die gesamte Nutzenmöglichkeitenkurve ist Pareto-effizient, nicht nur der Kern.

G.6.4. Ja, das ist richtig. Nach Einsetzen von $u_2 = 1 - u_1$ haben wir

$$(u_1 - d_1)(1 - u_1 - d_2)$$
$$= -u_1^2 + u_1(1 + d_1 - d_2) - d_1 + d_1 d_2$$

zu maximieren. Durch Differenzieren und Nullsetzen erhält man

$$\varphi_1^N(U,d) = \frac{1}{2} + \frac{1}{2}(d_1 - d_2)$$

und dann unter Beachtung von $u_2 = 1 - u_1$

$$\varphi_2^N(U,d) = \frac{1}{2} + \frac{1}{2}(d_2 - d_1).$$

G.6.5. Die Nutzenmöglichkeitenkurve ergibt sich so:

$$u_2 = x_2 = 1 - x_1 = 1 - (u_1)^2.$$

Damit erhält man das zu maximierende Produkt

$$(u_1 - d_1)(u_2 - d_2)$$
$$= (u_1)(1 - u_1^2)$$
$$= u_1 - u_1^3.$$

Differenzieren und Nullsetzen ergeben

$$u_1^2 = \frac{1}{3}$$

und

$$u_2 = x_2 = 1 - u_1^2 = \frac{2}{3}.$$

Man erhält also wegen $\frac{1}{\sqrt{3}} = \frac{\sqrt{3}}{3}$ die Nash-Lösung

$$\left(\frac{\sqrt{3}}{3}, \frac{2}{3}\right).$$

G.6.6. Wir erhalten das zu maximierende Produkt

$$(u_1 - d_1)^2 (u_2 - d_2)^1 = u_1^2(1 - u_1^2) = u_1^2 - u_1^4$$

Differenzieren und Nullsetzen ergeben

$$u_1(2 - 4u_1^2) \overset{!}{=} 0,$$

woraus

$$u_1 \overset{!}{=} 0, \quad u_1 \overset{!}{=} \frac{\sqrt{2}}{2} \text{ oder } u_1 \overset{!}{=} -\frac{\sqrt{2}}{2}$$

folgen. Wie im Haupttext ausgeführt, kommt nur $\frac{\sqrt{2}}{2}$ in Frage:

$$\varphi^N\left(U,d,\omega\right) = \left(\frac{\sqrt{2}}{2}, \frac{1}{2}\right).$$

Gegenüber der symmetrischen Lösung hat sich Spieler 1 von $\frac{\sqrt{3}}{3} \approx 0,58$ auf $\frac{\sqrt{2}}{2} \approx 0,71$ verbessert, während sich Spieler 2 von $\frac{2}{3}$ auf $\frac{1}{2}$ verschlechtert hat.

G.7.1. Der Idealpunkt ist durch

$$a_1\left(U',d\right) = \max\left\{ u_1 \in \mathbb{R} : \begin{array}{l} \text{Es gibt einen Nutzenvektor } u \\ \text{in } U \text{ mit } u \geq (0,0) \end{array} \right\}$$
$$= \max\left\{ u_1 \in \mathbb{R} : (u_1)^2 + u_2 \leq 1 \text{ und } u_2 \geq 0 \right\}$$
$$= 1$$

und durch

$$a_2\left(U',d\right) = \max\left\{ u_2 \in \mathbb{R} : \begin{array}{l} \text{Es gibt einen Nutzenvektor } u \\ \text{in } U \text{ mit } u \geq (0,0) \end{array} \right\}$$
$$= \max\left\{ u_2 \in \mathbb{R} : (u_1)^2 + u_2 \leq 1 \text{ und } u_1 \geq 0 \right\}$$
$$= 1$$

definiert.

Nun geht es ganz ähnlich weiter wie im Haupttext. Zunächst ergibt sich, mit anders definiertem Idealpunkt, wiederum

$$\underbrace{\binom{0}{0} + \beta\binom{1-0}{1-0}}_{\substack{\text{durch } \beta \text{ parametrisierter Punkt} \\ \text{auf der Linie von } d=(0,0) \text{ zu } a=(1,1)}} = \underbrace{\binom{u_1}{1-(u_1)^2}}_{\substack{\text{Punkt auf der} \\ \text{Nutzengrenze}}}.$$

Damit ergeben sich die beiden Gleichungen

$$\beta = u_1 \text{ und}$$
$$\beta = 1 - (u_1)^2,$$

woraus

$$u_1 = -\frac{1}{2} + \frac{1}{2}\sqrt{5}$$

wegen $-\frac{1}{2} - \frac{1}{2}\sqrt{5} < 0$ folgt. Somit erhält man die Kalai-Smorodinsky-Lösung für U' und $d = 0$ als

$$
\begin{aligned}
\varphi^{KS}(U, d) &= \left(u_1, 1 - (u_1)^2 \right) \\
&= \left(-\frac{1}{2} + \frac{1}{2}\sqrt{5}, 1 - \left(-\frac{1}{2} + \frac{1}{2}\sqrt{5} \right)^2 \right) \\
&= \left(-\frac{1}{2} + \frac{1}{2}\sqrt{5}, -\frac{1}{2} + \frac{1}{2}\sqrt{5} \right) \\
&\approx (0,62, 0,62).
\end{aligned}
$$

Teil III

Partitive Ansätze

Eine der zentralen Fragen in der Ökonomik, den Politikwissenschaften oder der Soziologie betrifft die Koalitionsbildung von Individuen. Da das Konzept einer Koalition zentral in der Theorie der kooperativen Spiele ist, könnte man versuchen, diese Theorie für Fragen der Koalitionsbildung heranzuziehen. Allerdings sind die bisher behandelten Konzepte (Shapley-Lösung, Kern, Nash-Lösung) nicht direkt dazu geeignet, die Koalitionsbildung zu behandeln, weil sie voraussetzen, dass sich die große Koalition N bildet (Effizienzaxiom).

Wir gehen nun auf die Frage der Koalitionsbildung in zwei Schritten ein. Zunächst betrachten wir Lösungen auf der Basis von gegebenen Partitionen (Kap. H) bzw. auf der Basis von gegebenen Graphen (Kap. I). Anschließend endogenisieren wir die Partitionen bzw. Graphen durch ein nichtkooperatives Spiel, das dem kooperativen Spiel vorausgeht. Dies erfolgt in Kap. J mithilfe der strategischen Form und der extensiven Form der nichtkooperativen Spieltheorie.

H. Lösungen auf Partitionen

H.1 Einführendes

Auf der Grundlage der Shapley-Lösung sind einige Lösungen auf Partitionen (auch: Lösungen für Koalitionsstrukturen) in die Literatur eingeführt worden, insbesondere die Ansätze von AUMANN/DRÈZE (1974) und OWEN (1977), die wir mit AD-Lösung bzw. Owen-Lösung bezeichnen werden. Eine Koalitionsstruktur ist eine Partition $\mathcal{P} = \{S_1, ..., S_k\}$ der Spielermenge N, wobei die Mengen S_j, $j = 1, ..., k$, als Komponenten bezeichnet werden. In Kap. C (S. 69 f.) finden sich alternative Interpretationen solcher Partitionen und auch Skizzen der AD- und der Owen-Lösung.

In Kap. C findet der Leser auch erste Andeutungen über die Außenoptions-Lösung, die eine Verallgemeinerung der AD-Lösung und der Shapley-Lösung darstellt. Sie ist dementsprechend etwas komplizierter und ihre Erläuterung wird etliche Seiten in Anspruch nehmen. In den hinteren Abschnitten wollen wir diese drei Lösungen präsentieren. Zunächst jedoch haben wir im nächsten Abschnitt einige wichtige Konzepte für Partitionen und Reihenfolgen bereitzustellen. Im Abschnitt H.3 werden wir dann Axiome diskutieren, die bei den punktwertigen Lösungskonzepten AD-Lösung (Abschnitt H.4), Außenoptions-Lösung (Abschnitt H.5) und Owen-Lösung (Abschnitt H.6) eine wichtige Rolle spielen.

Der letzte Abschnitt ist zwei alternativen Ansätzen vorbehalten. Im Unterabschnitt H.7.1 präsentieren wir das Lösungskonzept der Verhandlungsmenge. In gewisser Weise passt dieser Abschnitt nicht gut in ein Kapitel, das punktwertige Lösungskonzepte in den Mittelpunkt stellt. Allerdings basieren Verhandlungsmengen auf Partitionen und werden daher in diesem Kapitel, in aller Kürze, behandelt.

Der zweite alternative Ansatz betrifft die Partitionsspiele. Die Grundidee dieser Spiele besteht in einer Modifikation der Koalitionsfunktion: Einer Koalition C wird ein Wert nur dann zugewiesen, wenn sie Komponente einer Partition $\mathcal{P}$ ist. Der zugewiesene Wert ist zudem von der Partition, zu der sie gehört, abhängig. Partitionsspiele, die zuerst von THRALL/LUCAS (1963) untersucht wurden, erinnern uns an ein Manko der übrigen Ansätze: Sollte der Wert einer Koalition K nicht davon abhängen, wie die anderen Spieler partitioniert sind? Beispielsweise wird der Gewinn, den ein Kartell erwirtschaften kann, davon abhängen, ob sich die Unternehmen außerhalb des Kartells ebenfalls zusammenschließen.

Nur erwähnen wollen wir an dieser Stelle ein überzeugendes Lösungskonzept für den Fall nichttransferierbaren Nutzens. Dieses geht auf CHAE/HEIDHUES (2004) zurück. Es führt zur Nash-Lösung sowohl innerhalb der Komponenten als auch zwischen den Komponenten.

H.2 Partitionen und Reihenfolgen

Wir wollen in diesem Abschnitt einige Definitionen entwickeln, die den Umgang mit Partitionen erleichtern. Wir erinnern nochmals daran, dass eine Partition

$$\mathcal{P} = \{S_1, ..., S_k\}$$

ein Mengensystem ist (also eine Menge von Mengen), sodass

- $\bigcup_{j=1}^{k} S_j = N$,
- $S_j \cap S_{j'} = \emptyset$ für alle $j \neq j'$ aus $\{1, ..., k\}$ und
- $S_j \neq \emptyset$ für alle $j = 1, ..., k$

erfüllt sind.

Definition H.2.1. *Die Menge aller Partitionen auf N bezeichnen wir mit $\mathfrak{P}(N)$ oder einfach nur mit $\mathfrak{P}$. Mit $\mathcal{P}(i) \subseteq N$ bezeichnen wir diejenige Komponente, der ein Spieler i bei der Partition $\mathcal{P}$ angehört. Die Menge der Komponenten, die irgendwelche Spieler aus einer Menge R beinhalten, bezeichnen wir mit $\mathcal{P}(R)$. Man nennt $\mathcal{P}(R)$ auch eine Teilpartition von $\mathcal{P}$.*

Machen Sie sich klar, dass $\mathcal{P}(R)$ ein Mengensystem ist und dass jede Komponente in $\mathcal{P}(R)$ auch in $\mathcal{P}$ enthalten sein muss. Bearbeiten Sie dazu die folgenden Aufgaben:

Übung H.2.1. Geben Sie $\mathcal{P}(2)$, $\mathcal{P}(\{2,3\})$, $\mathcal{P}(\{2\})$ und $\mathcal{P}(N\setminus\{2,3\})$ für $N = \{1,...,4\}$ und die Partitionen

- $\mathcal{P} = \{\{1\},\{2\},\{3,4\}\}$ und
- $\mathcal{P} = \{\{1\},\{2,3\},\{4\}\}$

an. Wann erhält man wiederum Partitionen auf eventuell kleineren Mengen?

Übung H.2.2. Setzen Sie nun eine beliebige Partition voraus. Wie kann man

- $\mathcal{P}(N)$,
- $\mathcal{P}(C)$ für eine Komponente C aus $\mathcal{P}$ und
- $\bigcup_{C\in\mathcal{P}} C$

auch schreiben?

Definition H.2.2. *Für jede Spielermenge N, jede Koalitionsfunktion $v \in G_N$ und jede Partition $\mathcal{P} \in \mathfrak{P}(N)$ heißt $(N,v,\mathcal{P})$ ein partitives Koalitionsspiel. Die Menge aller partitiven Koalitionsspiele auf N bezeichnen wir mit G_N^{part} oder einfach nur mit G^{part}.*

Bisweilen ist es notwendig, Partitionen vergleichen zu können. Zu diesem Zweck definieren wir:

Definition H.2.3. *Eine Partition $\mathcal{P}_1$ heißt feiner als eine Partition $\mathcal{P}_2$, falls $\mathcal{P}_1(i) \subseteq \mathcal{P}_2(i)$ für alle $i \in N$ gilt. In diesem Fall heißt $\mathcal{P}_2$ gröber als $\mathcal{P}_1$.*

Wenn $\mathcal{P}_1$ feiner ist als $\mathcal{P}_2$, so bedeutet dies, dass jede Komponente der gröberen Partition $\mathcal{P}_2$ die Vereinigung von eventuell mehreren Komponenten der feineren Partition $\mathcal{P}_1$ ist. Die feinste Partition ist die so genannte atomare Partition $\{\{1\},...,\{n\}\}$. Die gröbste Partition ist die triviale, bei der die große Koalition die einzige Komponente ist.

Übung H.2.3. Geben Sie bei den folgenden Paaren von Partitionen an, ob $\mathcal{P}_1$ feiner bzw. gröber ist als $\mathcal{P}_2$:

1. $\mathcal{P}_1 = \mathcal{P}_2 = \{\{1,2\}, \{3,4\}, \{5\}\}$,
2. $\mathcal{P}_1 = \{\{1,2\}, \{3,4\}, \{5\}\}$, $\mathcal{P}_2 = \{\{1,2,3\}, \{4,5\}\}$,
3. $\mathcal{P}_1 = \{\{1,2\}, \{3,4\}, \{5\}\}$, $\mathcal{P}_2 = \{\{1,2\}, \{3\}, \{4\}, \{5\}\}$.

Schließlich beziehen wir den für die Shapley-Lösung so wichtigen Begriff der Reihenfolge der Spieler auf Partitionen. Wir erinnern daran, dass Reihenfolgen ρ auf N als n-Tupel

$$\rho = (\rho_1, ..., \rho_n)$$

geschrieben werden können. Hier steht ρ_1 für den ersten Spieler in der Reihenfolge, ρ_2 für den zweiten und so fort. Wir interessieren uns jetzt dafür, ob eine Reihenfolge zu einer Partition insofern passt, als die Spieler in dieser Reihenfolge in den Komponenten zusammenbleiben:

Definition H.2.4. *Eine Reihenfolge $\rho \in RF_n$ heißt konsistent mit $\mathcal{P} \in \mathfrak{P}(N)$, falls es zu jeder Komponente C aus $\mathcal{P}$ einen Index j und $\ell \in \{0, ..., n-j\}$ gibt, sodass*

$$C = \{\rho_j, \rho_{j+1}, ..., \rho_{j+\ell}\}$$

gilt. Die Menge der Reihenfolgen auf N, die mit $\mathcal{P}$ konsistent sind, bezeichnen wir mit $RF_n^{\mathcal{P}}$ oder einfacher mit $RF^{\mathcal{P}}$.

Die Menge $RF_n^{\mathcal{P}}$ ist im Allgemeinen kleiner als die Menge RF_n. Wenn man in RF_n alle Reihenfolgen wegstreicht, die Spieler „auseinanderreißen", die zu derselben Komponente gehören, erhält man $RF_n^{\mathcal{P}}$.

Übung H.2.4. Welche der folgenden Reihenfolgen sind mit $\mathcal{P} = \{\{1\}, \{2\}, \{3,4\}, \{5,6,7\}\}$ konsistent?

- $\rho = (1,2,3,4,5,6,7)$
- $\rho = (2,1,4,5,6,7,3)$
- $\rho = (1,5,2,3,4,6,7)$
- $\rho = (1,4,3,7,5,6,2)$

Übung H.2.5. Welche Reihenfolgen aus RF_7 sind konsistent mit

- $\mathcal{P} = \{\{1,2,3,4,5,6,7\}\}$ oder
- $\mathcal{P} = \{\{1\},\{2\},\{3\},\{4\},\{5\},\{6\},\{7\}\}$?

Zum Schluss noch eine Bemerkung über die Anzahl der Reihenfolgen in $RF_n^{\mathcal{P}}$. Sie erinnern sich sicherlich noch an

$$|RF_n| = n!;$$

diese Formel haben wir auf S. 64 erläutert. $n!$ ist die Anzahl der Möglichkeiten, n Objekte anzuordnen. Um die Anzahl der Reihenfolgen in $RF_n^{\mathcal{P}}$ für

$$\mathcal{P} = \{S_1, ..., S_k\}$$

zu bestimmen, machen wir uns klar:

- Es gibt $k!$ Möglichkeiten, die Komponenten S_1 bis S_k anzuordnen.
- Es gibt $|S_j|!$ Möglichkeiten, innerhalb der Komponente S_j die Spieler anzuordnen.

Insgesamt erhalten wir also

$$\left|RF_n^{\mathcal{P}}\right| = k! \cdot |S_1|! \cdot ... \cdot |S_k|!,$$

ein Ergebnis, das auch bei HART/KURZ (1983, S. 1053) zu finden ist. Unter Berücksichtigung der Aufg. H.2.5 fällt Ihnen die vorletzte Aufgabe dieses Abschnitts sicherlich nicht schwer:

Übung H.2.6. Begründen Sie $\left|RF_n^{\{\{1,2,...,n\}\}}\right| = \left|RF_n^{\{\{1\},\{2\},...,\{n\}\}}\right|$.

Wir werden uns bei der Außenoptions-Lösung dafür interessieren, ob bei einer Reihenfolge ρ ein gegebener Spieler i der letzte seiner Komponente ist. Wir sagen dann auch, dass er seine Komponente voll macht. Formal können wir dies durch

$$\mathcal{P}(i) \subseteq K_i(\rho)$$

ausdrücken. Denn $\mathcal{P}(i)$ ist die Komponente des Spielers i und $K_i(\rho)$ sind die Spieler in der Reihenfolge ρ bis einschließlich Spieler i. Somit bedeutet $\mathcal{P}(i) \subseteq K_i(\rho)$, dass alle Spieler aus $\mathcal{P}(i)$ vor Spieler i in der Reihenfolge ρ auftauchen.

Übung H.2.7. Geben Sie an, welche Spieler bei $\mathcal{P} = \{\{1,2,3\}, \{4,5\},\{6\}\}$ und $\rho = (3,5,6,1,2,4)$ ihre Komponente voll machen.

H.3 Axiome

Ganz ähnlich wie bei den Koalitionsspielen in Kap. F wollen wir auch hier Axiome einführen, die Lösungskonzepte möglicherweise erfüllen können. Für Lösungskonzepte bezüglich G_N^{part} benutzen wir denselben Buchstaben ψ wie für Lösungskonzepte bezüglich G_N:

Definition H.3.1. *Sei N eine Spielermenge. Eine Abbildung*

$$\psi : G_N \times \mathfrak{P}_N \to \mathbb{R}^n$$

heißt punktwertiges partitives Lösungskonzept auf $(N, \mathfrak{P})$ oder einfach Lösungskonzept oder Lösung (auf $(N, \mathfrak{P})$).

Lösungen auf $(N, \mathfrak{P})$ können das eine oder andere der nachfolgenden Axiome erfüllen, die wir wiederum gruppieren:

H.3.1 Effizienz-Axiome

Pareto-Axiom: Die Auszahlung $(\psi_i(v))_{i \in N}$ verteilt die maximal mögliche Nutzensumme:

$$\sum_{i \in N} \psi_i(v, \mathcal{P}) = v(N).$$

Hat man eine Partition gegeben, so kann man das Pareto-Axiom auch auf einzelne Komponenten beziehen und erhält dann das
Komponenten-Effizienz-Axiom: Für alle $C \in \mathcal{P}$ gilt

$$\sum_{i \in C} \psi_i(v, \mathcal{P}) = v(C).$$

H.3.2 Unwichtige Spieler und Komponenten

Sie erinnern sich vielleicht aus Kap. D an die Begriffe Nullspieler und unwesentlicher Spieler. Grob gesagt trägt ein Nullspieler zu keiner Koalition etwas bei, während ein unwesentlicher Spieler genau den Wert seiner Einerkoalition „mitbringt".

Übung H.3.1. Es geht im vorangehenden Absatz also um Spieler i, für die

$$v\left(K \cup \{i\}\right) = v\left(K\right) + v\left(\{i\}\right), i \notin K, K \subseteq N,$$

oder

$$v\left(K \cup \{i\}\right) = v\left(K\right), K \subseteq N,$$

erfüllt ist. Welche Bedingung definiert einen Nullspieler, welche einen unwesentlichen Spieler?

Die Begriffe Nullspieler und unwesentlicher Spieler bei partitiven Koalitionsspielen unterscheiden sich nicht von denjenigen, die für Koalitionsspiele ohne Partition gelten; die entsprechenden Axiome lauten:

Axiom über den Nullspieler: Jeder Nullspieler i erhält Null:

$$\psi_i\left(v, \mathcal{P}\right) = 0.$$

Axiom über den unwesentlichen Spieler: Jeder unwesentliche Spieler i erhält genau den Wert seiner Einerkoalition:

$$\psi_i\left(v, \mathcal{P}\right) = v\left(\{i\}\right).$$

Axiom über die nichtproduktiven Spieler bei Einmütigkeitsspielen: Jeder nichtproduktive Spieler erhält beim Einmütigkeitsspiel die Auszahlung Null:

$$\psi_i\left(u_T, \mathcal{P}\right) = 0, i \in N\backslash T.$$

Es gibt nun für die Komponenten einer Partition ganz entsprechende Definitionen und Axiome. Sie sind allerdings etwas komplizierter zu durchschauen:

Definition H.3.2. *Sei $(N, v, \mathcal{P})$ ein partitives Koalitionsspiel. Eine Komponente C aus $\mathcal{P}$ heißt Nullkomponente, falls für alle Teilpartitionen $\mathcal{P}'$ von $\mathcal{P}$ mit $\mathcal{P}' \subseteq \mathcal{P}\left(N\backslash C\right)$*

$$v\left(\bigcup\nolimits_{C' \in \mathcal{P}'} C' \cup C\right) = v\left(\bigcup\nolimits_{C' \in \mathcal{P}'} C'\right)$$

erfüllt ist. Eine Komponente C aus $\mathcal{P}$ heißt unwesentlich, falls für alle Teilpartitionen $\mathcal{P}'$ von $\mathcal{P}$ mit $\mathcal{P}' \subseteq \mathcal{P}\left(N\backslash C\right)$

$$v\left(\bigcup\nolimits_{C' \in \mathcal{P}'} C' \cup C\right) = v\left(\bigcup\nolimits_{C' \in \mathcal{P}'} C'\right) + v\left(C\right)$$

gilt.

Beispielsweise sind beim Einmütigkeitsspiel u_T sowohl T als auch $N\backslash T$ unwesentliche Komponenten. $N\backslash T$ ist auch eine Nullkomponente. Dass T eine unwesentliche Komponente ist, sieht man aufgrund von

$$1 \geq u_T \left(\bigcup_{C' \in \mathcal{P}'} C' \cup T \right) \geq u_T (T) = 1 \; (u_T \text{ einfaches Spiel})$$

und

$$u_T \left(\bigcup_{C' \in \mathcal{P}'} C' \right) + u_T (T) = 0 + 1 \; (\bigcup_{C' \in \mathcal{P}'} C' \subseteq N\backslash T).$$

Übung H.3.2. Zeigen Sie, dass jede Koalition C mit $C \subseteq N\backslash T$ eine Nullkomponente ist.

Wenn Sie Aufg. F.3.3 auf S. 201 gelöst und verstanden haben, ist die folgende Aufgabe einfach:

Übung H.3.3. Zeigen Sie: Wenn alle Komponenten einer Partition $\mathcal{P}$ unwesentlich sind, kann man den Wert jeder Koalition, die als Vereinigung von Komponenten geschrieben werden kann, auf die Werte der Komponenten von $\mathcal{P}$ zurückführen.

Das Ergebnis der vorangehenden Aufgabe ist für die folgende Übung wichtig:

Übung H.3.4. Zeigen Sie: Falls in einer Partition $\mathcal{P}$ alle Komponenten unwesentlich sind, folgt das Pareto-Axiom aus der Komponenten-Effizienz.

Nun endlich präsentieren wir die zwei Axiome über Komponenten, die den Axiomen über den Nullspieler und über den unwesentlichen Spieler entsprechen.

Axiom über die Nullkomponente: Die Spieler jeder Nullkomponente C erhalten zusammen Null:

$$\sum_{i \in C} \psi_i (v, \mathcal{P}) = 0.$$

Axiom über die unwesentliche Komponente: Die Spieler jeder unwesentlichen Komponente C erhalten zusammen den Wert ihrer Komponente:

$$\sum_{i \in C} \psi_i (v, \mathcal{P}) = v (C).$$

H.3.3 Linearitäts-Axiome

Die Linearitäts-Axiome sind für eine gegebene Partition genauso zu verstehen wie in Kap. F.

Additivitäts-Axiom: Wenn v und w Koalitionsfunktionen sind, dann soll für jede Partition $\mathcal{P}$ und für jeden Spieler $i \in N$ die Auszahlung bei $v + w$ gleich der Summe der Auszahlungen bei v und w sein:

$$\psi_i \left(v + w, \mathcal{P} \right) = \psi_i \left(v, \mathcal{P} \right) + \psi_i \left(w, \mathcal{P} \right).$$

Linearitäts-Axiom: Für alle Koalitionsfunktionen v und w, alle Partitionen $\mathcal{P}$ und alle Skalare α gelten

$$\psi_i \left(v + w, \mathcal{P} \right) = \psi_i \left(v, \mathcal{P} \right) + \psi_i \left(w, \mathcal{P} \right) \text{ und}$$
$$\psi_i \left(\alpha v, \mathcal{P} \right) = \alpha \psi_i \left(v, \mathcal{P} \right)$$

für alle Spieler $i \in N$.

H.3.4 Gleiches gleich behandeln

Nun haben wir den Begriff der Symmetrie auf partitive Koalitionsspiele zu übertragen. Zwei Spieler gelten in $(N, v, \mathcal{P})$ als symmetrisch, wenn sie symmetrisch in (N, v) sind und zu derselben Komponente von $\mathcal{P}$ gehören.

Definition H.3.3. *Zwei Spieler i und j aus N heißen symmetrisch in $(N, v, \mathcal{P})$, falls $\mathcal{P}(i) = \mathcal{P}(j)$ gilt und falls für jede Koalition K mit $i, j \notin K$*

$$v \left(K \cup i \right) = v \left(K \cup j \right)$$

erfüllt ist.

Symmetrie-Axiom: Sind zwei Spieler $i, j \in N$ symmetrisch in $(N, v, \mathcal{P})$, so erhalten sie dieselbe Auszahlung:

$$\psi_i \left(v, \mathcal{P} \right) = \psi_j \left(v, \mathcal{P} \right).$$

Alternativ kann man ein Symmetrie-Axiom für Komponenten definieren. Vorbereitend definiert man auf der Basis von $(N, v, \mathcal{P})$ eine

Koalitionsfunktion, bei der die Komponenten die Rolle von Spielern übernehmen. Formal wird also eine Koalitionsfunktion

$$(\{C \subseteq N : C \in \mathcal{P}\}, v^*)$$

durch

$$v^*(K) = v\left(\bigcup_{C \in K} C\right)$$

definiert. Wir übertragen nun das Symmetrie-Axiom auf Komponenten. Dabei sind C' und C'' symmetrische Spieler in v^*, falls für jede Menge von Komponenten K mit $C', C'' \notin K$

$$v\left(\bigcup_{C \in K} C \cup C'\right) \underbrace{=}_{\text{Definition } v^*} v^*(K \cup C')$$

$$\underbrace{=}_{\text{Symmetrie}} v^*(K \cup C'') \underbrace{=}_{\text{Definition } v^*} v\left(\bigcup_{C \in K} C \cup C''\right)$$

gilt. Dabei ist $K \cup C'$ wiederum eine verkürzte Schreibweise für das korrekte $K \cup \{C'\}$.

Symmetrie-Axiom für Komponenten: Sind C und C' symmetrische Spieler in v^*, erhalten sie gleich viel:

$$\sum_{i \in C} \psi_i(v, \mathcal{P}) = \sum_{i \in C'} \psi_i(v, \mathcal{P}).$$

H.4 Aumann-Drèze-Lösung

H.4.1 Formel und Axiomatisierung

Für den Spezialfall $\mathcal{P} := \{N\}$ wissen wir, dass sich die Shapley-Lösung durch einige der im vorangehenden Abschnitt aufgeführten Axiome charakterisieren lässt, beispielsweise durch das Pareto-, das Symmetrie-, das Nullspieler- und das Additivitäts-Axiom. Zur Axiomatisierung der Aumann-Drèze-Lösung hat man lediglich das Pareto-Axiom durch das Komponenten-Effizienz-Axiom zu ersetzen.

Tatsächlich ist die Aumann-Drèze-Lösung (AD-Lösung) gleich der Shapley-Lösung der auf die jeweiligen Komponenten beschränkten Koalitionsfunktionen. Um die AD-Lösung $\varphi_i^{AD}(v, \mathcal{P})$ für Spieler i zu bestimmen, geht man also komponentenweise so vor:

- Zunächst sucht man die Komponente $\mathcal{P}(i)$, der Spieler i angehört.
- Dann betrachtet man die Einschränkung $v|_{\mathcal{P}(i)}$ von v auf $\mathcal{P}(i)$. Man interessiert sich also nur für die Werte derjenigen Koalitionen, die (echte oder auch unechte) Teilmengen von $\mathcal{P}(i)$ sind. Einschränkungen sind auf S. 211 erklärt.
- Schließlich berechnet man die Shapley-Lösung für Spieler i bezüglich $v|_{\mathcal{P}(i)}$.

Dies kann man kürzer auch so ausdrücken:

$$\varphi_i^{AD}(v, \mathcal{P}) := \varphi_i\left(v|_{\mathcal{P}(i)}\right).$$

Theorem H.4.1. *Ein Lösungskonzept ψ auf $(N, \mathfrak{P})$ erfüllt genau dann die vier Axiome*

- *Komponenten-Effizienz-Axiom,*
- *Symmetrie-Axiom,*
- *Axiom über den Nullspieler, Axiom über den unwesentlichen Spieler oder Axiom über den nichtproduktiven Spieler bei Einmütigkeitsspielen und*
- *Additivitäts-Axiom oder Linearitäts-Axiom,*

falls ψ gleich der Aumann-Drèze-Formel φ^{AD} ist.

H.4.2 Beispiele

Einmütigkeitsspiel. Als erstes Beispiel betrachten wir das Einmütigkeitsspiel $u_{\{1,2\}}^{\{1,2,3\}}$ auf $N = \{1, 2, 3\}$, wobei $\{1, 2\}$ die Menge der produktiven Spieler und $\{1, 2, 3\}$ die Spielermenge darstellen. Als Partition wählen wir $\mathcal{P} = \{\{1, 2\}, \{3\}\}$. Wir haben also die Beschränkungen der angegebenen Koalitionsfunktion einerseits auf $\{1, 2\}$ und andererseits auf $\{3\}$ zu betrachten. Erstere führt zum Einmütigkeitsspiel auf $\{1, 2\}$

$$u_{\{1,2\}}^{\{1,2,3\}}\Big|_{\{1,2\}} = u_{\{1,2\}}^{\{1,2\}}.$$

Aufgrund der Symmetrie der zwei produktiven Spieler 1 und 2 und aufgrund der Komponenten-Effizienz erhält man

$$\varphi_1^{AD}\left(u_{\{1,2\}}^{\{1,2,3\}}, \mathcal{P}\right) = \varphi_1\left(u_{\{1,2\}}^{\{1,2\}}\right) = \frac{1}{2} = \varphi_2^{AD}\left(u_{\{1,2\}}^{\{1,2,3\}}, \mathcal{P}\right).$$

Spieler 3 erhält den Wert seiner Komponente:

$$\varphi_3^{AD}\left(u_{\{1,2\}}^{\{1,2,3\}}, \mathcal{P}\right) = \varphi_3\left(u_{\{1,2\}}^{\{3\}}\right) = 0.$$

Übung H.4.1. Bestimmen Sie die Aumann-Drèze-Lösung für $u_{\{1,2\}}^{\{1,2,3\}}$ und $\mathcal{P} = \{\{1\}, \{2,3\}\}$. Schreiben Sie dabei die jeweiligen Einschränkungen genau auf.

Die Aumann-Drèze-Lösung reflektiert für das Einmütigkeitsspiel recht überzeugend, wie mangelnde Kooperation zu Einbußen führen kann. Wenn nicht alle produktiven Spieler in einer Komponente versammelt sind, erhalten alle Spieler die Auszahlung Null: Allgemein erhalten wir bei Einmütigkeitsspielen u_T $(\emptyset \neq T \subseteq N)$

$$\varphi_i^{AD}\left(u_T, \mathcal{P}\right) = \begin{cases} \frac{1}{|T|}, & i \in T \text{ und } T \subseteq \mathcal{P}(i) \\ 0, & \text{sonst.} \end{cases}$$

Handschuh-Spiel. Beim Handschuh-Spiel müssen sich Besitzer rechter und linker Handschuhe ebenfalls in Komponenten versammeln, um tauschen zu können (siehe auch Abschnitt C.5.2). Vereinigt man je einen Besitzer eines linken mit je einem Besitzer eines rechten Handschuhs in einer Zweierkomponente, so bleiben Besitzer des weniger knappen Handschuhs übrig. Diese, ob nun in einer Komponente oder in mehreren Komponenten angeordnet, erhalten aufgrund der Symmetrie und der Komponenten-Effizienz die Auszahlung Null. Die beiden Tauschpartner in den Zweierkomponenten erhalten jeweils die Auszahlung $\frac{1}{2}$.

Übung H.4.2. Wie bestimmt man die AD-Lösung, wenn alle Spieler in einer Komponente versammelt sind? Können wir auch dann erwarten, dass die Besitzer des weniger knappen Handschuhs die Auszahlung Null erhalten?

Weitere Beispiele. Sie können sich selbst weitere Aufgaben stellen, indem sie sich Spiele aus Kap. D hernehmen und „plausible" oder interessante Partitionsstrukturen wählen. Insbesondere sollten Sie sich jedoch mit der folgenden Aufgabe befassen:

Übung H.4.3. Bestimmen Sie die AD-Lösung

- für symmetrische Spiele (Definition auf S. 107),
- für einen unwesentlichen Spieler und
- für Apex-Spiele mit $n \geq 4$. Lassen Sie Spieler 1 die Rolle des Apex-Spielers übernehmen, sodass Sie den Wert einer Koalition $S \subseteq N$ durch

$$h_1(S) = \begin{cases} 1, & 1 \in S \text{ und } S \backslash \{1\} \neq \emptyset \\ 1, & S = N \backslash \{1\} \\ 0, & \text{sonst} \end{cases}$$

bestimmen können. Die notwendigen Fallunterscheidungen sind hier bereits vorgegeben:

$$\varphi_j^{AD}(v, \mathcal{P})$$

$$= \begin{cases} ?, & h_1(\mathcal{P}(j)) = 1 \text{ und } j = 1 \text{ und } \mathcal{P}(j) = N \\ ?, & h_1(\mathcal{P}(j)) = 1 \text{ und } j = 1 \text{ und } \mathcal{P}(j) \neq N \\ ?, & h_1(\mathcal{P}(j)) = 1 \text{ und } j \neq 1 \text{ und } 1 \notin \mathcal{P}(j) \\ ?, & h_1(\mathcal{P}(j)) = 1 \text{ und } j \neq 1 \text{ und } 1 \in \mathcal{P}(j) \text{ und } \mathcal{P}(j) \neq N \\ ?, & h_1(\mathcal{P}(j)) = 1 \text{ und } j \neq 1 \text{ und } 1 \in \mathcal{P}(j) \text{ und } \mathcal{P}(j) = N \\ ?, & h_1(\mathcal{P}(j)) = 0. \end{cases}$$

AD-Auszahlung bei Vergröberung der Partition. Wir hatten in Kap. D Superadditivität grob dadurch charakterisiert, dass sich Zusammenarbeit lohnt. Von daher könnte man geneigt sein anzunehmen, dass die folgende Vermutung wahr ist:

Seien $\mathcal{P}_1$ und $\mathcal{P}_2$ Partitionen auf N, sodass $\mathcal{P}_1$ feiner als $\mathcal{P}_2$ ist. Dann gilt für alle Spieler $i \in N$

$$\varphi_i^{AD}(v, \mathcal{P}_1) \leq \varphi_i^{AD}(v, \mathcal{P}_2),$$

falls v superadditiv ist.

Sollte nicht Spieler i einen Zusammenarbeitsbonus erhalten, wenn er zur größeren Menge $\mathcal{P}_2(i)$ anstatt zu $\mathcal{P}_1(i)$ gehört? Ein solcher Bonus fällt bei Superadditivität aufgrund von

$$v(\mathcal{P}_2(i)) \geq \sum_{C \in \mathcal{P}_1, C \subseteq \mathcal{P}_2(i)} v(C)$$

an. (Wenn Ihnen die Ungleichung unklar ist, konsultieren Sie bitte Definition H.2.3, S. 311). Die nächste Aufgabe hilft Ihnen bei der Beurteilung der obigen Vermutung:

Übung H.4.4. Betrachten Sie das Handschuh-Spiel für $N = \{1, 2, 3\}$, $L = \{1\}$ und $R = \{2, 3\}$. Wählen Sie $\mathcal{P}_1 = \{\{1, 2\}, \{3\}\}$ und $\mathcal{P}_2 = \{N\}$. Ist die Vermutung wahr? Hinweis: Betrachten Sie Spieler 2!

H.5 Außenoptions-Lösung

H.5.1 Einführendes

Die Außenoptions-Lösung ist vom Autor dieses Lehrbuches ersonnen worden, um ein partitives Lösungskonzept zur Verfügung zu haben, das

- einerseits die relative Knappheit auf Märkten reflektieren kann (wie die Shapley-Lösung) und
- andererseits komponenten-effizient ist (wie die AD-Lösung).

Zur Motivation der Außenoptions-Lösung beziehen wir uns wiederum auf das Handschuh-Spiel. Dessen Kern und Shapley-Lösung haben wir bereits kennen gelernt. Der Kern steht für die wettbewerbliche Lösung, bei der die Besitzer des knappen Gutes (die Besitzer rechter Handschuhe im Falle von $|R| < |L|$) die Auszahlung 1 erhalten. Dieses Ergebnis gilt sowohl für $|L| = 100$ und $|R| = 99$ als auch für $|L| = 100$ und $|R| = 1$. SHAPLEY/SHUBIK (1969b, S. 342) kritisieren die Diskontinuität, die der Kern hier aufweist. Im Gegensatz dazu reagiert die Shapley-Lösung sensitiv auf die relative Knappheit der Handschuhe: In Anbetracht von hundert linken Handschuhen beträgt die Shapley-Auszahlung für den Besitzer des einzigen rechten Handschuhs $\frac{100}{101}$; ist dieser jedoch nur einer von 99 Besitzern rechter Handschuhe, erhält er nur (ungefähr) 0,54. Die Sensitivität der Shapley-Lösung auf relative Knappheiten haben wir auch in der Tabelle auf S. 65 dargelegt.

Der Nachteil der Shapley-Lösung besteht jedoch darin, dass sie eine ex-ante-Lösung darstellt und nicht die Auszahlungen der Marktteilnehmer zu reflektieren vermag, nachdem sich diese ihre Tauschpartner gesucht haben (ex-post-Sicht). Eine ex-post-Lösung ist die AD-Lösung; wir mussten jedoch feststellen, dass sie mit relativer Knappheit nicht umgehen kann. Die noch einzuführende Außenoptions-Lösung liefert dagegen die Shapley-Lösung $\frac{100}{101}$ für den Besitzer des einzigen rechten Handschuhs ($|L| = 100$, $|R| = 1$) und rund 0,52 für einen von 99 Besitzern rechter Handschuhe ($|L| = 100$, $|R| = 99$).

Neben dem Handschuh-Spiel soll nun ein weiteres Beispiel, eine asymmetrische Version des Maschler-Spiels (siehe Abschnitt D.2.3), die Unterschiede zwischen diesen Lösungen verdeutlichen. Wir betrachten die Spielermenge $N = \{1, 2, 3\}$ und die Koalitionsfunktion v, die die Werte $v(\{1, 2\}) = v(\{2, 3\}) = 60$ und $v(N) = 72$ zuordnet und allen anderen Koalitionen jeweils den Wert Null zuschreibt. Die Shapley-Lösung dieses Spiels lautet $(14, 44, 14)$: Aufgrund der Pareto-Effizienz wird $v(N) = 72$ unter den Spielern verteilt, wobei Spieler 2 den Hauptanteil bekommt.

Nun betrachten wir die Partition $\mathcal{P} = \{\{1, 2\}, \{3\}\}$, die zur AD-Lösung und zur Außenoptions-Lösung (Index oo, engl. outside option)

$$\varphi^{AD}(v, \mathcal{P}) = (30, 30, 0) \text{ und}$$
$$\varphi^{oo}(v, \mathcal{P}) = (20, 40, 0)$$

führt. Beide Lösungen sind offenbar komponenten-effizient. Allerdings ordnet die Außenoptions-Lösung Spieler 2 eine höhere Auszahlung als Spieler 1 zu, worin sich die Außenoption von Spieler 2 ($v(2, 3) = 60 > 0 = v(1, 3)$) widerspiegelt. Man kann dies auch so ausdrücken: Spieler 1 zahlt an Spieler 2 10 Einheiten, damit Spieler 2 mit ihm statt mit Spieler 3 den Wert 60 schafft.

Das Lösungskonzept „bargaining set", das auf Maschler zurückgeht, berücksichtigt ebenfalls die Außenoption von Spieler 2 und führt zur Auszahlung $(0, 60, 0)$. Diese etwas extreme Lösung ergibt sich durch die inhaltliche Nähe zum Kern.

Übung H.5.1. Bestimmen Sie den Kern der soeben eingeführten Koalitionsfunktion.

Wir werden die Maschler'sche Verhandlungsmenge in Abschnitt H.7.1 ab S. 343 kurz darstellen und dort auch die Begründung für die Auszahlung $(0, 60, 0)$ liefern. An dieser Stelle sind die einführenden Bemerkungen, mit denen MASCHLER (1992, S. 595 ff.) sein Konzept erläutert, interessant. Sie könnten auch als Vorwort zur Außenoptions-Lösung gelten:

„During the course of negotiations there comes a moment when a certain coalition structure is „crystallized". The players will no longer listen to „outsiders", yet each [component] has still to adjust the final share of proceeds. (This decision may depend on options outside the [component], even though the chances of defection are slim)."

H.5.2 Das Außenoptions-Axiom

Die oo-Lösung ist neben der Shapley-Lösung auch der AD-Lösung verwandt. Wenn sie Unterschiede zu dieser aufweisen soll, müssen natürlich auch unterschiedliche Axiome Anwendung finden. Wie die AD-Lösung erfüllt die oo-Lösung Komponenten-Effizienz, Symmetrie und Additivität. Wir werden nun begründen, warum eine Außenoptions-Lösung, die Komponenten-Effizienz erfüllt, das Nullspieler-Axiom verletzen sollte.

Dazu betrachten wir $N = \{1,2,3\}$, das Einmütigkeitsspiel $u_{\{1,2\}}$ und die Partition $\mathcal{P} = \{\{1,3\},\{2\}\}$. Aufgrund der Komponenten-Effizienz erhält man

$$\varphi_1^{oo}\left(u_{\{1,2\}},\mathcal{P}\right) + \varphi_3^{oo}\left(u_{\{1,2\}},\mathcal{P}\right)$$
$$= 0$$
$$= \varphi_2^{oo}\left(u_{\{1,2\}},\mathcal{P}\right).$$

Spieler 3 ist für $u_{\{1,2\}}$ und für jede Einschränkung von $u_{\{1,2\}}$ ein Nullspieler. Dennoch, so wollen wir argumentieren, kann seine Auszahlung unter φ^{oo} nicht Null sein. Der Grund hierfür ist, dass Spieler 1 die besseren Außenoptionen hat.

Wenn er sich mit Spieler 2 zusammentäte (und dadurch die Partition $\mathcal{P}$ verletzte), erhielte er die Auszahlung $\frac{1}{2}$ (bei der Shapley- oder der AD-Lösung). Innerhalb der bestehenden Partition $\mathcal{P}$ wird er sich an Spieler 3 wenden, um zumindest einen Teil der mit Spieler 2 realisierbaren Auszahlung zu verlangen. Wenn er mit diesem Ansinnen Erfolg hat, ist die Auszahlung für Spieler 3 aufgrund der Komponenten-Effizienz jedoch negativ. Der Leser erinnert sich an die Zahlung von 10, die Spieler 1 an Spieler 2 beim asymmetrischen Maschler-Spiel zu leisten hat (siehe S. 323).

Einige Leser mögen die negative Auszahlung für Spieler 3 unter Verweis darauf kritisieren, dass dieser die Komponente $\{1,3\}$ „aufkündigen" und als Einerkomponente die Auszahlung 0 realisieren könnte. Es ist also nicht garantiert, dass die Außenoptions-Lösung die Nicht-Blockade durch Einerkoalitionen erfüllt. Als Antwort können wir nur auf die zweistufige Vorgehensweise verweisen. Zur Bestimmung der Außenoptions-Lösung halten wir die Partition konstant. Die Stabilität von Partitionen ist eine andere Frage, die wir in Kap. J ansprechen werden. Dort werden wir dann sehen, dass die Außenoptions-Lösung für stabile Partitionen das genannte Problem nicht hat.

Marco Slikker hat mich in diesem Zusammenhang mit einem Hinweis auf die Koalitionsfunktion $-u_{\{1,2\}}$ herausgefordert. Man könnte folgende Antwort versuchen: Bei der obigen Partition $\mathcal{P} = \{\{1,3\}, \{2\}\}$ sind die Außenoptionen von Spieler 1 jetzt negativ. Täte er sich mit Spieler 2 zusammen, erhielte er die Auszahlung $-\frac{1}{2}$ und daher sollte innerhalb der existierenden Partition eine komponenten-effiziente Lösung mit Außenoptionen Spieler 1 eine negative Auszahlung zuordnen. Eine halbwegs zufrieden stellende Interpretation ist diese: Spieler 3 verlangt eine positive Seitenzahlung von Spieler 1, weil es gerade die existierende Partition ist, die Spieler 1 vor der Komponente $\{1,2\}$ bewahrt. Natürlich ist diese Begründung zweifelhaft: Sie setzt voraus, dass Spieler 3 Spieler 1 in eine Koalition mit Spieler 2 zwingen könnte, obwohl gerade diese Koalition $\{1,2\}$ einen negativen Wert hat. Dies erscheint uns unwahrscheinlich, da wir es eben gewohnt sind, dass der Austritt beispielsweise aus einer religiösen oder politischen Gemeinschaft möglich ist, während der Zwang dieser beizutreten in unserer Gesellschaftsordnung eher als unerhört gilt. Institutionell ist vielleicht der Pflichtersatzdienst beim Roten Kreuz oder beim Katastrophenschutz zu nennen, der die jungen Männer vor der Bundeswehr „schützt".

Die Seitenzahlungen beim Einmütigkeitsspiel $u_{\{1,2\}}$ und der Partition $\mathcal{P} = \{\{1,3\}, \{2\}\}$ werden notwendig, weil nicht alle Spieler aus $T = \{1,2\}$ zu einer Komponente gehören und weil zudem Spieler aus T mit Spielern aus $N \backslash T = \{3\}$ in einer Komponente, nämlich in $\{1,3\}$, versammelt sind. Das folgende Axiom lässt sich vor diesem Hintergrund motivieren:

Außenoptions-Axiom für Einmütigkeitsspiele: Sei $(N, \mathcal{P})$ eine Koalitionsstruktur und T eine nichtleere Teilmenge von N. Falls es in $\mathcal{P}$ eine Komponente C^T mit $T \subseteq C^T$ gibt, gilt für alle $C \in \mathcal{P}$

$$\sum_{i \in C \backslash T} \psi_i(u_T, \mathcal{P}) = 0.$$

Enthält $\mathcal{P}$ keine Komponente C mit $T \subseteq C$, gilt für alle $C \in \mathcal{P}$,

$$\sum_{i \in C \backslash T} \psi_i(u_T, \mathcal{P}) = -\frac{|C \cap T|}{|T|} \frac{|C \backslash T|}{|T \cup C|}.$$

Übung H.5.2. Berechnen Sie die Summen der Auszahlungen für die nichtproduktiven Spieler bei der Koalitionsfunktion $u_{\{1,2,3\}}^{\{1,\ldots,7\}}$ und der Partition $\{\{1, 2, 4, 5\}, \{3, 6\}, \{7\}\}$.

In der später zu begründenden Axiomatik der Außenoptions-Lösung wird das Außenoptions-Axiom anstelle des Axioms über die nichtproduktiven Spieler bei Einmütigkeitsspielen (S. 315) genutzt. Tatsächlich kommt das Außenoptions-Axiom diesem recht nahe. Falls es nämlich eine Komponente C^T mit $T \subseteq C^T$ gibt, erhalten die Nullspieler dieser Komponente zusammen Null. Zudem erhalten die anderen Nullspieler, die dann keinen T-Spieler in ihrer Komponente haben, zusammen ebenfalls Null. In beiden Fällen erhält aufgrund des Symmetrie-Axioms auch jeder einzelne dieser Spieler die Auszahlung Null.

Falls jedoch die T-Spieler auf mehrere Komponenten verteilt sind, ist die Summe der Auszahlungen für diejenigen nichtproduktiven Spieler negativ, die sich in einer Komponente mit T-Spielern befinden. Dies ist die Situation des Spielers 3 beim Einmütigkeitsspiel $u_{\{1,2\}}$, das wir am Anfang dieses Abschnitts ausführlich betrachtet haben.

Übung H.5.3. Welchen Wert nimmt $\sum_{i \in C \backslash T} \psi_i(u_T, \mathcal{P})$ an, falls $C \cap T = \emptyset$ gilt? Können Sie dies erklären?

Im obigen Axiom taucht der Quotient $\frac{|C \cap T|}{|T|}$ auf; dies ist der Anteil der T-Spieler in C oder die Wahrscheinlichkeit, dass ein Spieler aus $C \cap T$ (und nicht etwa aus $N \backslash C \cap T$) den Wert 1 fordert.

Übung H.5.4. Begründen Sie die Richtigkeit der Gleichung $|T \cup C| = |T| + |C \backslash T|$.

Der zweite Faktor,

$$\frac{|C \backslash T|}{|T \cup C|} = \frac{1}{\frac{|T|}{|C \backslash T|} + 1},$$

ist nicht so einleuchtend. Er besagt, dass die nichtproduktiven Spieler der Komponente C in der Summe umso mehr zu „zahlen" haben, je mehr sie im Vergleich zu denjenigen Spielern sind, die zu T insgesamt gehören (in C und außerhalb von C). Bei Symmetrie hat dann ein einzelner Spieler aus $C \backslash T$ umso mehr zu zahlen, je weniger Spieler in $T \cup C$ enthalten sind.

Das Außenoptions-Axiom impliziert zusammen mit der Komponenten-Effizienz und der Symmetrie bereits die Auszahlungen beim Einmütigkeitsspiel. In der folgenden Formel bedeutet $\exists$ „es gibt mindestens ein(e)" und $\nexists$ „es gibt keine(n)":

$$\psi_i\left(u_T, \mathcal{P}\right) = \begin{cases} \frac{1}{|T|}, & i \in T \text{ und } \exists C^T \in \mathcal{P} : T \subseteq C^T \\ 0, & i \notin T \text{ und } \exists C^T \in \mathcal{P} : T \subseteq C^T \\ \frac{1}{|T|} \frac{|\mathcal{P}(i) \cap (N \backslash T)|}{|T \cup \mathcal{P}(i)|}, & i \in T \text{ und } \nexists C \in \mathcal{P} : T \subseteq C \\ -\frac{|\mathcal{P}(i) \cap T|}{|T|} \frac{1}{|T \cup \mathcal{P}(i)|}, & i \notin T \text{ und } \nexists C \in \mathcal{P} : T \subseteq C. \end{cases}$$

$$(\text{H.1})$$

Übung H.5.5. Begründen Sie $\psi_i\left(u_T, \mathcal{P}\right) = \frac{1}{|T|} \frac{|\mathcal{P}(i) \cap (N \backslash T)|}{|T \cup \mathcal{P}(i)|}$ im Falle von $i \in T$ und $\nexists C \in \mathcal{P} : T \subseteq C$ unter Verweis auf das Außenoptions-Axiom, die Komponenten-Effizienz und die Symmetrie.

H.5.3 Formel und Axiomatisierung

Wir stellen nun die Außenoptions-Formel vor, die durch

$$\varphi_i^{\infty}\left(v, \mathcal{P}\right) = \frac{1}{n!} \sum_{\rho \in RF} \begin{cases} v\left(\mathcal{P}(i)\right) - \sum_{\substack{j \in \mathcal{P}(i) \\ j \neq i}} MB_j^{\rho}\left(v\right), & \mathcal{P}(i) \subseteq K_i\left(\rho\right) \\ MB_i^{\rho}\left(v\right), & \text{sonst,} \end{cases}$$

$i \in N$, gegeben ist.

Die offenkundige Nähe zur Shapley-Lösung sticht dabei sofort ins Auge. Wie dort wird auch hier über alle möglichen Reihenfolgen der n Spieler summiert. Falls für einen Spieler i bei der Reihenfolge ρ nicht

$\mathcal{P}(i) \subseteq K_i(\rho)$ gilt, erhält der Spieler wie bei der Shapley-Lösung seinen marginalen Beitrag. Falls jedoch der Spieler i seine Komponente voll macht, erhält er den Wert seiner Komponente abzüglich der marginalen Beiträge, die seine Mit-Komponentisten erhalten haben. Die Außenoptions-Lösung verallgemeinert die Shapley-Lösung: $\mathcal{P} = \{N\}$ liefert die Shapley-Lösung für jede Koalitionsfunktion:

$$\varphi_i^{oo}(v, \{N\}) = \varphi_i(v), v \in G, i \in N.$$

Man kann auch erahnen, dass die Außenoptions-Lösung tatsächlich Außenoptionen reflektiert. Denn die marginalen Beiträge zu Koalitionen, die nicht Teilmengen der jeweiligen Komponenten sind, gehen in die Berechnung ein.

Bevor wir nun die Außenoptions-Lösung dem Praxistest unterwerfen, wollen wir die Axiome präsentieren, die sie charakterisieren:

Theorem H.5.1. *Ein Lösungskonzept ψ auf $(N, \mathfrak{P})$ erfüllt genau dann die vier Axiome*

- *Komponenten-Effizienz-Axiom,*
- *Symmetrie-Axiom,*
- *Außenoptions-Axiom und*
- *Linearitäts-Axiom,*

falls ψ gleich der Außenoptions-Formel φ^{oo} ist.

Einen Beweis dieses Theorems wollen wir hier nicht liefern; er findet sich in einem Aufsatz über Macht in Regierungskoalitionen auf der Webseite http://www.uni-leipzig.de/~micro/wopap.html. Dort kann der Leser auch Beweise für weitere Theoreme finden, die in diesem Kapitel und in Kap. J aufgestellt werden.

Übung H.5.6. Zeigen Sie, dass die Außenoptions-Formel φ^{oo} komponenten-effizient ist.

H.5.4 Beispiele

Einmütigkeitsspiele. Wir wollen nun die Außenoptions-Formel auf eine Reihe von Spielen anwenden und beginnen mit $N = \{1, 2, 3\}$, dem

Einmütigkeitsspiel $u_{\{1,2\}}$ und der Partition $\mathcal{P} = \{\{1,3\}, \{2\}\}$. Anhand dieses Beispiels hatten wir in Abschnitt H.5.2 das Außenoptions-Axiom diskutiert. Natürlich könnten wir die dortigen Daten direkt in die Formel H.1 auf S. 327 einsetzen. Um jedoch die Formel besser zu verstehen, nehmen wir den direkten Weg, betrachten alle sechs Reihenfolgen und notieren dazu die jeweiligen Auszahlungen:

$$\varphi_1^{oo}\left(u_{\{1,2\}}, \mathcal{P}\right) = \frac{1}{6}\left(\underbrace{0}_{(1,2,3)} + \underbrace{0}_{(1,3,2)} + \underbrace{1}_{(2,1,3)} + \underbrace{0-0}_{(2,3,1)} + \underbrace{0-0}_{(3,1,2)} + \underbrace{0-0}_{(3,2,1)} \right)$$
$$= \frac{1}{6},$$

$$\varphi_2^{oo}\left(u_{\{1,2\}}, \mathcal{P}\right) = \frac{1}{6}\left(\underbrace{0-0}_{(1,2,3)} + \underbrace{0-0}_{(1,3,2)} + \underbrace{0-0}_{(2,1,3)} + \underbrace{0-0}_{(2,3,1)} + \underbrace{0-0}_{(3,1,2)} + \underbrace{0-0}_{(3,2,1)} \right)$$
$$= 0,$$

$$\varphi_3^{oo}\left(u_{\{1,2\}}, \mathcal{P}\right) = \frac{1}{6}\left(\underbrace{0-0}_{(1,2,3)} + \underbrace{0-0}_{(1,3,2)} + \underbrace{0-1}_{(2,1,3)} + \underbrace{0}_{(2,3,1)} + \underbrace{0}_{(3,1,2)} + \underbrace{0}_{(3,2,1)} \right)$$
$$= -\frac{1}{6}.$$

Beispielsweise steht „$0-1$" bei Spieler 3 dafür, dass Spieler 3 seine Komponente voll gemacht hat und vom Wert seiner Komponente (0) den marginalen Beitrag des anderen Spielers (Spieler 1) abzieht.

Apex-Spiel. Wir wollen nun die Außenoptions-Lösung für das Apex-Spiel h_1 bei $n = 4$ bestimmen und gehen dabei von der Partition $\{\{1,2\}, \{3,4\}\}$ aus. Der Apex-Spieler 1 bildet also zusammen mit Spieler 2 eine Gewinnkoalition.

Übung H.5.7. Geben Sie die anderen drei minimalen Gewinnkoalitionen an.

Wir könnten nun alle $4! = 24$ Reihenfolgen betrachten und dann für die Spieler die Auszahlungen berechnen. Das ist natürlich etwas mühsam und fehlerträchtig. Wir werden daher einen anderen Weg einschlagen, auf dem Sie mir bitte folgen:

Zunächst berechnen wir die Außenoptions-Auszahlung für Spieler 1 aufgrund einer Fallunterscheidung: Spieler 1 kann bei einer Reihenfolge ρ Platz 1 (Wahrscheinlichkeit $\frac{1}{4}$), die Plätze 2 oder 3 (Wahrscheinlichkeit $\frac{1}{2}$) oder aber Platz 4 (Wahrscheinlichkeit $\frac{1}{4}$) belegen.

- Bei Platz 1 sind der marginale Beitrag und auch die Auszahlung für Spieler 1 Null.

- Bei den Plätzen 2 und 3 ist 1 der marginale Beitrag von Spieler 1. Entweder macht Spieler 1 seine Komponente $\{1, 2\}$ voll und erhält den Wert der Komponente abzüglich des marginalen Beitrags von Spieler 2, also $1 - 0 = 1$. Oder aber Spieler 1 macht seine Komponente nicht voll und geht daher Spieler 2 voraus. Dann folgt Spieler 1 mindestens einem der Spieler 3 und 4 und erhält den marginalen Beitrag 1. In beiden Fällen ist 1 die Auszahlung von Spieler 1.

- Bei Platz 4 ist die Auszahlung für Spieler 1 gleich $v(\{1, 2\})$ abzüglich des marginalen Beitrags von Spieler 2. Dieser kommt jedes dritte Mal an dritter Stelle zu stehen, sodass er mit der Wahrscheinlichkeit von $\frac{1}{3}$ den marginalen Beitrag 1 und mit der Wahrscheinlichkeit von $\frac{2}{3}$ den marginalen Beitrag 0 aufzuweisen hat.

Insgesamt ist die Auszahlung von Spieler 1 also

$$\varphi_1^{\infty}(h_1, \{\{1, 2\}, \{3, 4\}\})$$
$$= \frac{1}{4} \cdot 0 + \frac{1}{2} \cdot 1 + \frac{1}{4}\left[\frac{1}{3}(1 - 1) + \frac{2}{3}(1 - 0)\right]$$
$$= \frac{2}{3}.$$

Übung H.5.8. Überlegen Sie sich anhand des Komponenten-Effizienz- und des Symmetrie-Axioms die Auszahlungen für die Spieler 2 bis 4.

Spieler 1 erhält hier die Auszahlung $\frac{2}{3}$, während die Auszahlungen bei der Shapley-Lösung und bei der AD-Lösung nur $\frac{1}{2}$ betragen (Aufg. F.6.3 auf S. 219 und Aufg. H.4.3 auf S. 320). Ob sich jedoch die angegebene Partition tatsächlich einstellen wird, hängt vom Partitionsbildungsprozess ab, den wir erst in Kap. J behandeln werden.

Handschuh-Spiel.

Das gewöhnliche Handschuh-Spiel. Das Handschuh-Spiel eignet sich
gut zur Illustration der Nützlichkeit der Außenoptions-Lösung. Wir
beginnen mit dem gewöhnlichen Handschuh-Spiel, bei dem jeder Spieler entweder einen linken oder aber einen rechten Handschuh besitzt.
Beim verallgemeinerten Handschuh-Spiel können die Spieler dann sowohl linke als auch rechte Handschuhe in beliebiger Anzahl besitzen.

Zunächst reproduzieren wir die Außenoptions-Lösungen für das
Handschuh-Spiel mit einer Tabelle, die der Leser bereits in Kap. C gesehen hat. In dieser Tabelle sind die Auszahlungen des Besitzers eines
rechten Handschuhs zu finden, falls sich dieser in einer Komponente
mit genau einem Besitzer eines linken Handschuhs befindet.

		Anzahl der Besitzer linker Handschuhe			
		0	1	2	3	4
Anzahl der	1	0	0,500	**0,667**	0,750	0,800
Besitzer	2	0	**0,333**	0,500	0,633	0,717
rechter	3	0	0,250	0,367	0,500	0,614
Handschuhe	4	0	0,200	0,283	0,386	0,500

Gibt es nur einen einzigen rechten Handschuh, erhält man ein einfa-
ches Spiel, bei dem der Besitzer dieses rechten Handschuhs ein Veto-
Spieler ist. Dieser erhält unter der Außenoptions-Lösung die Shapley-
Auszahlung, wie man durch Vergleich mit der Tabelle auf S. 65 in Kap.
C sieht. Dies ist keinesfalls ein Zufall:

Theorem H.5.2. *Sei v ein einfaches Spiel und $\mathbb{G}(v)$ die Menge der
Gewinnkoalitionen von v (d.h. $v(W) = 1$ für alle $W \in \mathbb{G}(v)$). Sei
zudem $i_{veto} \in N$ ein Vetospieler von v (der also $i_{veto} \in W$ für alle
$W \in \mathbb{G}(v)$ erfüllt). Sei schließlich $\mathcal{P}$ eine Partition mit $\mathcal{P}(i_{veto}) \in
\mathbb{G}(v)$. Dann gilt $\varphi_{i_{veto}}^{oo}(v, \mathcal{P}) = \varphi_{i_{veto}}(v)$.*

Im Allgemeinen kann beim Handschuh-Spiel das Problem negati-
ver Auszahlungen auftreten. Man kann berechnen, dass die Partition
$\mathcal{P} = \{\{1, 2, 3\}, \{4, 5, 6, 7\}\}$ im Falle von $L = \{1, 2\}$ und $R = \{3, ..., 7\}$
zur Auszahlung $-\frac{96}{5040}$ für Spieler 3 führt. Der Wert der Komponen-
te $\{1, 2, 3\}$ beträgt nur 1, obwohl die Spieler 1 und 2 im Besitz der

einzigen beiden knappen linken Handschuhe sind. Für ihre entgange-
nen Chancen bezüglich der Spieler 4 bis 7 lassen sie sich teilweise von
Spieler 3 entschädigen.

Negative Auszahlungen können aber beim Handschuh-Spiel bei bestimmten Partitionen nicht auftreten. Sei $\mathcal{P}$ eine Partition, die den
Besitzer eines linken Handschuhs, $\bar{l}$, und den Besitzer eines rechten
Handschuhs, $\bar{r}$, in einer Komponente zusammenfasst: $\mathcal{P}(\bar{r}) = \mathcal{P}(\bar{l}) =
\{\bar{l}, \bar{r}\}$. Diese beiden Spieler einigen sich auf den Tausch eines Hand-
schuhs. Dann, so zeigen wir nun, erhalten beide Spieler unter der
Außenoptions-Lösung nichtnegative Auszahlungen.

Mit Blick auf die Außenoptions-Formel in Abschnitt H.5.3 haben
wir die Fälle $\mathcal{P}(\bar{r}) \subseteq K_{\bar{r}}(\rho)$ und $\mathcal{P}(\bar{r}) \not\subseteq K_{\bar{r}}(\rho)$ zu unterscheiden.
Im ersten Fall macht Spieler $\bar{r}$ seine Komponente voll und wir haben
$v(\mathcal{P}(\bar{r})) = 1$. Der marginale Beitrag von Spieler $\bar{l}$ kann aber höchstens
1 betragen, sodass sich

$$v(\mathcal{P}(\bar{r})) - MB_{\bar{l}}^{\rho}(v) = 1 - MB_{\bar{l}}^{\rho}(v) \geq 0$$

ergibt. Im Falle von $\mathcal{P}(\bar{r}) \not\subseteq K_{\bar{r}}(\rho)$ erhält Spieler $\bar{r}$ als Auszahlung
seinen marginalen Beitrag 0 oder 1.

In Abschnitt F.6.5 auf S. 223 haben wir bemerkt, dass die Shapley-
Lösung für das Handschuh-Spiel gegen den Kern konvergiert. Dies bedeutet, dass sich bei gleichmäßiger Vervielfachung der linken und rechten Handschuhe (Replikation) die Shapley-Lösungen den Lösungen im
Kern annähern. Joachim Rosenmüller hat die Vermutung geäußert,
dass die Außenoptions-Lösung ebenfalls diese Eigenschaft aufweist.
Die folgenden Beispielrechnungen, die die Auszahlungen für den Besitzer eines rechten Handschuhs (Replikationsfaktor 1) bzw. die Besitzer
rechter Handschuhe (Replikationsfaktoren 10 bzw. 100) wiedergeben,
legen diese Vermutung nahe; ein Beweis steht jedoch noch aus.

Replikationsfaktor	$\lvert L \rvert = 2, \lvert R \rvert = 1$	$\lvert L \rvert = 3, \lvert R \rvert = 1$
1	0.6666...	0.75
10	0.8531...	0.9278...
100	0.9734...	0.9904...

Das verallgemeinerte Handschuh-Spiel. Wir betrachten nun das verallgemeinerte Handschuh-Spiel. Dazu definieren wir die Anfangsausstattungen der Spieler durch $\omega = \left(\omega^L, \omega^R\right)$ und

$$\omega^L : N \to \mathbb{R}_+,$$
$$\omega^R : N \to \mathbb{R}_+.$$

Spieler i hält also $\omega^L(i)$ linke und $\omega^R(i)$ rechte Handschuhe. Aufgrund der Anfangsaustattung ω definieren wir die Koalitionsfunktion v_ω durch

$$v_\omega(K) = \min\left(\sum_{i \in K} \omega^L(i), \sum_{i \in K} \omega^R(i)\right).$$

Beispielsweise kann ω durch

$$\omega_1^L = 1, \omega_1^R = 0,$$
$$\omega_2^L = 2, \omega_2^R = 0,$$
$$\omega_3^L = 1, \omega_3^R = 0,$$
$$\omega_4^L = 0, \omega_4^R = 1,$$
$$\omega_5^L = 0, \omega_5^R = 1,$$
$$\omega_6^L = 0, \omega_6^R = 1$$

gegeben sein. Offensichtlich ist v_ω sehr nahe an der Koalitionsfunktion $v_{\{1,2,3\},\{4,5,6\}}$. Der Unterschied besteht lediglich darin, dass Spieler 2 bei v_ω zwei linke Handschuhe besitzt, während er bei $v_{\{1,2,3\},\{4,5,6\}}$ nur einen linken Handschuh hält.

Nun gehen wir von der Partition

$$\mathcal{P} = \{\{1,4\}, \{2,5\}, \{3,6\}\}$$

aus. Man erhält dann diese Auszahlungen:

$$\left(\frac{25}{60}, \frac{31}{60}, \frac{25}{60}, \frac{35}{60}, \frac{29}{60}, \frac{35}{60}\right).$$

Spieler 2 bekommt bei zwei Handschuhen ein wenig mehr, als er bei einem Handschuh erhalten hätte ($\frac{31}{60}$ anstelle von $\frac{30}{60}$); hier wirken sich seine Außenoptionen aus. Im Gegensatz dazu er hätte beim Kern eine

Auszahlung von Null, wie wir auf S. 151 anhand eines etwas einfacheren Handschuh-Spiels gesehen haben. Die Vernichtung des zweiten Handschuhs würde Spieler 2 beim Kern helfen.

Bei der Außenoptions-Lösung wirkt sich das Überangebot an linken Handschuhen ebenfalls aus. Während Spieler 5 eine geringere Auszahlung als $\frac{1}{2}$ in Kauf nehmen muss, sind insgesamt die Auszahlungen für die Besitzer linker Handschuhe geringer als für die Besitzer rechter Handschuhe. Die Knappheit der rechten Handschuhe macht sich positiv für die Spieler 4 und 6 bemerkbar.

Diese beispielhaften Bemerkungen sind allgemein richtig:

Theorem H.5.3. *Seien* $\omega = \left(\omega^L, \omega^R\right)$ *und* $\omega' = \left(\omega'^L, \omega'^R\right)$ *zwei Anfangsausstattungen und* i, j *mit* $i \neq j$ *zwei Spieler aus N. Sei* $\omega(k) = \omega'(k)$ *für alle Spieler* $k \neq i$, $\omega^R(i) = \omega'^R(i)$ *und* $\omega^L(i) < \omega'^L(i)$. *Dann erhalten wir*

* *für jede Partition* $\mathcal{P}$

$$\varphi_i^{oo}\left(v_\omega, \mathcal{P}\right) \leq \varphi_i^{oo}\left(v_{\omega'}, \mathcal{P}\right),$$

* *wenn* $\mathcal{P}(i) = \{i, j\}$ *und* $\omega^L(i) + \omega^L(j) \geq \omega^R(i) + \omega^R(j)$,

$$\varphi_j^{oo}\left(v_\omega, \mathcal{P}\right) \geq \varphi_j^{oo}\left(v_{\omega'}, \mathcal{P}\right),$$

* *wenn* $\mathcal{P}(j) \neq \mathcal{P}(i)$, $\omega^R(j) \geq \omega^R(k)$, *und* $\omega^L(j) \leq \omega^L(k)$ *für alle* $k \in \mathcal{P}(j)$,

$$\varphi_j^{oo}\left(v_\omega, \mathcal{P}\right) \leq \varphi_j^{oo}\left(v_{\omega'}, \mathcal{P}\right).$$

Die erste Aussage hält fest, dass ein Spieler, dessen Anfangsausstattung sich erhöht (Spieler 2 im obigen Beispiel), aufgrund dieser Erhöhung keinen Schaden nehmen kann. Individuelle Handschuhvernichtung lohnt sich nicht. Die zweite Aussage folgt direkt aus der ersten und aus der Komponenten-Effizienz. Die dritte Aussage verallgemeinert die obige Beobachtung bezüglich der Spieler 4 und 6: Da Spieler j weniger linke und mehr rechte Handschuhe besitzt als die übrigen Spieler in seiner Komponente, profitiert er mehr als diese von einem erhöhten Angebot linker Handschuhe außerhalb seiner Komponente.

Die Berliner Wahlen des Jahres 2001.

Ausgangslage und Ergebnis. Im Jahre 2001 fanden Wahlen zum Berliner Abgeordnetenhaus statt, in deren Folge eine viel beachtete rot-rote Regierung (SPD und PDS) die Regierungsgeschäfte von der bisher bestehenden großen Koalition (SPD und CDU) übernahm. In der neuen Koalitionsregierung stellte die SPD den Bürgermeister und 5 Senatoren, während sich die PDS mit 3 Senatoren zufrieden geben musste. Dieses Ergebnis entspricht einem Postenverhältnis von 6 zu 3.

Gregor Gysi (PDS) war über dieses Ergebnis etwas enttäuscht; er hatte auf 4 Senatorenposten gehofft. Seinen Anspruch begründete er mit einer Proportionalitätsnorm: Unter Hinweis auf die 22% der Stimmen für seine Partei, denen die 29% für die SPD gegenüberstanden, reklamierte Gysi ein Verhältnis von

$$5 : 4 \approx 29 : 22.$$

Man kann allerdings das Ergebnis der Koalitionsverhandlungen auch als 5,5 zu 3,5 angeben, weil die SPD ihren Kandidaten für das Justizressort im Benehmen mit der PDS vorschlagen musste.

Aus Sicht der Politikwissenschaften hätte Herr Gysi seinen Anspruch wohl eher mit der (für die PDS nur unwesentlich ungünstigeren) Sitzverteilung anstelle der Stimmverteilung begründen müssen. Im Berliner Abgeordnetenhaus waren nach der Wahl fünf Parteien vertreten, Sozialdemokraten (SPD), Christdemokraten (CDU), Sozialisten (PDS), Liberale (FDP) und Bündnis 90/Die Grünen (Grüne). Die Anzahl der Sitze und die dazugehörigen Prozentangaben sind in der folgenden Tabelle aufgelistet:

	Anzahl der Sitze	
	absolut	in Prozent
SPD	44	31
CDU	35	25
PDS	33	23
FDP	15	11
Grüne	14	10

Im Großen und Ganzen scheint die Proportionalitätsnorm in Bezug auf die Sitze recht gute prognostische Kraft zu haben (siehe LA-

VER/SCHOFIELD (1985)). Alternativen zur Proportionalitätsnorm sind beispielsweise die Shapley-, die AD- und die Außenoptions-Lösung.

Vorhersagen aufgrund der Außenoptions-Lösung. Mithilfe der Außenoptions-Lösung kann man sich überlegen, wie viele Ministerposten die Parteien im Anschluss an die Berliner Wahlen des Jahres 2001 zu erwarten hatten. Dazu hat man zu klären, welche Regierungskoalitionen möglich waren. Die sozialistische Partei PDS wurde weder von der CDU noch von der FDP als akzeptabler Koalitionspartner angesehen. Zudem hatte die SPD eine Regierungskoalition mit der CDU ausgeschlossen. Dies hatte trotz guter Gründe (die Bürger Berlins wollten keine Neuauflage der als erfolglos betrachteten großen Koalition) auch Kosten für die SPD zur Folge: Sie konnte trotz rechnerischer Mehrheit der beiden Parteien nicht mit der CDU koalieren und daher der PDS oder den möglichen Ampelkoalitionären FDP und Grüne auch nicht ernsthaft damit drohen. Diese fehlende Drohmöglichkeit kostete die SPD Einfluss und Senatorenposten in der zu bildenden Regierung.

Um die Macht der Parteien zu analysieren, benötigen wir nun zunächst eine Koalitionsfunktion. Aus den obigen Zahlen und Bemerkungen ergibt sich, dass jede Koalition, die neben der SPD die PDS oder aber sowohl die FDP als auch die Grünen enthält, regierungsfähig war:

$$v\left(K\right) = \begin{cases} 1, K \supseteq \{\text{SPD, PDS}\} \\ 1, K \supseteq \{\text{SPD, FDP, Grüne}\} \\ 0, \text{sonst.} \end{cases}$$

Offenbar ist die in jeder möglichen Regierungskoalition vertretene SPD also ein Veto-Spieler, was ihr die höchsten Auszahlungen garantieren sollte. Aufgrund der Außenoptions-Lösung hätte man folgende Machtverteilung (mit geringen Rundungsfehlern) für die rot-rote Regierung bzw. die Ampelkoalition erwarten können:

	Rot-Rot	Ampel
SPD	58 %	58 %
CDU	0	0
PDS	42 %	0
FDP	0	21 %
Grüne	0	21 %

Eine kurze Zeit lang wurde während der Rot-Roten Verhandlungen in den Medien darüber berichtet, dass auch eine Regierungskoalition mit Rot-Rot-Grün im Bereich des Denkbaren läge. Dem Gesichtsausdruck Herrn Gysis nach zu urteilen, schien ihm diese Alternative nicht sonderlich zuzusagen. Kein Wunder, die Machtverhältnisse wären in diesem Fall gewesen:

	Rot-Rot	Rot-Rot-Grün	Ampel
SPD	58 %	58 %	58 %
CDU	0	0	0
PDS	42 %	33 %	0
FDP	0	0	21 %
Grüne	0	9 %	21 %

Die Grünen hätten auf Kosten der PDS hinzugewonnen. Der Grund: In der Koalitionsverhandlung (Rot-Rot-Grün) hätten die Grünen die PDS darauf hinweisen können, dass auch Rot-Gelb-Grün zur Regierungsbildung ausreichte und es somit eine Außenoption für die Grünen und die SPD gab.

Übrigens stellen sich die Grünen bei der Ampel-Regierung nicht besser als die FDP. Dies mag zunächst erstaunen: Ist demnach Rot-Rot-Grün keine Außenoption für die Grünen? Nein, denn innerhalb von Rot-Rot-Grün sind die Grünen zur Regierungsbildung nicht notwendig und ihr marginaler Beitrag ist in jeder Reihenfolge Null.

Mit 58 % ist der Einfluss der SPD vielleicht geringer als erwartet. In der Tat: Wäre die Koalition mit der CDU nicht ausgeschlossen gewesen, hätte die SPD noch besser dagestanden. Auch bei einer Regierungsbildung mit der PDS oder bei der Ampelkoalition hätte sie allein aufgrund der zusätzlichen Koalitionsmöglichkeit mehr Einfluss erhalten:

	Rot-Rot	Ampel	Rot-Schwarz
SPD	70 %	70 %	70 %
CDU	0	0	30 %
PDS	30 %	0	0
FDP	0	15 %	0
Grüne	0	15 %	0

Der Ausschluss der Koalition mit der CDU hat die SPD ungefähr 12 % an Macht und Einfluss gekostet, bei 8 Senatorenposten also ein Ressort. Natürlich ist diese Rechnung nur auf Grundlage der gegebenen Sitzverteilung sinnvoll; die SPD mag durch den Koalitionsausschluss mit der CDU durchaus Sitze gewonnen haben.

Vorhersagen aufgrund der Shapley- und der AD-Lösung. Alternativ zur Außenoptions-Lösung hätte man auch die Shapley- oder die AD-Lösung heranziehen können. Die Shapley-Lösung ist allerdings nur für die ex-ante-Anzahl der Ministerposten relevant, also für den Zeitraum nach der Wahl und vor der Regierungsbildung. Sie liefert (mit Rundungsfehlern)

$$
\begin{array}{ll}
\text{SPD} & 58\,\% \\
\text{CDU} & 0 \\
\text{PDS} & 25\,\% \\
\text{FDP} & 8\,\% \\
\text{Grüne} & 8\,\%.
\end{array}
$$

Der Leser wird bemerken, dass die SPD hier denselben Anteil wie bei der Außenoptions-Lösung erhält. Dass dies kein Zufall ist, zeigt Theorem H.5.2 auf S. 331.

Die AD-Lösung berücksichtigt Außenoptionen nicht; bei ihr bekämen alle Regierungsparteien, die als Koalitionäre zur Erringung der Mehrheit notwendig sind, die gleiche Anzahl von Ministerposten:

	Rot-Rot	Rot-Rot-Grün	Ampel
SPD	50 %	50 %	33 %
CDU	0	0	0
PDS	50 %	50 %	0
FDP	0	0	33 %
Grüne	0	0 (!)	33 %

Vergleich der Außenoptions-Auszahlung mit der Postenverteilung. Nach der oo-Lösung hätte die SPD von 9 Posten (8 Senatoren plus Bürgermeisteramt) $5\frac{1}{4}$ ($\frac{7}{12}$ mal 9) erwarten können; tatsächlich konnte sie dagegen 6 (oder $5\frac{1}{2}$ bei Berücksichtigung des „halben" Justizressorts) realisieren. Entsprechend schlechter stellte sich die Situation für die PDS dar. Wäre die Verteilung aufgrund der Außenoptions-Lösung erfolgt, hätte die PDS $3\frac{3}{4}$ ($\frac{5}{12}$ mal 9) Senatorenposten besetzen können. Von $3\frac{1}{2}$ Posten ist das nicht weit entfernt. Insofern kann die Außenoptions-Lösung „erklären", warum es Herrn Gysi gelungen ist, bei der Besetzung des Justizressorts mitzureden.

Die Außenoptions-Lösung kann negative Auszahlungen für einige Spieler vorsehen. Das wäre im Rahmen der hier betrachteten Machtverteilung ein sehr unschönes Ergebnis. Zum Glück kann man aber das folgende Theorem beweisen, das diese Möglichkeit im Wesentlichen ausschließt.

Theorem H.5.4. *Sei $\mathcal{P}$ eine Partition mit genau einer Gewinnkoalition W (die Regierungskoalition) und $|\mathcal{P}(j)| = 1$ für alle Spieler $j \notin W$. Dann erhält man $\varphi_i^{oo}(v, \mathcal{P}) \geq 0$ für alle Spieler i aus N.*

H.6 Owen-Lösung

H.6.1 Owen-Formel und Axiomatisierung

Die Partition bei der Owen-Lösung repräsentiert Spielergruppen, die als Ganzes ihr ökonomisches, politisches oder soziales Gewicht „in die Waagschale werfen". Damit könnte man die Owen-Lösung beispielsweise zur Analyse der Verteilungswirkungen von Gewerkschaften einsetzen.

Die Owen-Formel lautet

$$\varphi_i^O(v, \mathcal{P}) = \frac{1}{|RF_n^{\mathcal{P}}|} \sum_{\rho \in RF_n^{\mathcal{P}}} [v(K_i(\rho)) - v(K_i(\rho) \setminus i)], i \in N.$$

Im Vergleich zur Shapley-Lösung gibt es nur eine Änderung: Man summiert nicht über alle Reihenfolgen, sondern nur über diejenigen Reihenfolgen, die mit einer vorgegebenen Partition konsistent sind.

Anhand der Spielermenge $N = \{1, 2, 3\}$, des Einmütigkeitsspiels $u_{\{1,2\}}$ und der Partition $\mathcal{P} = \{\{1,3\}, \{2\}\}$ wollen wir dies nun beispielhaft betrachten. Aus Abschnitt H.2 wissen wir, dass nur die Reihenfolgen

$$(1,3,2)\,,(2,1,3)\,,(2,3,1)\ \text{und}\ (3,1,2)$$

mit $\mathcal{P}$ konsistent sind. Denn nur diese lassen die Spieler 1 und 3 hintereinander auftreten. Es gibt

- 2 (Reihenfolgen der 2 Komponenten)
- mal 2 (Reihenfolgen der 2 Spieler in der ersten Komponente)
- mal 1 (Reihenfolge des einen Spielers in der zweiten Komponente)

und damit eben 4 mit $\mathcal{P}$ konsistente Reihenfolgen.

Wir erhalten also die Owen-Auszahlungen

$$\varphi_1^O\left(u_{\{1,2\}}\right) = \frac{1}{4}\left(\underbrace{-}_{(1,2,3)} + \underbrace{0}_{(1,3,2)} + \underbrace{1}_{(2,1,3)} + \underbrace{1}_{(2,3,1)} + \underbrace{0}_{(3,1,2)} + \underbrace{-}_{(3,2,1)}\right) = \frac{2}{4},$$

$$\varphi_2^O\left(u_{\{1,2\}}\right) = \frac{1}{4}\left(\underbrace{-}_{(1,2,3)} + \underbrace{1}_{(1,3,2)} + \underbrace{0}_{(2,1,3)} + \underbrace{0}_{(2,3,1)} + \underbrace{1}_{(3,1,2)} + \underbrace{-}_{(3,2,1)}\right) = \frac{2}{4},$$

$$\varphi_3^O\left(u_{\{1,2\}}\right) = \frac{1}{4}\left(\underbrace{-}_{(1,2,3)} + \underbrace{0}_{(1,3,2)} + \underbrace{0}_{(2,1,3)} + \underbrace{0}_{(2,3,1)} + \underbrace{0}_{(3,1,2)} + \underbrace{-}_{(3,2,1)}\right) = 0.$$

Auch für die Owen-Formel gibt es eine „schöne" Axiomatisierung, die HART/KURZ (1983, S. 1053 ff.) (in leicht anderer Form) beweisen:

Theorem H.6.1. *Ein Lösungskonzept ψ auf $(N,\mathfrak{P})$ erfüllt genau dann die fünf Axiome*

- *Pareto-Axiom,*
- *Symmetrie-Axiom,*
- *Axiom über den Nullspieler oder Axiom über den unwesentlichen Spieler,*
- *Axiom über die unwesentliche Komponente und*
- *Additivitäts-Axiom oder Linearitäts-Axiom,*

falls ψ gleich der Owen-Formel φ^O ist.

Eine alternative Axiomatisierung geht auf OWEN (1977) selbst zurück:

Theorem H.6.2. *Ein Lösungskonzept* ψ *auf* $(N, \mathfrak{P})$ *erfüllt genau dann die fünf Axiome*

- *Pareto-Axiom,*
- *Symmetrie-Axiom,*
- *Symmetrie-Axiom für Komponenten,*
- *Axiom über den Nullspieler oder Axiom über den unwesentlichen Spieler und*
- *Additivitäts-Axiom oder Linearitäts-Axiom,*

falls ψ *gleich der Owen-Formel* φ^O *ist.*

H.6.2 Beispiele

Einmütigkeitsspiele. Man kann sich die Owen-Lösung für Einmütigkeitsspiele u_T ($\emptyset \neq T \subseteq N$) allgemein überlegen. Entscheidend ist, welcher T-Spieler als letzter in einer Reihenfolge erscheint. Dabei kann man erst einmal alle Nullkomponenten (also Komponenten C mit $C \subseteq N \backslash T$) beiseite lassen.

Jede Komponente, die mindestens einen T-Spieler enthält, hat nun dieselbe Wahrscheinlichkeit, die letzte Komponente zu sein. Und innerhalb jeder Komponente hat jeder T-Spieler dieselbe Wahrscheinlichkeit, den marginalen Beitrag 1 für sich zu verbuchen.

Übung H.6.1. Drücken Sie $\mathcal{P}(T)$ und $\mathcal{P}(i) \cap T$ in eigenen Worten aus. Wenn Ihnen diese Ausdrücke nicht mehr geläufig sind, blättern Sie zu Abschnitt H.2 (S. 310 ff.) zurück.

Aufgrund der vorangehenden Überlegungen ergibt sich die Owen-Auszahlung beim Einmütigkeitsspiel durch

$$\varphi_i^O(u_T, \mathcal{P}) = \begin{cases} \frac{1}{|\mathcal{P}(T)|} \frac{1}{|\mathcal{P}(i) \cap T|}, & i \in T \\ 0, & \text{sonst.} \end{cases}$$

Im Gegensatz zur AD- und zur oo-Lösung bekommt bei der Owen-Lösung jeder T-Spieler eine positive Auszahlung, auch wenn nicht alle T-Spieler in einer Komponente vereinigt sind.

Tatsächlich ist es sogar vorteilhaft, als T-Spieler der einzige T-Spieler seiner Komponente zu sein: Jede Komponente hat unabhängig von der Anzahl der T-Spieler dieselbe Wahrscheinlichkeit, den entscheidenden T-Spieler zu stellen. Bestandteil einer großen Verhandlungsgruppe zu sein, ist hier also von Nachteil. Dies mag damit korrespondieren, dass man beispielsweise als deutscher Staatsbürger eine geringere Chance hat, EU-Kommissar zu werden, als ein irischer Staatsbürger. Wenn es wohl auch, über längere Zeiträume betrachtet, mehr deutsche als irische Kommissare geben wird, entspricht das Verhältnis sicherlich nicht den Einwohnerzahlen.

Symmetrische Spiele. Aus Aufg. H.4.3 wissen wir, dass die AD-Lösung bei symmetrischen Spielen nicht in jedem Fall symmetrische Auszahlungen liefern muss. Das ist auch für die Owen-Lösung der Fall. So muss trotz des Effizienzaxioms nicht

$$\varphi_i^O (v, \mathcal{P}) = \frac{v(N)}{n}$$

gelten. Dazu betrachte man für $N = \{1, 2, 3\}$ und $\mathcal{P} = \{\{1, 2\}, \{3\}\}$ die durch

$$v(S) = \begin{cases} 0, & |S| \leq 1 \\ \alpha, & |S| = 2 \\ 1, & |S| = 3 \end{cases}$$

bei beliebigem α gegebene Koalitionsfunktion. Aus der folgenden Tabelle

Reihenfolge	Spieler 1
1-2-3	0
2-1-3	α
3-1-2	α
3-2-1	$1 - \alpha$
Summe	$1 + \alpha$
Owen-Auszahlung	$\frac{1+\alpha}{4}$

entnimmt man aus Symmetriegründen $\varphi_1^O(v) = \varphi_2^O(v) = \frac{1+\alpha}{4}$ und aufgrund des Effizienzaxioms

$$\begin{aligned} \varphi_3^O(v) &= 1 - \varphi_1^O(v) - \varphi_2^O(v) \\ &= 1 - 2 \cdot \frac{1+\alpha}{4} = \frac{1}{2} - \frac{1}{2}\alpha. \end{aligned}$$

Nur für $\alpha = \frac{1}{3}$ haben wir die Gleichheit von $\varphi_1^O(v)$ und $\varphi_3^O(v)$.

Apex-Spiele. Während beim Einmütigkeitsspiel Nachteile durch den Zusammenschluss festzustellen sind, lohnt sich der Zusammenschluss der „machtlosen" Spieler beim Apex-Spiel:

Übung H.6.2. Ermitteln Sie die Owen-Auszahlungen für das durch $n \geq 4$ und

$$h_1(S) = \begin{cases} 1, 1 \in S \text{ und } S \backslash \{1\} \neq \emptyset \\ 1, S = N \backslash \{1\} \\ 0, \text{sonst} \end{cases}$$

gegebene Apex-Spiel und $\mathcal{P} = \{\{1\}, \{2, ..., n\}\}$.

Schließen sich nicht alle machtlosen Spieler zusammen, steigt die Auszahlung für den Apex-Spieler. Schließen sich die Spieler 2 bis n in zwei Komponenten zusammen, erhält der Apex-Spieler bei jeder dritten Reihenfolge (wenn er die zweite Komponente stellt) den marginalen Beitrag 1 und somit die Owen-Auszahlung $\frac{1}{3}$.

Übung H.6.3. Konstruieren Sie eine Partition $\mathcal{P} = \{\{1\}, C_1, C_2\}$, die für einen Spieler $j \in \{2, ..., n\}$ zu einer höheren Auszahlung als bei der vorangehenden Aufgabe führt. Hinweis: Sie müssen dafür $n \geq 5$ ansetzen.

H.7 Alternative Ansätze

H.7.1 Verhandlungsmenge

Die bisherigen Lösungen sind der Shapley-Lösung nahe. Das Lösungskonzept der Verhandlungsmenge erinnert in der Argumentationsweise und in den extremen Ergebnissen an den Kern und in der Berücksichtigung der Außenoptionen an die (viel jüngere) Außenoptions-Lösung. Das Zitat am Ende von Abschnitt H.5.1 ist sowohl für die Verhandlungsmenge als auch für die Außenoptions-Lösung relevant. Die folgenden Ausführungen sind MASCHLER (1992, Abschnitt 3) entnommen.

In Kap. E haben wir definiert, wann ein Nutzenvektor eine Zuteilung ist. Dazu hat der Vektor Pareto-effizient zu sein. Um eine Zuteilung für eine Partition zu erhalten, haben wir dann die Effizienz durch Komponenten-Effizienz zu ersetzen:

Definition H.7.1. *Ein Nutzenvektor* $x = (x_i)_{i \in N}$ *heißt Zuteilung für eine Koalitionsstruktur* $\mathcal{P}$, *falls er*

$$\sum_{j \in \mathcal{P}(i)} x_j = v(\mathcal{P}(i)) \quad \text{(Komponenten-Effizienz)}$$

und

$$x_i \geq v(\{i\}) \quad \text{(Nichtblockade durch Einerkoalition)}$$

für alle Spieler $i \in N$ *erfüllt. Die Menge der Zuteilungen für* $\mathcal{P}$ *bezeichnen wir mit* $Z(\mathcal{P})$.

Innerhalb jeder Komponente wird also der Wert dieser Komponente aufgeteilt. Zudem hat der Nutzenvektor der individuellen Rationalität zu genügen.

Nun wollen wir uns mit den Stabilitätserfordernissen einer Zuteilung beschäftigen.

Definition H.7.2. *Sei* x *eine Zuteilung für die Koalitionsstruktur* $\mathcal{P}$ *und* k *und* l *zwei unterschiedliche Spieler einer Komponente* C *aus* $\mathcal{P}$. *Wir nennen das Paar* (R, y) *einen Einwand von* k *gegen* l *bei* x, *falls die folgenden drei Punkte erfüllt sind:*

- $R \subseteq N$, $k \in R$, $l \notin R$,
- $y \in \mathbb{R}^{|R|}$, $\sum_{i \in R} y_i = v(R)$ *und*
- $y_i > x_i$ *für alle* $i \in R$.

Wenn k gegen l einen Einwand erheben kann, heißt dies offenbar, dass es eine Koalition gibt, in der k, aber nicht l, Mitglied ist, sodass eine Aufteilung des Wertes dieser Koalition auf seine Mitglieder diesen mehr garantiert, als es bei x der Fall ist. k kann also l damit drohen, eine Koalition R zu gründen, die ihm (und allen Mitkoalitionären) mehr garantiert als die Zuteilung x. Mit dieser Drohung könnte k den Spieler $l \in \mathcal{P}(k)$ eventuell dazu bringen, ihm etwas abzugeben.

Allerdings reicht diese Drohung allein nicht aus. Vielleicht kann ja l eine Gegendrohung inszenieren:

Definition H.7.3. *Sei* (R, y) *ein Einwand von* k *gegen* l *bei* x, *wobei* x *eine Zuteilung für* $\mathcal{P}$ *darstellt. Ein Gegeneinwand ist ein Paar* (S, z), *das die folgenden vier Punkte erfüllt:*

- $S \subseteq N,\ l \in S,\ k \notin S$,
- $z \in \mathbb{R}^{|S|},\ \sum_{i \in S} z_i = v(S)$,
- $z_i \geq y_i$ *für alle* $i \in R \cap S$ *und*
- $z_i \geq x_i$ *für alle* $i \in S \backslash R$.

Der Gegeneinwand von l gegen k besteht darin, dass l eine Koalition S präsentiert, die ihn, aber nicht den Spieler k, der den Einwand (R, y) formuliert hat, enthält. Zusammen mit S präsentiert l einen Nutzenvektor z, den sich die Koalition S leisten kann und der die Mitglieder aus S und R mindestens so gut stellt wie der Vektor y und die Mitglieder aus $S \backslash R$ mindestens so gut stellt wie der Vektor x.

Der Gegeneinwand (S, z) ist also dazu geeignet, den Einwand (R, y) zu neutralisieren. l kann mit diesem Gegeneinwand glaubwürdig machen, dass er in der Lage ist, seinen Anteil in x zu verteidigen. Nicht bei jedem Spiel v und/oder jeder Koalitionsstruktur $\mathcal{P}$ muss ein Einwand oder ein Gegeneinwand auf einen vorhandenen Einwand existieren.

Definition H.7.4. *Ein Einwand heißt gerechtfertigt, wenn es zu ihm keinen Gegeneinwand gibt.*

Man wird nun eine Zuteilung x aus $Z(\mathcal{P})$ als Lösung identifizieren, falls eine der zwei folgenden Bedingungen erfüllt ist:

- Es gibt keinen Einwand gegen x.
- Wenn es einen Einwand gegen x gibt, so ist dieser nicht gerechtfertigt.

Definition H.7.5. *Sei (N, v) ein Koalitionsspiel und $\mathcal{P}$ eine Koalitionsstruktur auf N. Die Menge*

$$\left\{ x \in Z(\mathcal{P}) : \begin{array}{l} \textit{zu jedem Einwand gegen } x \\ \textit{gibt es einen Gegeneinwand} \end{array} \right\}$$
$$= \{ x \in Z(\mathcal{P}) : \textit{es gibt keinen gerechtfertigten Einwand gegen } x \}$$

heißt Verhandlungsmenge und wird mit $V(\mathcal{P})$ bezeichnet.

Zur Interpretation der Verhandlungsmenge spricht MASCHLER (1992, S. 595 ff.) von einer sich bereits kristallisierenden Koalitionsstruktur $\mathcal{P}$, innerhalb derer sich die Verhandlungen abspielen. Die Koalition zu verlassen ist zwar möglich, wird aber von den Mitgliedern der Koalition nicht wirklich erwogen. Die Einwände und Gegeneinwände haben eher die Funktion, die Verteilung von $v(C)$ innerhalb der Komponente C festzulegen. Der Leser beachte, dass wir auf S. 323 bereits diese Interpretation, die Maschler für die Verhandlungsmenge aufgeschrieben hat, für die Außenoptions-Lösung herangezogen haben.

In den 60er Jahren ist bereits gezeigt worden, dass man aus $Z(\mathcal{P}) \neq \emptyset$ auf $V(\mathcal{P}) \neq \emptyset$ schließen kann. Dies gilt insbesondere auch für die triviale Partition $\mathcal{P} = \{N\}$. Diese Implikation hat man für den Kern nicht zur Verfügung, sodass die Verhandlungsmenge insofern weniger „Existenzprobleme" aufweist.

Zum Abschluss wollen wir nun die Verhandlungsmenge für die asymmetrische Version des Maschler-Spiels bestimmen. Wir gehen von der Spielermenge $N = \{1, 2, 3\}$ und der Koalitionsfunktion v aus, die nur die Werte $v(\{1, 2\}) = v(\{2, 3\}) = 60$, $v(N) = 72$ zuordnet und allen anderen Koalitionen jeweils den Wert Null zuschreibt. Wir haben gesehen, dass die Partition $\mathcal{P} = \{\{1, 2\}, \{3\}\}$ zur AD-Lösung

$$\varphi^{AD}(v, \mathcal{P}) = (30, 30, 0)$$

und zur Außenoptions-Lösung

$$\varphi^{\infty}(v, \mathcal{P}) = (20, 40, 0)$$

führt.

Aufgrund der Komponenten-Effizienz haben die Spieler 1 und 2 sich den Wert ihrer Komponente, 60, zu teilen und Spieler 3 erhält den Wert seiner Komponente, 0. Wegen der individuellen Rationalität kommen somit als Kandidaten für die Verhandlungsmenge nur Nutzenvektoren

$$x = (60 - x_2, x_2, 0),\ 0 \le x_2 \le 60,$$

in Frage. Wir wollen nun begründen, dass Spieler 2 die Auszahlung 60 zu erhalten hat.

Im Falle von $x_2 < 60$ könnte Spieler 2 nämlich den Einwand

$$\left(\{2, 3\}, \left(\cdot, 30 + \frac{x_2}{2}, 30 - \frac{x_2}{2}\right)\right)$$

gegen Spieler 1 geltend machen. Hierbei ist $(\cdot, 30 + \frac{x_2}{2}, 30 - \frac{x_2}{2})$ als Element aus $\mathbb{R}^2$ zu verstehen. Der Punkt $\cdot$ soll lediglich klarmachen, dass $30 + \frac{x_2}{2}$ die Auszahlung für Spieler 2 darstellt. Wir haben natürlich zu prüfen, ob es sich hierbei tatsächlich um einen Einwand handelt.

Übung H.7.1. Prüfen Sie.

Nun wollen wir zeigen, dass gegen $R := \{2,3\}$ und $y := (\cdot, 30 + \frac{x_2}{2}, 30 - \frac{x_2}{2})$ kein Gegeneinwand möglich ist. Nehmen wir an, (S, z) sei ein solcher Gegeneinwand. Er müsste dann die folgenden vier Punkte erfüllen:

- $S \subseteq N, l \in S, k \notin S$,
- $z \in \mathbb{R}^{|S|}, \sum_{i \in S} z_i = v(S)$,
- $z_i \geq y_i$ für alle i in $R \cap S$ und
- $z_i \geq x_i$ für alle i in $S \backslash R$.

S müsste also Spieler 1 beinhalten, aber nicht Spieler 2 (1. Punkt). Daher gilt entweder $S = \{1\}$ oder $S = \{1,3\}$. Im Falle von $S = \{1\}$ hat der Gegeneinwand $z_1 \geq x_1 = 60 - x_2 > 0$ (4. Punkt) zu erfüllen. Dies ist jedoch ein Widerspruch zu $z_1 = v(\{1\}) = 0$ (2. Punkt).

Im Falle von $S = \{1,3\}$ hat der Gegeneinwand

- $z_1 + z_3 = v(\{1,3\}) = 0$ (2. Punkt),
- $z_3 \geq y_3 = 30 - \frac{x_2}{2} > 0$ (3. Punkt) und
- $z_1 \geq x_1 = 60 - x_2 > 0$ (4. Punkt)

zu erfüllen, sodass man auch hier zu einem Widerspruch geführt wird.

Wenn also die Verhandlungsmenge überhaupt einen Auszahlungs-vektor enthält, lautet dieser

$$(0, 60, 0).$$

Tatsächlich ist gegen diesen Vektor kein Einwand möglich. Denn er müsste durch eine Koalition R geführt werden, die den Spieler 2 nicht enthält. Eine solche Koalition hat jedoch nur den Wert Null und es kann keine Zuteilung geben, die die Spieler aus R mit ihren eigenen Ressourcen besser stellt. Also ist tatsächlich

$$\{(0, 60, 0)\}$$

die Verhandlungsmenge des asymmetrischen Maschler-Spiels.

Ob die zugrunde liegende Partition vernünftig ist, wird im Allgemeinen erst in Kap. J behandelt werden. Beim Lösungskonzept der Verhandlungsmenge wird die Stabilität der Partition jedoch bereits impliziert. Erhält man eine nichtleere Verhandlungsmenge, so ist dies ein Argument für die gewählte Partition; allerdings gibt es im Allgemeinen mehrere Partitionen, die zu nichtleeren Verhandlungsmengen führen.

Instruktiv ist in diesem Zusammenhang das durch $N = \{1,2,3\}$, $u_{\{1,2\}}$ und die Partition $\mathcal{P} = \{\{1,3\}, \{2\}\}$ gegebene partitive Koalitionsspiel. Der Leser erinnert sich, dass wir in Abschnitt H.5.2 begründet haben, warum eine Lösung, die sowohl Komponenten-Effizienz als auch Außenoptionen berücksichtigt, für Spieler 1 eine positive und für Spieler 3 eine negative Auszahlung vorsehen sollte. Die Verhandlungsmenge kann dieses Ergebnis nicht wiederspiegeln, weil sie Nichtblockade durch Einerkoalitionen erfüllt und Spieler 3 daher keine negative Auszahlung erhalten kann. Tatsächlich ist $x = (0,0,0)$ der einzige Auszahlungsvektor, der diese Nichtblockade-Bedingung und Komponenten-Effizienz erfüllt. Wir wollen jetzt zeigen, dass für $u_{\{1,2\}}$

$$V(\mathcal{P}) = \{(0,0,0)\}$$

erfüllt ist.

Dazu zeigen wir zunächst, dass alle Einwände von 1 gegen 3 bei $x = (0,0,0)$ von folgender Form sind:

$$(\{1,2\}, (y_1, 1 - y_1, \cdot)) \text{ mit } y_1 \in (0,1).$$

Erstens kommen für R nur die Spieler 1 und 2 in Frage. Spieler 3 darf nicht in R enthalten sein und Spieler 1 hat allein nur den Wert seiner Einerkoalition. Zweitens hat der y-Vektor $y_1 + y_2 = u_{\{1,2\}}(\{1,2\}) = 1$ zu erfüllen. Drittens haben wir $y_1 > x_1 = 0$ und $y_2 > x_2 = 0$ ($\Rightarrow$ $1 - y_1 > 0$) sicher zu stellen.

Diese Einwände sind jedoch nicht gerechtfertigt, wie Sie selbst in der folgenden Aufgabe zeigen sollen.

Übung H.7.2. Konstruieren Sie für den obigen Einwand von 1 gegen 3 bei $x = (0,0,0)$ einen Gegeneinwand von 3 gegen 1.

H.7.2 Partitionsspiele

Die in diesem Kapitel bisher diskutierten Ansätze gehen von zwei Bestandteilen aus:

- einer Koalitionsfunktion v und
- einer Partition $\mathcal{P}$.

Beide Bestandteile gehen in die Lösung ein. Bei Partitionsspielen ist die Partition bereits ein Argument der Koalitionsfunktion. Die Grundidee ist überzeugend: Der Wert einer Koalition K hängt davon ab, wie die anderen Spieler partitioniert sind. Um auch leere Koalitionen zulassen zu können, müssen wir jetzt den Begriff der Partition umdefinieren, sodass in jeder Partition die leere Menge ein Element ist. Die triviale Partition lautet dann $\{N, \emptyset\}$.

Anstelle der Definition eines Partitionsspiels in THRALL/LUCAS (1963, S. 282) werden wir die etwas übersichtlichere Definition von BOLGER (1989, S. 37) präsentieren:

Definition H.7.6. *Sei N eine Spielermenge und $\mathfrak{P}$ die Menge der Partitionen auf N. Für jede Partition $\mathcal{P}$ aus $\mathfrak{P}$ mit $C \in \mathcal{P}$ heißt*

$$(C, \mathcal{P})$$

eine eingebettete Koalition. Die Menge der eingebetteten Koalitionen wird mit $\mathcal{C}$ bezeichnet. Funktionen

$$v : \mathcal{C} \to \mathbb{R}$$

mit

$$v(\emptyset, \mathcal{P}) = 0 \text{ für alle } \mathcal{P} \in \mathfrak{P}$$

heißen Partitionsfunktionen.

Diese Definition lässt durchaus zu, dass es Partitionen $\mathcal{P}_1$ und $\mathcal{P}_2$ und Koalitionen $C \in \mathcal{P}_1 \cap \mathcal{P}_2$ gibt, die

$$v(C, \mathcal{P}_1) \neq v(C, \mathcal{P}_2)$$

erfüllen.

Für Partitionsfunktionen gibt es einige Lösungskonzepte. Für ihren Ansatz haben THRALL/LUCAS (1963) die stabilen Mengen von von Neumann und Morgenstern (siehe S. 177 ff.) adaptiert. Punktwertige Lösungskonzepte haben MYERSON (1977b), BOLGER (1989) und PHAM DO/NORDE (2002) vorgestellt. Insgesamt ist die Literatur zu diesem sehr einleuchtenden Ansatz bisher leider spärlich geblieben.

H.8 Neue Begriffe

- Koalitionsstruktur
- Partition
- Teilpartition
- Komponente
- unwesentliche Komponente
- feinere, gröbere Partitionen
- Reihenfolgen (konsistente -)
- Axiome

  - Pareto
  - Komponenten-Effizienz
  - Nullspieler
  - unwesentlicher Spieler
  - Nullkomponente
  - unwesentliche Komponente
  - Additivität
  - Linearität
  - Symmetrie
  - Symmetrie für Komponenten
  - Außenoption

- Aumann-Drèze-Lösung (-Formel)
- Außenoptions-Lösung (-Axiom, -Formel)
- Owen-Lösung (-Formel)
- Verhandlungsmenge
- Einwand, Gegeneinwand
- gerechtfertigter Einwand
- Partitionsspiele

• eingebettete Koalition

H.9 Lösungen zu den Übungen

H.2.1. Man erhält für die erste Partition $\mathcal{P}(2) = \{2\}$, $\mathcal{P}(\{2,3\}) = \{\{2\},\{3,4\}\}$, $\mathcal{P}(\{2\}) = \{\{2\}\}$ und $\mathcal{P}(N\backslash\{2,3\}) = \{\{1\},\{3,4\}\}$, während die zweite Partition $\mathcal{P}(2) = \{2,3\}$, $\mathcal{P}(\{2,3\}) = \{\{2,3\}\}$, $\mathcal{P}(\{2\}) = \{\{2,3\}\}$ und $\mathcal{P}(N\backslash\{2,3\}) = \{\{1\},\{4\}\}$ ergibt. $\mathcal{P}(\{2,3\})$, $\mathcal{P}(\{2\})$ und $\mathcal{P}(N\backslash\{2,3\})$ sind Teilmengen beider Partitionen und damit ihrerseits Partitionen, allerdings von jeweils unterschiedlichen Grundmengen.

H.2.2. Für alle Partitionen $\mathcal{P}$ müssen $\mathcal{P}(N) = \mathcal{P}$, $\mathcal{P}(C) = \{C\}$ und $\bigcup_{C \in \mathcal{P}} C = N$ gelten.

H.2.3. Man erhält:

1. $\mathcal{P}_1$ ist sowohl feiner als auch gröber als $\mathcal{P}_2$.
2. $\mathcal{P}_1$ ist weder feiner noch gröber als $\mathcal{P}_2$.
3. $\mathcal{P}_1$ ist gröber als $\mathcal{P}_2$, aber nicht feiner.

H.2.4. Die erste und die letzte Reihenfolge sind mit $\mathcal{P}$ konsistent. Bei der zweiten wird die Komponente $\{3,4\}$ und bei der dritten die Komponente $\{5,6,7\}$ zerrissen.

H.2.5. Alle.

H.2.6. Bei $\mathcal{P} = \{\{1,2,...,n\}\}$ gibt es nur eine einzige Komponente, die große Koalition. Man hat also $k = 1$ und damit $\left|RF_n^{\mathcal{P}}\right| = k! \cdot |N|! = n!$. Bei $\mathcal{P} = \{\{1\},\{2\},...,\{n\}\}$ gibt es n Komponenten, von denen jede nur einen Spieler umfasst. Somit ergibt sich $k = n$ und $\left|RF_n^{\mathcal{P}}\right| = n! \cdot 1! \cdot ... \cdot 1! = n!$.

H.2.7. Die Spieler 6, 2 und 4 machen ihre Komponente voll, was man formal mit

$$\mathcal{P}(6) = \{6\} \subseteq \{3,5,6\} = K_6(\rho),$$
$$\mathcal{P}(2) = \{1,2,3\} \subseteq \{3,5,6,1,2\} = K_2(\rho) \text{ und}$$
$$\mathcal{P}(4) = \{4,5\} \subseteq \{3,5,6,1,2,4\} = K_4(\rho)$$

begründen kann.

H.3.1. Bei einem unwesentlichen Spieler ist die erste Bedingung, bei einem Nullspieler beide Bedingungen erfüllt.

H.3.2. Die Spieler aus $C \subseteq N\backslash T$ sind Nullspieler, was direkt zur gewünschten Gleichung

$$u_T \left(\bigcup_{C' \in \mathcal{P}'} C' \cup C \right) = u_T \left(\bigcup_{C' \in \mathcal{P}'} C' \right)$$

führt.

H.3.3. Sind alle Komponenten einer Partition $\mathcal{P}$ unwesentlich, gilt offenbar für jede Teilpartition $\mathcal{P}'$ von $\mathcal{P}$

$$v \left(\bigcup_{C' \in \mathcal{P}'} C' \right) = \sum_{C' \in \mathcal{P}'} v(C').$$

H.3.4. Die Behauptung ergibt sich so:

$$
\begin{aligned}
v(N) &= v \left(\bigcup_{C \in \mathcal{P}} C \right) \text{ (Aufg. H.2.2)} \\
&= \sum_{C \in \mathcal{P}} v(C) \text{ (Aufg. H.3.3)} \\
&= \sum_{C \in \mathcal{P}} \sum_{i \in C} \psi_i(v, \mathcal{P}) \text{ (Voraussetzung)} \\
&= \sum_{i \in N} \psi_i(v, \mathcal{P}) \text{ (Definition der Partition)}.
\end{aligned}
$$

H.4.1. Man erhält

$$
\begin{aligned}
\varphi_1^{AD} \left(u_{\{1,2\}}^{\{1,2,3\}}, \mathcal{P} \right) &= \varphi_1 \left(u_{\{1,2\}}^{\{1\}} \right) \\
&= 0 \text{ (Komponenten-Effizienz)}, \\
\varphi_2^{AD} \left(u_{\{1,2\}}^{\{1,2,3\}}, \mathcal{P} \right) &= \varphi_2 \left(u_{\{1,2\}}^{\{2,3\}} \right) \\
&= 0 \text{ (2 ist Nullspieler)}, \\
\varphi_3^{AD} \left(u_{\{1,2\}}^{\{1,2,3\}}, \mathcal{P} \right) &= \varphi_3 \left(u_{\{1,2\}}^{\{2,3\}} \right) \\
&= 0 \text{ (3 ist Nullspieler)},
\end{aligned}
$$

denn die Koalitionsfunktionen $u_{\{1,2\}}^{\{1\}}$ und $u_{\{1,2\}}^{\{2,3\}}$ sind Null-Koalitionsfunktionen.

H.4.2. Sind alle Spieler in einer Komponente versammelt, erhalten die Spieler die Shapley-Lösung. Damit bekommen auch die Besitzer des weniger knappen Handschuhs eine positive Auszahlung.

H.4.3. Für symmetrische Spiele (N, v) und eine Partition $\mathcal{P}$ erhält man

$$\varphi_i^{AD}(v, \mathcal{P}) = \frac{v(\mathcal{P}(i))}{|\mathcal{P}(i)|}, i \in N.$$

Ein unwesentlicher Spieler i erhält wie bei der Shapley-Lösung den Wert seiner Einerkoalition

$$\varphi_i^{AD}(v, \mathcal{P}) = \varphi_i\left(v|_{\mathcal{P}(i)}\right) = v(\{i\}).$$

Die Aumann-Drèze-Lösung führt beim Apex-Spiel zu den Auszahlungen

$$\varphi_j^{AD}(v, \mathcal{P}) =$$

$$\begin{cases} \frac{|\mathcal{P}(j)|-2}{|\mathcal{P}(j)|}, & h_1(\mathcal{P}(j)) = 1 \text{ und } j = 1 \text{ und } \mathcal{P}(j) = N \\ \frac{|\mathcal{P}(j)|-1}{|\mathcal{P}(j)|}, & h_1(\mathcal{P}(j)) = 1 \text{ und } j = 1 \text{ und } \mathcal{P}(j) \neq N \\ \frac{1}{|\mathcal{P}(j)|}, & h_1(\mathcal{P}(j)) = 1 \text{ und } j \neq 1 \text{ und } 1 \notin \mathcal{P}(j) \\ \frac{1}{|\mathcal{P}(j)|}\frac{1}{|\mathcal{P}(j)|-1}, & h_1(\mathcal{P}(j)) = 1 \text{ und } j \neq 1, \ 1 \in \mathcal{P}(j) \text{ und } \mathcal{P}(j) \neq N \\ \frac{1-\frac{|\mathcal{P}(j)|-2}{|\mathcal{P}(j)|}}{|\mathcal{P}(j)|-1}, & h_1(\mathcal{P}(j)) = 1 \text{ und } j \neq 1, \ 1 \in \mathcal{P}(j) \text{ und } \mathcal{P}(j) = N \\ 0, & h_1(\mathcal{P}(j)) = 0. \end{cases}$$

Das ist nicht ganz leicht zu sehen. In der ersten Zeile ist die Auszahlung für Spieler 1 angegeben, falls die Partition trivial ist, $\mathcal{P} = \{N\}$. Spieler 1 macht die Gewinnkoalition voll, wenn er nicht an erster oder an letzter Stelle auftaucht. Die Wahrscheinlichkeit dafür ist $\frac{|\mathcal{P}(j)|-2}{|\mathcal{P}(j)|}$. Die fünfte Zeile erklärt sich nun aus der Komponenten-Effizienz (die übrigen Spieler erhalten $1 - \frac{|\mathcal{P}(j)|-2}{|\mathcal{P}(j)|}$) und aus der Symmetrie der übrigen Spieler untereinander. Schließlich sei noch die vierte Zeile erläutert: Ein Spieler $j \neq 1$ erhält nur bei einer Reihenfolge ρ den Beitrag 1, falls Spieler 1 an erster und Spieler j an zweiter Stelle in ρ erscheinen, was sich mit der Wahrscheinlichkeit $\frac{1}{|\mathcal{P}(j)|}\frac{1}{|\mathcal{P}(j)|-1}$ ereignet.

H.4.4. Nein, sie ist nicht wahr. Denn $\mathcal{P}_2$ ist gröber als $\mathcal{P}_1$, aber die AD-Auszahlung für Spieler 2 ist bei $\mathcal{P}_1$ mit $\frac{1}{2}$ größer als bei $\mathcal{P}_2$ mit $\frac{1}{6}$.

H.5.1. Der Kern besteht aus allen Auszahlungen (x_1, x_2, x_3), die

$$x_1 + x_2 + x_3 = 72,$$

$$0 \leq x_1 \leq 12, 0 \leq x_3 \leq 12 \text{ und}$$

$$48 \leq x_2 \leq 72$$

erfüllen.

H.5.2. Die T-Spieler sind auf zwei Komponenten verteilt, somit ist der zweite Fall des Axioms gegeben. Wir berechnen

$$\psi_4\left(u_T, \mathcal{P}\right) + \psi_5\left(u_T, \mathcal{P}\right) = -\frac{2}{3} \cdot \frac{2}{5} = -\frac{4}{15},$$

$$\psi_6\left(u_T, \mathcal{P}\right) = -\frac{1}{3} \cdot \frac{1}{4} = -\frac{1}{12} \text{ und}$$

$$\psi_7\left(u_T, \mathcal{P}\right) = -\frac{0}{3} \cdot \frac{1}{4} = 0.$$

H.5.3. $C \cap T = \emptyset$ bedeutet, dass in Komponente C keine T-Spieler vorhanden sind. Die nichtproduktiven Spieler teilen dann den Wert ihrer Komponente (Null) untereinander auf. Es gibt nun keinen Spieler, der wegen Außenoptionen Ansprüche anmeldet. Man sieht, dass aus $C \cap T = \emptyset$ und $|C \cap T| = 0$ unmittelbar

$$\sum_{i \in C \backslash T} \psi_i\left(u_T, \mathcal{P}\right) = 0$$

folgt.

H.5.4. Die Gleichung ergibt sich daraus, dass $T \cup C$ als disjunkte Vereinigung

$$T \cup C = \underbrace{(T \cap N \backslash C) \cup (T \cap C)}_{T} \cup (C \cap N \backslash T)$$

geschrieben werden kann. Um dies zu sehen, malen Sie zwei Kreise, die die Mengen T und C repräsentieren und sich überschneiden. Das Schnittgebiet repräsentiert $T \cap C$, die „angeknabberten" Kreise $(T \cap N \backslash C) = T \backslash C$ bzw. $(C \cap N \backslash T) = C \backslash T$.

H.5.5. Laut Axiom haben die nichtproduktiven Spieler einer Komponente $\frac{|\mathcal{P}(i) \cap T|}{|T|} \frac{|\mathcal{P}(i) \cap (N \backslash T)|}{|T \cup \mathcal{P}(i)|}$ zu zahlen. Wegen der Komponenten-Effizienz erhalten alle T-Spieler dieser Komponente zusammen den Betrag $\frac{|\mathcal{P}(i) \cap T|}{|T|} \frac{|\mathcal{P}(i) \cap (N \backslash T)|}{|T \cup \mathcal{P}(i)|}$. Aus Symmetriegründen erhält jeder einzelne von ihnen jedoch nur den $\frac{1}{|\mathcal{P}(i) \cap T|}$-ten Teil.

H.5.6. Bei jeder Reihenfolge ρ erhalten die Spieler einer Komponente C den Wert dieser Komponente. Denn derjenige Spieler i aus $C = \mathcal{P}(i)$, der seine Komponente voll macht, erhält den Wert der Komponente abzüglich der Auszahlungen (marginalen Beiträge), die die anderen Spieler aus $\mathcal{P}(i)$ erhalten haben. Mithilfe der Division durch die Anzahl der Reihenfolgen ergibt sich die Behauptung.

H.5.7. Neben $\{1,2\}$ sind auch $\{1,3\}, \{1,4\}$ und $\{2,3,4\}$ Gewinnkoalitionen.

H.5.8. Wenn man die Auszahlung für Spieler 1 kennt, liefert die Komponenten-Effizienz die Auszahlung für Spieler 2 ($\varphi_2^{oo} = \frac{1}{3}$). Die Spieler 3 und 4 sind symmetrisch und erhalten aufgrund der Komponenten-Effizienz ($\varphi_3^{oo} + \varphi_4^{oo} = h_1(\{3,4\}) = 0$) beide die Auszahlung Null. Daher ergibt sich $\varphi^{oo} = \left(\frac{2}{3}, \frac{1}{3}, 0, 0\right)$.

H.6.1. Mit $\mathcal{P}(T) \subseteq \mathcal{P}$ ist die Menge der Komponenten, die mindestens einen T-Spieler enthalten, gemeint. $\mathcal{P}(i) \cap T \subseteq N$ ist die Menge derjenigen T-Spieler, die sich in derselben Komponente wie i befinden.

H.6.2. Jede der zwei Komponenten hat dieselbe Wahrscheinlichkeit, als Erste zu erscheinen. In beiden Fällen wird der letzte Spieler aus der Komponente $\{2, ..., n\}$ den marginalen Beitrag 1 erhalten. Aus Symmetriegründen gelten somit

$$\varphi_1^O(h_1, \mathcal{P}) = 0 \text{ und}$$
$$\varphi_j^O(h_1, \mathcal{P}) = \frac{1}{n-1}, \ j = 2, ..., n.$$

H.6.3. Die Komponente C_1 kann mit der Wahrscheinlichkeit von $\frac{1}{3}$ den marginalen Beitrag von 1 erhalten. Befindet sich in dieser Komponente nur 1 Spieler, erhält er also die Owen-Auszahlung $\frac{1}{3}$. Für $n \geq 5$ gilt $\frac{1}{3} > \frac{1}{n-1}$. Daher ist beispielsweise $\mathcal{P} = \{\{1\}, \{2\}, \{3, ..., n\}\}$ eine der gesuchten Partitionen.

H.7.1. Zunächst einmal enthält $\{2,3\}$ Spieler 2, aber nicht Spieler 1. Wegen

$$30 + \frac{x_2}{2} > x_2 \text{ und } 30 - \frac{x_2}{2} > 0$$

würden sich sowohl Spieler 2 als auch Spieler 3 echt besser stellen und wegen

$$30 + \frac{x_2}{2} + 30 - \frac{x_2}{2} = 60$$

können sich die Spieler 2 und 3 diese besseren Auszahlungen auch leisten. Zudem ist $\left(0, 30 + \frac{x_2}{2}, 30 - \frac{x_2}{2}\right)$ offenbar eine Zuteilung für $\mathcal{P}$.

H.7.2. Der gesuchte Gegeneinwand ist $(\{3\}, (\cdot, \cdot, 0))$. Denn Spieler 3 erhält hier den Wert seiner Einerkoalition und damit genau so viel wie bei x. Wegen $\{3\} \cap \{1, 2\} = \emptyset$ ist „$z_i \geq y_i$ für alle i in $R \cap S$" nicht zu überprüfen.

I. Lösungen auf Graphen

I.1 Einführendes

In diesem Kapitel geht es darum, Lösungen zu definieren, die neben der Koalitionsfunktion auch von einem Graphen abhängen. Dabei übernimmt der Graph im Wesentlichen die Funktion der Partition aus dem vorangehenden Kapitel. Er steht für Beziehungen, die zwischen je zwei Spielern bestehen können. Beispielsweise kennen sich die zwei Spieler und können daher in Kooperationsbeziehungen treten. Die Grundidee dieses Kapitels besteht nun darin, dass eine Koalitionsfunktion durch einen Graphen modifiziert wird, sodass sich eine neue Koalitionsfunktion ergibt. Auf diese neue Koalitionsfunktion werden wir die Shapley-Lösung anwenden. Die modifizierte Koalitionsfunktion heißt nach ihrem Erfinder Myerson-Koalitionsfunktion und die Lösung in Bezug auf die ursprüngliche Koalitionsfunktion wird als Myerson-Lösung bezeichnet. Dieses Kapitel stützt sich bei Begriffsbildung und Ergebnissen in starkem Maße auf die Monographie von SLIKKER/NOUWELAND (2001).

Im folgenden Abschnitt modellieren wir die Beziehungen, die zwischen Spielern bestehen können. Dabei verwenden wir ungerichtete Graphen. Bezeichnet man mit $\mathfrak{L}(N)$ die Menge der Graphen auf der Spielermenge N, ist ein Lösungskonzept allgemein durch die folgende, hinlänglich bekannte Definition gegeben:

Definition I.1.1. *Sei N eine Spielermenge. Eine Abbildung*

$$\psi : G_N \times \mathfrak{L}(N) \to \mathbb{R}^n$$

heißt punktwertiges graphentheoretisches Lösungskonzept auf $(N, \mathfrak{L}(N))$ oder einfach Lösungskonzept oder Lösung.

Um zur Myerson-Formel zu gelangen, präsentieren wir in Abschnitt I.3 die Myerson-Koalitionsfunktion. Wir werden untersuchen, welche Eigenschaften einer Koalitionsfunktion v sich auf die Myerson-Koalitonsfunktion $v^{\mathcal{L}}$ übertragen. Durch Anwendung der Shapley-Lösung auf diese Koalitionsfunktion ergibt sich in Abschnitt I.4 die Myerson-Lösung als punktwertiges graphentheoretisches Lösungskonzept. Die Eigenschaften dieser Lösung werden dann zusammen mit verschiedenen Axiomatisierungen im Abschnitt I.5 dargestellt.

I.2 Netzwerke

I.2.1 Verbindungen und Zyklen

Beginnen wir gleich mit der wichtigsten Definition:

Definition I.2.1. *Sei N eine nichtleere Menge von Spielern. Die Menge aller Teilmengen mit genau zwei Elementen bezeichnen wir mit $\mathcal{L}^{voll}$,*

$$\mathcal{L}^{voll} = \{\{i,j\} : i,j \in N, i \neq j\}.$$

Elemente aus $\mathcal{L}^{voll}$ nennen wir Verbindungen. Ein Tupel $(N, \mathcal{L})$ mit $\mathcal{L} \subseteq \mathcal{L}^{voll}$ nennt man ein Netzwerk der Spieler aus N. Bisweilen bezeichnen wir auch $\mathcal{L}$ selbst als Netzwerk. Die Menge aller Netzwerke auf N bezeichnen wir mit $\mathfrak{L}(N)$ oder einfach nur mit $\mathfrak{L}$. Im Falle von $\{i,j\} \in \mathcal{L}$ heißen die Spieler i und j direkt verbunden. Für $\{i,j\}$ schreiben wir bisweilen kürzer ij. Die Menge $\mathcal{L}(i) := \{\ell \in \mathcal{L} : i \in \ell\} \subseteq \mathcal{L}$ ist die Menge der Verbindungen, die Spieler i eingeht.

Ein Netzwerk der Spieler aus N ist also ein ungerichteter Graph auf N. Die Buchstaben ℓ (für eine bestimmte Verbindung) und $\mathcal{L}$ (für eine Menge von Verbindungen) erinnern an das englische Wort „link" (Verbindung). Der Leser beachte, dass die folgenden Tupel Netzwerke sind:

- $\left(N, \mathcal{L}^{\text{voll}}\right)$, der so genannte volle Graph,
- $(N, \emptyset)$, der so genannte leere Graph, und
- $(N, \mathcal{L}(i))$.

Übung I.2.1. Geben Sie den Graphen auf $\{1, 2, 3, 4\}$ an, der anzeigt, dass Spieler 2 sowohl mit Spieler 1 als auch mit Spieler 3 direkt verbunden ist. Bestimmen Sie dann $\mathcal{L}(1)$, $\mathcal{L}(2)$ und $\mathcal{L}(4)$.

Der Leser bemerkt, dass wir die Notation von Graphen ganz ähnlich derjenigen von Partitionen gewählt haben. Die folgende Tabelle stellt viel genutzte Symbole und ihre Bedeutungen für Koalitionsstrukturen (Partitionen der Spielermenge) und Netzwerke (Graphen auf der Spielermenge) gegenüber:

Koalitionsstruktur		Netzwerk	
Symbol	Bedeutung	Symbol	Bedeutung
$\mathcal{P}$	Partition	$\mathcal{L}$	ungerichteter Graph
$\mathcal{P}(i)$	Komponente von i	$\mathcal{L}(i)$	Verbindungen von i
$\mathfrak{P}$	Menge der Partitionen	$\mathfrak{L}$	Menge der Graphen
$\mathcal{P}(R)$	Teilpartition von $\mathcal{P}$	$\mathcal{L}(R)$	Teilgraph von $\mathcal{L}$

Übung I.2.2. Ergänzen Sie: In formaler Hinsicht besteht ein Unterschied zwischen $\mathcal{P}(i)$ und $\mathcal{L}(i)$. Denn $\mathcal{P}(i)$ ist keine Partition, sondern ein Element von $\mathcal{P}$, während $\mathcal{L}(i)$ ...

Aus der obigen Tabelle ist lediglich der Begriff des Teilgraphen noch nicht erklärt. Das holen wir jetzt nach:

Definition I.2.2. *Für $R \subseteq N$ und $\mathcal{L} \in \mathfrak{L}(N)$ bezeichnen wir mit $\mathcal{L}(R)$ denjenigen Graphen auf R, der durch*

$$\mathcal{L}(R) = \{\{i, j\} : i, j \in R, \{i, j\} \in \mathcal{L}\}$$

bestimmt ist. In diesem Fall heißt $\mathcal{L}(R)$ Teilgraph (auf R) von $\mathcal{L}$.

Diese doch etwas komplizierten Sachverhalte sollten Sie anhand der zwei folgenden Aufgaben einüben:

Übung I.2.3. Bestimmen Sie $\mathcal{L}(\{i'\})$ für $\mathcal{L} \in \mathfrak{L}(N)$ und $i' \in N$.

Übung I.2.4. Setzen Sie einen beliebigen Graphen $\mathcal{L}$ auf N voraus. Wie kann man

- $\mathcal{L}(N)$,
- $\mathcal{L}(\{1,2\})$ (Fallunterscheidung!) und
- $\bigcup_{i \in N} \mathcal{L}(i)$

auch schreiben?

Definition I.2.3. *Für jede Spielermenge N, jede Koalitionsfunktion $v \in G_N$ und jedes Netzwerk $\mathcal{L}$ auf N heißt $(N, v, \mathcal{L})$ ein Graphen-Koalitionsspiel. Die Menge aller Graphen-Koalitionsspiele auf N bezeichnen wir mit G_N^{graph} oder einfach nur mit G^{graph}.*

Wir benötigen nun noch eine Menge weiterer Begriffe, die die Verbundenheit der Spieler in einem Netzwerk näher beschreiben:

Definition I.2.4. *Sei $(N, \mathcal{L})$ ein Netzwerk.*

- *Ein Pfad (von i nach j) ist ein Tupel von Spielern $(i_1, i_2, .., i_t)$ mit $t \geq 2$, sodass $i_1 = i$, $i_t = j$ und $\{i_k, i_{k+1}\} \in \mathcal{L}$ für alle $k = 1, ..., t-1$ erfüllt sind. In diesem Fall heißen die Spieler i und j (miteinander) verbunden.*

- *Zwei Spieler, die verbunden, aber nicht direkt verbunden sind, heißen indirekt verbunden.*

- *Mit*

$$N(\mathcal{L}) = \{i \in N : \exists j \in N : ij \in \mathcal{L}\}$$

wird die Menge der Spieler bezeichnet, die zu mindestens einem anderen Spieler Verbindung haben. Spieler i mit $i \notin N(\mathcal{L})$ heißen isoliert.

- *Ein Zyklus ist ein Pfad $(i_1, i_2, .., i_{t+1})$ mit $i_1 = i_{t+1}$, $t \geq 3$ und paarweiser Verschiedenheit der Spieler i_1 bis i_t.*

- *Ein Netzwerk heißt zyklusfrei, falls es in ihm keine Zyklen gibt.*

- *Ein Netzwerk heißt zyklusvollständig, falls für jeden Zyklus $(i_1, i_2, .., i_t, i_1)$ $(t \geq 3)$ alle Spieler im Zyklus direkt verbunden sind.*

- *Eine Teilmenge K von N heißt in S verbunden, falls je zwei Spieler aus K mit einem Pfad verbunden sind, der nur aus Spielern aus S besteht. Ist K in N verbunden, sagt man auch, dass K verbunden ist. Eine Teilmenge K von N heißt intern verbunden, falls je zwei Spieler aus K mit einem Pfad verbunden sind, der nur aus Spielern aus K besteht.*

- *Ein Netzwerk $(N, \mathcal{L})$ heißt verbunden, falls N verbunden ist.*
- *Ein Netzwerk $(N, \mathcal{L})$ heißt Stern, falls es einen Spieler $i \in N$ gibt, sodass $\mathcal{L} = \{ij : j \in N \backslash i\}$ erfüllt ist. Ein solcher Spieler i heißt Sternmitte.*
- *Ein Netzwerk $(N, \mathcal{L})$ heißt Rad, falls $|N| \geq 3$ gilt und falls eine Umbenennung so möglich ist, dass $N = \{1, 2, ..., n\}$ und*

$$\mathcal{L} = \{\{k, k+1\} : k = 1, ..., n-1\} \cup \{n, 1\}$$

gelten.

Übung I.2.5. Können Sie die direkte und die indirekte Verbundenheit zweier Spieler mithilfe des Begriffs „Pfad" definieren?

Übung I.2.6. Vervollständigen Sie: Ein Netzwerk ist leer, falls alle Spieler ... sind.

Am schwierigsten ist sicherlich die Zyklusvollständigkeit. Insbesondere ist ein Netzwerk zyklusvollständig, wenn es zyklusfrei ist. Dies kann man sich vielleicht durch die Negation klarmachen: Ein Netzwerk ist nicht zyklusvollständig, wenn es einen Zyklus $(i_1, i_2, .., i_t, i_1)$ ($t \geq 3$) gibt, sodass nicht alle Spieler im Zyklus direkt verbunden sind. Wenn nun ein Netzwerk zyklusfrei ist, gibt es eben keinen Zyklus mit irgendwelchen Eigenschaften. Dann ist das Netzwerk nicht zyklusvollständig.

Übung I.2.7. Geben Sie für die Graphen der Abbildung I.1 an, ob sie Sterne, Räder, zyklusfrei oder zyklusvollständig sind. Geben Sie auch an, ob die Spieler 1 und 5 jeweils direkt oder indirekt verbunden sind. Bei welchen Graphen ist die Spielermenge $\{1, 3, 4\}$ intern bzw. in N verbunden?

Übung I.2.8. Geben Sie für das Netzwerk der Abb. I.2 an, ob es sich hier um ein Rad handelt. Ist das Netzwerk zyklusvollständig?

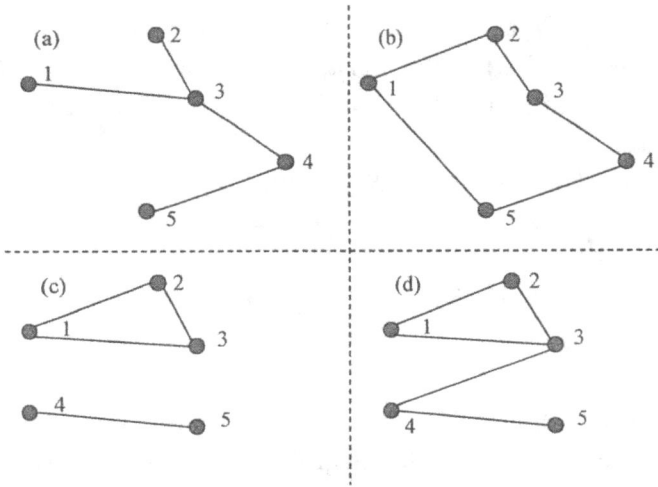

Abbildung I.1. Vier Graphen

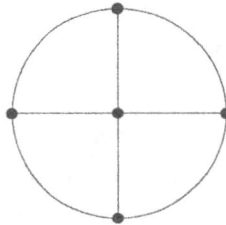

Abbildung I.2. Ein Rad?

I.2.2 Verbundene Hülle

Wir haben nun einen etwas komplizierten Begriff, die verbundene Hülle, zu durchdenken. Dazu gehen wir von einer verbundenen Menge S aus. Es gibt also zu je zwei Spielern aus S einen Pfad, der diese beiden verbindet. Eventuell ist sogar immer ein Pfad zu finden, der nur von Spielern aus S selbst Gebrauch macht. Dann heißt S intern verbunden und die Hülle von S ist gleich S.

Falls S verbunden, aber nicht intern verbunden ist, zielen wir darauf ab, eine Menge zu finden, die eventuell kleiner als N selbst ist und die zur Verbindung der Menge S notwendig und/oder hinreichend ist.

Dazu betrachten wir alle Obermengen R von S, die ihrerseits intern verbunden sind. Die verbundene Hülle von S ist dann als Schnittmenge all dieser Obermengen R definiert. In Formeln ausgedrückt:

Definition I.2.5. *Zu einer Teilmenge S von N ist*

$$H\left(S\right) := \begin{cases} \bigcap_{\substack{S \subseteq R \subseteq N, \\ R \text{ ist intern verbunden}}} R, \textit{ falls } S \textit{ verbunden} \\ \emptyset, \qquad\qquad\qquad \textit{falls } S \textit{ nicht verbunden} \end{cases}$$

die Schnittmenge aller intern verbundenen Mengen, die S enthalten. Diese Menge heißt die verbundene Hülle von S.

Übung I.2.9. Geben Sie $H\left(\{1, 3, 5\}\right)$ für die Graphen der Abbildung I.1 an.

Wir können $H\left(S\right)$ als die Menge derjenigen Spieler interpretieren, die notwendig sind, um S zu verbinden; diese Spieler müssen immer dabei sein, wenn eine intern verbundene Menge gesucht wird, die zur Verbindung von S dient. Allerdings ist $H\left(S\right)$ nicht immer hinreichend für die Verbindung. Mit anderen Worten: $H\left(S\right)$ selbst ist nicht in jedem Fall intern verbunden. Dies hat die vorangehende Aufgabe auch klargemacht. Es gilt allerdings folgendes schöne Theorem (siehe SLIKKER/NOUWELAND (2001, S. 18)):

Theorem I.2.1. *Genau dann, wenn das Netzwerk $(N, \mathcal{L})$ zyklusvollständig ist, ist $H\left(S\right)$ für alle verbundenen Mengen S aus N intern verbunden.*

Bei zyklusvollständigen Netzwerken kann man $H\left(S\right)$ daher als kleinste Menge definieren, die einerseits S umfasst und andererseits intern verbunden ist. Für zwei Spieler ($|S| = 2$) beschreibt diese Menge den kürzesten Pfad, der beide verbindet. Tatsächlich enthält $H\left(S\right)$ auch für mehr als zwei Spieler gerade diejenigen Spieler, die notwendig und hinreichend dazu sind, die Spieler aus S zu verbinden.

I.2.3 Graphen und Partitionen

Man kann aus Graphen Partitionen gewinnen. Dazu benötigen wir den Begriff der Äquivalenzrelation, den wir auf den Seiten 111 ff. eingeführt haben. Die hier zu verwendende Äquivalenzrelation ist die Verbundenheit zweier Spieler. Um jedoch die Reflexivität von vornherein zu gewährleisten, legen wir fest:

Definition I.2.6. *Falls zwei Spieler i und j verbunden sind oder falls $i = j$ gilt, schreiben wir $i \sim^{\mathcal{L}} j$ oder einfacher $i \sim j$.*

Lemma I.2.1. *Durch $i \sim j$ wird eine Äquivalenzrelation auf N definiert.*

Übung I.2.10. Zeigen Sie, dass die obige Relation reflexiv, symmetrisch und transitiv ist.

Spieler, die miteinander verbunden sind, kann man in Äquivalenzklassen zusammenfassen, die N partitionieren. Diese Partition bezeichnen wir mit $N/\mathcal{L}$. Für nichtleere Teilmengen S von N kann man die Partition von S als

$$S/\mathcal{L} := S/\left(\mathcal{L}(S)\right)$$

schreiben. Dagegen ist $\emptyset/\mathcal{L}$ keine Partition. Wir setzen $\emptyset/\mathcal{L} := \emptyset$.

Übung I.2.11. Bestimmen Sie zunächst allgemein $N/\mathcal{L}^{\text{voll}}$, $N/\emptyset$ und $\{i\}/\mathcal{L}$ für einen Spieler $i \in N$. Bestimmen Sie sodann die Partitionen von N, die sich aufgrund von Abb. I.1 ergeben. Bestimmen Sie schließlich ebenfalls die Partitionen der Spieler $\{1, 3, 4\}$, die sich aufgrund von Abb. I.1 ergeben.

Wir werden für die Myerson-Koalitionsfunktion bei Einmütigkeitsspielen das folgende Lemma benötigen:

Lemma I.2.2. *Sei $(N, v, \mathcal{L})$ ein Graphen-Koalitionsspiel, wobei $\mathcal{L}$ zyklusvollständig ist. Dann gilt für zwei Mengen S und T aus N folgende Äquivalenz: Es gibt genau dann eine Komponente K aus $S/\mathcal{L}$ mit $T \subseteq K$, falls $H(T) \subseteq S$ erfüllt ist.*

Beweis. Wir setzen eine Komponente K aus $S/\mathcal{L}$ mit $T \subseteq K$ voraus. Die Spieler aus K sind intern verbunden und die Spieler aus T sind in K und damit insbesondere auch (in N) verbunden. Damit gilt $H(T) \subseteq K \subseteq S$, die Hin-Richtung. Zur Rück-Richtung nehmen wir an, dass $H(T) \subseteq S$ erfüllt ist. Da $\mathcal{L}$ zyklusvollständig ist, besteht $H(T)$ aufgrund von Theorem I.2.1 aus denjenigen Spielern, die notwendig und hinreichend dafür sind, dass T in ihnen verbunden ist. T ist dann erst recht in S verbunden. Es muss also eine Komponente K in $S/\mathcal{L}$ geben (eventuell S selbst bei interner Verbundenheit von S), die $T \subseteq K$ erfüllt.

Wir beschließen diesen Abschnitt damit, Zusammenhänge zwischen der Feinheit von Partitionen und dem Enthaltensein von Graphen herzustellen. Zunächst erinnern wir an die Definition auf S. 311: Eine Partition $\mathcal{P}_1$ heißt feiner als eine Partition $\mathcal{P}_2$, falls $\mathcal{P}_1(i) \subseteq \mathcal{P}_2(i)$ für alle $i \in N$ gilt.

Betrachten wir die zwei Mengen $\emptyset$ und $\mathcal{L}^{\text{voll}}$ als Graphen. Offenbar ist $N/\emptyset$ feiner als $N/\mathcal{L}^{\text{voll}}$. Dieser Zusammenhang gilt ganz allgemein: Für Graphen $\mathcal{L}_1$ und $\mathcal{L}_2$ mit $\mathcal{L}_1 \subseteq \mathcal{L}_2$ ist die Partition $N/\mathcal{L}_1$ feiner als die Partition $N/\mathcal{L}_2$. Zum Beweis sei $i \in N$ gegeben. Die i enthaltende Komponente der Partition $N/\mathcal{L}_1$, also $(N/\mathcal{L}_1)(i)$, besteht neben i aus all denjenigen Spielern aus N, die mit i verbunden sind. All diese Spieler sind auch in $(N/\mathcal{L}_2)(i)$ enthalten, weil alle mit i aufgrund von $\mathcal{L}_1$ verbundenen Spieler erst recht aufgrund von $\mathcal{L}_2$ verbunden sind. Wir notieren dieses Ergebnis:

Lemma I.2.3. *Seien $\mathcal{L}_1$ und $\mathcal{L}_2$ Netzwerke auf N mit $\mathcal{L}_1 \subseteq \mathcal{L}_2$. Dann ist $N/\mathcal{L}_1$ feiner als $N/\mathcal{L}_2$.*

Übung I.2.12. Wie nennt man S, falls $|S/\mathcal{L}| = 1$ erfüllt ist, wie im Falle von $S \in N/\mathcal{L}$? Was sagt $|S/\mathcal{L}| > 1$ über die Verbundenheit von S?

Übung I.2.13. Zeigen Sie, dass für zwei disjunkte Teilmengen von N, R und S,

$$\mathcal{L}(R) \cup \mathcal{L}(S) \subseteq \mathcal{L}(R \cup S)$$

zu gelten hat. Zeigen Sie dann weiter, dass $(R \cup S)/\mathcal{L}$ eine gröbere Partition von $R \cup S$ ist als $(R/\mathcal{L}) \cup (S/\mathcal{L})$.

Abb. I.3 ist eine Illustration zur vorangehenden Aufgabe. Es sind 8 Spieler gegeben, zwischen denen Verbindungen bestehen. Diese Verbindungen sind durch durchgezogene Linien veranschaulicht. Beispielsweise sind die beiden linken Spieler miteinander verbunden; zudem ist

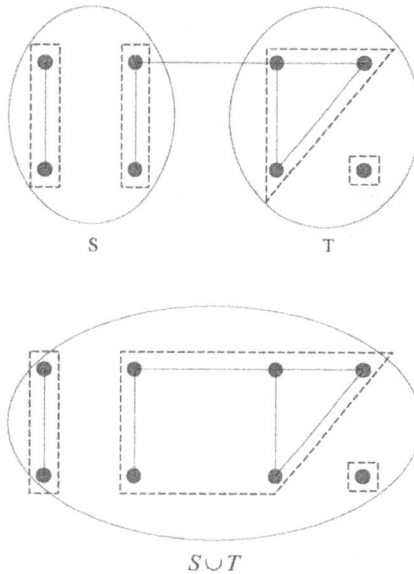

Abbildung I.3. Die Partition $(S/\mathcal{L}) \cup (T/\mathcal{L})$ ist feiner als die Partition $(S \cup T)/\mathcal{L}$

der Spieler rechts unten isoliert. Nun betrachten wir zwei Partitionen, $(S/\mathcal{L}) \cup (T/\mathcal{L})$ und $(S \cup T)/\mathcal{L}$. Die erste ist im oberen Teil der Abbildung durch die gestrichelten Linien dargestellt, die zweite im unteren Teil ebenfalls durch gestrichelte Linien. Man sieht, dass die Partition $(S/\mathcal{L}) \cup (T/\mathcal{L})$ genau deshalb feiner als die Partition $(S \cup T)/\mathcal{L}$ ist, weil bei der ersten die Verbindungen zwischen Spielern in S und T gekappt werden. Die Partition $(S \cup T)/\mathcal{L}$ hat drei Komponenten, die Partition $(S/\mathcal{L}) \cup (T/\mathcal{L})$ dagegen 4.

I.3 Die Myerson-Koalitionsfunktion $v^{\mathcal{L}}$

I.3.1 Definition

MYERSON (1977a) hat auf der Basis eines Graphen-Koalitionsspiels $(N, v, \mathcal{L})$ eine Koalitionsfunktion $v^{\mathcal{L}}$ durch

$$v^{\mathcal{L}}(S) = \sum_{K \in S/\mathcal{L}} v(K)$$

definiert. Wir nennen $v^{\mathcal{L}}$ ein $\mathcal{L}$-beschränktes Spiel oder ausführlicher die $\mathcal{L}$-Beschränkung von v. Man spricht auch von einer Myerson-Koalitionsfunktion. Den Wert einer Koalition S unter $v^{\mathcal{L}}$ berechnet man folgendermaßen:

- Zunächst ermittelt man die durch $\mathcal{L}$ bestimmte Partition von S, die wir mit $S/\mathcal{L}$ bezeichnen.
- Für alle Komponenten K von $S/\mathcal{L}$ betrachtet man dann die Werte $v(K)$ und addiert sie.

Intuitiv lässt sich die Myerson-Koalitionsfunktion so verstehen: Wenn S nicht intern verbunden ist, können die Spieler aus S eventuell nicht den gesamten Wert $v(S)$ erwirtschaften. Sie können in Abhängigkeit vom bestehenden Netzwerk $\mathcal{L}$ in Teilgruppen zusammenarbeiten. Diese Teilgruppen sind durch die Partition $S/\mathcal{L}$ gegeben.

Wir überlegen uns nun, dass $v^{\mathcal{L}}$ tatsächlich immer eine Koalitionsfunktion ergibt. Wir haben dazu lediglich

$$v^{\mathcal{L}}(\emptyset) = \sum_{K \in \emptyset/\mathcal{L}} v(K) = \sum_{K \in \emptyset} v(K) = 0$$

zu bestätigen.

I.3.2 Beispiele

Wir betrachten zunächst ein Beispiel aus SLIKKER/NOUWELAND (2001, S. 22), die Koalitionsfunktion v, die durch

$$v(S) = \begin{cases} 0, & |S| \leq 1 \\ 60, & |S| = 2 \\ 72 & S = N \end{cases}$$

gegeben ist, und $\mathcal{L} = \{12, 23\}$. $v^{\mathcal{L}}$ ist nun nicht mehr symmetrisch, da die Koalition $\{1, 3\}$ nicht intern verbunden ist. Daher erhalten wir

$$v^{\mathcal{L}}(S) = \begin{cases} 0, & |S| \leq 1, S = \{1, 3\} \\ 60, & S = \{1, 2\}, S = \{2, 3\} \\ 72 & S = N, \end{cases}$$

also die asymmetrische Maschler-Koalitionsfunktion von S. 323 im Kap. H.

Übung I.3.1. Bestimmen Sie allgemein $v^{\mathcal{L}}$ für $\mathcal{L} = \mathcal{L}^{\text{voll}}$ und für $\mathcal{L} = \emptyset$.

Falls $\mathcal{L}$ zyklusvollständig ist, kann man $(u_T)^{\mathcal{L}}$ sehr kompakt charakterisieren. Wir folgen SLIKKER/NOUWELAND (2001, S. 24) und überlegen uns:

- Entweder sind die Spieler aus T nicht verbunden. Dann gibt es für keine Menge S eine Komponente K aus $S/\mathcal{L}$, die die Spieler aus T enthält, und daher folgt

$$(u_T)^{\mathcal{L}}(S) = \sum_{K \in S/\mathcal{L}} u_T(K) = 0.$$

- Oder aber die Spieler aus T sind verbunden. Die interne Verbundenheit ist damit noch nicht garantiert, sodass $(u_T)^{\mathcal{L}}(T)$ durchaus gleich Null sein kann, während $(u_T)^{\mathcal{L}}(N)$ auf jeden Fall gleich 1 ist. Aufgrund von Lemma I.2.2 (S. 364) erhalten wir

$$(u_T)^{\mathcal{L}}(S) = \sum_{K \in S/\mathcal{L}} u_T(K) \quad \text{(Definition Myerson-Koalitionsfunktion)}$$

$$= \begin{cases} 1, \text{ es gibt } K \in S/\mathcal{L} \text{ mit } T \subseteq K \\ 0, \text{ sonst} \end{cases} \quad \text{(Definition } u_T\text{)}$$

$$= \begin{cases} 1, H(T) \subseteq S \\ 0, \text{ sonst} \end{cases} \quad \text{(Lemma I.2.2)}$$

und damit ganz kompakt

$$(u_T)^{\mathcal{L}} = u_{H(T)}. \tag{I.1}$$

Diese kompakte Darstellung ist auch für nichtverbundene T stimmig. Denn dann ist $(u_T)^{\mathcal{L}}$ die Null-Koalitionsfunktion, die wir auch schon als $u_\emptyset$ geschrieben haben (siehe S. 202).

Übung I.3.2. Bestimmen Sie für $N = \{1,2,3,4\}$ für $u_{\{1,2\}}$, $u_{\{1,3\}}$, $\mathcal{L}^1 = \{12, 23, 34, 41\}$ und $\mathcal{L}^2 = \{12, 23, 34\}$ die vier Myerson-Koalitionsfunktionen.

Aus Kap. D wissen wir, dass man Koalitionsfunktionen als Linearkombination der Einmütigkeitsspiele schreiben kann. Als Vorüberlegung machen wir uns klar, dass man bei zwei Koalitionsfunktionen v und w aus G_N und einem Graphen $\mathcal{L}$ auf N

$$(v + w)^{\mathcal{L}} = v^{\mathcal{L}} + w^{\mathcal{L}} \qquad (I.2)$$

erhält. Dies sieht man für beliebiges $S \subseteq N$ so:

$$
\begin{aligned}
(v + w)^{\mathcal{L}}(S) &= \sum_{K \in S/\mathcal{L}} (v + w)(K) \\
&= \sum_{K \in S/\mathcal{L}} v(K) + \sum_{K \in S/\mathcal{L}} w(K) \\
&= v^{\mathcal{L}}(S) + w^{\mathcal{L}}(S).
\end{aligned}
$$

Diese Additivität lässt sich auf beliebig viele (endlich viele) Koalitionsspiele übertragen.

Wir betrachten nun $N = \{1,2,3,4\}$, $\mathcal{L} = \{12, 34\}$ und die Koalitionsfunktion

$$v = u_{\{1\}} + u_{\{2\}} - u_{\{1,2\}} + 3u_N.$$

$\mathcal{L}$ ist zyklusfrei und damit auch zyklusvollständig. Man erhält aufgrund der Gleichungen I.2 und I.1

$$
\begin{aligned}
v^{\mathcal{L}} &= \left(u_{\{1\}}\right)^{\mathcal{L}} + \left(u_{\{2\}}\right)^{\mathcal{L}} - \left(u_{\{1,2\}}\right)^{\mathcal{L}} + 3\left(u_N\right)^{\mathcal{L}} \\
&= u_{H(\{1\})} + u_{H(\{2\})} - u_{H(\{1,2\})} + 3u_{H(N)} \\
&= u_{\{1\}} + u_{\{2\}} - u_{\{1,2\}}.
\end{aligned}
$$

Übung I.3.3. Betrachten Sie $N = \{1,2,3\}$, $\mathcal{L} = \{12, 23\}$ und $v = 60u_{\{1,2\}} + 60u_{\{1,3\}} + 60u_{\{2,3\}} - 108u_N$. Bestimmen Sie $v^{\mathcal{L}}$.

I.3.3 Vererbung von v auf $v^{\mathcal{L}}$

Superadditivität. Wir werden uns nun überlegen, welche Eigenschaften sich von v auf $v^{\mathcal{L}}$ vererben. Wir beginnen mit der Superadditivität:

Theorem I.3.1. *Sei $\mathcal{L}$ ein Graph auf N. Falls v superadditiv ist, gilt dies auch für $v^{\mathcal{L}}$.*

Wir betrachten zwei disjunkte Teilmengen von N, R und S. Aufgrund von Aufg. I.2.13 auf S. 365 wissen wir, dass $R/\mathcal{L} \cup S/\mathcal{L}$ eine Partition von $R \cup S$ darstellt, die zudem feiner ist als die Partition $(R \cup S)/\mathcal{L}$. Jede Komponente von $(R \cup S)/\mathcal{L}$ beinhaltet daher mindestens eine Komponente von $R/\mathcal{L} \cup S/\mathcal{L}$. Daraus folgt

$$v^{\mathcal{L}}(R \cup S) = \sum_{C \in (R \cup S)/\mathcal{L}} v(C)$$

$$\geq \sum_{C \in R/\mathcal{L}} v(C) + \sum_{C \in S/\mathcal{L}} v(C)$$

$$= v^{\mathcal{L}}(R) + v^{\mathcal{L}}(S).$$

Nichtleerer Kern. Nicht für jedes Netzwerk $\mathcal{L}$ kann man von einem nichtleeren Kern für v auf einen nichtleeren Kern für $v^{\mathcal{L}}$ schließen. Dies können Sie selbst zeigen:

Übung I.3.4. Betrachten Sie $N = \{1,2,3,4\}$, $\mathcal{L} = \{12,34\}$ und die Koalitionsfunktion

$$v = u_{\{1\}} + u_{\{2\}} - u_{\{1,2\}} + 3u_N.$$

Zeigen Sie, dass $(1,1,1,1)$ ein Element des Kerns ist. Zeigen Sie anschließend, dass $v^{\mathcal{L}}$ einen leeren Kern aufweist. Hinweis: Auf S. 369 ist $v^{\mathcal{L}}$ bereits berechnet.

Unter bestimmten Voraussetzungen vererbt sich jedoch die Eigenschaft „nichtleerer Kern" von einer Koalitionsfunktion v auf ihre $\mathcal{L}$-Beschränkung:

Theorem I.3.2. *Sei $(N, \mathcal{L})$ ein Netzwerk. $\mathcal{L}$ ist genau dann verbunden oder leer, wenn für alle Spiele v mit nichtleerem Kern die $\mathcal{L}$-Beschränkung von v ebenfalls einen nichtleeren Kern hat.*

Das Theorem und auch sein Beweis sind SLIKKER/NOUWELAND (2001, S. 56 f.) entnommen.

Wir beweisen zunächst, dass aus der Verbundenheit von $\mathcal{L}$ (d.h. der Verbundenheit von N) oder aus $\mathcal{L} = \emptyset$ die gewünschte Vererbung folgt, dass also von $Kern\,(v) \neq \emptyset$ bereits auf $Kern\,(v^{\mathcal{L}}) \neq \emptyset$ geschlossen werden kann. Im Falle von $\mathcal{L} = \emptyset$ gilt $v^{\mathcal{L}}(S) = \sum_{i \in S} v\,(\{i\})$ für alle $S \subseteq N$ und $(v\,(\{i\}))_{i \in N}$ ist offenbar ein (das) Element im Kern (siehe S. 158). Im Falle eines verbundenen Netzwerks $(N, \mathcal{L})$ können wir zunächst

$$v^{\mathcal{L}}(N) = v\,(N)$$

feststellen. Ein $x \in Kern\,(v)$ erfüllt daher die Pareto-Optimalität für $v^{\mathcal{L}}$. Tatsächlich können wir zeigen, dass

$$Kern\,(v) \subseteq Kern\,(v^{\mathcal{L}})$$

richtig ist. Zum Beweis nehmen wir ein beliebiges x aus dem Kern von v und eine beliebige Teilmenge S von N her und erhalten die gewünschte Ungleichung:

$$\underbrace{\sum_{i \in S} x_i}_{} \underset{\substack{\text{Zweistufige}\\ \text{Partition von } S}}{=} \sum_{C \in S/\mathcal{L}} \sum_{i \in C} x_i \underset{x \in Kern(v)}{\geq} \sum_{C \in S/\mathcal{L}} v\,(C)$$

$$\underset{\text{Definition von } v^{\mathcal{L}}}{=} v^{\mathcal{L}}(S).$$

Für die Rück-Richtung des Beweises nehmen wir an, dass $\mathcal{L}$ weder verbunden noch leer ist. Wir betrachten nun mit den beiden Autoren das durch

$$v\,(S) = \begin{cases} 1, & |S| = 1 \\ 0, & 1 < |S| < n \\ n, & S = N \end{cases}$$

definierte Koalitionsspiel (N, v). Sein Kern ist nichtleer.

Übung I.3.5. Zeigen Sie, dass $x = (1, 1, ..., 1)$ ein Element des Kerns von v ist.

Wir wollen nun zeigen, dass $v^{\mathcal{L}}$ einen leeren Kern aufweist, wenn $\mathcal{L}$ nicht verbunden und auch nicht leer ist. Die Nichtverbundenheit von $\mathcal{L}$ führt zu

$$|C| < n \text{ für alle Komponenten aus } N/\mathcal{L},$$

während $\mathcal{L} \neq \emptyset$

$$|N/\mathcal{L}| < n$$

impliziert. Dies impliziert $v(C) \in \{0, 1\}$ und damit erhalten wir

$$v^{\mathcal{L}}(N) = \sum_{C \in N/\mathcal{L}} v(C) \underbrace{\leq}_{v(C) \leq 1} |N/\mathcal{L}| \underbrace{<}_{\mathcal{L} \neq \emptyset} n$$

und

$$v^{\mathcal{L}}(\{i\}) = v(\{i\}) = 1.$$

Hieraus können wir folgern, dass der Kern von $v^{\mathcal{L}}$ leer ist. Denn ein Element im Kern müsste aufgrund der individuellen Rationalität $x_i \geq v^{\mathcal{L}}(\{i\}) = 1$ für alle $i = 1, ..., n$ und zugleich aufgrund der Zulässigkeit $\sum_{i \in N} x_i \leq v^{\mathcal{L}}(N) < n$ erfüllen.

Konvexität. Die Konvexität überträgt sich im Allgemeinen nicht von v auf $v^{\mathcal{L}}$. Man sieht dies am folgenden Beispiel, das wieder SLIK-KER/NOUWELAND (2001, S. 59) entnommen ist: Für die Spielermenge $N = \{1, 2, 3, 4\}$, das Rad $L = \{12, 23, 34, 41\}$ und die durch

$$v(S) = |S| - 1, S \neq \emptyset$$

gegebene Koalitionsfunktion ist (N, v) konvex, $(N, v^{\mathcal{L}})$ jedoch nicht. Dies wollen wir uns nun überlegen:

Übung I.3.6. Zeigen Sie, dass (N, v) konvex ist.

Dass die $\mathcal{L}$-Beschränkung von v nicht konvex ist, sieht man folgendermaßen: Die Koalitionen $\{1, 2, 3\}$, $\{1, 3, 4\}$ und $\{1, 2, 3, 4\}$ sind intern verbunden. Für $\{1, 3\}$ gilt dies nicht: $\{1, 3\}/\mathcal{L} = \{\{1\}, \{3\}\}$. Man erhält also

$$v^{\mathcal{L}}(\{1, 2, 3\}) = v(\{1, 2, 3\}) = 2,$$
$$v^{\mathcal{L}}(\{1, 3, 4\}) = v(\{1, 3, 4\}) = 2,$$
$$v^{\mathcal{L}}(\{1, 2, 3, 4\}) = v(\{1, 2, 3, 4\}) = 3 \text{ und}$$
$$v^{\mathcal{L}}(\{1, 3\}) = v(\{1\}) + v(\{3\}) = 0 + 0 = 0.$$

Damit folgt für die marginalen Beiträge des Spielers 2 zu den Koalitionen $\{1,3\}$ bzw. $\{1,3,4\}$

$$v^{\mathcal{L}}\left(\{1,2,3\}\right)-v^{\mathcal{L}}\left(\{1,3\}\right) = 2-0 > 3-2 = v^{\mathcal{L}}\left(\{1,2,3,4\}\right)-v^{\mathcal{L}}\left(\{1,3,4\}\right),$$

ein Widerspruch zur Konvexität von $v^{\mathcal{L}}$.

Das Rad ist nicht zyklusvollständig. Denn der Graph $(N, \mathcal{L})$ enthält zwar einen Zyklus (er besteht sogar aus einem Zyklus), jedoch sind nicht alle Spieler des Zyklus direkt miteinander verbunden ($13 \notin \mathcal{L}$). Man kann zeigen, dass dies der Grund für die fehlende Vererbung der Konvexität von v auf $v^{\mathcal{L}}$ ist:

Theorem I.3.3 (Slikker und van den Nouweland). *Sei* $(N, \mathcal{L})$ *ein Netzwerk. Dann sind die folgenden beiden Aussagen äquivalent:*

- *Das Netzwerk* $(N, \mathcal{L})$ *ist zyklusvollständig.*
- *Für alle konvexen Spiele* (N, v) *ist* $\left(N, v^{\mathcal{L}}\right)$ *konvex.*

Der Beweis findet sich im Lehrbuch von Slikker und van den Nouweland auf den Seiten 59-61.

Die Shapley-Lösung als Element des Kerns. Ohne Beweis notieren wir den folgenden Satz:

Theorem I.3.4 (Slikker und van den Nouweland). *Sei* $(N, \mathcal{L})$ *ein Netzwerk. Dann sind die folgenden beiden Aussagen äquivalent:*

- *Das Netzwerk* $(N, \mathcal{L})$ *ist vollständig oder leer.*
- *Für alle Spiele* (N, v), *die* $\varphi(v) \in Kern(v)$ *erfüllen, gilt* $\varphi\left(v^{\mathcal{L}}\right) \in Kern\left(v^{\mathcal{L}}\right)$.

I.4 Die Myerson-Lösung

I.4.1 Definition

Jetzt endlich definieren wir die Myerson-Lösung, deren Axiomatisierung dann im nächsten Abschnitt erfolgt.

Definition I.4.1. *Die Myerson-Lösung μ ist durch*

$$\mu \ : \ G_N \times \mathfrak{L}(N) \to \mathbb{R}^n$$
$$(v, \mathcal{L}) \mapsto \mu(v, \mathcal{L}) = \varphi\left(v^{\mathcal{L}}\right)$$

definiert.

Bei der Berechnung von $\mu(v, \mathcal{L})$ kann man also folgendermaßen vorgehen:

- Zunächst bestimmt man die Myerson-Koalitionsfunktion $v^{\mathcal{L}}$.
- Anschließend errechnet man die Shapley-Auszahlung für $v^{\mathcal{L}}$.

Wir wollen dies nun anhand einiger Beispiele einüben.

I.4.2 Beispiele

Zunächst berechnen wir die Shapley- und die Myerson-Lösung für $N = \{1, 2, 3\}$, v und $\mathcal{L} = \{12, 23\}$, wobei v durch

$$v(S) = \begin{cases} 0, & |S| \leq 1 \\ 60, & |S| = 2 \\ 72, & S = N \end{cases}$$

und $v^{\mathcal{L}}$ durch

$$v^{\mathcal{L}}(S) = \begin{cases} 0, & |S| \leq 1, S = \{1, 3\} \\ 60, & S = \{1, 2\}, S = \{2, 3\} \\ 72, & S = N \end{cases}$$

definiert sind (siehe SLIKKER/NOUWELAND (2001, S. 22)). Man erhält aufgrund der Symmetrie die Shapley-Lösung von v

$$\varphi(v) = (24, 24, 24).$$

Für das Netzwerk $\mathcal{L} = \{12, 23\}$ ergibt sich für Spieler 1

$$\varphi_1\left(v^{\mathcal{L}}\right) = \frac{1}{3!}\left(\underbrace{0}_{1-2-3} + \underbrace{0}_{1-3-2} + \underbrace{60}_{2-1-3} + \underbrace{72-60}_{2-3-1} + \underbrace{0-0}_{3-1-2} + \underbrace{72-60}_{3-2-1}\right)$$
$$= 14.$$

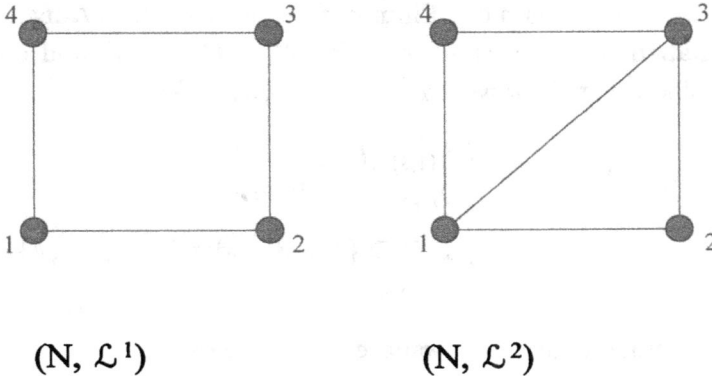

$(N, \mathcal{L}^1)$ $(N, \mathcal{L}^2)$

Abbildung I.4. Zwei Netzwerke

Die Symmetrie zwischen den Spielern 1 und 3 verlangt $\varphi_3\left(v^{\mathcal{L}}\right) = 14$ und Pareto-Effizienz bewirkt schließlich

$$\varphi\left(v^{\mathcal{L}}\right) = (14, 44, 14).$$

Jetzt sind Sie an der Reihe:

Übung I.4.1. Berechnen Sie die Myerson-Lösung für $N = \{1, 2, 3, 4\}$ und die durch

$$v(S) = \begin{cases} 0, & |S| \leq 1 \\ 60, & |S| = 2 \\ 96, & |S| = 3 \\ 108, & S = N \end{cases}$$

gegebene Koalitionsfunktion für die Netzwerke $(N, \mathcal{L}^1)$ bzw. $(N, \mathcal{L}^2)$, die in Abb. I.4 wiedergegeben sind. (Diese Aufgabe findet sich in SLIKKER/NOUWELAND (2001, S. 30).)

Das Handschuh-Spiel darf ebenfalls nicht unbehandelt bleiben:

Übung I.4.2. Betrachten Sie $N = \{1,2,3\}$ und das Handschuh-Spiel $v_{\{1,2\},\{3\}}$. Berechnen Sie die Myerson-Lösung für die Netzwerke $\{12,23\}$, $\{12,23,13\}$, $\{12\}$ und $\{23\}$.

Wir wenden uns nun den Einmütigkeitsspielen zu. In Aufg. I.3.2 auf S. 368 haben wir festgestellt, dass für $N = \{1,2,3,4\}$ und das nicht zyklusvollständige Netzwerk $\mathcal{L}^1 = \{12,23,34,41\}$

$$\left(u_{\{1,3\}}\right)^{\mathcal{L}^1}(K) = \begin{cases} u_{\{1,3\}}(K), & K \neq \{1,3\} \\ 0, & K = \{1,3\} \end{cases}$$

$$= \begin{cases} 1, K \supseteq \{1,2,3\} \text{ oder } K \supseteq \{1,3,4\} \\ 0, \text{sonst} \end{cases}$$

gilt. Mit einigem Rechenaufwand ermittelt man

$$\mu\left(u_{\{1,3\}}, \mathcal{L}^1\right) = \left(\frac{5}{12}, \frac{1}{12}, \frac{5}{12}, \frac{1}{12}\right).$$

Die Spieler 2 und 4 sind zwar nicht direkt produktiv. Sie dienen jedoch dazu, die Spieler 1 und 3 zusammenzuführen. Beispielsweise fällt der marginale Beitrag von Spieler 1 bei der Reihenfolge $(1,3,2,4)$ an Spieler 2.

Übung I.4.3. Man kann sich $\mu_2\left(u_{\{1,3\}}, \mathcal{L}^1\right) = \frac{2}{4!}$ auch direkt überlegen. Schaffen Sie's?

Übung I.4.4. Bestimmen Sie die Myerson-Lösung für das Apex-Spiel h_1 $(n \geq 4)$ und den Stern $\mathcal{L}$, bei dem Spieler 2 als Sternmitte fungiert. Nehmen Sie sodann alternativ an, dass der Apex-Spieler zugleich die Sternmitte darstellt. Hinweise: Die Myerson-Apex-Koalitionsfunktion besitzt in beiden Fällen eine kompakte Darstellung. Die Shapley-Auszahlung können Sie sich allgemein überlegen. Alternativ ermitteln Sie diese für $n = 4$. Ist Spieler 2 die Sternmitte, führen Sie eine Fallunterscheidung danach durch, welcher Spieler als letzter auftaucht.

I.5 Eigenschaften der Myerson-Lösung

Die Myerson-Lösung besitzt einige markante Eigenschaften, die Lösungskonzepte auf $(N, \mathfrak{L}(N))$ aufweisen können. Wir werden diese nun vorstellen und anhand von Beispielen erläutern. Schließlich präsentieren wir dann mehrere alternative Axiomatisierungen der Myerson-Lösung.

I.5.1 Komponenten-Zerlegung und -Effizienz

Axiom über die Komponenten-Zerlegbarkeit: Ein Lösungskonzept ψ auf $\mathfrak{L}(N)$ heißt komponentenzerlegbar, falls für jede Graphen-Koalitionsfunktion $(N, v, \mathcal{L}) \in G_N^{\text{graph}}$ und für jeden Spieler $i \in N$ die Gleichheit

$$\psi_i(N, v, \mathcal{L}) = \psi_i\left(C_i, v|_{C_i}, \mathcal{L}(C_i)\right)$$

erfüllt ist, wobei C_i als $(N/\mathcal{L})(i)$ zu verstehen ist.

Die Myerson-Lösung ist komponentenzerlegbar. Diese Eigenschaft bedeutet, dass die Auszahlung für einen Spieler nicht davon abhängt, wie der Graph $\mathcal{L}$ außerhalb von C_i gestaltet ist. Für die Spieler ist allein die Koalitionsfunktion in der Einschränkung auf ihre Komponente entscheidend. Damit lassen sich wichtige Phänomene nicht beschreiben. Beispielsweise wird es für Mitglieder eines Kartells von Bedeutung sein, ob und wie sich die Konkurrenten außerhalb dieses Kartells ihrerseits zu Kartellen zusammenschließen.

Die Zerlegbarkeit in Komponenten erinnert an die AD-Lösung. Dasselbe gilt für das folgende Axiom:

Komponenten-Effizienz-Axiom: ψ heißt komponenteneffizient, falls für jede Graphen-Koalitionsfunktion $(N, v, \mathcal{L}) \in G_N^{\text{graph}}$ und für jede Komponente $C \in N/\mathcal{L}$

$$\sum_{i \in C} \psi_i(N, v, \mathcal{L}) = v(C)$$

erfüllt ist.

Die beiden vorangehenden Axiome lassen eine gewisse Nähe der Myerson-Lösung zur AD-Lösung vermuten. Ist also für alle Koalitionsspiele v und alle Graphen $\mathcal{L}$ die Gleichung

$$\mu(v, \mathcal{L}) \overset{?}{=} \varphi^{AD}(v, N/\mathcal{L})$$

erfüllt? Diese Vermutung ist falsch, wie man anhand der Spielermenge $N = \{1, 2, 3, 4\}$, des Graphens $\mathcal{L} = \{12, 23, 34, 41\}$ und des Einmütigkeitsspiels $u_{\{1,3\}}$ sehen kann. Auf S. 376 haben wir

$$\left(u_{\{1,3\}}\right)^{\mathcal{L}}(K) = \begin{cases} 1, K \supseteq \{1,2,3\} \text{ oder } K \supseteq \{1,3,4\} \\ 0, \text{sonst} \end{cases}$$

und

$$\mu\left(u_{\{1,3\}}, \mathcal{L}\right) = \left(\frac{5}{12}, \frac{1}{12}, \frac{5}{12}, \frac{1}{12}\right)$$

festgestellt.

Übung I.5.1. Bestimmen Sie hierzu $N/\mathcal{L}$ und $\varphi^{AD}(v, N/\mathcal{L})$.

I.5.2 Unwichtige Spieler und unwichtige Verbindungen

Nullspieler und Nullkomponenten haben wir bereits kennen gelernt. In diesem Abschnitt geht es um überflüssige Spieler und überflüssige Verbindungen.

Definition I.5.1. *Sei* $(N, v, \mathcal{L})$ *ein Graphen-Koalitionsspiel. Ein Spieler* i *aus* N *heißt überflüssig, falls*

$$v^{\mathcal{L}}(S) = v^{\mathcal{L}}(S \cup i)$$

für alle $S \subseteq N$ *gilt.*

Übung I.5.2. Ergänzen Sie: Ein Spieler $i \in N$ ist überflüssig in $(N, v, \mathcal{L})$, wenn er ein ... in $(N, v^{\mathcal{L}})$ ist.

Axiom über den überflüssigen Spieler: ψ erfüllt das Axiom über den überflüssigen Spieler, falls für jedes Graphen-Koalitionsspiel $(N, v, \mathcal{L})$ und für jeden überflüssigen Spieler die Gleichheit

$$\psi(N, v, \mathcal{L}) = \psi(N, v, \mathcal{L} \backslash \mathcal{L}(i))$$

erfüllt ist.

Das Axiom des überflüssigen Spielers besagt also, dass sich die Auszahlungen aller Spieler nicht dadurch ändern, dass ein überflüssiger Spieler seine Verbindungen abbricht.

Übung I.5.3. Benutzen Sie das Axiom über den überflüssigen Spieler, Komponenten-Zerlegbarkeit und -Effizienz zusammen mit Aufg. I.3.1, um die Myerson-Lösung für $v = u_{\{1,2,3\}}^{\{1,2,3,4,5\}}$ und $\mathcal{L} = \{12, 23, 34, 45, 51, 13\}$ zu bestimmen.

Nun ist auch der Fall denkbar, dass eine Verbindung selbst überflüssig ist:

Definition I.5.2. *Eine Verbindung $\ell \in \mathcal{L}$ heißt überflüssig, falls die Aufhebung dieser Verbindung $v^{\mathcal{L}}$ unbeeinflusst lässt, falls also*

$$v^{\mathcal{L}} = v^{\mathcal{L}\backslash\ell}$$

gilt.

Übung I.5.4. Überlegen Sie sich, welche Verbindung bei $v = u_{\{1,2\}}^{\{1,2,3\}}$ und $\mathcal{L} = \{12, 13\}$ überflüssig ist.

Axiom über die überflüssige Verbindung: ψ erfüllt das Axiom über die überflüssige Verbindung, falls für jedes Graphen-Koalitionsspiel $(N, v, \mathcal{L})$ und für jede überflüssige Verbindung

$$\psi(N, v, \mathcal{L}) = \psi(N, v, \mathcal{L}\backslash\ell)$$

erfüllt ist.

Überflüssige Verbindungen beeinflussen die Auszahlungen also nicht.

Wir schließen diesen Unterabschnitt mit der Definition eines anonymen Graphen-Koalitionsspiels und mit einem dazugehörigen Axiom ab. Wir erinnern daran, dass $N(\mathcal{L})$ die nichtisolierten Spieler meint. Diese Spieler haben also zu mindestens einem anderen Spieler Kontakt.

Definition I.5.3. *Ein Graphen-Koalitionsspiel heißt anonym, falls der Wert einer Koalition nur von der Anzahl derjenigen Spieler in dieser Koalition abhängt, die Verbindungen zu Spielern außerhalb der Koalition haben, d.h. falls für alle Spielermengen R und S aus $|R \cap N(\mathcal{L})| = |S \cap N(\mathcal{L})|$*

$$v^{\mathcal{L}}(R) = v^{\mathcal{L}}(S)$$

folgt.

Die Definition unterscheidet nicht zwischen Spielern bzw. Koalitionen, die „viele" oder „wenige" Verbindungen aufweisen. Man kann auch sehen, dass für einen isolierten Spieler i (der also $i \notin N(\mathcal{L})$ erfüllt) in einem anonymen Graphen-Koalitionsspiel $v^{\mathcal{L}}(\{i\}) = v^{\mathcal{L}}(\emptyset) = 0$ gilt.

Übung I.5.5. Begründen Sie die soeben getroffene Aussage.

Anonymitäts-Axiom: ψ heißt spieleranonym, falls es für jedes anonyme Graphen-Koalitionsspiel auf N eine Konstante $\alpha \in \mathbb{R}$ gibt, sodass

$$\psi_i (N, v, \mathcal{L}) = \begin{cases} \alpha, i \in N (\mathcal{L}) \\ 0, \text{ sonst} \end{cases}$$

erfüllt ist.

Also erhalten alle Spieler, die zu irgendeinem anderen Spieler eine Verbindung haben, α, während die isolierten Spieler nichts erhalten.

I.5.3 Additivitäts-Axiom

Auch die Myerson-Lösung erfüllt das Additivitäts-Axiom; allerdings muss man den Graphen dabei konstant halten:
Additivitäts-Axiom: ψ ist additiv, falls für je zwei Graphen-Koalitionsspiele $(N, v, \mathcal{L})$ und $(N, w, \mathcal{L})$ die Gleichheit

$$\psi (N, v + w, \mathcal{L}) = \psi (N, v, \mathcal{L}) + \psi (N, w, \mathcal{L})$$

erfüllt ist.

I.5.4 Auszahlungserhöhende Verbindungen

Verbindungen werden eingegangen, um Kooperationsmöglichkeiten zu nutzen. Davon handeln die folgenden drei Axiome:
Axiom über die Verbindungssymmetrie: ψ erfüllt die Verbindungssymmetrie, falls für alle Spieler i und j mit $i \neq j$ aus

$$\psi_i (N, v, \mathcal{L} \cup \{ij\}) > \psi_i (N, v, \mathcal{L}) \text{ bereits}$$
$$\psi_j (N, v, \mathcal{L} \cup \{ij\}) > \psi_j (N, v, \mathcal{L})$$

folgt.
Axiom über die Verbesserungseigenschaft: ψ erfüllt die Verbesserungseigenschaft, falls für alle Spieler i und j mit $i \neq j$ und für alle Spieler $k \in N \backslash \{i, j\}$ mit $\psi_k (N, v, \mathcal{L} \cup \{ij\}) > \psi_k (N, v, \mathcal{L})$ die entsprechende Ungleichung für mindestens einen der Spieler i oder j folgt:

$$\psi_i\left(N, v, \mathcal{L} \cup \{ij\}\right) > \psi_i\left(N, v, \mathcal{L}\right) \text{ oder}$$
$$\psi_j\left(N, v, \mathcal{L} \cup \{ij\}\right) > \psi_j\left(N, v, \mathcal{L}\right).$$

Axiom über die Verbindungsmonotonie: ψ erfüllt die Verbindungsmonotonie, falls für alle Spieler i und j mit $i \neq j$

$$\psi_i\left(N, v, \mathcal{L} \cup \{ij\}\right) \geq \psi_i\left(N, v, \mathcal{L}\right)$$

erfüllt ist.

Die Myerson-Lösung erfüllt nach SLIKKER/NOUWELAND (2001, S. 176) die Verbesserungseigenschaft und damit, aufgrund des folgenden Lemmas, bei superadditiven Koalitionsfunktionen auch die Verbindungsmonotonie.

Lemma I.5.1. *Sei* (N, v) *ein superadditives Spiel und* ψ *eine Lösung, die Komponenteneffizienz, Verbindungssymmetrie und die Verbesserungseigenschaft erfüllt. Dann erfüllt* ψ *die Verbindungsmonotonie ebenfalls.*

I.5.5 Die Drohung mit dem Verbindungsabbruch

In Kap. F haben wir gesehen, dass die Drohung mit Rückzug bzw. das Axiom der ausgewogenen Beiträge bei der Axiomatisierung der Shapley-Lösung eine wichtige Rolle spielen. Bei Lösungen auf $(N, \mathfrak{L}(N))$ kann man neben dem Rückzug von Spielern auch den Verbindungsabbruch zwischen Spielern oder gar die Isolierung eines Spielers betrachten.

Axiom der ausgewogenen Beiträge bei paarweisem Verbindungsabbruch: ψ erfüllt das Axiom der ausgewogenen Beiträge bei paarweisem Verbindungsabbruch, falls für jedes Graphen-Koalitionsspiel $(N, v, \mathcal{L})$ und für jede Verbindung $ij \in \mathcal{L}$ die Gleichung

$$\psi_i\left(N, v, \mathcal{L}\right) - \psi_i\left(N, v, \mathcal{L} \setminus \{ij\}\right) = \psi_j\left(N, v, \mathcal{L}\right) - \psi_j\left(N, v, \mathcal{L} \setminus \{ij\}\right)$$

erfüllt ist.

Die Myerson-Lösung erfüllt dieses Axiom: Zwei Spieler i und j sind gleichermaßen von der Auflösung einer direkten Verbindung zwischen ihnen betroffen. Das folgende Axiom behauptet etwas ganz Ähnliches nicht nur für die Verbindung zwischen ihnen, sondern auch für all ihre Verbindungen.

Axiom der ausgewogenen Beiträge bei vollständigem Verbindungsabbruch: ψ erfüllt das Axiom der ausgewogenen Beiträge bei vollständigem Verbindungsabbruch, falls für alle Spieler i und j mit $i \neq j$ die Gleichung

$$\psi_i(N, v, \mathcal{L}) - \psi_i(N, v, \mathcal{L} \backslash \mathcal{L}(j)) = \psi_j(N, v, \mathcal{L}) - \psi_j(N, v, \mathcal{L} \backslash \mathcal{L}(i))$$

gilt.

Ist dieses Axiom erfüllt, kann also Spieler i durch Abbruch all seiner Verbindungen einem anderen Spieler j genau den Schaden zufügen, den umgekehrt auch j durch Aufheben seiner eigenen Verbindungen i zufügen kann.

I.5.6 Axiomatisierung der Myerson-Lösung

Die Myerson-Lösung erfüllt alle im vorangehenden Abschnitt genannten Axiome. Sie lassen sich zudem in Gruppen zur Axiomatisierung verwenden. U.a. können wir (wiederum mit SLIKKER/NOUWELAND (2001)) festhalten:

Theorem I.5.1. *Ein Lösungskonzept ψ auf $(N, \mathfrak{L}(N))$ erfüllt genau dann die zwei Axiome*

- *Komponenten-Effizienz-Axiom und*
- *Axiom der ausgewogenen Beiträge bei paarweisem (oder alternativ vollständigem) Verbindungsabbruch für alle $N \in \mathbb{N}$,*

falls ψ gleich der Myerson-Formel μ ist.

Dieses Theorem wird den Leser an die Axiomatisierung der Shapley-Formel auf S. 232 erinnern. Auch dort spielen die Effizienz und die ausgewogenen Beiträge die zentralen Rollen.

Alternativ soll die folgende Axiomatisierung erwähnt werden:

Theorem I.5.2. *Ein Lösungskonzept ψ auf $(N, \mathfrak{L}(N))$ erfüllt genau dann die vier Axiome*

- *Komponenten-Effizienz-Axiom,*
- *Additivitäts-Axiom,*
- *Anonymitäts-Axiom und*
- *Axiom über den überflüssigen Spieler oder Axiom über die überflüssige Verbindung,*

falls ψ gleich der Myerson-Formel μ ist.

I.6 Neue Begriffe

- Verbindung
- Netzwerk
- Graph
- Teilgraph
- Graphenkoalitionsspiel
- Pfad
- Verbundenheit (direkt, indirekt, intern)
- Isolierung
- Zyklus
- Zyklusfreiheit
- Zyklusvollständigkeit
- Stern, Sternmitte
- Rad
- verbundene Hülle
- Äquivalenzrelation
- Myerson-Koalitionsfunktion
- Myerson-Lösung
- Superadditivität
- Konvexität
- Axiome
    - Komponenten-Zerlegbarkeit
    - Komponenten-Effizienz
    - überflüssige Spieler
    - überflüssige Verbindungen
    - anonymes Koalitionsspiel
    - Additivität

- Verbindungssymmetrie
- Verbesserungseigenschaft
- Verbindungsmonotonie
- paarweiser und vollständiger Verbindungsabbruch

I.7 Lösungen zu den Übungen

I.2.1. Der Graph kann als $\mathcal{L} = \{\{1,2\}, \{2,3\}\}$ oder als $\mathcal{L} = \{12, 23\}$ geschrieben werden. Noch vollständiger hätte man auch $(\{1,2,3,4\}, \{\{1,2\}, \{2,3\}\})$ oder $(\{1,2,3,4\}, \{12, 23\})$ schreiben können. Man erhält $\mathcal{L}(1) = \{12\}$, $\mathcal{L}(2) = \mathcal{L}$ und $\mathcal{L}(4) = \emptyset$.

I.2.2. $\mathcal{L}(i)$ ist selbst ein Graph und zwar eine Teilmenge von $\mathcal{L}$.

I.2.3. Bei einem Teilgraph wird eine Teilmenge von N hergenommen, wobei die direkten Verbindungen auf dieser Teilmenge beibehalten werden. Für einen einzigen Spieler $i' \in N$ lautet daher der Teilgraph

$$\mathcal{L}(\{i'\}) = \{\{i,j\} : i,j \in \{i'\}, \{i,j\} \in \mathcal{L}\}$$
$$= \emptyset$$

oder ausführlicher $(\{i'\}, \emptyset)$.

I.2.4. Man erhält

- $\mathcal{L}(N) = \mathcal{L}$,
- $\mathcal{L}(\{1,2\}) = \begin{cases} \{12\}, & 12 \in \mathcal{L} \\ \emptyset, & 12 \notin \mathcal{L} \end{cases}$ und
- $\bigcup_{i \in N} \mathcal{L}(i) = \mathcal{L}$.

I.2.5. Zwei Spieler sind direkt verbunden, falls ein sie verbindender Pfad mit $t = 2$ existiert. Zwei Spieler sind indirekt verbunden, falls zwar ein solcher Pfad mit $t = 2$ nicht existiert, wohl aber ein sie verbindender Pfad mit $t > 2$.

I.2.6. Ein Netzwerk ist leer, falls alle Spieler isoliert sind.

I.2.7. Keiner der Graphen ist ein Stern. Allerdings ist beispielsweise der untere Teilgraph von (c) ein Stern (mit 4 oder 5 als Sternmitte). (b) ist ein Rad. Zyklusfrei ist nur (a). Daher ist (a) zyklusvollständig. Ebenfalls zyklusvollständig sind (c) und (d). Die Spieler 1 und 5 sind in den Graphen (a), (b) und (d) verbunden. Eine direkte Verbundenheit besteht nur bei (b). Die Spielermenge $\{1,3,4\}$ ist bei a) und d) intern verbunden, bei b) lediglich verbunden und bei c) nicht verbunden.

I.2.8. Das Netzwerk sieht wie ein Rad aus, es ist jedoch keines im Sinne unserer Definition; denn unsere Räder haben weder Speichen noch eine Mitte. Zudem ist das Netzwerk nicht zyklusvollständig. Die äußeren vier Punkte bilden zwar einen Zyklus, aber nicht alle vier Punkte sind direkt miteinander verbunden.

I.2.9. Wir erhalten $H(\{1,3,5\})$ bei (a) als $\{1,3,4,5\}$, bei (b) als $\{1,3,5\} = \{1,2,3,5\} \cap \{1,3,4,5\}$, bei (c) aufgrund der Nichtverbundenheit von $\{1,3,5\}$ als $\emptyset$ und bei (d) als $\{1,3,4,5\}$.

I.2.10. Wir haben drei Eigenschaften zu zeigen:

- Reflexivität heißt: Für alle $i \in N$ gilt $i \sim i$.
- Symmetrie bedeutet: Für alle $i,j \in N$ impliziert $i \sim j$ bereits $j \sim i$.
- Transitivität ist folgendermaßen definiert: Falls für i,j,k aus N die Äquivalenzen $i \sim j$ und $j \sim k$ gelten, muss auch $i \sim k$ richtig sein.

Die Reflexivität folgt direkt aus der Definition der Relation $\sim$. Die Symmetrie ergibt sich daraus, dass bei Mengen die Reihenfolge der Elemente nicht definiert ist. Der Beweis der Transitivität wäre dann sehr einfach, wenn $i = j$ oder $j = k$ richtig wäre. Im anderen Fall muss man bei j die Pfade aneinander fügen, die die Verbundenheit von i mit j einerseits und von j mit k andererseits aufzeigen.

I.2.11. Die Partition $N/\emptyset$ besteht aus allen Einerkoalitionen, $\{\{1\}, \{2\}, ..., \{n\}\}$. Die Partition $N/\mathcal{L}^{\text{voll}}$ ist gleich $\{N\}$. Aufgrund der Reflexivität erhält man $\{i\}/\mathcal{L} = \{\{i\}\}$ für alle Spieler i und alle Graphen $\mathcal{L}$. Die Graphen (a), (b) und (d) partitionieren $N = \{1,2,3,4,5\}$ trivial: $\mathcal{P} = \{\{1,2,3,4,5\}\}$. Beim Graphen (c) erhält man $\mathcal{P} = \{\{1,2,3\}, \{4,5\}\}$. In Bezug auf $\{1,3,4\}$ ergeben die vier Graphen die Partitionen (a) $\mathcal{P} = \{\{1,3,4\}\}$, (b) $\mathcal{P} = \{\{1\}, \{3,4\}\}$, (c) $\mathcal{P} = \{\{1,3\}, \{4\}\}$ und (d) $\mathcal{P} = \{\{1,3,4\}\}$.

I.2.12. Falls S die Gleichung $|S/\mathcal{L}| = 1$ erfüllt, nennt man S intern verbunden. Gleiches gilt für $S \in N/\mathcal{L}$. Im Falle von $|S/\mathcal{L}| > 1$ ist S dagegen nicht intern verbunden, aber eventuell verbunden, nämlich genau dann, wenn es eine Komponente in $N/\mathcal{L}$ gibt, die S enthält.

I.2.13. Sei $ij \in \mathcal{L}(R)$. Dann gilt auch $ij \in \mathcal{L}(R \cup S)$. Ganz analog gilt $\mathcal{L}(S) \subseteq \mathcal{L}(R \cup S)$ und damit folgt die gewünschte Inklusion. Offenbar ist $(R/\mathcal{L}) \cup (S/\mathcal{L})$ eine Partition von $R \cup S$. Sie ist aufgrund von Lemma I.2.3 feiner als $(R \cup S)/\mathcal{L}$.

I.3.1. Für $\mathcal{L} = \mathcal{L}^{\text{voll}}$ gilt $S/\mathcal{L} = \{S\}$ und daher $v^{\mathcal{L}} = v$. Für $\mathcal{L} = \emptyset$ erhält man $v^{\mathcal{L}}(S) = \sum_{i \in S} v(\{i\})$.

I.3.2. Für das zyklusvollständige Netzwerk $\mathcal{L}^2$ erhält man

$$\left(u_{\{1,2\}}\right)^{\mathcal{L}^2} = u_{H(\{1,2\})} = u_{\{1,2\}} \text{ und}$$

$$\left(u_{\{1,3\}}\right)^{\mathcal{L}^2} = u_{H(\{1,3\})} = u_{\{1,2,3\}}.$$

Dagegen ist $\mathcal{L}^1$ nicht zyklusvollständig. Allerdings sind alle Obermengen von $\{1,2\}$ intern verbunden, sodass wir auch hier

$$\left(u_{\{1,2\}}\right)^{\mathcal{L}^1} = u_{\{1,2\}}$$

erhalten. Dagegen ist $\{1,3\}$ nicht intern verbunden, während jede echte Obermenge intern verbunden ist. Daher ist $u_{\{1,3\}}^{\mathcal{L}^1}$ durch

$$\left(u_{\{1,3\}}\right)^{\mathcal{L}^1}(K) = \begin{cases} u_{\{1,3\}}(K), & K \neq \{1,3\} \\ 0, & K = \{1,3\} \end{cases}$$

$$= \begin{cases} 1, & K \supseteq \{1,2,3\} \text{ oder } K \supseteq \{1,3,4\} \\ 0, & \text{sonst} \end{cases}$$

definiert. $\{1,2,3\}$ und $\{1,3,4\}$ sind minimale Gewinnkoalitionen. Die Spieler 1 und 3 dürfen nicht fehlen, weil sie die produktiven Spieler sind. Die Spieler 2 bzw. 4 sorgen jeweils dafür, dass die produktiven Spieler zueinander finden.

I.3.3. $\mathcal{L}$ ist zyklusvollständig, sodass wir $v^{\mathcal{L}}$ folgendermaßen berechnen:

$$v^{\mathcal{L}} = 60 \left(u_{\{1,2\}}\right)^{\mathcal{L}} + 60 \left(u_{\{1,3\}}\right)^{\mathcal{L}} + 60 \left(u_{\{2,3\}}\right)^{\mathcal{L}} - 108 \left(u_N\right)^{\mathcal{L}}$$
$$= 60 u_{H(\{1,2\})} + 60 u_{H(\{1,3\})} + 60 u_{H(\{2,3\})} - 108 u_{H(N)}$$
$$= 60 u_{\{1,2\}} + 60 u_N + 60 u_{\{2,3\}} - 108 u_N$$
$$= 60 u_{\{1,2\}} + 60 u_{\{2,3\}} - 48 u_N.$$

Man erhält hier dasselbe Ergebnis wie beim ersten Beispiel des Abschnitts I.3.2.

I.3.4. Zunächst einmal sind die Spieler 1 und 2 einerseits und die Spieler 3 und 4 andererseits symmetrisch. $(1,1,1,1)$ ist ein Element des Kerns von v, was wir uns so klar machen:

Man erhält $v(N) = 1 + 1 - 1 + 3 = 4$, sodass also $(1,1,1,1)$ Pareto-effizient ist. Die Spieler 1 und 2 können auf einer Auszahlung von 1 bestehen, weil $v(\{1\}) = v(\{2\}) = 1$ erfüllt ist. Die Spieler 3 und 4 können sich nur gegen negative Auszahlungen wehren. Aus Symmetriegründen haben wir nur die Zweierkoalitionen $\{1,2\}$, $\{3,4\}$ und $\{1,3\}$ zu betrachten. Wir erhalten $v(\{1,2\}) = 2 - 1 = 1$, $v(\{3,4\}) = 0$ und $v(\{1,3\}) = 1$. Zweierkoalitionen können also ebenfalls keinen Einspruch gegen $(1,1,1,1)$ erheben. Wiederum aus Symmetriegründen beschränken wir uns auf die Dreierkoalitionen $\{1,2,3\}$ und $\{1,3,4\}$ und berechnen $v(\{1,2,3\}) = 1 + 1 - 1 = 1$ und $v(\{1,3,4\}) = 1$. Auch Dreierkoalitionen können den angegebenen Auszahlungsvektor nicht blockieren.

Während v einen nichtleeren Kern hat, ist dies bei $v^{\mathcal{L}} = u_{\{1\}} + u_{\{2\}} - u_{\{1,2\}}$ nicht der Fall. Denn ein Auszahlungsvektor $x = (x_1, x_2, x_3, x_4)$, der im Kern liegt, müsste

$$x_1 \geq v^{\mathcal{L}}(\{x_1\}) = 1,$$
$$x_2 \geq v^{\mathcal{L}}(\{x_2\}) = 1,$$
$$x_3 \geq v^{\mathcal{L}}(\{x_3\}) = 0,$$
$$x_4 \geq v^{\mathcal{L}}(\{x_4\}) = 0 \text{ und}$$
$$x_1 + x_2 + x_3 + x_4 = v^{\mathcal{L}}(N) = 1$$

erfüllen. Damit müsste einerseits $x_1 + x_2 + x_3 + x_4 \geq 1 + 1 + 0 + 0 \geq 2$ und andererseits $x_1 + x_2 + x_3 + x_4 = 1$ gelten, was uns den gewünschten Widerspruch verschafft.

I.3.5. Der Auszahlungsvektor $x = (1, 1, ..., 1)$ erfüllt offenbar Pareto-Effizienz. Zudem kann er durch keine Einerkoalition blockiert werden, weil er $x_i = v(\{i\})$ für alle i aus N erfüllt. Die übrigen Koalitionen $S \subseteq N$ erhalten $\sum_{x_i \in S} 1 = |S| > 0 = v(S)$ und können daher auch keinen Einspruch einlegen.

I.3.6. Die marginalen Beiträge für einen Spieler betragen 0, wenn er zur leeren Koalition hinzustößt, und 1, wenn er nichtleeren Koalitionen beitritt. Hieraus folgt die Konvexität.

I.4.1. Netzwerk $(N, \mathcal{L}^1)$ ist symmetrisch, sodass wir $\mu((v, \mathcal{L}^1)) = \varphi(v) = (27, 27, 27, 27)$ erhalten; die Asymmetrie des Netzwerks $(N, \mathcal{L}^2)$ führt zu höheren Auszahlungen für die Spieler 1 und 3: $\mu((v, \mathcal{L}^2)) = (32, 22, 32, 22)$.

I.4.2. Die Myerson-Lösungen lauten $(0, \frac{1}{2}, \frac{1}{2})$, $(\frac{1}{6}, \frac{1}{6}, \frac{2}{3})$, $(0, 0, 0)$ und $(0, \frac{1}{2}, \frac{1}{2})$.

I.4.3. Spieler 2 erhält nur dann den marginalen Beitrag, wenn er den produktiven Spielern 1 und 3 folgt und gleichzeitig dem Spieler 4 vorausgeht. Diese beiden Bedingungen sind nur bei den Reihenfolgen $(1, 3, 2, 4)$ und $(3, 1, 2, 4)$, also nur bei 2 von 4! möglichen Reihenfolgen erfüllt.

I.4.4. Im ersten Fall (Spieler 2 ist Sternmitte) ist die Koalition aus dem Apex-Spieler und mindestens einem weiteren Spieler nur dann eine Gewinnkoalition, wenn Spieler 2 zugegen ist. Daher ist die Myerson-Funktion $(h_1)^{\mathcal{L}}$ durch

$$(h_1)^{\mathcal{L}}(K) = \begin{cases} 1, \{1, 2\} \subseteq K \\ 1, K = N \setminus \{1\} \\ 0, \text{sonst} \end{cases}$$

anzugeben. Man könnte vermuten, dass die Shapley-Auszahlungen den Auszahlungen von $u_{\{1,2\}}$ nahe kommen. Die Shapley-Auszahlung für $(h_1)^{\mathcal{L}}$ kann man sich aufgrund von Fallunterscheidungen überlegen:

- An letzter Stelle erscheint Spieler 1 (Wahrscheinlichkeit $\frac{1}{n}$). Dann betragen die Auszahlung von Spieler 1 Null und die Auszahlung von Spieler 2 genauso viel wie diejenige für alle anderen Spieler 3 bis n, nämlich $\frac{1}{n-1}$.

- An letzter Stelle steht Spieler 2 (Wahrscheinlichkeit $\frac{1}{n}$). Dann erhält Spieler 2 die Auszahlung 1 und alle anderen Spieler erhalten Null.
- Schließlich kann an letzter Stelle einer der Spieler 3 bis n auftauchen (Wahrscheinlichkeit $\frac{n-2}{n}$). Alle Spieler 3 bis n erhalten dann die Auszahlung Null. Die Spieler 1 und 2 haben nun dieselbe Wahrscheinlichkeit, dem jeweils anderen zu folgen und somit die Auszahlung 1 zu erhalten.

Damit ergibt sich für Spieler 1 die Auszahlung

$$\frac{1}{n} \cdot 0 + \frac{1}{n} \cdot 0 + \frac{n-2}{n} \cdot \frac{1}{2} = \frac{n-2}{n} \cdot \frac{1}{2},$$

während Spieler 2

$$\frac{1}{n} \cdot \frac{1}{n-1} + \frac{1}{n} \cdot 1 + \frac{n-2}{n} \cdot \frac{1}{2} = \frac{1}{2} + \frac{1}{n(n-1)}$$

bekommt und die übrigen Spieler jeweils

$$\frac{1}{n} \cdot \frac{1}{n-1} + \frac{1}{n} \cdot 0 + \frac{n-2}{n} \cdot 0 = \frac{1}{n} \cdot \frac{1}{n-1}$$

erhalten.

Im zweiten Fall ist $N \setminus \{1\}$ keine Gewinnkoalition für $(h_1)^{\mathcal{L}}$. Wir erhalten dann

$$(h_1)^{\mathcal{L}}(K) = \begin{cases} 1, & 1 \in K \text{ und } |K| > 1 \\ 0, & \text{sonst.} \end{cases}$$

Spieler 1 erhält dann die Auszahlung $\frac{n-1}{n}$ (nur wenn er der erste Spieler ist, erhält er Null), während jeder übrige Spieler $\frac{1}{n(n-1)}$ bekommt.

I.5.1. $\mathcal{L}$ führt zur trivialen Partition $N/\mathcal{L} = \{N\}$. Dann ist aber die AD-Lösung gleich der Shapley-Lösung, sodass wir

$$\varphi^{AD}(v, N/\mathcal{L}) = \left(\frac{1}{2}, 0, \frac{1}{2}, 0 \right)$$

erhalten.

I.5.2. Ein Spieler $i \in N$ ist überflüssig in $(N, v, \mathcal{L})$, wenn er ein Nullspieler in $(N, v^{\mathcal{L}})$ ist.

I.5.3. Aufgrund des Axioms über den überflüssigen Spieler kann man statt mit $\mathcal{L}$ auch mit

$$\mathcal{L}^{\text{einf}} := \mathcal{L}\backslash\mathcal{L}\left(4\right)\backslash\mathcal{L}\left(5\right) = \{12, 23, 13\}$$

arbeiten. Die Partition $N/\left(\mathcal{L}^{\text{einf}}\right)$ ist gleich $\{\{1,2,3\}, \{4\}, \{5\}\}$, sodass die Komponenten-Zerlegbarkeit zusammen mit Aufg. I.3.1

$$\begin{aligned}
\mu_1\left(N, v, \mathcal{L}^{\text{einf}}\right) &= \mu_1\left(\{1,2,3\}, v|_{\{1,2,3\}}, \mathcal{L}^{\text{einf}}\left(\{1,2,3\}\right)\right) \\
&= \varphi_1\left(u_{\{1,2,3\}}\right) \\
&= \frac{1}{3}
\end{aligned}$$

liefert. Für die nichtproduktiven Spieler ergibt sich dagegen durch Zerlegbarkeit und Effizienz

$$\begin{aligned}
\mu_4\left(N, v, \mathcal{L}^{\text{einf}}\right) &= \mu_4\left(\{4\}, v|_{\{4\}}, \mathcal{L}^{\text{einf}}\left(\{4\}\right)\right) \\
&= v|_{\{4\}}\{4\} \\
&= 0.
\end{aligned}$$

Insgesamt hat man also $\mu\left(N, v, \mathcal{L}\right) = \left(\frac{1}{3}, \frac{1}{3}, \frac{1}{3}, 0, 0\right)$.

I.5.4. Man kann vermuten, dass die Verbindung zwischen den beiden produktiven Spielern nicht überflüssig ist. Man sieht dies an

$$\begin{aligned}
v^{\mathcal{L}}\left(\{1,2\}\right) &= v\left(\{1,2\}\right) = 1 \text{ und} \\
v^{\mathcal{L}\backslash\{12\}}\left(\{1,2\}\right) &= v\left(\{1\}\right) + v\left(\{2\}\right) = 0.
\end{aligned}$$

Dagegen ist die Verbindung 13 überflüssig. Hierzu haben wir

$$v^{\{12,13\}}\left(S\right) = v^{\{12\}}\left(S\right) \text{ für alle } S \subseteq \{1,2,3\}$$

zu zeigen: Für alle Einerkoalitionen ist die Gleichung wegen Aufg. I.2.11 richtig. Aus Symmetriegründen können wir uns bei den Zweierkoalitionen auf $\{1,2\}$ und $\{1,3\}$ beschränken:

$$\begin{aligned}
v^{\{12,13\}}\left(\{1,2\}\right) &= 1 = v^{\{12\}}\left(\{1,2\}\right) \text{ und} \\
v^{\{12,13\}}\left(\{1,3\}\right) &= v\left(\{1,3\}\right) \\
&= 0 \\
&= v\left(\{1\}\right) + v\left(\{3\}\right) = v^{\{12\}}\left(\{1,3\}\right).
\end{aligned}$$

Schließlich erhält man für die große Koalition

$$v^{\{12,13\}}\left(\{1,2,3\}\right) = v\left(\{1,2,3\}\right)$$
$$= 1$$
$$= v\left(\{1,2\}\right) + v\left(\{3\}\right) = v^{\{12\}}\left(\{1,2,3\}\right).$$

I.5.5. Ist Spieler i isoliert, so ergeben sich $i \notin N(\mathcal{L})$ und

$$\left|\{i\} \cap N(\mathcal{L})\right| = 0 = \left|\emptyset \cap N(\mathcal{L})\right|.$$

Aufgrund der Anonymität folgt dann die gewünschte Gleichung.

J. Endogenisierung

J.1 Einführendes

Erst in jüngerer Zeit gibt es Versuche, mithilfe der kooperativen Spieltheorie die Frage der Koalitionsbildung zu untersuchen. Eine Zusammenfassung von wichtigen Ergebnissen liefert die Monographie von SLIKKER/NOUWELAND (2001), die das vorliegende Lehrbuch in diesem Kapitel stark beeinflusst. Konkreter gesagt geht es darum, die Koalitionsstrukturen und Graphen, auf deren Basis wir in den Kapiteln H bzw. I Lösungen definiert haben, zu endogenisieren. Wir gehen dazu einen Schritt zurück und betrachten Aktionen der Spieler, die zu einer Koalitionsstruktur bzw. zu einem Netzwerk führen. Es wird dabei angenommen, dass die Spieler hierbei die Auszahlungen voraussehen, die sich aufgrund der Koalitionsstruktur bzw. des Netzwerkes ergeben werden.

Wir betrachten also zweistufige Modelle. Auf der ersten Stufe, die ihrerseits mehrere Teilstufen enthalten kann, wird über die Koalitionsbildung entschieden, wobei die Spieler simultan oder sequentiell Aktionen (Nennen einer Wunschkoalition, Befürwortung einer Verbindung oder Ähnliches) wählen. Wir werden im nächsten Abschnitt die nichtkooperative Spieltheorie so weit erklären, dass der Leser die im Folgenden zu behandelnden Spielstrukturen und Lösungskonzepte versteht. Auf der zweiten Stufe verhandeln die Spieler miteinander; diese Stufe wird jedoch mithilfe der kooperativen Spieltheorie, konkreter mit den hier vorgestellten Lösungen, behandelt. Da die Spieler die Auszahlungen aufgrund der verwendeten Lösungskonzepte vorhersehen können, benutzen sie dieses Wissen für die Entscheidung über die ihnen offen stehenden Aktionen.

Genauer werden wir in Abschnitt J.3 Modelle und Konzepte betrachten, bei denen die Spieler simultan oder sequentiell Wunschkoalitionen angeben, die dann zu einer bestimmten Partition führen. Alternativ befassen wir uns in Abschnitt J.4 mit dem simultanen und sequentiellen Aufbau von Netzwerken.

J.2 Nichtkooperative Spieltheorie

J.2.1 Einführendes

Das Ziel des Abschnitts J.2 besteht darin, den Leser in die wenigen Grundbegriffe und -konzepte der nichtkooperativen Spieltheorie einzuführen, die in diesem Kapitel Verwendung finden. Die nichtkooperative Spieltheorie ist ein Teil der Mikroökonomik und untersucht wie diese das Verhalten rationaler Individuen; das sind Individuen, die im Rahmen ihrer Möglichkeiten „das Beste für sich herausholen möchten". Die Individuen entscheiden sich dabei auf Grundlage der Möglichkeiten, die ihnen offen stehen, und der Wünsche, die sie hegen. Die Möglichkeiten von Haushalten werden häufig allein durch das Budget (Einkommen), das sie zum Kauf von Gütern und Dienstleistungen zur Verfügung haben, modelliert. Die Wünsche werden durch Rangfolgen von Güterbündeln (Präferenzen) bzw. durch den Nutzen dieser Güterbündel dargestellt. Rationales Verhalten bedeutet für Haushalte, innerhalb des zur Verfügung stehenden Budgets das nutzenmaximierende Güterbündel auszusuchen.

Maximierung des Nutzens ist also der erste Grundpfeiler der mikroökonomischen Analyse (siehe Abb. J.1). Der Erfolg der mikroökonomischen Theorie wäre aber ohne den zweiten Grundpfeiler, das Gleichgewicht, nicht möglich gewesen. Das Gleichgewicht ist ein methodischer Trick. Mit seiner Hilfe schränkt man die Vielzahl möglicher Handlungen der Individuen (meist Haushalte und Unternehmen) ein. Gemäß der mikroökonomischen Theorie sind dann diese ausgewählten Situationen die „Lösungen", d.h. die vorausgesagten Ergebnisse. Im günstigsten Fall gibt es genau eine „Gleichgewichtslösung".

nicht- kooperative Spieltheorie	=	interaktive Entscheidungs- theorie
Maximierung		Gleichgewicht
Alle Spieler maxi- mieren ihre Auszah- lung (Nutzen bzw. Gewinn).		Strategiekombinationen sind im Gleichgewicht, wenn jede Strategie eine beste Antwort auf die Strategien der anderen Spieler ist.

Abbildung J.1. Zwei methodische Grundpfeiler der nichtkooperativen Spieltheorie

Übung J.2.1. Wie schränkt man in der kooperativen Spieltheorie die Vielzahl der zulässigen Auszahlungstupel ein? Kennen Sie Lösungskonzepte, die zu mehreren Auszahlungstupeln führen, und auch solche, die genau ein Auszahlungstupel auswählen?

Allgemein gesprochen sind Gleichgewichte Situationen, in denen kein Individuum Anlass hat, sein Verhalten unter den gegebenen Beschränkungen zu ändern. Handelt es sich um Ein-Personen-Entscheidungen, so genannte Robinson-Crusoe-Situationen, dann bedeutet ein Gleichgewicht lediglich eine optimale Anpassung des Individuums an die Parameter des Modells. Das Haushaltsoptimum in der Mikroökonomik und das Gewinnmaximum eines Monopolunternehmens sind Beispiele dafür.

Bei Mehr-Personen-Entscheidungssituationen sind die Interaktionen zwischen den Beteiligten zu beachten. Die Auszahlungen (Gewinn, Nutzen) für ein Individuum hängen nun nicht mehr nur von seinen eigenen Aktionen ab, sondern auch von denen anderer Individuen. Diese interaktiven Entscheidungsprobleme nennt man Spiele und die interaktive Entscheidungstheorie, also die Theorie zur Beschreibung, Erklärung und Prognose interaktiver Entscheidungsprobleme, heißt (nichtkooperative) Spieltheorie. Es geht ihr allerdings keinesfalls nur um „spielerische" Probleme; Anwendungen umfassen den

Wettbewerb zwischen Oligopolisten, die atomare Abschreckung oder Prinzipal-Agenten-Beziehungen in Unternehmen.

Im Grundmodell der Spieltheorie wählen die Individuen so genannte Strategien. Strategien geben an, welche Aktionen die Individuen in allen möglichen Situationen und unter allen möglichen Informationszuständen wählen werden. Strategien verschiedener Individuen sind dann im Gleichgewicht, wenn kein Individuum allein Veranlassung hat, von dieser Strategiekombination abzuweichen, wenn es also keine einseitigen Verbesserungsmöglichkeiten gibt. Nach einem der maßgeblichen Spieltheoretiker wird dieses Gleichgewicht auch Nash-Gleichgewicht genannt. John Nash hat für seine Verdienste um die Spieltheorie im Jahre 1994 den Nobelpreis für Wirtschaftswissenschaften erhalten. Er teilte sich diesen Preis mit John Harsanyi und dem Deutschen Reinhard Selten.

Die Spieltheorie befasst sich also mit Mehr-Personen-Entscheidungssituationen. Eine häufig verwendete Darstellungsweise von Mehr-Personen-Entscheidungssituationen ist die so genannte Normalform oder strategische Form. Diese wird in Abschnitt J.2.2 erläutert. Im Gegensatz zur Normalform stellt die extensive Form die Reihenfolge der Aktionen explizit dar. Sie wird in verkürzter Form in Abschnitt. J.2.3 vorgestellt.

Es gibt eine Vielzahl von mehr oder weniger schwierigen Lehrbüchern zur nichtkooperativen Spieltheorie. Dies sind z.B. die englischsprachigen Lehrbücher von BINMORE (1992) (liebevoll gemacht, aber nicht sehr systematisch), FUDENBERG/TIROLE (1991) (schwer, aber recht vollständig), GIBBONS (1992) (zur Einführung sehr gut geeignet und mit vielen ökonomischen Beispielen), RASMUSEN (1994) (wenig formal und mit einer Betonung von asymmetrischer Information) und die deutschsprachigen Werke von HOLLER/ILLING (2003) (enthält auch kooperative Spieltheorie) und, last but not least, WIESE (2002).

J.2.2 Spiele in strategischer Form

Definition. Die strategische Form eines Spiels hat drei Elemente:

- die Spielermenge,
- eine Menge von Strategien für jeden Spieler und

- eine Auszahlungsfunktion für jeden Spieler, die ein Tupel von Strategien (für jeden Spieler eine) in eine Auszahlung überführt.

Besonders der einfache Zwei-Spieler-zwei-Strategien-Fall wird häufig betrachtet. Zunächst schauen wir uns hierzu einige Beispiele an. Wir beginnen mit der Hirschjagd:

Jäger 2

Hirsch   Hase

		Hirsch	Hase
	Hirsch	5, 5	0, 4
Jäger 1	Hase	4, 0	4, 4

Die erste Zahl gibt die Auszahlung für Spieler 1 (Jäger 1), die zweite die Auszahlungen für Spieler 2 (Jäger 2) wieder. Die beiden Spieler, Jäger 1 und Jäger 2, stehen jeweils vor der Wahl, entweder ihre Kräfte auf die Erlegung eines Hirsches zu konzentrieren oder aber einen Hasen zu jagen. Die Hirschjagd erfordert gemeinsame Anstrengungen, während ein Hase auch von einem einzigen Jäger gefangen werden kann. Allerdings erbringt ein Hase lediglich einen Nutzen von 4, ein Hirsch liefert hingegen so viel mehr Fleisch, dass sich auch nach der Teilung der Jagdbeute für jeden ein Nutzen von 5 ergibt.

Jäger 1 möchte sich an der Hirschjagd beteiligen, falls Jäger 2 sich auch auf den Hirsch konzentriert. Falls Jäger 2 jedoch auf Hasenpirsch geht, möchte Jäger 1 seine Kraft nicht auf einer erfolglosen Hirschjagd vergeuden. Aus der Sicht von Spieler 1 (analog für Spieler 2) ergibt sich ein Entscheidungsproblem, das mit den Methoden der Entscheidungstheorie behandelt werden kann.

Übung J.2.2. Welche Wahl wird Jäger 1 treffen, falls er nach der Maximin-Regel oder der Maximax-Regel verfährt? Hinweis: Bei der Maximin-Regel (Maximax-Regel) ermittelt Jäger 1 das Minimum (das Maximum) der Auszahlungen, das er bei seinen beiden Strategien erreichen kann. Dann wählt er die Strategie, deren Minimum (deren Maximum) am größten ist. Der Maximin-Regel liegt ein pessimistisches Verhalten zugrunde, während die Maximax-Regel von einem optimistischen Jäger gewählt wird.

Als Zweites betrachten wir das Spiel „matching pennies" bzw. „Kopf oder Zahl":

Spieler 2

Kopf   Zahl

	Kopf	Zahl
Kopf	$1, -1$	$-1, 1$
Zahl	$-1, 1$	$1, -1$

(Spieler 1)

Die zwei Spieler müssen sich hierbei für die Strategien Kopf oder Zahl entscheiden. Spieler 1 gewinnt einen Taler von Spieler 2, falls beide Kopf oder beide Zahl gewählt haben, während Spieler 2 einen Taler von Spieler 1 gewinnt, falls die Strategiewahl der beiden Spieler unterschiedlich ausfällt.

Als drittes Spiel präsentieren wir den so genannten „Kampf der Geschlechter":

Er

Theater   Fußball

	Theater	Fußball
Theater	$4, 3$	$2, 2$
Fußball	$1, 1$	$3, 4$

(Sie)

Er wird zwischen Ehepartnern ausgefochten. Sie möchte gerne ins Theater, er zieht dagegen das Fußballspiel vor. Beide haben zudem eine Präferenz dafür, etwas gemeinsam mit dem Ehepartner zu unternehmen. Gelingt es ihr beispielsweise, ihn zum Theaterbesuch zu überreden, hat sie einen Nutzen von 4, während sein Nutzen 3 beträgt.

Schließlich sei noch ein Blick auf das Hasenfußspiel geworfen:

Fahrer 2

geradeaus fahren   ausweichen

	geradeaus fahren	ausweichen
geradeaus fahren	0, 0	4, 2
ausweichen	2, 4	3, 3

Fahrer 1

Zwei Autofahrer rasen aufeinander zu. Die Fahrer haben die Strategien „geradeaus fahren" und „ausweichen". Wer ausweicht, ist ein Feigling (ein Hasenfuß) und erhält eine relativ geringe Auszahlung. Der Mutige kann sich auf die Schulter klopfen, falls der andere nicht ebenfalls geradeaus fährt.

Wir wollen jetzt Spiele in strategischer Form, zu denen Matrixspiele gehören, formal definieren. Dabei betrachten wir eine beliebige, aber endliche Anzahl von Spielern und eine beliebige Anzahl von Strategien, die unendlich sein darf.

Definition J.2.1 (Spiel). *Ein Spiel in strategischer Form ist ein Tripel*

$$\Gamma = \big(N, (S_i)_{i \in N}, (u_i)_{i \in N}\big) = (N, S, u),$$

bei dem N die endliche und nichtleere Menge der Spieler ist und für jeden Spieler i die Menge S_i dessen Strategiemenge und u_i dessen Auszahlungsfunktion

$$u_i : S \to \mathbb{R}$$

bezeichnen.

$$S = \underset{i \in N}{\times} S_i$$

steht dabei für die Menge der Strategiekombinationen

$$s = (s_1, s_2, ..., s_n) \in S,$$

wobei $n = |N|$ gilt.

Wir betrachten nun eine nichtleere Teilmenge der Spieler K. Die (partielle) Strategiekombination, die nur den Spielern aus K eine Strategie zuweist, schreiben wir als s_K. Es gilt $s_K = (s_i)_{i \in K}$ für $K \subset N$ mit $K \neq \emptyset$ und $s = s_N = (s_i)_{i \in N}$. s_K ist ein Element aus $S_K := \times_{i \in K} S_i$.

	verbale Beschreibung		mathematische Schreibweise
A	Strategiemenge für Spieler 2	a	s_{-2}
B	3. Strategie für Spieler 4	b	$s_{N\setminus\{2,3\}}$
C	4. Strategie für Spieler 3	c	s_3^4
D	Strategiekombination aller Spieler mit Ausnahme von Spieler 2	d	$s_{N\setminus\{3\}}$
E	Menge aller Strategie- kombinationen der Spieler	e	S_{-2}
F	Menge aller Strategie- kombinationen der Spieler mit Ausnahme von Spieler 2	f	S
G	Menge aller Strategie- kombinationen der Spieler mit Ausnahme von Spieler 2 und 3	g	S_2
H	Strategiekombination aller Spieler mit Ausnahme von Spieler 3	h	s_4^3

Abbildung J.2. Na dann ...

Häufig betrachten wir den Spezialfall $K := N \setminus \{i\}$. In diesem Fall schreiben wir für $s_{N\setminus\{i\}}$ auch

$$s_{-i} = (s_1, s_2, ..., s_{i-1}, s_{i+1}, ..., s_n).$$

Analog verwenden wir

$$S_{-i} \text{ für } \underset{j \in N, j \neq i}{\bigtimes} S_j.$$

Diese Notationen sind gewöhnungsbedürftig. Sie sollten sich jedoch die Mühe machen, diese Objekte genau zu verstehen, da das Weitere für Sie ansonsten unverständlich wird.

Übung J.2.3. Zur Einübung des Gebrauchs der etwas komplizierten Objekte ordnen Sie bitte in Abbildung J.2 die verbalen Beschreibungen den mathematischen Schreibweisen zu. (Beispielsweise steht „Ac" dafür, dass das unter A beschriebene Objekt durch den mit c gekennzeichneten Term wiederzugeben ist.)

Dominanz. Zur Lösung von nichtkooperativen Spielen kann man bisweilen Dominanzargumente verwenden. Am besten lassen sich diese anhand eines Beispiels erläutern:

Spieler 2

	s_2^1	s_2^2
s_1^1	4, 4	0, 5
s_1^2	5, 0	1, 1

Spieler 1

Diese Spiel ist in der Literatur als Gefangenen-Dilemma bekannt. Zwei Gefangene, so die Vorstellung, sitzen in getrennten Zellen und sollen eine gemeinsam begangene Tat gestehen. Die erste Strategie ist „nicht gestehen", die zweite „gestehen". Wenn beide gestehen, werden sie zu einer moderaten Freiheitsstrafe verurteilt (Auszahlung 1). Gesteht einer und der andere nicht, so wird der Geständige als Kronzeuge der Anklage sehr gut behandelt (Auszahlung 5), während der andere eine lange Gefängnisstrafe abzusitzen hat (Auszahlung 0). Wenn beide nicht gestehen, kann ihnen nur ein kleines Vergehen nachgewiesen werden (Auszahlung 4). Die erste, dem anderen Gefangenen gegenüber freundliche Strategie nennt man häufig die kooperative Strategie, während die zweite Alternative als unkooperative Strategie bezeichnet wird. Man kann das Gefangenen-Dilemma in einer Vielzahl von sozialen und ökonomischen Situationen entdecken. Steuerzahler können der Steuerpflicht Genüge tun oder sich ihr entziehen, Mitglieder einer Wohngemeinschaft die häuslichen Pflichten erfüllen oder dies unterlassen.

Wir werden sagen, dass die Spieler im Gefangenen-Dilemma über streng dominante Strategien verfügen; dies ist für beide jeweils ihre zweite Strategie („gestehen"). Man sollte denken, dass aufgrund der strengen Dominanz über dieses Spiel keine großen Worte zu verlieren sind. Aber das ist weit gefehlt. Das Gefangenen-Dilemma ist das meistdiskutierte Zwei-Personen-Spiel in der Ökonomik, der Philosophie und der Soziologie. Der Grund liegt darin, dass trotz der einfachen Entscheidungssituation insgesamt etwas sehr Unbefriedigendes herauskommt: Die Strategiekombination $\left(s_1^2, s_2^2\right)$ führt zu der für beide Spieler geringen Auszahlung 1. Die Auszahlungskombination $(1, 1)$ ist Pareto-inferior: Es gibt eine Auszahlungskombination $(4, 4)$, die für beide Spieler besser ist. Indem also die Lösung des nichtkooperativen Spiels einem Axiom aus der kooperativen Spieltheorie widerspricht, entsteht ein Spannungsverhältnis, das zu interessanten Ausführungen und theoretischen Weiterentwicklungen Anlass gibt.

Nun ist es jedoch Zeit, den Begriff der Dominanz formal zu fassen:

Definition J.2.2 (Dominanz). *Seien ein Spiel* (N, S, u) *und ein Spieler* i *aus* N *gegeben. Dann dominiert die Strategie* $s_i \in S_i$ *die Strategie* $s_i' \in S_i$ *(schwach), falls*

$$u_i\left(s_i, s_{-i}\right) \geq u_i\left(s_i', s_{-i}\right) \text{ für alle } s_{-i} \in S_{-i}$$

und

$$u_i\left(s_i, \bar{s}_{-i}\right) > u_i\left(s_i', \bar{s}_{-i}\right) \text{ für mindestens ein } \bar{s}_{-i} \in S_{-i}$$

erfüllt sind.

Die Dominanz ist streng, falls

$$u_i\left(s_i, s_{-i}\right) > u_i\left(s_i', s_{-i}\right) \text{ für alle } s_{-i} \in S_{-i}$$

gegeben ist.

Falls es eine Strategie $s_i \in S_i$ *gibt, die die Strategie* $s_i' \in S_i$ *(schwach) dominiert bzw. streng dominiert, heißt* s_i' *eine (schwach) dominierte bzw. streng dominierte Strategie.*

Eine Strategie $s_i \in S_i$ *heißt (schwach) dominant bzw. streng dominant, falls* s_i *alle anderen Strategien aus* S_i *(schwach) dominiert bzw. streng dominiert.*

Übung J.2.4. Geben Sie ein Spiel an, bei dem keiner der Spieler über eine dominante Strategie verfügt.

Neben der Dominanz wird bisweilen die iterierte Dominanz als Lösungskonzept angewandt. Dabei werden die dominierten Strategien jeweils „gestrichen", sodass man ein Spiel erhält, bei dem mindestens ein Spieler eine kleinere Strategiemenge aufweist. Auf das so veränderte Spiel wird wiederum ein Dominanzargument angewandt.

Nash-Gleichgewicht. Nicht alle Spiele sind mithilfe von Dominanz oder iterierter Dominanz zu lösen. Dazu betrachten wir noch einmal das Beispiel der Hirschjagd:

Jäger 2

		Hirsch	Hase
	Hirsch	5, 5	0, 4
Jäger 1	Hase	4, 0	4, 4

Dominanzargumente helfen uns bei der Lösung dieses Spiels nicht weiter. Das muss man aber nicht schlimm finden. Tatsächlich ist die Hirschjagd für Jäger 1 genau dann eine vernünftige Wahl, wenn er mit hinreichend großer Wahrscheinlichkeit davon ausgehen kann, dass sich auch Jäger 2 auf den Hirsch konzentrieren wird.

Es ist durchaus denkbar, dass Jäger 2 auf Hirschjagd geht, weil er annimmt, dass Jäger 1 ebenfalls auf Hirschjagd gehen wird, während Jäger 1 auf Hasenjagd geht, weil er die Wahrscheinlichkeit einer Entscheidung für „Hirsch" von Jäger 2 nur als gering einschätzt. Die Jäger täuschen sich in dieser Situation über die Strategiewahl des jeweils anderen.

Diese Art von Täuschungen wollen wir im Folgenden ausschließen und werden dadurch auf das Konzept des Gleichgewichts in Spielen geführt. Es wird nach John NASH (1951) auch als Nash-Gleichgewicht bezeichnet.

Definition J.2.3 (Nash-Gleichgewicht). *Die Strategiekombination*

$$s^* = (s_1^*, s_2^*, ..., s_n^*) \in S$$

ist ein Nash-Gleichgewicht (in reinen Strategien), falls für alle i aus N

$$u_i\left(s_i^*, s_{-i}^*\right) \geq u_i\left(s_i, s_{-i}^*\right) \text{ für alle } s_i \text{ aus } S_i$$

gilt.

Ein Nash-Gleichgewicht ist also eine Strategiekombination, bei der kein Spieler Anlass hat, einseitig abzuweichen. Bei gegebenen Strategien s_{-i}^* der übrigen Spieler maximiert jeder Spieler i seine Auszahlung durch die Wahl von s_i^*. Damit täuschen sich die Spieler nicht mehr über die Strategiewahl der jeweils anderen Spieler. Bei der Hirschjagd ist beispielsweise (Hirsch, Hirsch) eine gleichgewichtige Strategiekombination.

Alternativ wird das Nash-Gleichgewicht bisweilen folgendermaßen ausgedrückt: Eine Strategiekombination

$$s^* = (s_1^*, s_2^*, ..., s_n^*) \in S$$

ist ein Nash-Gleichgewicht, falls jeder Spieler i mit s_i^* eine beste Antwort auf die Strategiekombination s_{-i}^* der anderen Spieler gibt. Beste Antwort bedeutet: Spieler i maximiert seinen Nutzen in Anbetracht von s_{-i}^* durch Wahl von s_i^*. Sie sehen sicherlich, dass „eine beste Antwort geben" und „nicht profitabel abweichen können" äquivalente Formulierungen sind.

Übung J.2.5. Geben Sie die beste Antwort von Jäger 1 auf die Strategie „Hase" durch Jäger 2 an.

Es gibt daher eine in der Spieltheorie häufig verwendete Methode, Gleichgewichte zu bestimmen. Dazu geht man in zwei Schritten vor:

- Zunächst bestimmt man für jeden Spieler die besten Antworten auf alle möglichen Strategiewahlen der anderen Spieler.
- Dann werden diejenigen Strategiekombinationen gesucht, die mit den besten Antworten aller Spieler vereinbar sind.

An dieser Stelle eine Bemerkung für diejenigen Leser, die das Cournot-Dyopol-Modell kennen: Falls man die besten Antworten graphisch darstellen kann, werden sie auch als Reaktionskurven bezeichnet. Man liest dann das Nash-Gleichgewicht am Schnittpunkt der Reaktionskurven ab.

Wir haben das Gefangenen-Dilemma als ein Spiel kennen gelernt, bei dem beide Spieler über dominante Strategien verfügen.

Übung J.2.6. Ist die Strategiekombination, die im Gefangenen-Dilemma

Spieler 2

	s_2^1	s_2^2
s_1^1	4, 4	0, 5
s_1^2	5, 0	1, 1

Spieler 1

aus den dominanten Strategien besteht, ein Nash-Gleichgewicht? Geben Sie beispielsweise für Spieler 1 an, welche Zahlenvergleiche Sie für Ihre Behauptung benötigen.

Die obige Aufgabe lässt bereits das folgende Theorem vermuten:

Theorem J.2.1. *Sei für alle Spieler i aus N die Strategie s_i^* schwach (oder sogar streng) dominante Strategien. Dann ist*

$$s^* = (s_1^*, s_2^*, ..., s_n^*)$$

ein Nash-Gleichgewicht.

Übung J.2.7. Überlegen Sie sich einen Beweis für den obigen Satz. Hinweis: Er ist sehr einfach!

Übung J.2.8. Ermitteln Sie die Gleichgewichte für den Kampf der Geschlechter, das Hasenfußspiel und für Kopf oder Zahl.

Für die Stabilitätseigenschaften eines Gleichgewichts ist es von Bedeutung, ob es für die Spieler nur jeweils eine beste Antwort gibt. In diesem Fall sprechen wir von einem strikten Gleichgewicht. Beim Gleichgewicht wird nur verlangt, dass keiner der Spieler einen Nutzengewinn hat, falls er von der Strategiekombination einseitig abweicht. Beim strikten Gleichgewicht fordert man darüber hinaus, dass jeder Spieler sogar einen Nutzenverlust hinnehmen muss, falls er von der Strategiekombination einseitig abweicht.

Definition J.2.4 (striktes Nash-Gleichgewicht). *Für ein Spiel in reinen Strategien $\Gamma = (N, S, u)$ ist eine Strategiekombination*

$$s^* = (s_1^*, s_2^*, ..., s_n^*)$$

```
┌──────────────────────────────────────┐
│                                      │      ╭───╮
│   Jäger 1: Hirsch oder Hase   ────────────▶│ u₁ │
│   Jäger 2: Hirsch oder Hase          │      │ u₂ │
│                                      │      ╰───╯
└──────────────────────────────────────┘
```

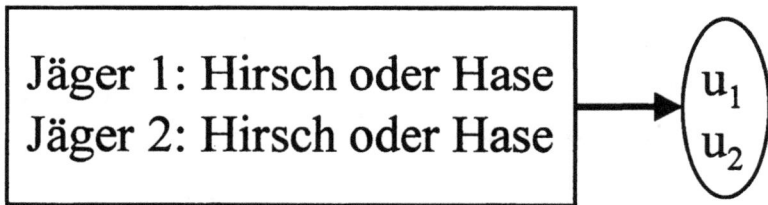

Abbildung J.3. Die Hirschjagd: Simultane Strategiewahl

ein striktes Nash-Gleichgewicht, falls jeder Spieler i aus N eine beste Antwort auf die Strategiekombination s^*_{-i} gibt und diese beste Antwort eindeutig ist (es also keine weiteren besten Antworten gibt).

Übung J.2.9. Vervollständigen Sie in Analogie zur Definition J.2.3: Die Strategiekombination $s^* = (s_1^*, s_2^*, ..., s_n^*) \in S$ ist ein striktes Nash-Gleichgewicht, falls ... .

J.2.3 Spiele in extensiver Form

Die vereinfachte extensive Form. Die extensive Form enthält eine reichhaltigere Beschreibung eines Spiels als die Normalform. Die Reihenfolge der Züge, die Auszahlungen für jede Zugfolge und die Informationsstände zu den jeweiligen Zeitpunkten sind festgelegt. Für die Zwecke dieses Buches sind zwei unterschiedliche Darstellungsformen hilfreich. Wir beginnen mit einer vereinfachten und sehr übersichtlichen Version.

Der Leser betrachte die Abbildungen J.3 und J.4. In beiden ist die Hirschjagd angedeutet. Die erste Abbildung soll suggerieren, dass die beiden Spieler ihre Aktionen simultan bestimmen; das Spiel weist nur eine Stufe auf. Dagegen legt in der zweiten Abbildung Jäger 1 zuerst seine Aktion fest; anschließend und in Kenntnis der Aktion von Jäger 1 entscheidet sich Jäger 2. Hier haben wir es mit einem zweistufigen Spiel zu tun.

Der simultane Fall entspricht der strategischen Form, nicht aber der sequentielle Fall. Denn die Strategien, die Jäger 2 offen stehen, sind

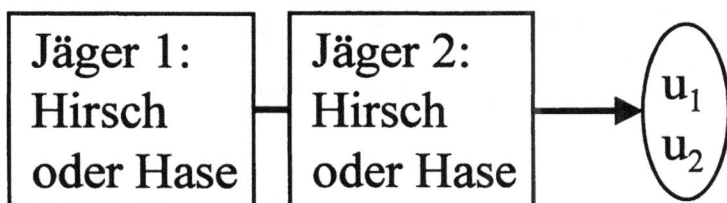

Abbildung J.4. Die Hirschjagd: Sequentielle Strategiewahl

bei Letzterem recht komplizierte Gebilde. Jäger 2 kann hier nämlich seine Aktion in Abhängigkeit von der Aktionswahl von Jäger 1 treffen. Beispielsweise könnte Jäger 2 die Hasenjagd wählen, wenn Jäger 1 sich für die Hirschjagd entschieden hat, während Jäger 2 sich für Hirschjagd entscheidet, nachdem er Jäger 1 bei der Hasenjagd beobachtet hat.

Tatsächlich ist diese komplizierte Strategie von Jäger 2 der Grund, weshalb wir neben dem Begriff der Strategie auch den Begriff der Aktion benötigen. Aktionen passieren auf jeder Stufe des Spiels, Strategien sind dagegen Aktionstupel eines Spielers für alle möglichen Informationslagen.

Für die Zwecke dieses Buches müssen wir uns jedoch nicht unbedingt die Strategiemengen der Spieler vor Augen führen. Wir werden ein recht einfaches Verfahren verwenden, mit dem wir Spiele lösen. Dieses Verfahren nennt man Rückwärtsinduktion oder auf Englisch „backward solving".

Rückwärtsinduktion. Zur Erläuterung der Rückwärtsinduktion kann man bei einer geringen Anzahl von Spielern und/oder Aktionen anstelle von Abb. J.4 die volle extensive Form anwenden. Sie ist in Abb. J.5 dargestellt.

Auf der letzten Stufe dieses Spiels hat Jäger 2 die Wahl zwischen der Hirsch- und der Hasenjagd. Beobachtet er Jäger 1 bei der Hirschjagd, wird er sich seinerseits auch für die Hirschjagd entscheiden (5>4). Ebenso wird er auf die Hasenjagd von Jäger 1 seinerseits mit Hasenjagd reagieren (4>0). Damit ist die zweite Stufe geklärt. Jäger 1 wird nun diese Aktionen von Jäger 2 vorhersehen. Er weiß also, dass seine

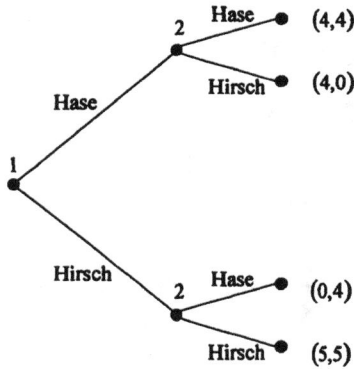

Abbildung J.5. Die volle extensive Form der sequentiellen Hirschjagd

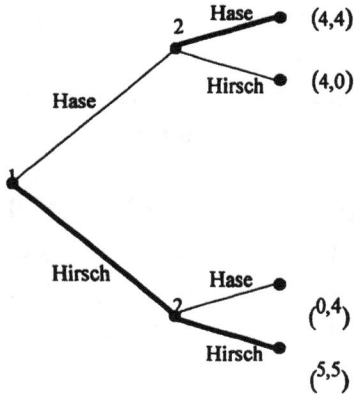

Abbildung J.6. Rückwärtsinduktion praktisch

Hirschjagd Jäger 2 ebenfalls zur Hirschjagd animieren wird (Auszahlung 5); seine Hasenjagd führt zur Hasenjagd durch Jäger 2 (Auszahlung 4). Jäger 1 wird sich also für die Hirschjagd entscheiden. Man kann die obigen Überlegungen in Abb. J.5 „notieren", indem man die jeweils optimalen Aktionen fett markiert, wie Sie dies in Abb. J.6 sehen.

Übung J.2.10. Ermitteln Sie für den sequentiellen Fall die Aktionen bei Rückwärtsinduktion für das Hasenfußspiel, für den Kampf der Geschlechter (sie zieht zuerst) und für Kopf oder Zahl. Welche der gewählten Aktionstupel entsprechen einem Gleichgewicht im simultanen Fall (bei der strategischen Form)? Verwenden Sie jeweils die volle extensive Form mit der Markierungstechnik!

Rückwärtsinduktion führt bei der extensiven Form zu einem Gleichgewicht. Um dieses zu bestimmen, muss man jedoch die Strategien sauber aufschreiben. Wir wollen uns dies hier ersparen. Allerdings müssen wir darauf hinweisen, dass es neben den durch Rückwärtsinduktion ermittelten Gleichgewichten weitere geben kann:

Beispielsweise könnte der männliche Spieler beim Kampf der Geschlechter folgende Strategie wählen: Er wählt in jedem Fall das Fußballspiel, unabhängig davon, ob sie nun vorher Theater oder auch Fußball gewählt hat. Dann ist ihre beste Antwort, ebenfalls Fußball zu wählen. Allerdings beruht seine Strategie auf einer Drohung, die er nicht in jedem Fall wahr machen möchte. Wenn sie nämlich trotz der Drohung Theater wählt, würde er sich durch Fußball schlechter stellen, als wenn er entgegen seiner Drohung zum Theater geht. Man wird also dieses zweite Gleichgewicht beim Kampf der Geschlechter für wenig überzeugend halten und versuchen, es zu eliminieren.

Es gibt eine reichhaltige spieltheoretische Literatur über die Selektion von unplausibel erscheinenden Gleichgewichten. Das am häufigsten verwandte Selektionskriterium ist die Teilspielperfektheit. Diese führt dazu, dass Gleichgewichte, die auf leeren Drohungen beruhen, ausgeschlossen werden. Man kann zeigen, dass die Rückwärtsinduktion nur teilspielperfekte Gleichgewichte, diese aber komplett, ermittelt. Wir werden in diesem Kapitel die Methode der Rückwärtsinduktion verwenden, d.h. wir betrachten die teilspielperfekten Gleichgewichte.

J.3 Endogenisierung von Koalitionsstrukturen

J.3.1 Strategien und Partitionen

Die spieltheoretische Struktur des simultanen Wunschkoalitions-Modells ist einfach: Die Spieler $i \in N$ geben ihre Wunschkoalition s_i an. In

Abhängigkeit von der sich dadurch bildenden Partition $\mathcal{P}_s$ erhalten sie die Auszahlungen $\psi\,(v,\mathcal{P}_s)$, wobei ψ ein partitives Lösungskonzept ist. Dabei besteht S_i aus allen Koalitionen, denen Spieler i selbst angehört.

Definition J.3.1 (Wunschkoalition). *Eine Wunschkoalition s_i eines Spielers i ist eine Teilmenge der Spielermenge N, die $i \in s_i$ erfüllt.*

Übung J.3.1. Geben Sie für $N = \{1,2,3\}$ die Wunschkoalitionen von Spieler 3, also S_3, an. Können Sie allgemein für n Spieler die Anzahl der Wunschkoalitionen für einen Spieler $i \in N$, also $|S_i|$ bestimmen?

Der Begriff der Wunschkoalition darf nicht so aufgefasst werden, dass die Auszahlung für einen Spieler bei dieser Komponente oder bei der sich dadurch ergebenden Partition immer maximal wäre. Dieser Frage wenden wir uns erst später zu, wenn wir das dazugehörige nichtkooperative Spiel definiert haben. „Wunsch"koalition bezieht sich zunächst nur auf Folgendes: Im Allgemeinen ist nicht garantiert, dass die Wunschkoalition von Spieler i zu einer Komponente der Partition $\mathcal{P}_s$ wird.

Man hat mehrere Möglichkeiten, die Partition $\mathcal{P}_s$ zu definieren. Soll beispielsweise im Falle von $N = \{1,2,3\}$ und

$$s_1 = \{1,2\},$$
$$s_2 = \{1,2,3\} \text{ und}$$
$$s_3 = \{1,2,3\}$$

die Partition

$$\mathcal{P}_s = \{N\} \text{ oder}$$
$$\mathcal{P}_s = \{\{1,2\},\{3\}\} \text{ oder aber}$$
$$\mathcal{P}_s = \{\{1\},\{2\},\{3\}\}$$

gebildet werden? Man wird vielleicht die Partition $\mathcal{P}_s = \{N\}$, die dem Wunsch der Spieler 2 und 3 entspricht, ausschließen wollen; anderenfalls würde Spieler 1 gegen seinen Willen in eine Komponente mit Spieler 3 gezwungen. Partition $\{\{1,2\},\{3\}\}$ scheint dagegen plausibler. Zwar würde sich Spieler 2 wünschen, dass auch Spieler 3 mit von der Partie wäre; da dies jedoch am Einspruch von Spieler 1 scheitert, können zumindest die Spieler 1 und 2 eine Komponente bilden.

Wir werden jedoch im vorhergehenden Fall die Partition $\{\{1\}, \{2\}, \{3\}\}$ ansetzen. Dabei lassen wir uns von folgender Idee leiten: Eine Komponente bildet sich nur dann, wenn die Wünsche aller ihrer Spieler übereinstimmen. Dass Spieler außerhalb einer Komponente auch mit einem oder sogar allen Spielern aus der Komponente vereinigt sein möchten, gilt dagegen nicht als Hindernis.

Definition J.3.2. *Sei N eine Menge von Spielern und $S_i = \{K \subseteq N : K \ni i\}$ die Strategiemenge (Menge der Wunschkoalitionen) für Spieler i, $i \in N$. Für eine Strategiekombination $s \in S$ ist $\mathcal{P}_s$ durch*

$$\mathcal{P}_s(i) = \begin{cases} s_i, & s_i = s_j \text{ für alle } j \in s_i \\ \{i\}, & \text{sonst}, \end{cases}$$

$i \in N$, definiert. $\mathcal{P}_s$ heißt die durch s erzeugte Partition. Falls $\mathcal{P}_s$ nur solche Komponenten C enthält, die $s_i = \mathcal{P}_s(i)$ für alle $i \in C$ erfüllen, nennt man s realistisch für $\mathcal{P}_s$.

Übung J.3.2. Bestimmen Sie $\mathcal{P}_s$ für

- $s_1 = \{1, 2, 3\}, s_2 = \{1, 2\}, s_3 = \{3\}$,
- $s_1 = \{1, 2\}, s_2 = \{1, 2\}, s_3 = \{1, 2, 3\}$ und
- $s_1 = \{1\}, s_2 = \{2\}, s_3$ beliebig.

Ist eine der Strategiekombinationen realistisch?

J.3.2 Simultanes Wunschkoalitions-Modell

Gleichgewichts-stabile Partitionen. Wir können nun auf der Basis eines kooperativen Spiels v und auf der Basis eines Lösungskonzepts ψ ein nichtkooperatives Spiel definieren, mit dessen Hilfe sich Partitionen endogenisieren lassen:

Definition J.3.3. *Das simultane Wunschkoalitions-Modell (N, v, ψ) ist durch das nichtkooperative Spiel*

$$\Gamma = \left(N, (S_i)_{i \in N}, (u_i)_{i \in N}\right) = (N, S, u)$$

definiert, wobei das Auszahlungsfunktionstupel u durch

$$u(s) = \psi(v, \mathcal{P}_s)$$

und S und $\mathcal{P}_s$ in Definition J.3.2 erklärt sind. Eine Partition $\mathcal{P}$ heißt gleichgewichts-stabil für (N, v, ψ), wenn es in Γ eine gleichgewichtige Strategiekombination s mit $\mathcal{P} = \mathcal{P}_s$ gibt.

In Kap. C (S. 75) haben wir bereits angedeutet, dass die atomare Partition immer endogenisierbar ist:

Theorem J.3.1. *Sei (N, v, ψ) ein simultanes Wunschkoalitions-Modell. Die durch $s_i = \{i\}$ für alle $i \in N$ definierte Strategiekombination ist ein Gleichgewicht.*

Jeder Spieler gibt hier an, mit keinem anderen Spieler eine Koalition eingehen zu wollen. Ein einzelner Spieler kann dann durch Angabe einer anderen Wunschkoalition an der sich bildenden Partition $\mathcal{P}_s = \{\{1\}, ..., \{n\}\}$ und damit auch an den Auszahlungen nichts ändern. $\mathcal{P}_s$ ist also gleichgewichts-stabil. Wir werden später einen anderen Stabilitätsbegriff einführen. Denn die atomare Partition ist beispielsweise für $N = \{1, 2, 3\}$ und $u_{\{1,2\}}$ wenig plausibel; die produktiven Spieler 1 und 2 könnten sich durch einen Zusammenschluss verbessern.

Übung J.3.3. Gehen Sie von der Aumann-Drèze-Lösung (Kap. H) und der atomaren Partition aus. Begründen Sie, dass sich die Spieler 1 und 2 aufgrund der Partition $\{\{1, 2\}, \{3\}\}$ besser stellen würden. Warum ist die atomare Partition dennoch gleichgewichts-stabil?

Gibt es neben der atomaren Partition andere Partitionen, die sich gleichgewichtig bilden? Die Antwort ist unbefriedigend: Häufig ist jede beliebige Partition gleichgewichts-stabil. Wir beginnen mit dem Handschuh-Spiel $v_{L,R}$ und dem partitiven Lösungskonzept $\psi = \varphi^{AD}$. Beispielsweise ist bei $L = \{1, 2\}$ und $R = \{3\}$ die triviale Partition $\{N\}$ gleichgewichts-stabil.

Übung J.3.4. Begründen Sie die Gleichgewichts-Stabilität von $\{N\}$ für das angegebene Handschuh-Spiel.

Man kann sich nun überlegen, dass bei jedem Handschuh-Spiel $v_{L,R}$ jede Partition $\mathcal{P}$ gleichgewichts-stabil ist. Man nimmt dazu die realistische Strategiekombination s. Bei dieser wünscht sich jeder Spieler die Koalition $\mathcal{P}(i)$ und erhält eine nichtnegative Auszahlung (der marginale Beitrag ist beim Handschuhspiel nie negativ). Weicht nun ein Spieler innerhalb von $\mathcal{P}(i)$ ab, zerfällt seine Komponente in Einerkomponenten. Dann erhält dieser Spieler (ebenso wie die übrigen Spieler seiner Komponente) die Auszahlung Null und erreicht damit keine Verbesserung. Dieses Ergebnis können wir verallgemeinern. Wir brauchen dazu eine monotone Koalitionsfunktion (die nichtnegative marginale Beiträge garantiert) und den Wert Null für Einerkoalitionen:

Theorem J.3.2. *Sei $v \in G_N$ eine monotone Koalitionsfunktion, die zudem $v(\{i\}) = 0$ für alle Spieler i aus N erfüllt. Dann ist jede Partition auf N gleichgewichts-stabil für (N, v, φ^{AD}).*

Übung J.3.5. Zeigen Sie, dass das obige Theorem für die Außenoptions-Lösung keine Gültigkeit hat. Verwenden Sie dazu das in Abschnitt H.5.2 (S. 324 ff.) zitierte Beispiel: die Spielermenge $N = \{1, 2, 3\}$, das Einmütigkeitsspiel $u_{\{1,2\}}$ und die Partition $\mathcal{P} = \{\{1, 3\}, \{2\}\}$.

Das Theorem besagt nicht, dass jede Strategiekombination s im simultanen Wunschkoalitions-Modell $(N, v_{L,R}, \varphi^{AD})$ ein Gleichgewicht ist. Es behauptet dies nur für alle realistischen Strategiekombinationen.

Übung J.3.6. Ist $s = (\{1, 3\}, \{2, 3\}, \{3\})$ eine gleichgewichtige Strategiekombination für das Handschuh-Spiel $v_{\{1,2\},\{3\}}$ und die AD-Lösung?

Die Endogenisierung von Partitionen via Gleichgewichts-Stabilität scheint also nicht sehr selektiv zu sein. Aus diesem Grund haben HART/KURZ (1983) eine alternative Definition vorgeschlagen, die wir im nächsten Abschnitt präsentieren werden.

Stabile Partitionen.

Definition. HART/KURZ (1983) haben zwei Definitionen für die Stabilität von Koalitionsstrukturen entwickelt. Wir konzentrieren uns auf die einfachere von beiden. Die so genannte stabile Partition (im Sinne von Hart und Kurz) unterscheidet sich dabei von der gleichgewichtsstabilen Partition in einem wichtigen Punkt: Die Abweichungen dürfen auch von mehreren Spielern gleichzeitig durchgeführt werden. Dies macht für das hier betrachtete Modell durchaus Sinn. Die Spieler verabreden, gemeinsam eine Komponente zu bilden. Wenn sich dabei alle Spieler der neuen Komponente verbessern, ist die ursprüngliche Partition nicht stabil.

Definition J.3.4. *Gegeben sei das simultane Wunschkoalitions-Modell* (N, v, ψ) *bzw. das dazugehörige nichtkooperative Spiel*

$$\Gamma = \left(N, (S_i)_{i \in N}, (u_i)_{i \in N}\right) = (N, S, u).$$

Sei $\mathcal{P}$ *eine Partition von* N *und* s *die für sie realistische Strategiekombination.* $\mathcal{P} = \mathcal{P}_s$ *heißt stabil (im Sinne von Hart und Kurz) für* (N, v, ψ), *wenn es keine nichtleere Spielermenge* $D \subseteq N$ *und kein Strategietupel* $\left(s_i^d\right)_{i \in D}$ *gibt, sodass für alle* i *aus* D

$$u_i\left(\left(s_i^d\right)_{i \in D}, (s_i)_{i \notin D}\right) > u_i(s)$$

erfüllt ist.

Um die Stabilität einer Partition $\mathcal{P}$ zu überprüfen, kann man also folgendermaßen vorgehen:

- Man definiert die $\mathcal{P}$ erzeugende realistische Strategiekombination s.
- Für jede Teilmenge D von N überprüft man, ob sich alle Spieler aus D verbessern können, indem sie andere Wunschkoalitionen angeben. Dabei kann man sich auf $s_i^d = D$, $i \in D$, beschränken.
- Findet man keine solche Menge D, ist $\mathcal{P}$ als stabil erwiesen.

Die Anforderungen an eine stabile Partition sind höher als diejenigen an eine gleichgewichts-stabile Partition. Beispielsweise ist die atomare Partition für $v_{\{1,2\},\{3\}}$ und die AD-Lösung nicht stabil. Die

Spieler 1 und 3 können gemeinsam abweichen und sich beide besser stellen. Stabil ist dagegen die triviale Partition. Die Spieler 1 und 3 können zwar die Summe ihrer Auszahlungen von $\frac{1}{6} + \frac{2}{3}$ auf $\frac{1}{2} + \frac{1}{2}$ steigern. Allerdings würde sich Spieler 3 dabei nicht verbessern.

Beispiele. Wir können nun nach Stabilität in Abhängigkeit von den Koalitionsspielen und den partitiven Lösungskonzepten suchen. Während die Owen-Lösung von der gesamten Partition abhängt, kann man sich bei der AD- und der Außenoptions-Lösung auf die Komponente beschränken, die die interessierenden Spieler enthält. Formal ausgedrückt gelten

$$\varphi_i^{AD}(v, \mathcal{P}_1) = \varphi_i^{AD}(v, \mathcal{P}_2) \text{ und}$$
$$\varphi_i^{oo}(v, \mathcal{P}_1) = \varphi_i^{oo}(v, \mathcal{P}_2)$$

für alle Partitionen $\mathcal{P}_1$ und $\mathcal{P}_2$ mit $i \in K \in \mathcal{P}_1 \cap \mathcal{P}_2$. Daher können wir vereinfachend definieren:

Definition J.3.5. *Eine Koalitionsstruktur $\mathcal{P}$ ist stabil für φ^{AD} (für φ^{oo}), falls es keine Koalition K so gibt, dass alle Spieler aus K sich durch die Bildung einer Komponente K verbessern können. Für alle Koalitionen K ist Stabilität also durch*

$$\varphi_i^{AD}(v, \mathcal{P}) \geq \varphi_i^{AD}(v, \{K, N \backslash K\}) \text{ für ein } i \in K$$

bzw.

$$\varphi_i^{oo}(v, \mathcal{P}) \geq \varphi_i^{oo}(v, \{K, N \backslash K\}) \text{ für ein } i \in K$$

definiert.

Wir greifen zunächst das Maschler-Spiel (siehe S. 97) wieder auf. Für $N = \{1, 2, 3\}$ ist es durch

$$v(S) = \begin{cases} 0, & |S| \leq 1 \\ 60, & |S| = 2 \\ 72, & S = N \end{cases}$$

definiert. Für φ^{AD} ist die triviale Partition nicht stabil. Jeder der Spieler erhält bei $\mathcal{P} = \{N\}$ die Auszahlung 24; je zwei Spieler können sich jedoch auf 30 verbessern.

Die Partitionen, die zwei Spieler in einer Komponente vereinigen, beispielsweise $\mathcal{P} = \{\{1,2\},\{3\}\}$, sind dagegen stabil. Die Spieler 1 und 2 erhalten hier 30, und Spieler 3 kann keinem der beiden anderen Spieler mehr als 30 bieten.

Die nächste Aufgabe sollte Ihnen nicht schwerfallen.

Übung J.3.7. Überlegen Sie sich die stabilen Partitionen für Einmütigkeitsspiele und die AD-Lösung.

Die stabilen Partitionen für Einmütigkeitsspiele und die Owen-Lösung zu ermitteln, ist nicht ganz einfach. Wir können zeigen, dass die stabilen Partitionen P genau diejenigen sind, die $|\mathcal{P}(i) \cap T| \leq 1$ für alle Spieler i aus N (d.h. alle T-Spieler sind in jeweils unterschiedlichen Komponenten) oder aber $T \subseteq C$ für eine Komponente C aus $\mathcal{P}$ (d.h. alle T-Spieler sind in einer Komponente versammelt) erfüllen. In beiden Fällen erhalten die Spieler $i \in T$ die Owen-Auszahlung

$$\frac{1}{|\mathcal{P}(T)|}\frac{1}{|\mathcal{P}(i) \cap T|} = \frac{1}{|T|}.$$

Wir betrachten nun die Abweichung von k Spielern aus T (die anderen sind irrelevant), die sich in einer Komponente zusammenschließen. In beiden Fällen (nach Abweichung sind die übrigen T-Spieler atomisiert) erhält jeder der k Spieler

$$\frac{1}{|T| - k + 1}\frac{1}{k}.$$

Dieser Ausdruck wird jedoch bei $k = 1$ und $k = |T|$ maximal. Dies sieht man aus

$$\frac{1}{|T|} - \frac{1}{|T| - k + 1}\frac{1}{k}$$
$$= \frac{(k-1)(|T| - k)}{|T|(|T| - k + 1)k} > 0.$$

Eine Abweichung lohnt also nicht.

Sei nun umgekehrt eine Komponente C mit $1 < |C \cap T| < |T|$ gegeben. Dann könnten sich die T-Spieler aus C auf Kosten der übrigen T-Spieler atomisieren und erhalten anstelle von

$$\frac{1}{|\mathcal{P}(T)|} \frac{1}{|C \cap T|}$$

die höhere Auszahlung

$$\frac{1}{|\mathcal{P}(T)| + |C \cap T| - 1}.$$

Dass diese höher ist, kann man bestätigen, indem man die Differenz bildet und diese geeignet umformt.

Wir überlegen uns nun die stabilen Partitionen für Apex-Spiele h_1, $n \geq 4$, und die AD-Lösung. Bei Apex-Spielen sind von vornherein nur Partitionen interessant, die eine Gewinnkoalition als Komponente beinhalten; alle anderen Komponenten sind dann keine Gewinnkoalitionen. Bei allen anderen Partitionen können sich die Spieler $N \setminus \{1\}$ zu einer Komponente vereinigen und damit jedem Spieler dieser Komponente die Auszahlung $\frac{1}{n-1} > 0$ ermöglichen.

Wir erinnern daran, dass die Aumann-Drèze-Lösung beim Apex-Spiel zu den Auszahlungen

$$\varphi_j^{AD}(v, \mathcal{P}) =$$
$$\begin{cases} \frac{|\mathcal{P}(j)|-2}{|\mathcal{P}(j)|}, & h_1(\mathcal{P}(j)) = 1 \text{ und } j = 1 \text{ und } \mathcal{P}(j) = N \\ \frac{|\mathcal{P}(j)|-1}{|\mathcal{P}(j)|}, & h_1(\mathcal{P}(j)) = 1 \text{ und } j = 1 \text{ und } \mathcal{P}(j) \neq N \\ \frac{1}{|\mathcal{P}(j)|}, & h_1(\mathcal{P}(j)) = 1 \text{ und } j \neq 1 \text{ und } 1 \notin \mathcal{P}(j) \\ \frac{1}{|\mathcal{P}(j)|} \frac{1}{|\mathcal{P}(j)|-1}, & h_1(\mathcal{P}(j)) = 1 \text{ und } j \neq 1, 1 \in \mathcal{P}(j) \text{ und } \mathcal{P}(j) \neq N \\ \frac{1-\frac{|\mathcal{P}(j)|-2}{|\mathcal{P}(j)|}}{|\mathcal{P}(j)|-1}, & h_1(\mathcal{P}(j)) = 1 \text{ und } j \neq 1, 1 \in \mathcal{P}(j) \text{ und } \mathcal{P}(j) = N \\ 0, & h_1(\mathcal{P}(j)) = 0 \end{cases}$$

führt. Der Vergleich der ersten beiden Zeilen zeigt, dass die für Spieler 1 optimale Partition die Form $\mathcal{P} = \{N \setminus \{k\}, \{k\}\}$ für irgendeinen Spieler $k \neq 1$ aufweist. Die triviale Partition ist nicht stabil, weil sich die Spieler aus $N \setminus \{1\}$ auf $\{N \setminus \{1\}, \{1\}\}$ verständigen könnten. Ausgehend von einer Partition $\mathcal{P}$ mit $h_1(\mathcal{P}(1)) = 1$ und $\mathcal{P}(1) \neq N$ ist $D = \mathcal{P}(1) \cup \{k\}$ keine Spielermenge, die alle Spieler aus D gegenüber $\mathcal{P}$ durch Angabe von $s_i^d = D$, $i \in D$, besser stellen könnte. Insofern hat man zunächst Partitionen $\mathcal{P}$, die $h_1(\mathcal{P}(1)) = 1$ und $\mathcal{P}(1) \neq N$ erfüllen, als Kandidaten für Stabilität.

Spannend bleibt noch die Frage, unter welchen Umständen die Spieler aus $N \setminus \{1\}$ sich zu einer abweichenden Koalition zusammenschließen können. Dies ist dann lohnend, wenn

$$\frac{1}{n-1} > \frac{1}{|\mathcal{P}(1)|} \frac{1}{|\mathcal{P}(1)| - 1}$$

$$\Leftrightarrow |\mathcal{P}(1)| > \frac{1}{2} + \frac{1}{2}\sqrt{(-3 + 4n)}$$

erfüllt ist. Umgekehrt ausgedrückt: Damit Spieler 1 die anderen Spieler in $\mathcal{P}(1)$ in seiner Komponente halten kann, darf $\mathcal{P}(i)$ höchstens $\frac{1}{2} + \frac{1}{2}\sqrt{(-3 + 4n)}$ Mitglieder umfassen. Dies schränkt die Stabilitäts-Kandidaten auf diejenigen Partitionen $\mathcal{P}$ ein, die

$$2 \leq |\mathcal{P}(1)| \leq \min\left[\frac{1}{2} + \frac{1}{2}\sqrt{(-3 + 4n)}, n - 1\right] \qquad (J.1)$$

erfüllen. (Der Leser beachte, dass $2 \leq \frac{1}{2} + \frac{1}{2}\sqrt{(-3 + 4n)}$ für alle $n \geq 4$ erfüllt ist.)

Tatsächlich sind dies genau die gesuchten Partitionen. Denn $\{N \setminus \{1\},$ $\{1\}\}$ ist nicht stabil; Spieler 2 erhält bei dieser Partition die Auszahlung $\frac{1}{n-1}$, während er bei einer Partition $\mathcal{P}$ mit $\{1, 2\} \in \mathcal{P}$ die Auszahlung $\frac{1}{2}$ erhält. Die Ungleichung $\frac{1}{2} > \frac{1}{n-1}$ ist jedoch für alle $n \geq 4$ erfüllt.

Für $\psi = \varphi^O$ kann Stabilität nicht immer garantiert werden, wie HART/KURZ (1984) mithilfe von symmetrischen Mehrheitsspielen v_k, $k > n/2$, zeigen. Diese sind durch

$$v_k(K) = \begin{cases} 1, & |S| \geq k \\ 0, & \text{sonst} \end{cases}$$

definiert. Bitte zeigen Sie, dass die Situation für die AD-Lösung und auch für die Außenoptions-Lösung günstiger ist.

Übung J.3.8. Zeigen Sie, dass für $\psi = \varphi^{AD}$ und $\psi = \varphi^{oo}$ symmetrische Mehrheitsspiele stabile Koalitionsstrukturen aufweisen, insbesondere all diejenigen Partitionen $\mathcal{P}$ mit $K := \{1, ..., k\} \in \mathcal{P}$.

Wir untersuchen nun, ob beim Handschuh-Spiel und bei der AD-Lösung jede Partition stabil ist; oben mussten wir feststellen, dass jede Partition gleichgewichts-stabil ist.

Übung J.3.9. Zeigen Sie anhand des Handschuh-Spiels $v_{\{1,2\},\{3\}}$, dass bei der AD-Lösung nicht jede Partition stabil ist.

Nun wollen wir uns dem Stabilitätsproblem für die Außenoptions-Lösung zuwenden. Zunächst einmal gilt ein recht allgemeines Theorem:

Theorem J.3.3. *Stabile Koalitionsstrukturen für φ^{oo} existieren für alle symmetrischen und alle konvexen Spiele. Jede stabile Partition $\mathcal{P}$ erfüllt $\varphi_i^{oo}(v,\mathcal{P}) \geq v(\{i\})$ für alle Spieler i aus N.*

Auf der Webseite http://www.uni-leipzig.de/~micro/wopap.html findet sich ein Beweis. Bei konvexen Spielen ist die triviale Partition $\{N\}$ stabil. $\varphi_i^{oo}(v,\mathcal{P}) \geq v(\{i\})$ schließt im Falle von $N = \{1,2,3\}$ und $u_{\{1,2\}}$ die Partition $\mathcal{P} = \{\{1,3\},\{2\}\}$ (mit einer negativen Auszahlung für Spieler 3) aus.

Es gibt bisher kein Beispiel für eine Koalitionsfunktion ohne stabile Partition. Neben den allgemeinen Aussagen des obigen Theorems gibt es jedoch spezielle Ergebnisse. Beispielsweise kann man zeigen, dass gewichtete Abstimmungsspiele, die entscheidend sind (siehe Kap. D), stabile Partitionen aufweisen, solange nicht mehr als fünf Spieler involviert sind.

J.3.3 Sequentielles Wunschkoalitions-Modell

Definition. Beim simultanen Wunschkoalitions-Modell haben wir feststellen müssen, dass es eine übergroße Anzahl von gleichgewichtsstabilen Partitionen gibt. Beispielsweise ist beim Handschuh-Spiel und bei der AD-Lösung jede Partition gleichgewichts-stabil. Durch die strengeren Anforderungen der Stabilität im Sinne von Hart und Kurz konnten wir dieses Problem beseitigen. Eine andere Möglichkeit, der mangelnden Selektivität von gleichgewichts-stabilen Partitionen entgegenzuwirken, besteht darin, zu einem sequentiellen Wunschkoalitions-Modell überzugehen. Zur Definition des Modells haben wir zu klären, in welcher Reihenfolge die Spieler ihre Wunschkoalitionen äußern können.

Wir definieren dazu eine Reihenfolge κ, das ist eine bijektive Abbildung $N \to N$. Wie bei den Reihenfolgen aus RF ist κ_i der Spieler

$$\boxed{\kappa_1 : s_{\kappa_1}} - \boxed{\kappa_2 : s_{\kappa_2}} - \boxed{\kappa_3 : s_{\kappa_3}} - \cdots \longrightarrow \left(u\right)$$

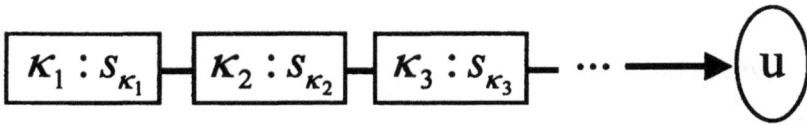

Abbildung J.7. Das sequentielle Wunschkoalitions-Modell

auf Platz i. Es gibt bei n Spielern $n!$ Reihenfolgen und damit $n!$ unterschiedliche sequentielle Wunschkoalitions-Modelle für eine gegebene Koalitionsfunktion und ein gegebenes Lösungskonzept:

Definition J.3.6. *Das sequentielle Wunschkoalitions-Modell (N, v, ψ, κ) ist durch das nichtkooperative Spiel in extensiver Form definiert, das in Abb. J.7 angedeutet ist und zudem*

$$u(s) = \psi(v, \mathcal{P}_s)$$

erfüllt. Eine Partition $\mathcal{P}$ heißt rückwärtsinduktions-stabil für (N, v, ψ, κ), falls es ein bei Rückwärtsinduktion gewähltes Aktionstupel s mit $\mathcal{P} = \mathcal{P}_s$ gibt.

Um die Notation einheitlich zu halten, verwenden wir hier weiterhin s und $\mathcal{P}_s$, obwohl s eigentlich ein Aktionstupel und kein Strategietupel darstellt.

Beispiele. Wir betrachten wiederum das Handschuh-Spiel $v_{\{1,2\},\{3\}}$ und das partitive Lösungskonzept $\psi = \varphi^{AD}$. Für $\kappa = (1, 2, 3)$ können wir die Aktionen bei Rückwärtsinduktion folgendermaßen ermitteln:

- Die Auszahlung für Spieler 3 ist bei der trivialen Partition am höchsten. Er wird also $N = \{1, 2, 3\}$ wählen, falls er $s_1 = s_2 = N$ beobachtet. Falls Spieler 1 $\{1, 3\}$ und Spieler 2 $\{2, 3\}$ gewählt haben, ist Spieler 3 indifferent zwischen $\{1, 3\}$ und $\{2, 3\}$. Falls nur einer der Spieler 1 und 2 Spieler 3 mit sich in seiner Komponente haben möchte, wird Spieler 3 diesem Wunsch folgen. Bei anderen Aktionen der Gegenspieler ist Spieler 3 indifferent zwischen allen seinen Aktionen.

- Spieler 2 wird auf der zweiten Stufe in jedem Fall die Aktion $\{2,3\}$ wählen; er bietet sich also als Tauschpartner an. Insbesondere ist diese Aktion in Anbetracht von N durch Spieler 1 optimal.
- Spieler 1 kann nur aufgrund der trivialen Partition oder der Partition $\{\{1,3\},\{2\}\}$ eine positive Auszahlung erreichen. Aufgrund der vorhersehbaren Aktionen der Spieler 2 und 3 wird er auf der ersten Stufe $\{1,3\}$ wählen.

Im Ergebnis sind also $\{\{1,3\},\{2\}\}$ und $\{\{2,3\},\{1\}\}$ rückwärtsinduktions-stabil.

Übung J.3.10. Bestimmen Sie die rückwärtsinduktions-stabilen Partitionen für $\left(\{1,2,3\}, v_{\{1,2\},\{3\}}, \varphi^{AD}, (3,1,2)\right)$.

Wir wollen uns nun einige Gedanken zu den rückwärtsinduktions-stabilen Partitionen für das Apex-Spiel $\left(\{1,2,3,4\}, h_1, \varphi^{AD}, (1,2,3,4)\right)$ machen. Wir haben dabei zu bedenken, dass die stabilen Partitionen

$$|\mathcal{P}(1)| = 2$$

aufgrund von Ungleichung J.1 erfüllen. Spieler 1 darf also nur einen Spieler $j \in \{2,3,4\}$ in seine Komponente einladen, wenn er verhindern möchte, dass dieser Spieler die Dreierkomponente $\{2,3,4\}$ attraktiver findet als die Komponente $\{1,j\}$.

Wenn nun Spieler 1 die Wunschkoalition $\{1,j\}$ wählt, hat Spieler j den positiven Anreiz, dieser Einladung zu folgen und ebenfalls $\{1,j\}$ anzugeben. Welche Strategien die anderen beiden Spieler dann wählen ist unerheblich. Gibt Spieler 1 dagegen eine Dreierkomponente an, beispielsweise $\{1,2,4\}$, kann sich keiner der Spieler 2 bis 4 Hoffnung auf eine Zweierkomponente mit Spieler 1 machen. Diese drei Spieler wünschen sich dann gegenseitig, wählen also

$$s_2 = s_3 = s_4 = \{2,3,4\}.$$

Die rückwärtsinduktions-stabilen Partitionen sind demnach durch

$$|\mathcal{P}(1)| = 2$$

bestimmt.

Einige andere Reihenfolgen führen zu sehr verwickelten Überlegungen. Die folgende Aufgabe sollten Sie jedoch lösen können.

Übung J.3.11. Überlegen Sie sich die rückwärtsinduktions-stabilen Partitionen für $\left(N, h_1, \varphi^{AD}, (2,1,3,4)\right)$. Hinweis: Wie wird Spieler 1 auf $s_2 = \{2,3,4\}$, wie auf $s_2 = \{1,2\}$ reagieren?

J.4 Endogenisierung von Netzwerken

J.4.1 Strategien und Netzwerke

Den Wunschkoalitions-Modellen der vorangehenden Abschnitte stellen wir hier die Verbindungs-Modelle gegenüber. Die Spieler wählen in diesen Modellen die Menge der Spieler, mit denen sie Verbindungen eingehen wollen. Wir nehmen an, dass sich eine Verbindung nur dann ergibt, wenn beide Spieler dies wollen: „It takes two to tango.“

Definition J.4.1. *Sei N eine Menge von Spielern und $S_i = \{K \subseteq N : i \notin K\}$ die Strategiemenge für Spieler i, $i \in N$. Für eine Strategiekombination $s \in S$ ist $\mathcal{L}_s$ durch*

$$\mathcal{L}_s = \left\{ ij \in \mathcal{L}^{voll} : i \in s_j, j \in s_i \right\}$$

definiert. $\mathcal{L}_s$ heißt das durch s erzeugte Netzwerk. Falls für alle Spieler i, j mit $i \neq j$ aus $j \in s_i$ bereits $i \in s_j$ folgt, nennt man s realistisch für $\mathcal{L}_s$.

Übung J.4.1. Bestimmen Sie $\mathcal{L}_s$ für $N = \{1,2,3\}$ und

- $s_1 = \{2,3\}$,
- $s_2 = \{3\}$ und
- $s_3 = \{1,2\}$.

J.4.2 Simultanes Verbindungs-Modell

Ganz ähnlich wie bei gleichgewichts-stabilen Partitionen können wir nun gleichgewichts-stabile Netzwerke definieren. Da wir als graphentheoretisches Lösungskonzept nur die Myerson-Lösung eingeführt haben, setzen wir diese immer voraus.

Definition J.4.2. *Das simultane Verbindungs-Modell* (N,v) *ist durch das nichtkooperative Spiel*

$$\Gamma = \big(N, (S_i)_{i \in N}, (u_i)_{i \in N}\big) = (N, S, u)$$

definiert, wobei die Auszahlungsfunktionstupel u durch

$$u\,(s) = \mu\,(v, \mathcal{L}_s)$$

und S und $\mathcal{L}_s$ *in Definition J.4.1 erklärt sind. Ein Netzwerk* $\mathcal{L}$ *heißt gleichgewichts-stabil für* (N,v), *wenn es in* Γ *eine gleichgewichtige Strategiekombination s mit* $\mathcal{L} = \mathcal{L}_s$ *gibt.*

Übung J.4.2. Zeigen Sie, dass das leere Netzwerk immer endogenisierbar ist.

Bei den folgenden Beispielen wird uns nun interessieren, ob es neben der atomaren Partition andere Partitionen gibt, die sich gleichgewichtig bilden. Ist vielleicht auch bei Netzwerken Gleichgewichts-Stabilität ein zu häufig auftauchendes Phänomen, wie wir es in Theorem J.3.2 für Partitionen feststellen mussten?

Übung J.4.3. Betrachten Sie $N = \{1, 2, 3\}$ und das Handschuh-Spiel $v_{\{1,2\},\{3\}}$. Ist $\{12, 23\}$ ein gleichgewichts-stabiles Netzwerk?

Man erhält in der Tat einen dem Theorem J.3.2 (S. 413) entsprechenden Satz:

Theorem J.4.1. *Sei* $v \in G_N$ *eine superadditive Koalitionsfunktion. Dann ist jedes Netzwerk auf N gleichgewichts-stabil für* (N,v).

Das Theorem ergibt sich im Wesentlichen daraus, dass ein Spieler nichts gewinnt, wenn er eine Verbindung deklariert, die der entsprechende Partner nicht auch will. Eine Verbindung aufzulösen kann aufgrund der Verbindungsmonotonie der Myerson-Lösung (siehe Lemma I.5.1 auf S. 381) ebenfalls nie lohnend sein.

Die Verbindungsmonotonie bei Superadditivität führt insbesondere dazu, dass eine Verbindung nie nachteilhaft ist, sodass die Strategiekombination

$$(N\setminus\{1\}, N\setminus\{2\}, ..., N\setminus\{n\})$$

ein Nash-Gleichgewicht in schwach dominanten Strategien darstellt.

Man könnte nun sicherlich eine Stabilitäts-Definition à la Hart und Kurz ersinnen und mit dieser befriedigendere Ergebnisse erzeugen. Der Leser mag dies selbst ausprobieren. Wir werden stattdessen sofort zur extensiven Form übergehen.

J.4.3 Sequentielle Verbindungsspiele

Einführendes. Beim sequentiellen Verbindungsaufbau haben wir wiederum die Reihenfolge des Verbindungsaufbaus festzulegen und dabei zu klären, ob Spieler mehrmals entscheiden dürfen und ob sie Verbindungen lösen dürfen, denen sie bereits zugestimmt haben. Das konkrete extensive Spiel, das wir in diesem Kapitel betrachten, ist dem Lehrbuch von Slikker und van den Nouweland (S. 153 ff.) entnommen. Es kann folgendermaßen beschrieben werden:

- Es gibt eine exogen gegebene Reihenfolge über alle Paare der Spieler aus N. Diese Reihenfolge bezeichnen wir mit κ.
- In der Reihenfolge κ werden alle Paare von Spielern aufgefordert, eine Verbindung herzustellen oder dieses zu unterlassen. Die Verbindung kommt nur dann zustande, wenn beide Spieler dies wünschen.
- Nachdem einige Paare eine Verbindung eingegangen sind, wird den übrigen Paaren, wieder in der Reihenfolge κ, nochmals Gelegenheit zum Verbindungsaufbau gegeben. Dabei werden die unverbundenen Paare sooft in der Reihenfolge κ zum Verbindungsaufbau aufgefordert, bis bei einem Durchgang keine neue Verbindung hinzukommt.
- Der vorherige Punkt impliziert, dass bei neuen Durchgängen Verbindungen aufgebaut, jedoch nicht gelöst werden können.
- Falls die endgültige Verbindungsstruktur $\mathcal{L}$ lautet, erhalten die Spieler die Auszahlung $\mu(v, \mathcal{L}) = \varphi(v^{\mathcal{L}})$.

Die vorangehende Liste beschreibt „im Prinzip" ein nichtkooperatives Spiel in extensiver Form. Allerdings wird hierbei offen gelassen, in welcher Reihenfolge die Spieler innerhalb eines Paares entscheiden. Dieses Detail ist jedoch unwichtig für die Ergebnisse; die Verbindung kommt nur zustande, falls dies in beider Interesse ist.

Ein symmetrisches Spiel mit drei Spielern. Wir greifen ein Spiel aus dem vorangehenden Kapitel (S. 374) wieder auf. Für $N = \{1, 2, 3\}$ ist dieses Spiel v durch

$$v\left(S\right) = \begin{cases} 0, & |S| \leq 1 \\ 60, & |S| = 2 \\ 72, & S = N \end{cases}$$

definiert. Die Myerson-Auszahlungen betragen für ausgewählte Graphen

$$\mu\left(v, \emptyset\right) = \left(0, 0, 0\right),$$
$$\mu\left(v, \{12\}\right) = \left(30, 30, 0\right),$$
$$\mu\left(v, \{12, 23\}\right) = \left(14, 44, 14\right) \text{ und}$$
$$\mu\left(v, \{12, 23, 13\}\right) = \left(24, 24, 24\right).$$

Aufgrund der Symmetrie ergeben sich die anderen Myerson-Auszahlungen analog.

Wir betrachten nun die Reihenfolge

$$\kappa = \left(12, 13, 23\right)$$

und das dazugehörige extensive Spiel. Allerdings fassen wir die Entscheidungen der zwei Spieler, die zu einem Paar gehören, an einem Knoten zusammen. Wichtig ist allein, ob beide der Verbindung zustimmen (ja) oder ob mindestens einer der beiden die Verbindung ablehnt (nein). Der Leser findet auf S. 157 im Lehrbuch von Slikker und van den Nouweland den „Spielbaum".

Wir wollen dabei aufgrund der komplizierten Spielstruktur die Rückwärtsinduktion nicht explizit durchführen. Allerdings können wir begründen, dass bei Rückwärtsinduktion genau eine Verbindung hergestellt wird, sagen wir zwischen Spieler 1 und 2. Sie erbringt für beide Spieler die Auszahlung 30. Eine zusätzliche Verbindung beispielsweise zwischen 2 und 3 herzustellen, lohnt sich zwar für diese beiden Spieler ($44 > 30$ und $14 > 0$). Spieler 2 kann jedoch vorhersehen, dass sich dann die Spieler 1 und 3 ebenfalls verbinden werden (wegen $24 > 14$), sodass er dann nur $24 < 30$ erhält. Daher wird Spieler 2 auf die Verbindung zu Spieler 3 verzichten.

Man könnte nun vermuten, dass die gewählte Reihenfolge κ Einfluss darauf hat, welche der Spieler die Zweierkoalition bilden werden. Dies ist jedoch nicht der Fall: Bei der Rückwärtsinduktion kann es bei jeder Reihenfolge κ im Gleichgewicht zu jeder Zweierkoalition kommen. Betrachten wir hierzu die obige Reihenfolge $\kappa = (12, 13, 23)$: Wenn sich die Koalition 12 formt, wird aufgrund der obigen Argumentation keine weitere Verbindung geknüpft werden und die Spieler 1 und 2 erhalten jeweils 30.

Allerdings könnte sich auch die Koalition 13 ergeben. Dazu müsste zunächst die Koalition 12 eine Verbindung ablehnen und die Koalition 13 dann eine herstellen. Da dann die Spieler 1 und 3 jeweils 30 bekommen, wäre dieses Ergebnis für Spieler 1 genauso gut wie das erste; er könnte also derjenige sein, der die Koalition 12 ablehnt.

Schließlich kann sich sogar die Koalition 23 bilden. Dazu müssten die Spieler 2 und 3 die Verbindungen 12 bzw. 13 ablehnen, um dann die Verbindung 23 einzugehen. Wir haben also drei alternative Netzwerke, nämlich $\{12\}$, $\{13\}$ und $\{23\}$, als rückwärtsinduktions-stabil ermittelt.

Das gewichtete Abstimmungsspiel. AUMANN/MYERSON (1988) analysieren ein gewichtetes Abstimmungsspiel (siehe S. 94). Solche Abstimmungen können für die n Spieler durch Tupel

$$[q; g_1, ..., g_n]$$

angegeben werden. Dann ist das einfache Spiel durch

$$v(K) = \begin{cases} 1, \sum_{i \in K} g_i \geq q \\ 0, \sum_{i \in K} g_i < q \end{cases}$$

definiert.

Das von den Autoren konkret betrachtete Abstimmungsspiel ist durch $N = \{1, ..., 5\}$ und

$$[4; 3, 1, 1, 1, 1]$$

bestimmt.

Übung J.4.4. Wie haben wir dieses Spiel auch genannt? Bestimmen Sie die minimalen Gewinnkoalitionen.

Wie lauten die Shapley-Auszahlungen dieses Spiels? Wir betrachten zunächst den „großen" Spieler. Er sollte den „Löwenanteil" von 1 erhalten, weil er in sehr vielen Permutationen eine Gewinnkoalition vollmacht. Tatsächlich gelingt ihm dies nur dann nicht, wenn er selbst der erste oder der fünfte Spieler in einer Reihenfolge ist. Er sollte daher $\frac{3}{5}$ erhalten. Aus Gründen der Symmetrie erhalten die anderen Spieler den Rest. Die Shapley-Auszahlung ist also als

$$\left(\frac{3}{5}, \frac{1}{10}, \frac{1}{10}, \frac{1}{10}, \frac{1}{10}\right)$$

anzugeben.

Das Verbindungsspiel führt schließlich zu einem Netzwerk $(N, \mathcal{L})$ und damit zur Partition $N/\mathcal{L}$. Für einige ausgewählte Partitionen ist in der folgenden Tabelle die Myerson-Auszahlung notiert:

$$\{\{1\}, \{2,3,4,5\}\} \quad \left(0, \frac{1}{4}, \frac{1}{4}, \frac{1}{4}, \frac{1}{4}\right)$$
$$\{\{1,2\}, \{3,4,5\}\} \quad \left(\frac{1}{2}, \frac{1}{2}, 0, 0, 0\right)$$
$$\{\{1,2,3\}, \{4,5\}\} \quad \left(\frac{2}{3}, \frac{1}{6}, \frac{1}{6}, 0, 0\right)$$
$$\{\{1,2,3,4\}, \{5\}\} \quad \left(\frac{3}{4}, \frac{1}{12}, \frac{1}{12}, \frac{1}{12}, 0\right)$$
$$\{\{1,2,3,4,5\}\} \quad \left(\frac{3}{5}, \frac{1}{10}, \frac{1}{10}, \frac{1}{10}, \frac{1}{10}\right)$$

Beispielsweise ist $\{1,2\}$ eine Gewinnkoalition. Innerhalb dieser Koalition sind beide Spieler notwendig für die Erreichung des Wertes 1. Daher stellt sich der Spieler 1 hier nicht besser als der Spieler 2. Betrachtet man jedoch beispielsweise die Koalition $\{1,2,3\}$, so hat hier Spieler 1 eine größere Wahrscheinlichkeit, eine Gewinnkoalition vollzumachen, nämlich in $\frac{2}{3}$ aller Permutationen dieser drei Spieler (denjenigen mit $\sigma_1 = 2$ oder $\sigma_1 = 3$). Interessant ist nun, dass sich Spieler 1 am besten stellt, wenn er genau drei kleinere Spieler um sich versammelt.

Welcher Graph ergibt sich nun bei Rückwärtsinduktion? Etwas grob gesprochen, wird eine Gewinnkoalition $\{1,2,3,4\}$ im Gleichgewicht nicht möglich sein, weil die drei kleinen Spieler Interesse daran haben, den vierten kleinen Spieler hinzuzunehmen. Dies vorhersehend, hat kein Mitglied der Gewinnkoalition $\{1,2,3\}$ Interesse daran, einen weiteren kleinen Spieler aufzunehmen, denn es gelten $\frac{2}{3} > \frac{3}{5}$ und $\frac{1}{6} > \frac{1}{10}$. Der große Spieler wird jedoch nicht allein mit einem kleinen Spieler eine Gewinnkoalition bilden wollen; einen zweiten hinzuzunehmen erhöht seine Auszahlung von $\frac{1}{2}$ auf $\frac{2}{3}$.

Wenn der große Spieler bei der Gewinnkoalition dabei ist, kommt es also zu den Auszahlungen $\left(\frac{2}{3}, \frac{1}{6}, \frac{1}{6}, 0, 0\right)$. Die kleinen Spieler können sich jedoch besser stellen, indem sie jede Verbindung mit dem großen Spieler ablehnen und untereinander Verbindungen aufbauen. Dann ergibt sich die Myerson-Lösung $\left(0, \frac{1}{4}, \frac{1}{4}, \frac{1}{4}, \frac{1}{4}\right)$.

Die vorangehende Argumentation war insofern etwas grob, als wir stillschweigend angenommen haben, dass Spieler, die intern verbunden sind, sich vollständig verbinden.

Symmetrische konvexe Spiele. Bei symmetrischen konvexen Spielen (N, v) ist zu erwarten (siehe SLIKKER/NOUWELAND (2001, S. 169)), dass sich schließlich der vollständige Graph $\mathcal{L}^{\text{voll}}$ oder die Myerson-Lösung beim vollständigen Graphen ergeben wird :

Theorem J.4.2. *Sei (N, v) ein symmetrisches konvexes Spiel mit $2 \leq n \leq 5$. Dann ist bei jeder Reihenfolge κ der volle Graph $\mathcal{L}^{\text{voll}}$ rückwärtsinduktions-stabil. Ist v zudem streng konvex, ergibt sich für alle Reihenfolgen κ und alle rückwärtsinduktions-stabilen Graphen $\mathcal{L}$*

$$\mu\left(v, \mathcal{L}\right) = \mu\left(v, \mathcal{L}^{\text{voll}}\right).$$

Slikker und van den Nouweland geben an, dass es unbekannt ist, ob diese Aussagen für mehr als 5 Spieler ebenfalls gelten.

Zur Illustration des ersten Teils des Theorems betrachten wir $N = \{1, 2, 3\}$ und die Koalitionsfunktion v, die durch

$$v\left(S\right) = \begin{cases} 0, & |S| \leq 1 \\ 1, & |S| = 2 \\ 3, & S = N \end{cases}$$

gegeben ist. Sie ist symmetrisch und streng konvex. Die Myerson-Auszahlungen für ausgewählte Graphen lauten

$$\mu\left(v, \emptyset\right) = \left(0, 0, 0\right),$$
$$\mu\left(v, \{12\}\right) = \left(1/2, 1/2, 0\right),$$
$$\mu\left(v, \{12, 23\}\right) = \left(5/6, 4/3, 5/6\right) \text{ und}$$
$$\mu\left(v, \{12, 23, 13\}\right) = \varphi\left(v\right) = \left(1, 1, 1\right),$$

wobei sich die dritte Auszahlung aus

$$\mu_1(v, \{12, 23\}) = \frac{1}{6}\left(\underbrace{0}_{123} + \underbrace{0}_{132} + \underbrace{1}_{213} + \underbrace{2}_{231} + \underbrace{0}_{312} + \underbrace{2}_{321}\right)$$

$$= \frac{5}{6}$$

ergibt.

Sicherlich wird mindestens eine Verbindung geknüpft werden, beispielsweise diejenige zwischen den Spielern 1 und 2. Wird im Anschluss daran Spieler 2 einwilligen, sich auch mit Spieler 3 zu verbinden? Zumindest kurzfristig ist dies lohnend wegen $\frac{4}{3} > \frac{1}{2}$ und $\frac{5}{6} > 0$. Die dritte Verbindung wäre dann für die beiden verbleibenden unverbundenen Spieler 1 und 3 wegen $1 > \frac{5}{6}$ auch noch lohnend. Spieler 2, der dies bei der eventuellen Verbindung mit Spieler 3 voraussieht, wird trotz $1 < \frac{4}{3}$ damit zufrieden sein, denn er erhält letztendlich 1 anstelle von $\frac{1}{2}$.

Der zweite Teil des Theorems deutet an, dass es mehrere Graphen geben kann, die aus der Rückwärtsinduktion resultieren und die zu derselben Myerson-Lösung wie der vollständige Graph führen. Wir betrachten dazu $N = \{1, 2, 3, 4\}$ und die durch

$$v(S) = \begin{cases} 0, |S| \leq 1 \\ 1, |S| = 2 \\ 3, |S| = 3 \\ 6, S = N \end{cases}$$

gegebene Koalitionsfunktion. Sie ist symmetrisch und streng konvex. Wir berechnen wiederum ausgewählte Myerson-Lösungen :

$$\mu(v, \emptyset) = (0, 0, 0, 0),$$

$$\mu(v, \{12\}) = \left(\frac{1}{2}, \frac{1}{2}, 0, 0\right),$$

$$\mu(v, \{12, 23\}) = \left(\frac{5}{6}, \frac{4}{3}, \frac{5}{6}, 0\right),$$

$$\mu(v, \{12, 23, 13\}) = (1, 1, 1, 0),$$

$$\mu(v, \{12, 34\}) = \left(\frac{1}{2}, \frac{1}{2}, \frac{1}{2}, \frac{1}{2}\right),$$

$$\mu(v, \{12, 23, 34\}) = \varphi(v) = \left(\frac{13}{12}, \frac{23}{12}, \frac{23}{12}, \frac{13}{12}\right),$$

$$\mu\left(v,\{12,23,34,41\}\right)=\left(\frac{3}{2},\frac{3}{2},\frac{3}{2},\frac{3}{2}\right),$$

$$\mu\left(v,\{12,23,34,41,13\}\right)=\left(\frac{13}{8},\frac{11}{8},\frac{13}{8},\frac{11}{8}\right)\text{ und}$$

$$\mu\left(v,\mathcal{L}^{\text{voll}}\right)=\left(\frac{3}{2},\frac{3}{2},\frac{3}{2},\frac{3}{2}\right),$$

wobei die ersten vier Zeilen dem Spieler 4 die Auszahlung Null zuweisen und den anderen Spielern dieselben Auszahlungen wie im vorangehenden Spiel. Dies folgt aus der Komponentenzerlegbarkeit der Myerson-Lösung. Die sechste Zeile sieht man so ein:

$$\mu_1\left(v,\{12,23,34\}\right)=\frac{1}{24}\left(\underbrace{0}_{1234}+\underbrace{0}_{1243}+\underbrace{0}_{1324}+\underbrace{0}_{1342}+\underbrace{0}_{1423}+\underbrace{0}_{1432}\right.$$
$$+\underbrace{1}_{2134}+\underbrace{1}_{2143}+\underbrace{2}_{2314}+\underbrace{3}_{2341}+\underbrace{1}_{2413}+\underbrace{3}_{2431}$$
$$+\underbrace{0}_{3124}+\underbrace{0}_{3142}+\underbrace{2}_{3214}+\underbrace{3}_{3241}+\underbrace{0}_{3412}+\underbrace{3}_{3421}$$
$$\left.+\underbrace{0}_{4123}+\underbrace{0}_{4132}+\underbrace{1}_{4213}+\underbrace{3}_{4231}+\underbrace{0}_{4312}+\underbrace{3}_{4321}\right)$$
$$=\frac{1}{24}\cdot26=\frac{13}{12}.$$

Die siebente Zeile ergibt sich aus der Symmetrie und die achte Zeile aufgrund von

$$\mu_1\left(v,\{12,23,34,41,13\}\right)=$$
$$\frac{1}{24}\left(\underbrace{0}_{1234}+\underbrace{0}_{1243}+\underbrace{0}_{1324}+\underbrace{0}_{1342}+\underbrace{0}_{1423}+\underbrace{0}_{1432}\right.$$
$$+\underbrace{1}_{2134}+\underbrace{1}_{2143}+\underbrace{2}_{2314}+\underbrace{3}_{2341}+\underbrace{3}_{2413}+\underbrace{3}_{2431}$$
$$+\underbrace{1}_{3124}+\underbrace{1}_{3142}+\underbrace{2}_{3214}+\underbrace{3}_{3241}+\underbrace{2}_{3412}+\underbrace{3}_{3421}$$
$$\left.+\underbrace{1}_{4123}+\underbrace{1}_{4132}+\underbrace{3}_{4213}+\underbrace{3}_{4231}+\underbrace{2}_{4312}+\underbrace{3}_{4321}\right)$$
$$=\frac{1}{24}\cdot39=\frac{13}{8}.$$

Das Rad führt zu derselben Myerson-Auszahlung wie der vollständige Graph. Ergibt sich das Rad auch aus der Rückwärtsinduktion?

Ja. Bei der Reihenfolge $\kappa = (12, 23, 34, 41, 13, 24)$ könnten alle Spieler den ersten vier Verbindungen zustimmen, falls es bei diesem Rad bliebe. Von hinten betrachtet sollten dies die Spieler 1 und 4 tun, um $\frac{3}{2}$ anstelle von $\frac{13}{12}$ zu erhalten. Dies voraussehend, sollten die Spieler 3 und 4 die Verbindung eingehen, um schließlich $\frac{3}{2}$ anstelle von $\frac{5}{6}$ bzw. 0 bei $\{12, 23\}$ zu erhalten. Dann ist es auch für die Spieler 2 und 3 vorteilhaft, sich zu verbinden; dies gilt ebenso für die Spieler 1 und 2.

Spannend ist nun die Frage, ob ausgehend vom Rad, das durch Zustimmung zu den ersten vier Verbindungen bei κ entsteht, weitere Verbindungen lohnend sind. Werden die Spieler 1 und 3 eine Verbindung eingehen? Sie verbessern sich zunächst auf $\frac{13}{8} > \frac{12}{8} = \frac{3}{2}$. Allerdings würden sich in der Folge auch die Spieler 2 und 4 zusammenschließen, um die zu ihren Ungunsten entstandene Asymmetrie wieder zu zerstören.

Nun sind wir von einer speziellen Reihenfolge κ ausgegangen. Gegenüber dem obigen κ mit den drei ersten Verbindungen 12, 23, 34 gibt es (bis auf Umbenennung der Spieler) zwei Alternativen. Zum einen gibt es die Alternative, dass sich zunächst drei der Spieler miteinander verbinden, z.B. $\kappa = (12, 23, 13, \ldots)$. In der folgenden Aufgabe überlegen wir uns, dass solche Reihenfolgen schließlich zum vollständigen Graphen führen müssen. Zum anderen könnte $\kappa = (12, 34, \ldots)$ gegeben sein. Dann lohnt es sich für zwei Spieler, beispielsweise 2 und 3, eine Verbindung einzugehen. Denn diese Verbindung führt schließlich zu den Auszahlungen $\frac{3}{2}$ für jeden Spieler, entweder über Argumente, die im Lehrtext wiedergegeben sind, oder über Argumente wie in der folgenden Aufgabe.

Übung J.4.5. Der Leser überlege sich, dass sich ausgehend von $\{12, 23, 13\}$ schließlich $\mathcal{L}^{\text{voll}}$ bei Rückwärtsinduktion ergeben muss. Hinweis: Dafür hat man die Myerson-Lösungen für $\{12, 23, 13, 34\}$, $\{12, 23, 13, 34, 41\}$ und $\{12, 23, 13, 34, 41, 24\}$ zu bestimmen. Allerdings ist nur die erste Lösung tatsächlich zu berechnen, die anderen beiden kann man aus den obigen Rechnungen entnehmen.

Vergleich des sequentiellen mit dem simultanen Verbindungs-aufbau. Wir betrachten wiederum das durch $N = \{1, 2, 3\}$ und

$$v(S) = \begin{cases} 0, & |S| \leq 1 \\ 60, & |S| = 2 \\ 72, & S = N \end{cases}$$

definierte Spiel. Es ist superadditiv. Also ist

$$(\{2, 3\}, \{1, 3\}, \{1, 2\})$$

ein Nash-Gleichgewicht in schwach dominanten Strategien. Dieses Ergebnis steht im klaren Widerspruch zu den Graphen, die sich bei der Rückwärtsinduktion des sequentiellen Spieles ergeben. Wir haben dort nämlich festhalten können, dass sich bei jeder Reihenfolge κ entweder die Verbindung 12, die Verbindung 23 oder aber die Verbindung 13 ergibt. Betrachten wir die Verbindung 12. Sie ergibt sich dadurch, dass Spieler 1 keine Verbindung mit Spieler 3 eingehen wird, weil er voraussieht, dass sich dann Spieler 2 ebenfalls mit Spieler 3 verbinden wird. Diese Art von vorausschauendem Denken kann jedoch in der strategischen Form, so wie wir sie modelliert haben, keinen Raum finden.

J.5 Neue Begriffe

- Endogenisierung von Koalitionsstrukturen
- Wunschkoalition
- simultane oder sequentielle Aktionen
- Gleichgewichte
- Strategie
- Nash-Gleichgewicht (striktes -)
- strategische Spielform
- Hirschjagd
- Auszahlungen
- Maximin-, Maximax-Regel
- Matching-Pennies (Kopf oder Zahl)
- Spielmatrix
- Kampf der Geschlechter

- Hasenfußspiel
- Strategiemenge
- Strategiekombination
- Dominanz (strenge -, schwache -, iterierte -)
- Gefangenen-Dilemma
- Beste Antwort
- extensive Spielform
- Rückwärtsinduktion
- Teilspielperfektheit
- Realistische Strategiekombination
- Gleichgewichts-stabile Partition
- stabile Partition (nach Hart/Kurz)
- Wunschkoalitionsmodell (simultan und sequentiell)
- Rückwärtsinduktions-stabile Partition
- simultanes Verbindungs-Modell
- sequentielles Verbindungs-Modell

J.6 Lösungen zu den Übungen

J.2.1. In der kooperativen Spieltheorie sind es die Axiome, die die Auswahl treffen. Beispielsweise ist der Kern ein Lösungskonzept, das häufig zu einer Vielzahl von Auszahlungstupeln führt, während die Shapley-Lösung und die Owen-Lösung genau ein Auszahlungstupel identifizieren.

J.2.2. Wendet Jäger 1 die Maximin-Regel an, so wird er auf Hasenjagd gehen; die Hirschjagd ist hingegen bei der Maximax-Regel optimal.

J.2.3. Die richtigen Zuordnungen sind Ag, Bh, Cc, Da, Ef, Fe, Gb und Hd.

J.2.4. Kopf oder Zahl (siehe S. 398) und Kampf der Geschlechter (siehe S. 398) sind Beispiele für Zwei-Personen-Spiele ohne dominante bzw. dominierte Strategien.

J.2.5. Hase.

J.2.6. Die Strategiekombination (s_1^2, s_2^2) ist ein Gleichgewicht, da keiner der beiden Spieler sich einseitig verbessern kann. Für Spieler 1 gilt: Wiche er auf die Strategie s_1^1 ab, würde sich sein Nutzen wegen $1 \geq 0$ nicht erhöhen. Für Spieler 2 gilt Analoges.

J.2.7. Wenn die Strategie s_i^* eine dominante Strategie für Spieler i ist, dann ist sie mindestens so gut wie jede andere Strategie bei jeder Strategiekombination $s_{-i} \in S_{-i}$, also insbesondere auch bei s_{-i}^*. Damit sind die Strategien $(s_1^*, s_2^*, ..., s_n^*)$ ein Nash-Gleichgewicht.

J.2.8. Beim Kampf der Geschlechter gibt es zwei Gleichgewichte, nämlich (Theater, Theater) und (Fußball, Fußball). Beim Hasenfußspiel sind wiederum zwei Gleichgewichte vorhanden: (geradeaus fahren, ausweichen) und (ausweichen, geradeaus fahren). Bei Kopf oder Zahl gibt es keine Strategiekombination, die nicht einem Spieler eine profitable Abweichungsmöglichkeit eröffnet. Hier gibt es also kein Gleichgewicht. (Der kundige Leser wird einwenden, dass dies für gemischte Strategien nicht richtig ist. Das stimmt; allerdings hatten wir diese ausgeschlossen.)

J.2.9. Die Strategiekombination $s^* = (s_1^*, s_2^*, ..., s_n^*) \in S$ ist ein striktes Nash-Gleichgewicht, falls für alle i aus N

$$u_i\left(s_i^*, s_{-i}^*\right) > u_i\left(s_i, s_{-i}^*\right) \text{ für alle } s_i \text{ aus } S_i$$

gilt.

J.2.10. Beim Hasenfußspiel wird Spieler 1 geradeaus fahren und Spieler 2 ausweichen. Beim Kampf der Geschlechter wird sie Theater wählen und er dann ebenfalls. Bei Kopf oder Zahl wird Spieler 2 gerade die gegenteilige Aktion zu Spieler 1 wählen und sich damit in jedem Fall die Auszahlung von 1 sichern. Während bei den ersten beiden Spielen die Aktionstupel einem Gleichgewicht entsprechen, ist dies bei Kopf oder Zahl nicht der Fall. Im simultanen Fall gibt es hier kein Gleichgewicht; im sequentiellen Fall haben wir zwei Rückwärtsinduktions-Lösungen ermittelt.

J.3.1. Für Spieler 3 gibt es vier mögliche Wunschkoalitionen:

$$\{3\}, \{1,3\}, \{2,3\}, \{1,2,3\}.$$

Die Wunschkoalitionen sind die Koalitionen, denen Spieler i angehört. Das sind genau so viele Koalitionen, wie $N\backslash\{i\}$ Teilmengen besitzt, also 2^{n-1}.

J.3.2. Im ersten Fall ergibt sich $\mathcal{P}_s = \{\{1\},\{2\},\{3\}\}$, im zweiten $\mathcal{P}_s = \{\{1,2\},\{3\}\}$. Im dritten Beispiel kann der dritte Spieler die atomare Partition $\mathcal{P}_s = \{\{1\},\{2\},\{3\}\}$ durch keine Wunschkoalition verhindern. Nur beim dritten Beispiel könnte s realistisch sein, wenn nämlich $s_3 = \{3\}$ gilt.

J.3.3. Bei der Partition $\{\{1,2\},\{3\}\}$ erhalten die Spieler 1 und 2 die Shapley-Auszahlungen für $u_{\{1,2\}}^{\{1,2\}}$, also jeder die Auszahlung $\frac{1}{2}$. Bei der atomaren Partition erhält jeder Spieler die Auszahlung Null. Diese Partition ist dennoch gleichgewichts-stabil, weil es beim Nash-Gleichgewicht um einseitige Abweichungen geht. Um die Partition $\{\{1,2\},\{3\}\}$ zu erzeugen, müssten jedoch beide Spieler 1 und 2 die Wunschkoalition $\{1,2\}$ angeben.

J.3.4. Die Partition $\{N\}$ kann nur durch die (realistische) Strategie-kombination $s = (N,N,N)$ erzeugt werden. Die Auszahlungen betragen dann $\varphi^{AD}\left(v_{\{1,2\},\{3\}}\right) = \left(\frac{1}{6},\frac{1}{6},\frac{2}{3}\right)$. Weicht nur einer der Spieler von der angegebenen Strategiekombination ab, ergibt sich die atomare Partition und jeder Spieler verschlechtert sich auf Null.

J.3.5. Die Partition $\mathcal{P} = \{\{1,3\},\{2\}\}$ ist nicht gleichgewichts-stabil für (N,v,φ^{oo}). Denn die Auszahlung für Spieler 3 beträgt $-\frac{1}{6}$. Spieler 3 kann also durch eine von $\{1,3\}$ abweichende Wunschkoalition, zum Beispiel durch $\{3\}$, seine Auszahlung (auf Null) erhöhen.

J.3.6. Nein, denn Spieler 3 kann sich verbessern, indem er beispiels-weise $s_3 = \{1,3\}$ wählt und dann die Auszahlung $\frac{1}{2}$ anstelle von Null erhält.

J.3.7. Bei Einmütigkeitsspielen u_T sind die stabilen Partitionen gera-de diejenigen, die

$$\mathcal{P}(i) \supseteq T$$

für alle Spieler $i \in T$ erfüllen.

J.3.8. Aufgrund von Symmetrie und Komponenteneffizienz erhalten die Spieler aus K bei $\mathcal{P}$ die Auszahlung $\frac{1}{k}$, die übrigen Spieler erhalten 0. Eine Auszahlung von mehr als $\frac{1}{k}$ ist für keinen Spieler bei irgendeiner Partition möglich. Zwar könnten sich einige Spieler aus $N \backslash K$ mit Spielern aus K in einer Komponente zusammentun. Die Spieler aus K könnten sich dadurch jedoch nicht verbessern.

J.3.9. Die für $v_{\{1,2\},\{3\}}$ stabilen Partitionen sind

$$\{\{1,2,3\}\},$$
$$\{\{1,3\},\{2\}\} \text{ und}$$
$$\{\{2,3\},\{1\}\}.$$

Bei den übrigen Partitionen erhalten alle Spieler die Auszahlung Null und können sich verbessern, indem sie sich zu einer der obigen Zweier- oder Dreierkomponenten zusammenschließen.

J.3.10. Die eindeutig bestimmte rückwärtsinduktions-stabile Partition ist die triviale Partition. Spieler 3 kann durch Wahl von N die anderen beiden Spieler dazu bewegen, sich ihm anzuschließen, weil sie nur so eine positive Auszahlung erreichen können und anderenfalls die Auszahlung Null erhalten.

J.3.11. Diese Reihenfolge stellt sich für Spieler 1 als besonders günstig heraus. Die beiden rückwärtsinduktions-stabilen Partitionen sind $\{\{1,2,3\},\{4\}\}$ und $\{\{1,2,4\},\{3\}\}$. Spieler 2 sieht sich nämlich gezwungen, eine dieser beiden Partitionen zu wählen. Entscheidet er sich für $\{2,3,4\}$, kann Spieler 1 darauf beispielsweise mit $s_1 = \{1,3\}$ reagieren und somit Spieler 3 die Auszahlung $\frac{1}{2}$ anstelle von $\frac{1}{3}$ anbieten. Spieler 1 muss auch nicht auf das Angebot $s_2 = \{1,2\}$ eingehen. Denn aufgrund von $s_1 = \{1,3,4\}$ kann Spieler 1 für sich und für die noch folgenden Spieler 3 und 4 mehr erreichen als bei $\{1,2\}$.

J.4.1. Wir erhalten $\mathcal{L}_s = \{13, 23\}$, s ist also nicht realistisch.

J.4.2. Wir haben zu zeigen, dass bei jedem simultanen Verbindungs-Modell (N, v, ψ) die durch $s_i = \emptyset$ für alle $i \in N$ definierte Strategiekombination ein Gleichgewicht ist. Nun kann ein einzelner Spieler keine Verbindung herstellen und daher verbessert sich kein Spieler durch einseitiges Abweichen von der Strategiekombination $(\emptyset, ..., \emptyset)$.

J.4.3. Ja. Man kann von der realistischen Strategiekombination ausgehen, die zum Netzwerk $\{12, 23\}$ führt. Ein einzelner Spieler kann dann keine Verbindung hinzufügen. Auch Verbindungen zu lösen, kann keinem der beteiligten Spieler nützen; dies entnimmt man der Aufg. I.4.2 auf S. 375.

J.4.4. Eine Gewinnkoalition kann sich u.a. dadurch bilden, dass der große Spieler (Spieler 1) mit mindestens einem anderen Spieler ($i = 2, ..., 5$) eine Koalition bildet oder dass sich die vier kleinen Spieler zusammentun. Die Koalitionsfunktion v lässt sich auch durch

$$v\left(S\right) = \begin{cases} 1, 1 \in S \text{ und } |S| \geq 2 \\ 1, |S| \geq 4 \\ 0, \text{ sonst} \end{cases}$$

angeben. Es handelt sich also um das Apex-Spiel h_1.

J.4.5. Beim Graphen $\{12, 23, 13\}$ sind die Spieler 1, 2 und 3 alle untereinander verbunden, während der vierte Spieler isoliert ist. Aufgrund der symmetrischen Situation ist es unerheblich, in welcher Reihenfolge sich der vierte Spieler eventuell mit den anderen drei Spielern verbindet. Um die Ergebnisse im Lehrtext möglichst problemlos nutzen zu können, betrachten wir die Verbindungen 34, 41 und 24, in eben dieser Reihenfolge. Der Graph $\{12, 23, 13, 34\}$ führt wegen

$$\mu_1\left(v, \{12, 23, 13, 34\}\right) = \frac{1}{24}\left(\underbrace{0}_{1234} + \underbrace{0}_{1243} + \underbrace{0}_{1324} + \underbrace{0}_{1342} + \underbrace{0}_{1423} + \underbrace{0}_{1432}\right.$$
$$+ \underbrace{1}_{2134} + \underbrace{1}_{2143} + \underbrace{2}_{2314} + \underbrace{3}_{2341} + \underbrace{1}_{2413} + \underbrace{3}_{2431}$$
$$+ \underbrace{1}_{3124} + \underbrace{1}_{3142} + \underbrace{2}_{3214} + \underbrace{3}_{3241} + \underbrace{2}_{3412} + \underbrace{3}_{3421}$$
$$\left.+ \underbrace{0}_{4123} + \underbrace{0}_{4132} + \underbrace{1}_{4213} + \underbrace{3}_{4231} + \underbrace{2}_{4312} + \underbrace{3}_{4321}\right)$$
$$= \frac{1}{24} \cdot 32 = \frac{16}{12}$$

und

$$\mu_3\left(v, \{12, 23, 13, 34\}\right) = \frac{1}{24}\left(\underbrace{2}_{1234} + \underbrace{5}_{1243} + \underbrace{1}_{1324} + \underbrace{1}_{1342} + \underbrace{5}_{1423} + \underbrace{3}_{1432}\right.$$

$$+ \underbrace{2}_{2134} + \underbrace{5}_{2143} + \underbrace{1}_{2314} + \underbrace{1}_{2341} + \underbrace{5}_{2413} + \underbrace{3}_{2431}$$

$$+ \underbrace{0}_{3124} + \underbrace{0}_{3142} + \underbrace{0}_{3214} + \underbrace{0}_{3241} + \underbrace{0}_{3412} + \underbrace{0}_{3421}$$

$$\left. + \underbrace{5}_{4123} + \underbrace{3}_{4132} + \underbrace{5}_{4213} + \underbrace{3}_{4231} + \underbrace{1}_{4312} + \underbrace{1}_{4321} \right)$$

$$= \frac{1}{24} \cdot 52 = \frac{26}{12}$$

zur Myerson-Lösung

$$\mu(v, \{12, 23, 13, 34\}) = (16/12, 16/12, 26/12, 14/12).$$

Wir erinnern zudem an die Myerson-Lösung

$$\mu(v, \{12, 23, 34, 41, 13\}) = (13/8, 11/8, 13/8, 11/8).$$

Ausgehend vom Graphen $\{12, 23, 34, 41, 13\}$ werden die Spieler 2 und 4 wegen $\frac{11}{8} < \frac{3}{2}$ den Graphen vervollständigen wollen. Die Spieler 1 und 4 werden sich daher beim Graphen $\{12, 23, 13, 34\}$, der ihnen die Auszahlungen $\frac{16}{12}$ bzw. $\frac{14}{12}$ erbringt, zusammenschließen, um schließlich die Auszahlung des vollständigen Graphen genießen zu können. Beim Graphen $\{12, 23, 13\}$ haben die Spieler 3 und 4 die Auszahlungen 1 bzw. 0. Indem sie sich verbinden, bewirken sie die weiteren besprochenen Verbindungen, was sich für sie lohnt.

Englische Fachausdrücke

Dieses Lehrbuch verwendet deutsche Fachausdrücke. Um dem Leser den Einstieg in die englische Fachliteratur zu erleichtern, werden in der folgenden Tabelle die englischen und die deutschen Ausdrücke nebeneinander gestellt.

Additivität	additivity
Allokation	allocation
Anfangsausstattung	endowment
Äquivalenz (-relation, -klasse)	equivalence (relation, class)
Aumann-Dreze-Lösung	Aumann-Dreze value
ausgewogenes Mengensystem	balanced family of sets
Außenoptionslösung	outside-option value
Auszahlung	payoff
Axiom, Axiomatisierung	axiom, axiomatization
Banzhaf-Lösung	Banzhaf value
beste Antwort	best response
Budgetgerade	budget line
Diktator	dictator
Dominanz	dominance
Drohpunkt	threat point
eigenständiger Kostentest	stand-alone cost test
einfaches Spiel	simple game
Einmütigkeitsspiel	unanimity game
Einwand, Gegeneinwand	objection, counter-objection
Endogenisierung	endogenization
erwarteter Nutzen	expected utility
Erwartungswert	expected value
extensive Spielform	extensive form

Gefangenen-Dilemma	prisoners' dilemma
gewichtetes Abstimmungsspiel	weighted majority game
Gewinnkoalition	winning coalition
gieriger Algorithmus	greedy algorithm
Gleichgewicht	equilibrium
Grenzrate der Substitution	marginal rate of substitution
Grenzrate der Transformation	marginal rate of transformation
Handschuh-Spiel	gloves game
Hasenfußspiel	game of chicken
Heiratsmarkt	wedding market
Hirschjagd	stag hunt
Hülle	hull
Idealpunkt	ideal point
Indifferenzkurve	indifference curve
individuelle Rationalität	individual rationality
Kalai-Smorodinsky-Lösung	Kalai-Smorodinsky solution
Kampf der Geschlechter	battle of the sexes
Kern	core
Koalition	coalition
Koalitionsfunktion	coalition/characteristic function
Koalitionsspiel	coalitional game
Koalitionsstruktur	coalition structure
Kollektive Rationalität	collective rationality
Komponente	component
Komponenten-Effizienz	component efficiency
Kontraktkurve	contract curve
Konvexität	convexity
kooperative Spieltheorie	cooperative game theory
Kostenaufteilungsspiel	cost-sharing game
linear unabhängig	linearly independent
Linearität	linearity
Linearkombination	linear combination
Lösung	solution, value
marginaler Beitrag	marginal contribution
Monotonie	monotonicity
Myerson-Lösung	Myerson value
Nachfragefunktion	demand function

Nash-Gleichgewicht	Nash equilibrium
Nash-Verhandlungslösung	Nash bargaining solution
Netzwerk	network
nicht-kooperative Spieltheorie	non-cooperative game theory
Nukleolus	nucleolus
Nullspieler	null player
Nutzenmöglichkeitenkurve	utility possibility curve
öffentliches Gut	public good
Owen-Lösung	Owen value
Pareto-Optimalität	Pareto optimality
Pareto-Verbesserung	Pareto improvement
Partition	partition
Partitionsspiel	partitional game
Pfad	path
Preisdiskriminierung	price discrimination
privates Gut	private good
Rad	wheel
Reflexivität	reflexivity
Reihenfolge	order
Rho-Lösung	Rho solution
Rückwärtsinduktion	backward induction (solving)
Sequentielles Verbindungsmodell	sequential linking model
Shapley-Lösung	Shapley value
Solidaritäts-Lösung	solidarity value
Spiel mit konstanter Summe	constant-sum game
Spielmatrix	game matrix
stabile Menge	stable set
stabile Partition	stable partition
Stabilität	stability
Stern, Sternmitte	star, central player
Strategie	strategy
Strategiekombination	strategy combination
Strategiemenge	set of strategies
strategische Spielform	strategic form
Superadditivität	superadditivity
Symmetrie	symmetry
Tauschökonomie	exchange economy

Teilspielperfektheit	subgame perfection
(nicht-)transferierbarer Nutzen	(non-)transferable utility
Transitivität	transitivity
unwesentliche Komponente	dummy component
unwesentlicher Spieler	dummy player
Vektor	vector
Verbindung	link
Verhandlung	negotiation
Verhandlungsmenge	bargaining set
Veto–Spieler	veto player
vollständige Konkurrenz	perfect competition
Wahrscheinlichkeit	probability
Wert	worth
wesentliches Spiel	essential game
Zulässigkeit	feasibility
Zusatzkostentest	incremental-cost test
Zuteilung	imputation
Zyklus	cycle
0-1-Normierung	0-1-normalization

Literaturverzeichnis

AUMANN, Robert (1985). On the non-transferable utility value: A comment on the Roth-Shafer examples, *Econometrica* **53**, S. 667–677.

AUMANN, Robert J. (1989). *Lectures on Game Theory*, Westview Press, Boulder et al.

AUMANN, Robert J./DRÈZE, Jacques H. (1974). Cooperative games with coalition structures, *International Journal of Game Theory* **3**, S. 217–237.

AUMANN, Robert J./MYERSON, Roger B. (1988). Endogenous formation of links between players and of coalitions: An application of the Shapley value, *in:* ROTH, Alvin E. (Hrsg.), *The Shapley Value*, Cambridge University Press, Cambridge et al., S. 175–191.

BAILEY, Sydney D./DAWS, Sam (1998). *The Procedure of the UN Security Council*, 3. Aufl., Clarendon Press, Oxford.

BANZHAF, John F. (1965). Weighted voting doesn't work: A mathematical analysis, *Rutgers Law Review* **19**, S. 317–343.

BINMORE, Ken (1992). *Fun and Games*, Heath, Lexington (MA), Toronto.

BOLGER, Edward M. (1989). A set of axioms for a value for partition function games, *International Journal of Game Theory* **18**, S. 37–44.

BRINK, Rene van den (2001). An axiomatization of the Shapley value using a fairness property, *International Journal of Game Theory* **30**, S. 309–319.

BÜLTEL, Dirk/WIESE, Harald (1996). Bernoulli-Prinzip und Nutzenaxiomatik, *das wirtschaftsstudium (wisu)* **25**, S. 781–787.

CASAJUS, André/WIESE, Harald (2001). Verbandstheorie und ihre Anwendung in der nichtkooperativen und kooperativen Spieltheorie, *Technical report*. Vorlesungsmanuskript: http://www.uni-leipzig.de/ micro/buecher.html.

CHAE, Suchan/HEIDHUES, Paul (2004). A group bargaining solution, *Mathematical Social Sciences* **48**, S. 37–53.

CHUN, Youngsub (1989). A new axiomatization of the Shapley value, *Games and Economic Behaviour* **1**, S. 119–130.

COASE, Ronald H. (1960). The problem of social cost, *The Journal of Law and Economics* **3**, S. 1–44.

DAMME, Eric van (1998). On the state of the art in game theory: An interview with Robert Aumann, *Games and Economic Behavior* **24**, S. 181–210.

DUBEY, Pradeep (1975). On the uniqueness of the Shapley value, *International Journal of Game Theory* **4**, S. 131–139.

DUBEY, Pradeep, NEYMAN, Abraham/WEBER, Robert James (1981). Value theory without efficiency, *Mathematical Operations Research* **6**, S. 122–128.

DUBEY, Pradeep/SHAPLEY, Lloyd S. (1979). Mathematical properties of the Banzhaf power index, *Mathematical Operations Research* **4**, S. 99–131.

EDGEWORTH, Francis Ysidro (1881). *Mathematical Psychics*, Paul Kegan, London.

EICHBERGER, Jürgen (1993). *Game Theory for Economists*, Academic Press, Inc, San Diego et al.

EISERMANN, Gottfried (1989). Vilfredo Pareto, *in:* STARBATTY, Joachim (Hrsg.), *Klassiker des ökonomischen Denkens - Zweiter Band*, Verlag C.H. Beck, München, S. 158–174.

ELTIS, Walter (1989). David Ricardo, *in:* STARBATTY, Joachim (Hrsg.), *Klassiker des ökonomischen Denkens - Erster Band*, Verlag C.H. Beck, München, S. 188–207.

FRANK, Robert (1985). *Choosing the Right Pond*, Oxford University Press, Oxford.

FUDENBERG, Drew/TIROLE, Jean (1991). *Game Theory*, MIT Press, Cambridge (MA)/London.

GIBBONS, Robert (1992). *A Primer in Game Theory*, Harvester Wheatsheaf, New York et al.

GILLIES, D. (1959). Solutions to general nonzero sum games, *Annals of Mathematics* **40**, S. 47–87.

HARSANYI, John (1963). A simplified bargaining model für the n-person cooperative game, *International Economic Review* **4**, S. 194–220.

HARSANYI, John/SELTEN, Reinhard (1972). A generalized nash solution for two-person bargaining games with incomplete information, *Management Science* **18**, S. 80–106.

HART, Sergiu/KURZ, Mordecai (1983). Endogenous formation of coalitions, *Econometrica* **51**, S. 1047–1064.

HART, Sergiu/KURZ, Mordecai (1984). Stable coalition structures, *in:* HOLLER, Manfred J. (Hrsg.), *Coalitions and Collective Action*, Bd. 51, Physica-Verlag, Wuerzburg/Vienna, S. 235–258.

HILDENBRANDT, W./KIRMAN, A. P. (1988). *Equilibrium Analysis: Variations on Themes by Edgeworth and Walras*, North-Holland, Amsterdam et al.

HOLLER, Manfred J./ILLING, Gerhard (2003). *Einführung in die Spieltheorie*, 5. Aufl., Springer-Verlag, Berlin et al.

KALAI, Ehud (1977). Nonsymmetric nash solutions and replications of 2-person bargaining, *International Journal of Game Theory* **6**, S. 129–133.

KALAI, Ehud/SAMET, Dov (1987). On weighted shapley values, *International Journal of Game Theory* **16**, S. 205–222.

KALAI, Ehud/SMORODINSKY, Meir (1975). Other solutions to Nash's bargaining problem, *Econometrica* **43**, S. 513–518.

KANNAI, Yakar (1992). The core and balancedness, *in:* AUMANN, Robert J./HART, Sergiu (Hrsg.), *Handbook of Game Theory with Economic Applications*, Bd. I, Elsevier, Amsterdam et al., Kap. 34, S. 355–395.

KREPS, David M. (1988). *Notes on the Theory of Choice*, Westview Press, Boulder/London.

LARUELLE, Annick/VALENCIANO, Federico (2003). Bargaining, voting and value, *Technical report*. Präsentiert während der "14th International Conference on Game Theory at Stony Brook".

LAVER, Michael/SCHOFIELD, Norman (1985). Bargaining theory and portfolio payoffs in european coalition governments 1945-83, *British Journal of Political Science* **15**, S. 143–164.

LUCAS, William F. (1968). A game with no solution, *Bulletin of the American Mathematical Society* **74**, S. 237–239.

LUCAS, William F. (1992). Von Neumann-Morgenstern stable sets, *in:* AUMANN, Robert J./HART, Sergiu (Hrsg.), *Handbook of Game Theory with Economic Applications, Volume I*, Elsevier, Amsterdam et al., S. 543–590.

MASCHLER, Michael (1992). The bargaining set, kernel, and nucleolus, *in:* AUMANN, Robert J./HART, Sergiu (Hrsg.), *Handbook of Game Theory with Economic Applications*, Bd. I, Elsevier, Amsterdam et al., Kap. 34, S. 591–667.

MASCHLER, Michael/OWEN, Guillermo (1992). The consistent Shapley value for games without side payments, *in:* SELTEN, Reinhard (Hrsg.), *Rational Interaction*, Springer-Verlag, New York et al., S. 5–12.

MCLEAN, Richard P. (2002). Values of non-transferable utility games, *in:* AUMANN, Robert J./HART, Sergiu (Hrsg.), *Handbook of Game Theory with Economic Applications*, Bd. II, Elsevier, Amsterdam et al., Kap. 55, S. 2077–2120.

MICHENER, H. A., CLANCY, P. D./YUEN, K. (1984). Do outcomes of n-person sidepayment games fall in the core?, *in:* HOLLER, Manfred J. (Hrsg.), *Coalitions and Collective Action*, Physica-Verlag, Würzburg, Wien, S. 269–282.

MORRIS, Peter (1994). *Introduction to Game Theory*, Springer-Verlag, New York et al.

MOULIN, Herve (1995). *Cooperative Microeconomics: A Game-Theoretic Introduction*, Prentice Hall, London et al.

MUTO, Shigeo (1986). An information good market with symmetric externalities, *Econometrica* **54**, S. 295–312.

MYERSON, Roger B. (1977a). Graphs and cooperation in games, *Mathematics of Operations Research* **2**, S. 225–229.

MYERSON, Roger B. (1977b). Values of games in partition function form, *International Journal of Game Theory* **6**, S. 23–31.

MYERSON, Roger B. (1980). Conference structures and fair allocation rules, *International Journal of Game Theory* **9**, S. 169–182.

MYERSON, Roger B. (1991). *Game Theory: Analysis of Conflict*, Harvard University Press, Cambridge (MA)/London.

MYERSON, Roger B. (1994). Cooperative games with incomplete information, *International Journal of Game Theory* **13**, S. 69–96.

NASH, John F. (1951). Non-cooperative games, *Annals of Mathematics* **54**, S. 286–295.

NASH, John F. (1953). Two-person cooperative games, *Econometrica* **21**, S. 128–140.

NOWAK, Andrzej S./RADZIK, Tadeusz (1994). A solidarity value for n-person transferable utility games, *International Journal of Game Theory* **23**, S. 43–48.

OSBORNE, Martin J./RUBINSTEIN, Ariel (1994). *A Course in Game Theory*, MIT Press, Cambridge (MA)/London.

OWEN, Guillermo (1975). On the core of linear production games, *Mathematical Programming* **9**, S. 358–370.

OWEN, Guillermo (1977). Values of games with a priori unions, *in:* HENN, R./MOESCHLIN, O. (Hrsg.), *Essays in Mathematical Economics & Game Theory*, Springer-Verlag, Berlin et al., S. 76–88.

OWEN, Guillermo (1995). *Game Theory*, 3. Aufl., Academic Press, San Diego et al.

PETERS, Hans J. M. (1992). *Axiomatic Bargaining Game Theory*, Kluwer Academic Publishers, Dordrecht et al.

PHAM DO, Kim Hang/NORDE, Henk (2002). The Shapley value for partition function form games, *Technical Report 2002-04*, CentER, Tilburg University.

PREDTETCHINSKI, Arkadi/HERINGS, P. Jean-Jacques (2004). A necessary and sufficient condition for non-emptiness of the core of a non-transferable utility game, *Journal of Economic Theory* 116, S. 84–92.

RASMUSEN, Eric (1994). *Games and Information*, 2. Aufl., Blackwell, Cambridge (MA)/Oxford.

ROTH, Alvin E. (1988). The expected value of playing a game, *in:* ROTH, Alvin E. (Hrsg.), *The Shapley Value*, Cambridge University Press, Cambridge et al., Kap. 7, S. 51–70.

ROTH, Alvin E./SOTOMAYOR, Marilda (1992). Two-sided matching, *in:* AUMANN, Robert J./HART, Sergiu (Hrsg.), *Handbook of Game Theory with Economic Applications*, Bd. I, Elsevier, Amsterdam et al., Kap. 34, S. 485–541.

RUBINSTEIN, Ariel (1982). Perfect equilibrium in a bargaining model, *Econometrica* 50, S. 97–109.

SCHMEIDLER, David (1969). The nucleolus of a characteristic function game, *SIAM Journal on Applied Mathematics* 17, S. 1163–1170.

SHAPLEY, Lloyd S. (1953). A value for n-person games, *in:* KUHN, H.W./TUCKER, A.W. (Hrsg.), *Contributions to the Theory of Games*, Bd. II, Princeton University Press, Princeton, S. 307–317.

SHAPLEY, Lloyd S. (1967). On balanced sets and cores, *Naval Research Logistics Quarterly* 14, S. 453–460.

SHAPLEY, Lloyd S. (1969). Utility comparison and the theory of games, *La Decision*, Editions du CNRS, Paris, S. 251–263.

SHAPLEY, Lloyd S. (1971). Cores of convex games, *International Journal of Game Theory* 1, S. 11–26.

SHAPLEY, Lloyd S./SHUBIK, Martin (1954). A method for evaluating the distribution of power in a committee system, *American Political Science Review* 48, S. 787–792.

SHAPLEY, Lloyd S./SHUBIK, Martin (1969a). On the core of an economic system with externalities, *American Economic Review* 59, S. 678–684.

SHAPLEY, Lloyd S./SHUBIK, Martin (1969b). Pure competition, coalitional power, and fair division, *International Economic Review* 10, S. 337–362.

SHAPLEY, Lloyd S./SHUBIK, Martin (1972). The assignment game I: The core, *International Journal of Game Theory* 1, S. 111–130.

SHUBIK, Martin (1962). Incentives, decentralized control, the assignment of joint costs, and internal pricing, *Management Science* 8, S. 325–343.

SHUBIK, Martin (1981). Game theory models and methods in political economy, *in:* ARROW, Kenneth J./INTRILIGATOR, Michael D. (Hrsg.), *Handbook of Mathematical Economics*, Bd. III, Elsevier, Amsterdam et al., Kap. 7, S. 285–330.

SLIKKER, Marco/NOUWELAND, Anne Van Den (2001). *Social and Economic Networks in Cooperative Game Theory*, Bd. 27 d. *C: Game Theory, Mathematical Programming and Operations Research*, Kluwer Academic Publishers, Boston et al.

THOMAS, Lyn Carey (1984). *Games, Theory and Applications*, Ellis Horwood, Chichester.

THOMSON, William (1994). Cooperative models of bargaining, *in:* AUMANN, Robert J./HART, Sergiu (Hrsg.), *Handbook of Game Theory with Economic Applications, Volume II*, Elsevier, Amsterdam et al., S. 1237–1284.

THRALL, Robert M./LUCAS, William F. (1963). n-person games in partition function form, *Naval Research Logistics Quarterly* **10**, S. 281–298.

TIJS, Stef H./DRIESSEN, Theo S. H. (1986). Extension of solution concepts by means of multiplicative epsilon-tax games, *Mathematical Social Sciences* **12**, S. 9–20.

TOPKIS, Donald M. (1998). *Supermodularity and Complementarity*, Princeton University Press, Princeton.

VON NEUMANN, John/MORGENSTERN, Oskar (1953). *Theory of Games and Economic Behavior*, 3. Aufl., Princeton University Press, Princeton.

WEGEHENKEL, Lothar (1980). *Coase-Theorem und Marktsystem*, J.C.B. Mohr (Paul Siebeck), Tübingen.

WIESE, Harald (2002). *Entscheidungs- und Spieltheorie*, Springer-Verlag, Berlin et al.

WIESE, Harald (2005). *Mikroökonomik: Eine Einführung in 379 Fragen*, 4. Aufl., Springer-Verlag, Berlin et al.

WINTER, Eyal (2002). The shapley value, *in:* AUMANN, Robert J./HART, Sergiu (Hrsg.), *Handbook of Game Theory with Economic Applications*, Bd. III, Elsevier, Amsterdam et al., Kap. 53, S. 2025–2054.

YOUNG, H. Peyton (1985). Monotonic solutions of cooperative games, *International Journal of Game Theory* **14**, S. 65–72.

YOUNG, H. Peyton (1994a). Cost allocation, *in:* AUMANN, Robert J./HART, Sergiu (Hrsg.), *Handbook of Game Theory with Economic Applications*, Bd. II, Elsevier, Amsterdam et al., Kap. 34, S. 1193–1235.

YOUNG, H. Peyton (1994b). *Equity in Theory and Practice*, Princeton University Press, Princeton.

Index

www.ingramcontent.com/pod-product-compliance
Lightning Source LLC
Chambersburg PA
CBHW050657190326
41458CB00008B/2607